普通高等学校"十三五"市场营销专业规划教材

郝渊晓　主编

消费者行为学

MARKETING

（第二版）

主　编：杨树青
副主编：吴聪治　许惠铭
　　　　韩小红　张　媛

·广州·

版权所有　翻印必究

图书在版编目（CIP）数据

消费者行为学/杨树青主编；吴聪治，许惠铭，韩小红，张媛副主编.—2版.—广州：中山大学出版社，2015.4
（普通高等学校"十三五"市场营销专业规划教材/郝渊晓主编）
ISBN 978-7-306-05207-0

Ⅰ.①消…　Ⅱ.①杨…②吴…③许…④韩…⑤张…　Ⅲ.①消费者行为论　Ⅳ.①F713.55

中国版本图书馆 CIP 数据核字（2015）第 040752 号

出版人：徐　劲
策划编辑：蔡浩然
责任编辑：蔡浩然
封面设计：林绵华
责任校对：杨文泉
责任技编：何雅涛
出版发行：中山大学出版社
电　　话：编辑部 020-84111996，84113349，84111997，84110779
　　　　　发行部 020-84111998，84111981，84111160
地　　址：广州市新港西路 135 号
邮　　编：510275　　　传　真：020-84036565
网　　址：http://www.zsup.com.cn　　E-mail:zdcbs@mail.sysu.edu.cn
印 刷 者：佛山市浩文彩色印刷有限公司
规　　格：787mm×1092mm　1/16　18 印张　416 千字
版次印次：2009 年 2 月第 1 版　2015 年 4 月 2 版　2019 年 7 月第 6 次印刷
印　　数：14001～16000 册　　定　价：34.90 元

如发现本书因印装质量影响阅读，请与出版社发行部联系调换

内 容 提 要

　　本书主要介绍了消费者消费决策与消费行为过程、消费者购物的心理活动对消费行为的影响、消费者的需要与动机对消费者行为的影响、社会群体与家庭对消费者行为的影响、网络消费心理与消费行为等问题，并通过政治、经济、文化、环境与流行等方面的阐述，对消费者行为进行了分析。

　　本书内容新颖，理论联系实际，适合普通高等学校市场营销、工商管理等专业的学生做教材，亦适合企业管理人员及营销人员阅读。

普通高等学校"十三五"市场营销专业规划教材编写指导委员会

学术顾问	贾生鑫	（中国高等院校市场学研究会首任会长，现顾问，西安交通大学教授）
	李连寿	（中国高等院校市场学研究会原副会长，现顾问，上海海事大学教授、教学督导）
	符国群	（中国高等院校市场学研究会副会长，北京大学光华管理学院营销系主任、教授）
主　　任	周　南	（香港城市大学市场营销学系主任、教授，武汉大学长江学者讲座教授）
常务副主任	郝渊晓	（中国高等院校市场学研究会常务理事、副秘书长，西安交通大学经济与金融学院教授）
	张　鸿	（西安邮电大学经济与管理学院院长、教授）
	蔡浩然	（中山大学出版社编审）
副　主　任	王正斌	（西北大学研究生院常务副院长、教授）
	庄贵军	（西安交通大学管理学院市场营销系主任、教授）
	李先国	（中国人民大学商学院教授）
	惠　宁	（西北大学经济管理学院副院长、教授）
	董千里	（长安大学管理学院系主任、教授）
	侯立军	（南京财经大学工商管理学院院长、教授）
	王君萍	（西安石油大学经济管理学院院长、教授）
	马广奇	（陕西科技大学管理学院院长、教授）
	周建民	（广东金融学院职业教育学院副院长、教授）
	靳俊喜	（重庆工商大学商务策划学院院长、教授）
	侯淑霞	（内蒙古财经学院商务学院院长、教授）
	孙国辉	（中央财经大学商学院院长、教授）
	成爱武	（西安工程大学图书馆馆长、教授）
	靳　明	（浙江财经大学《财经论丛》副主编、教授）
	董　原	（兰州商学院工商管理学院院长、教授）
	徐大佑	（贵州财经大学工商管理学院院长、教授）
	胡其辉	（云南大学经济学院教授）
	秦陇一	（广州大学管理学院教授）
	闫涛尉	（山东大学威海分校科技处处长、教授）
	周筱莲	（西安财经学院管理学院营销系主任、教授）
	张占东	（河南财经政法大学经贸学院院长、教授）

普通高等学校"十三五"市场营销专业规划教材
编写委员会

主　编　　郝渊晓　（中国高等院校市场学研究会常务理事、副秘书长，
　　　　　　　　　　　西安交通大学经济与金融学院教授）

副主编　　张　鸿　（西安邮电大学经济与管理学院院长、教授）
　　　　　　　董　原　（兰州商学院工商管理学院院长、教授）
　　　　　　　杨树青　（华侨大学工商管理学院教授）
　　　　　　　费明胜　（五邑大学管理学院教授、博士）
　　　　　　　蔡继荣　（重庆工商大学商务策划学院副教授、博士）
　　　　　　　邓少灵　（上海海事大学副教授、博士）
　　　　　　　李雪茹　（西安外国语大学教务处处长、教授）
　　　　　　　肖祥鸿　（上海海事大学副教授、博士）
　　　　　　　彭建仿　（重庆工商大学商务策划学院教授、博士）
　　　　　　　李景东　（内蒙古财经大学商务学院营销系主任、副教授）

委　员　　郝渊晓　张　鸿　董　原　杨树青　费明胜　蔡继荣　邓少灵
　　　　　　　李雪茹　刘晓红　肖祥鸿　彭建仿　徐樱华　邵燕斐　赵玉龙
　　　　　　　李　霞　赵国政　郭　永　邹晓燕　薛　颖　梁俊凤　葛晨霞
　　　　　　　常　亮　余　啸　郝思洁　张　媛　何军红　史贤华　王素侠
　　　　　　　薛　楠　吴聪治　许惠铭　李竹梅　崔　莹　王文军　刘　仓
　　　　　　　李　燕　张芳芳　宋恩梅　宋小强　荆　炜　郭晓云　关辉国
　　　　　　　赵　彦　周美莉　高　帆　杨丹霞　周　琳　韩小红　周　勇
　　　　　　　赵春秀　马晓旭　高　敏　崔　莹　蒋开屏　卢长利　符全胜
　　　　　　　祝火生　高维和　赵永全　迟晓英　张晓燕　任声策　甘胜利
　　　　　　　李　琳　陈　刚　李景东　张　洁　唐家琳　胡　强

总　　序

党的"十八大"以来，我国经济发展逐步告别高增长的发展模式，进入经济增长速度换挡期、结构调整阵痛期、刺激政策消化期的三期叠加的"新常态"的发展阶段，同时将继续"坚定不移地推进经济结构调整、推进经济的转型升级"，努力打造全新的"中国经济的升级版"。随着宏观环境的变化，科学技术的发展，特别是大数据、云计算、电子商务、移动通信技术等广泛应用，出现了诸如微营销、电子商务购物、网络团购等许多新的营销工具，这些新情况需要引起理论界和企业实务界的高度关注。

在这样的大背景下，高校市场营销专业如何培养能够适应未来市场竞争的营销人才，就成为理论工作者必须思考的问题。提高营销人才培养质量，增强学生对市场竞争的应变能力和适应能力，一方面必须进行教学方法改革，注重对学生的能力培养；另一方面要加快教材建设，更新教材内容，吸收前沿理论与知识，总结我国企业营销实践经验，以完善营销学教材体系。

为实现营销人才培养与指导企业实践融合的目标，为适应高校在"十三五"期间市场营销、贸易经济、国际贸易、电子商务、工商管理、物流管理、经济学等专业的教学需要，在中山大学出版社的建议下，由西安交通大学经济与金融学院教授、中国高等院校市场学研究会常务理事及副秘书长、西安现代经济与管理研究院副院长郝渊晓，牵头组织对2009年出版的"普通高等学校'十一五'市场营销专业规划教材"进行全面修订，出版新版的"普通高等学校'十三五'市场营销专业规划教材"。该系列教材一共10本，分别是：《市场营销学》（第2版）、《公共关系学》（第2版）、《消费者行为学》（第2版）、《现代广告学》（第2版）、《商务谈判与推销实务教程》、《分销渠道管理学教程》、《营销策划学教程》、《网络营销学教程》、《市场营销调研学教程》、《国际市场营销学教程》。

本次教材的修订，我们坚持的基本原则和要求是：尽量吸收最新营销理论的前沿知识、方法和工具；更换过时的资料数据，采用最新资料；充实国内外最新案例。本系列教材的编写，汇集了我国30多所高校长期从事营销学教学和研究的专业人员，他们有着丰富的教学及营销实践经验，收集了大量的有价值的营销案例，力图整合国内外已有教材的优点，出版一套能适应营销人才知识更新及能力提升要求的精品教材。

  作为本系列教材的主编,我十分感谢中山大学出版社对教材出版的关心和支持,我也十分感谢每本书的作者为编写教材所付出的艰辛劳动。在教材的编写中,虽然我们尽了最大努力,但由于水平有限,书中难免还有错误和不足之处,恳请同行和读者批评指正。

郝渊晓

2014 年 10 月于西安交通大学经济与金融学院

目 录

第一章 绪 论 (1)
第一节 消费者行为学研究的发展与意义 (1)
一、消费者行为概述 (1)
二、消费者行为学研究的沿革 (2)
三、消费者行为学研究的意义 (6)
第二节 消费者行为学研究的方法、内容与理论基础 (8)
一、研究的方法 (8)
二、研究的理论基础 (12)
三、研究的内容体系 (14)
本章小结 (15)
关键概念 (15)
思考题 (16)
案例 大数据时代下的淘宝"定向"营销 (16)
参考文献 (17)

第二章 消费者决策及其行为过程 (19)
第一节 消费者决策及其行为过程的阶段组成 (19)
一、认知需求 (19)
二、收集信息 (20)
三、评价与选择 (20)
四、购买决策 (20)
五、购后评价 (21)
第二节 消费者需求认知 (23)
一、消费者需求的类型 (23)
二、消费者需求认知的过程 (24)
三、消费需求对购买行为的影响 (25)
四、识别消费者的需求 (26)
五、刺激消费者的需求认知 (29)
第三节 消费者信息收集和处理 (30)
一、信息收集在消费者决策中的作用 (30)
二、收集信息的决定性因素 (31)
三、信息来源 (32)
四、消费者处理信息 (33)

第四节　消费者购买评价与选择 ………………………………………………（34）
　　　　一、选择评价的模式 ……………………………………………………（35）
　　　　二、选择评价的准则 ……………………………………………………（36）
　　第五节　消费者购买过程 …………………………………………………（37）
　　　　一、消费者购买的类型 …………………………………………………（37）
　　　　二、消费者购买决策过程 ………………………………………………（38）
　　　　三、选择购买的决定因素 ………………………………………………（38）
　　第六节　消费者购后评价 …………………………………………………（41）
　　　　一、消费者购后行为与购后冲突 ………………………………………（41）
　　　　二、产品使用与闲弃 ……………………………………………………（42）
　　　　三、产品与包装的处置 …………………………………………………（43）
　　　　四、购买评价和消费者满意 ……………………………………………（44）
　　　　五、消费者不满意的反应 ………………………………………………（45）
　　　　六、消费者重复购买 ……………………………………………………（48）
　　第七节　消费者品牌忠诚 …………………………………………………（51）
　　　　一、消费者品牌忠诚的概念 ……………………………………………（51）
　　　　二、消费者品牌忠诚的作用 ……………………………………………（52）
　　　　三、品牌忠诚的分类 ……………………………………………………（53）
　　　　四、消费者品牌忠诚的评估 ……………………………………………（54）
　　　　五、品牌忠诚影响因素分析 ……………………………………………（56）
　本章小结 ……………………………………………………………………（58）
　关键概念 ……………………………………………………………………（58）
　思考题 ………………………………………………………………………（58）
　案例　小杨如何购买电脑 …………………………………………………（58）
　参考文献 ……………………………………………………………………（60）

第三章　消费者心理活动过程对消费者行为的影响 ……………………（62）
　第一节　消费者心理活动的认识过程 ……………………………………（62）
　　　　一、消费者的感性认识阶段 ……………………………………………（62）
　　　　二、消费者的理性认识阶段 ……………………………………………（70）
　第二节　消费者心理活动的情感过程 ……………………………………（82）
　　　　一、情绪与情感的概念和产生 …………………………………………（82）
　　　　二、情绪与情感的关系 …………………………………………………（83）
　　　　三、情绪与情感的表现形式及类型 ……………………………………（84）
　　　　四、消费者购买活动的情感过程 ………………………………………（85）
　　　　五、培养消费者对商品的积极情感 ……………………………………（87）
　第三节　消费者心理活动的意志过程 ……………………………………（89）
　　　　一、消费者心理活动的意志的概念及特征 ……………………………（89）

二、消费者购买行为的意志过程 ……………………………………………… (89)
　　三、消费者购买意志品质及对购买行为的影响 ………………………… (90)
本章小结 ……………………………………………………………………………… (91)
关键概念 ……………………………………………………………………………… (92)
思考题 ………………………………………………………………………………… (92)
案例一　娱乐业产生好心情 …………………………………………………… (92)
案例二　小米"粉丝经济"和"饥饿营销"背后的消费者心理学 ………… (93)
参考文献 ……………………………………………………………………………… (95)

第四章　消费者需要和购买动机对消费者行为的影响 …………………… (96)
第一节　消费者需要的概念、分类与变化 ………………………………………… (96)
　　一、消费者需要的概念 ……………………………………………………… (96)
　　二、消费者需要的分类和基本内容 ………………………………………… (98)
　　三、消费者需要的特征与形态 …………………………………………… (100)
　　四、消费者需要的变化和趋势 …………………………………………… (102)
　　五、影响消费者需要的因素 ……………………………………………… (105)
　　六、消费需要与消费行为 ………………………………………………… (107)
第二节　消费者的购买动机 ……………………………………………………… (108)
　　一、消费者的购买动机及其形成 ………………………………………… (108)
　　二、消费者购买动机的特征 ……………………………………………… (109)
　　三、消费者购买动机的类型 ……………………………………………… (110)
　　四、消费者的购买动机系统 ……………………………………………… (113)
　　五、消费者购买动机的因素与诱导 ……………………………………… (115)
　　六、购买动机与消费行为的关系 ………………………………………… (116)
第三节　需要理论及其在市场营销活动中的应用 ……………………………… (117)
　　一、需要层次理论 ………………………………………………………… (117)
　　二、双因素理论 …………………………………………………………… (120)
　　三、麦古尼的心理动机理论 ……………………………………………… (121)
　　四、期望价值理论 ………………………………………………………… (122)
本章小结 …………………………………………………………………………… (125)
关键概念 …………………………………………………………………………… (125)
思考题 ……………………………………………………………………………… (125)
案例一　两个皆大欢喜 ………………………………………………………… (125)
案例二　中国绣花鞋畅销美国 ………………………………………………… (126)
参考文献 …………………………………………………………………………… (126)

第五章　消费者资源对消费者行为的影响 …………………………………… (128)
第一节　消费者的经济资源的构成 ……………………………………………… (128)

一、消费者的收入 ……………………………………………………… (128)
　　二、其他经济资源 ……………………………………………………… (133)
　第二节　消费者的时间、注意力与信任资源 …………………………… (135)
　　一、消费者的时间组成 ………………………………………………… (135)
　　二、消费者的注意力与信任 …………………………………………… (140)
　第三节　消费者的能力资源 ……………………………………………… (142)
　　一、消费者的能力概述 ………………………………………………… (142)
　　二、消费者的能力构成 ………………………………………………… (143)
　　三、消费者的能力类型及其消费行为 ………………………………… (145)
　第四节　消费者的知识资源 ……………………………………………… (146)
　　一、消费者知识的内容 ………………………………………………… (146)
　　二、消费者知识的结构 ………………………………………………… (148)
　　三、消费者知识的测量 ………………………………………………… (150)
　本章小结 …………………………………………………………………… (151)
　关键概念 …………………………………………………………………… (152)
　思考题 ……………………………………………………………………… (152)
　案例　节俭租车公司的经营之道 ………………………………………… (152)
　参考文献 …………………………………………………………………… (153)

第六章　学习与记忆对消费者行为的影响 ……………………………… (155)
　第一节　消费者学习对消费行为的影响 ………………………………… (155)
　　一、消费者学习的概念 ………………………………………………… (155)
　　二、学习过程的要素 …………………………………………………… (156)
　第二节　消费者学习的类型、方法对消费行为的影响 ………………… (157)
　　一、消费者学习的类型 ………………………………………………… (157)
　　二、消费者学习的作用 ………………………………………………… (158)
　　三、消费者学习的方法 ………………………………………………… (159)
　　四、学习的相关理论 …………………………………………………… (160)
　第三节　消费者记忆对消费行为的影响 ………………………………… (163)
　　一、消费者记忆的概念 ………………………………………………… (163)
　　二、记忆系统与机制 …………………………………………………… (163)
　　三、记忆过程的几个环节 ……………………………………………… (165)
　　四、遗忘及其影响因素 ………………………………………………… (167)
　　五、遗忘的原因 ………………………………………………………… (169)
　　六、记忆对营销活动的意义 …………………………………………… (170)
　本章小结 …………………………………………………………………… (170)
　关键概念 …………………………………………………………………… (171)
　思考题 ……………………………………………………………………… (171)

案例　快速消费品品牌制造的"收藏品"植入消费者的生活记忆 …………（171）

第七章　消费者态度对消费者行为的影响 ……………………………（174）
第一节　消费者态度概述 ……………………………………………（174）
一、消费者态度的概念 ……………………………………………（174）
二、消费者态度的构成 ……………………………………………（175）
三、消费者态度的特点 ……………………………………………（177）
四、消费者态度的功能 ……………………………………………（178）
五、消费者态度的形成及改变的理论 ……………………………（179）
第二节　消费者态度的改变 …………………………………………（185）
一、态度形成与改变的过程 ………………………………………（185）
二、消费者态度改变的特点 ………………………………………（186）
三、影响消费者态度改变的因素 …………………………………（188）
四、消费者态度测量分析 …………………………………………（190）
五、消费者态度与行为 ……………………………………………（194）
本章小结 …………………………………………………………………（198）
关键概念 …………………………………………………………………（198）
思考题 ……………………………………………………………………（199）
案例　美洲虎公司如何重建消费者的态度 ……………………………（199）
参考文献 …………………………………………………………………（200）

第八章　社会群体因素对消费者行为的影响 …………………………（201）
第一节　社会群体的影响 ……………………………………………（201）
一、社会群体的概念与特征 ………………………………………（201）
二、社会群体分类 …………………………………………………（202）
三、参照群体对消费者行为的影响 ………………………………（204）
四、群体压力与从众 ………………………………………………（208）
五、群体与角色 ……………………………………………………（209）
第二节　社会阶层对消费行为的影响 ………………………………（211）
一、社会阶层的概念与特征 ………………………………………（211）
二、社会阶层的决定因素 …………………………………………（213）
三、社会阶层的划分 ………………………………………………（215）
四、社会阶层与消费者行为 ………………………………………（219）
第三节　家庭对消费者消费行为的影响 ……………………………（221）
一、家庭概述 ………………………………………………………（221）
二、家庭的组成与消费者行为 ……………………………………（222）
三、家庭的生命周期与消费者行为 ………………………………（223）
本章小结 …………………………………………………………………（226）

关键概念 ……………………………………………………………………………… (227)
　　思考题 ………………………………………………………………………………… (227)
　　案例一　"啃老族"现象 ……………………………………………………………… (227)
　　案例二　兰蔻——搜索精准锁定目标群体 ………………………………………… (229)
　　参考文献 ……………………………………………………………………………… (229)

第九章　社会环境因素对消费者行为的影响 ………………………………………… (231)
　　第一节　文化及其对消费者行为的影响 …………………………………………… (231)
　　　　一、文化的概念 ………………………………………………………………… (231)
　　　　二、文化的特征 ………………………………………………………………… (231)
　　　　三、消费者文化价值观 ………………………………………………………… (233)
　　　　四、亚文化与消费者行为 ……………………………………………………… (237)
　　　　五、文化对消费者行为的影响 ………………………………………………… (238)
　　　　六、中国传统文化及其对消费者行为的影响 ………………………………… (240)
　　　　七、跨文化营销 ………………………………………………………………… (243)
　　第二节　政治、经济环境对消费者行为的影响 …………………………………… (246)
　　　　一、政治环境对消费者行为的影响 …………………………………………… (246)
　　　　二、经济环境对消费者行为的影响 …………………………………………… (247)
　　第三节　流行及其对消费者行为的影响 …………………………………………… (249)
　　　　一、流行的概念 ………………………………………………………………… (249)
　　　　二、流行的分类 ………………………………………………………………… (250)
　　　　三、流行的特征 ………………………………………………………………… (251)
　　　　四、流行与消费者行为的关系 ………………………………………………… (251)
　　第四节　情境及其对消费者行为的影响 …………………………………………… (252)
　　　　一、情境的概念 ………………………………………………………………… (252)
　　　　二、情境分析 …………………………………………………………………… (253)
　　　　三、情境、产品和消费者之间的相互影响 …………………………………… (255)
　　本章小结 ……………………………………………………………………………… (255)
　　关键概念 ……………………………………………………………………………… (255)
　　思考题 ………………………………………………………………………………… (256)
　　案例　丰田汽车广告的失误 ………………………………………………………… (256)
　　参考文献 ……………………………………………………………………………… (256)

第十章　网络消费心理与消费行为 …………………………………………………… (258)
　　第一节　网络消费者的特征及研究意义 …………………………………………… (258)
　　　　一、网络消费者的主要特征 …………………………………………………… (258)
　　　　二、网络消费行为研究的意义 ………………………………………………… (259)
　　第二节　网络消费者购物的心理特征及购物动机 ………………………………… (260)

一、网络消费者的心理特征 …………………………………… (260)
　　二、网络消费者的购物需求 …………………………………… (261)
　　三、网络消费者的购物动机 …………………………………… (262)
　第三节　网络消费者的购买过程 …………………………………… (263)
　　一、需求的诱发 ………………………………………………… (264)
　　二、收集信息 …………………………………………………… (264)
　　三、比较选择 …………………………………………………… (264)
　　四、购买决策 …………………………………………………… (264)
　　五、购买评价 …………………………………………………… (264)
　第四节　网络营销策略 ……………………………………………… (265)
　　一、提供个性化的产品与服务 ………………………………… (265)
　　二、改进和加快新产品研发 …………………………………… (265)
　　三、建立弹性价格体系并开发智慧型议价系统 ……………… (265)
　　四、利用网络特征优势实现营销互动 ………………………… (265)
　　五、提高员工素质和服务效率 ………………………………… (266)
　　六、搞好网站建设 ……………………………………………… (266)
　　七、消除消费者对网上购物安全性的疑虑 …………………… (267)
　　八、制定网络营销产品的定价和促销对策 …………………… (267)
本章小结 ……………………………………………………………… (269)
关键概念 ……………………………………………………………… (269)
思考题 ………………………………………………………………… (270)
案例一　可口可乐公司的网络营销策略 …………………………… (270)
案例二　通用电气公司的网络营销 ………………………………… (270)
参考文献 ……………………………………………………………… (271)

后　记 ……………………………………………………………… (272)

第一章 绪 论

本章学习目标

通过本章学习,应掌握以下内容:①在了解消费者行为的基本概念、认识消费者行为学研究的重要意义的基础上掌握消费者行为学研究的内容体系;②在了解消费者行为学研究的历史和理论的基础上掌握消费者行为学研究的方法。

第一节 消费者行为学研究的发展与意义

一、消费者行为概述

(一)消费者

我们每一个人都是消费者,因为我们每天为了满足自身需要而进行着各种有形产品或服务的消费活动。

狭义的消费者,是指购买、使用各种产品或服务的个人、家庭或住户。广义的消费者,是指购买、使用各种产品或服务的个人或组织。本书从狭义的消费者这一角度来进行研究。

同时,在研究消费者行为时也包含着对消费者购买决策过程中不同角色的研究和分析,因为这五种角色对于产品或服务是否能够最终赢得消费者的认可、接受和重复购买都是至关重要的(见表 1-1)。

表 1-1 购买决策过程中的角色类型

角色类型	角色描述
倡议者	首先提出或有意购买某一产品或服务的人
影响者	其看法或建议对最终购买决策具有一定影响的人
决策者	对是否买、为何买、如何买、哪里买等方面作出部分或全部决定的人
购买者	实际购买产品或服务的人
使用者	实际消费或使用产品或服务的人

资料来源:菲利普·科特勒:《营销管理》,中国人民大学出版社 2005 年版,第 226~227 页。

(二) 消费者行为

对于消费者行为概念的认识和理解不同，所识别和考虑的影响消费者行为的关键因素以及基于此而提出的消费者行为分析模型、分析原则和方法也会有所不同。

恩格尔（Engel，1986）等把消费者行为定义为"为获取、使用、处置消费物品所采取的各种行动以及先于决定这些行动的决策过程。"根据这一定义，消费者行为研究不仅要关注消费者是如何获取产品或服务的，而且还要了解消费者是如何消费或使用产品或服务，以及产品或服务在使用或消费之后是如何被处置的。因为消费者消费产品或服务的体验，处置这些产品或服务的方式和感受，都会影响消费者的满意程度和是否重复购买。

莫温（Mowen，1993）从消费者行为学的角度界定了消费者行为。他认为："消费者行为学研究的是购买单位（包括个人和团体）及其在获取、消费和处置商品、服务、经验和观念时发生的交换过程。他强调的消费者行为学作为一门学科所要研究的对象，包括"购买单位"及其发生的交换过程。

所罗门（Solomon，1998）与莫温的定义比较接近，他认为，消费者行为学"是对一系列过程的研究，而这一系列过程正是由于个人或团体的选择、购买、使用或处置商品、服务、计划和经验以满足需求和欲望时所引起的"。他更加强调消费行为的目的，即为了满足需求和欲望，这使他的定义和市场营销的顾客导向理念具有了一致性。

以上定义的共同之处是把消费者行为看作一个过程，另外，这些定义也存在明显的不足：对消费者行为过程中的心理状态、心理过程有重视不够之嫌；对构成或影响消费者行为的关键要素没有在概念中加以识别和反映；由于没有考虑到影响消费者行为的关键变量，这些定义对消费者行为的动态特征也未给予足够的重视。

本书中我们更加倾向于采用美国市场营销学会（AMA）的定义："消费者行为是指感情、认知、行为以及环境因素之间的动态互动过程，是人类履行生活中交换职能的行为基础。"这一定义强调了三层重要的含义：①消费者行为包含了感知、认知、行为及环境因素之间的交互作用，研究消费者行为必须了解消费者的感知、认知、行为以及感知、认知、行为相互影响的事件和环境因素；②消费者行为是动态变化的，即个体消费者、消费者群体和整个社会环境随着时间的推移在不断地变化，消费者行为会受到特定时期、特定产品以及特定环境的影响；③消费者行为包含了人类之间的交易，消费者行为是交易职能的行为基础，这使消费者行为的定义与市场营销的定义保持了一致性，市场营销的定义也强调了交易，市场营销就是通过制定适当的战略和策略与消费者进行交易。

二、消费者行为学研究的沿革

消费者行为学成为一门独立的学科体系大约在20世纪60年代。在此之前，有关研究却经历了漫长的理论与实践的积累和演变过程，理论研究的每一步前进，都始终和社会经济的发展进程以及相关学科的不断完善紧密相连。因此，两者构成了消费者心理与行为研究和发展的坚实基础。

（一）消费者行为学产生的社会历史条件

消费者心理与消费者行为是客观存在的现象。但人们对消费者心理与行为的重视和研究却是随着商品经济的发展而逐渐加深并展开的。

在小商品生产条件下，生产力发展极为缓慢，可供交换的剩余产品数量极为有限，市场范围狭窄，小生产者和商人无需考虑如何扩大商品的销路，因而客观上没有专门研究消费者心理和行为的必要。但是对消费行为的研究，很早就已萌芽。在我国春秋战国时期，计然运用他的经济循环学说预测市场，发现了物价随天时和气候而变化的规律，提出了"旱则资舟，水则资车，物之理也"的经营原理。意思是天旱的时候，船价下跌，应当大量收购船只，等待以后发水船价上涨时发个利市；在水灾车价下跌时，则要收购大量的车子贮备起来，等待以后天旱车价上涨时好赚大钱。我国古代的商店、饭店等都用招贴、幌子等以引起顾客的注意，也会通过匾额、题词和对联等方式做广告。这说明，分析和预测消费者需求早已有之，但并不表示具有完整体系的消费者行为学已产生。

18世纪中叶，以工业革命为标志的资本主义生产方式确立，为商品经济的发展提供了有利的契机。19世纪末20世纪初，资本主义经济进入繁荣发展阶段。随着大机器生产体系的建立，生产社会化程度提高，企业的生产能力和生产率得到大幅度提高。同时，资本主义经济固有的生产能力相对过剩与有支付能力的需求相对不足之间的矛盾日益突出。为了解决销售问题，一些企业开始把注意力放在寻求开拓市场的途径上；其中，了解消费需求、引起消费者对商品的兴趣和购买欲望、促成购买行为等问题，日益引起企业的兴趣。至此，对消费者心理和行为进行研究的必要性才变得十分明显。

这一时期，心理学的发展也为消费者行为学的产生提供了理论基础。心理学领域各种流派发展迅速，如结构学派、功能学派、行为学派、格式塔学派等；不同学派的学术观点争论激烈，促成了认知理论、学习理论、态度改变理论、个性理论、心理学分析方法等各种理论和方法的创立。正是这些理论和方法为消费者行为学的产生奠定了坚实的科学基础。而且，心理学的运用也日渐广泛。越来越多的心理学家不局限于从事纯学术研究，纷纷把目光投向工业、军事、教育、医学等领域，尝试运用心理学的理论和方法来解释和指导人们的社会生活实践。有关消费者心理和行为的研究，也在这一潮流的推动下应运而生。

综上所述，消费者行为学的产生一方面是商品经济和生产力发展的客观需要，另一方面也是心理学等相关学科日益发展的结果。

（二）消费者行为学的学科化与发展

消费者行为学发展成独立的一门学科不过短短的40多年，它的形成和发展可以分为三个时期：

1. 萌芽阶段

19世纪末20世纪初，专门研究消费者行为与心理的理论开始出现并得到初步的发展。20世纪20年代以前，在卖方市场形势下，多数企业奉行以生产为中心的"生产观念"，认为消费者欢迎那些可以买得到和买得起的商品，企业只需集中精力发展生产、增加产量、降低成本。受生产观念的影响，这一时期的研究进展较为缓慢。1899年，社会学家韦伯伦出版了《有闲阶级论》一书，书中提出了广义的消费概念，认为过度的消费是人们在炫耀心理支配下产生的。这些研究引起了心理学家和社会学家的注意。1901年12月，美国心理学家斯科特在西北大学演讲，提出了广告应发展成一门学科，而心理学可以在其中发挥作用的见解。在同一时期，美国明尼苏达大学心理学家H.盖尔出版了《广告心理学》一书，系统地论述了商品广告中如何运用心理学原理引起消费者的兴趣和注意。1908年，美国社会学家E. A. 罗斯出版了《社会心理学》一书，着重分析了个人和群体在社会生活中的心理与行为，开辟了群体消费心理的新研究领域。1912年，德国心理学家闵斯特伯格出版了《心理学与经济生活》一书，书中阐述了广告和橱窗对消费心理的影响。

20世纪20年代至第二次世界大战期间，西方主要资本主义国家处于由"卖方市场"向"买方市场"过渡的阶段。由于产品积压、销售不畅，多数企业从重生产、轻销售的传统思想转而遵从"推销观念"，即企业认识到如果采取适当的推销措施，消费者有可能购买更多的产品。受这一观念的驱使，企业力图求助于广告宣传和其他推销手段，努力探索如何引起消费者的兴趣、获得潜在顾客。为了适应企业界的这一要求，一些心理学家用心理学原理系统地研究广告设计和手段的运用对消费者产生的影响。例如，采用何种版面设计、色彩、插图和文字可以更好地引起消费者的兴趣？广告应刊登在杂志的前半部还是后半部？有关学者开始了对消费者心理的系统研究，并首先在广告心理研究和销售心理研究方面取得进展。1920—1930年间，丹尼尔·斯塔奇出版了《斯塔奇广告回忆指南》和《广告学原理》，书中着重阐述了消费心理学在广告中的运用。他研究了广告面积、色彩、文字、编排等因素与广告效果的关系，并且注意到了商品宣传在销售方面的作用。"行为主义"心理学之父约翰·华生提出的刺激-反映理论揭示了消费者接收广告刺激与产生行为反映的关系。

在这一阶段，消费者行为学研究的范围较窄，研究的重点是促进企业的产品销售，而不是满足消费者的需求。无论是经济学家还是心理学家，在研究广告问题和销售问题时，关注的焦点都不是现实中的消费者。经济学家把消费者看成经济人，假定消费者以效用最大化为目标，只有在慎重的考虑之后才会作出消费决策。心理学家则是依赖苛刻受控条件下的实验来分析消费者行为。因此，当时的研究结论与现实中的消费者行为相去甚远，并没有被充分应用到市场营销中，也未引起社会的广泛重视。

2. 应用阶段

这一阶段始于20世纪30年代，1929—1933年的经济大危机，使得生产过剩，产品大量积压。为了促进销售，减少产品积压，企业纷纷加强了广告、促销等方面的力度，企业对消费者行为研究成果表现出越来越浓厚的兴趣。这进一步推动了理论界对消费需求、消费者心理、消费趋势等课题的研究，并利用多种方法对消费者需求进行调查。一个从多层次、多角度研究消费心理的趋势渐渐形成，并为"二战"之后这一研究领域的全面发展奠定了基础。

"二战"之后，随着第三次科技革命的深入，劳动生产率空前提高，产品供过于求的买方市场更趋明显，消费者行为也日益多样化、个性化。为了在买方市场下扩大销售、增加盈利，企业纷纷转向奉行"市场观念"，即以消费者为中心，集中企业的一切资源力量，千方百计地满足顾客需要。在企业经营方式上，也由以产定销改为以销定产。在此背景下，越来越多的心理学家、经济学家、社会学家加入消费者行为研究的队伍，并相继提出了许多理论。

首先取得进展的是关于消费动机的研究。一些心理学家尝试把心理分析理论和心理诊疗技术应用在研究中，试图找出隐藏在各种购买行为之后的深层动因。欧内斯特·狄斯特开展了"消费动机"的研究；密歇根大学的 G. 卡陶纳开展了"消费期望和消费态度"的研究；心理学家海尔通过对两组不同的消费者在购买速溶咖啡问题上的回答找出了家庭主妇不喜欢购买速溶咖啡的真正原因，提出了消费者潜在的或隐藏的购买动机的理论。这些成果都引起了企业界的重视。与此同时，一些工程师、制造商在新产品的研制过程中发现，产品的外观、造型、性能等对消费者心理有重要影响。为此，一些学者运用心理学中有关知觉的理论和方法来进行研究。哈佛大学 R. A. 鲍尔开展了"知觉到风险"的研究；罗杰·L. 诺兰开展了"新产品初步设计研究"和"定位研究"，这些研究为消费者心理与行为研究开辟了一个新的领域。

20 世纪 50 年代的其他一些研究同样值得关注。美国心理学家马斯洛提出需要层次理论，把消费者的需要分为生理、安全、社会、尊重和自我实现五个层次。同一时期，其他学者也将社会学、社会心理学等有关理论和概念相继引入，由此推动了一系列新的研究的发展。例如，社会群体、社会阶层、家庭结构等对消费行为的影响，意见领袖在新产品推广中的作用，信息传递中的群体影响，等等。这些研究都丰富了消费者行为学的内容。

进入 20 世纪 60 年代，随着市场的繁荣和人们收入水平的提高，消费者的心理和行为更加复杂，企业之间的竞争空前激烈。与此相适应，对消费者心理与行为的研究进入蓬勃发展阶段。消费者行为学从其他学科中分离出来，成为了一门独立的学科。1965 年，美国俄亥俄州立大学正式提出了第一个消费者行为学课程的教学大纲，1968 年，J. F. 恩格尔、R. D. 布莱克韦尔和 D. T. 克拉特合著的《消费者行为学》，引用了作者多年的研究成果和其他专家学者的理论、技术和案例，构建了消费者行为学的体系结构，为这门学科的建立奠定了基础。

3. 变革和发展阶段

20 世纪 70 年代以来，有关消费者心理与行为的研究进入全面发展和成熟的阶段。前人的研究成果经过归纳、综合，逐步趋于系统化，有关的研究机构和学术刊物不断增加。在这一时期，由于社会环境急剧变化和消费者自身素质的提高，消费行为比以往任何时期都更为复杂，传统的研究已经很难对此作出解释。因而，在现今的消费者行为研究中，综合运用了计算机、经济学、经济数学、行为学、社会学、运筹学、市场营销、管理学等相关学科的最新研究成果。多学科的相互渗透、相互促进，使消费者行为的研究领域不断扩大和深化。研究的内容也扩大到文化消费、消费决策模式、消费生态、消费政策、消费者保护、消费信息处理、消费心理内在结构、消费信用、消费法学等领域。另外，一些新的研究主题，如关于顾客价值、顾客满意、顾客关系以及品牌资产等的出现,也极大地丰富了消费者行为学的内容,使之得到了空前的发展。

现今,除大学和学术团体外,一些大公司也纷纷设立专门的研究机构,从事消费者心理和行为的研究。有关消费者心理与行为的理论和知识的传播越来越广,并且也越来越受社会各界的重视。

综观近年来的研究现状,可以发现以下新的发展趋势。

(1) 研究角度趋于多元化。长期以来,人们一般是从生产者和经营者的角度研究消费者行为的,旨在通过帮助企业满足消费者的消费需求来扩大销售,从而增加企业盈利。现在,来自不同学科领域的研究人员,纷纷从各自的角度出发,对消费者行为进行研究。有些学者从自己的学科专业角度来进行研究,如试验心理学对产品在消费者感知、学习和记忆过程中的作用,微观经济学对产品在人类生态学、个人或家庭资源分配中的作用,符号学对产品在视觉传播和消费者自我表述中的作用,历史学对产品在长期的社会变迁中的作用等进行的研究,等等。也有一些学者把消费者心理与行为同更加广泛的社会问题联系在一起,从宏观经济、自然资源和环境保护、消费者利益、生活方式等角度进行研究。例如,从消费者利益角度研究消费者心理,从而帮助消费者提高消费能力,让消费者学会保护自身的利益。再如,开展有关生活方式的专门研究,即把消费者作为"生活者",研究不同消费者生活方式的特点及其与消费者的消费意识、消费态度、购买行为的关系,从而帮助消费者提高生活质量。

(2) 研究方法趋于定量化。由于多学科的参与,各自学科领域不同的研究方法都被引入消费者行为研究领域。如源自自然科学领域的实验方法、调查技术和观察法,以及源自社会科学领域的深度访谈、符号学方法,等等,目前在消费者行为研究中都有广泛的应用。由于消费者行为的复杂化,单纯对某一消费现象进行定性分析显然是不够的。为此,许多学者越来越倾向于采用定量分析方法,运用统计分析技术、信息处理技术以及运筹学、动态分析等现代科学方法和技术手段,来对消费者行为进行分析。定量分析的结果,使建立更加精确的消费行为模式成为可能。

(3) 研究范围的广泛性。消费者的感情与认知、消费文化、信息处理、消费生态、消费者的记忆、消费者的产品知识与品牌忠诚度之间的关系问题、消费者的外在行为及其管理模式、消费者权益保护的政策与法律问题等,全都纳入了消费者行为分析的范围。由于研究范畴过大,近年来有一些学者试图将消费者行为学研究的已有成果和理论,综合成一个全面、系统的理论体系,但至今仍未取得实质性的进展。由此来看,消费者行为学还远不是一门成熟的学科,它有着非常广阔的发展空间与前景。

总之,今后消费者行为的研究在内容上会更加全面,理论分析更为深入,学科体系趋于完善,研究成果在实践中会得到越来越广泛的应用。

三、消费者行为学研究的意义

(一) 有利于增强企业的竞争能力

现今社会的企业竞争日益激烈,市场供求状况的改善和多数商品买方市场的形成,使企业之间的竞争焦点集中到争夺消费者上来。谁的商品或服务能够获得更多的消费者，谁就在竞争中处于优势地位，就能获得较大的市场份额；反之，如果失去消费者，则会丧失竞争力，甚至危及企业的生存。因而，企业为了在激烈的竞争中获得生存和发展，必须千方百计开拓市场，借助各种营销手段获取消费者，满足其多样化的消费需求，巩固和扩大市场占有率。企业要使自己的营销手段取得好的效果，必须加强对消费者行为的研究，了解和掌握消费者心理和行为活动的特点和规律，才能为制订营销战略和策略组合提供依据，将各种营销手段或诱因作用于消费者，来引起消费者的心理反应、激发消费者的购买欲望、进而促进消费者的购买行为的实现。例如，在企业广告宣传方面，可以根据消费者在知觉、注意、记忆、学习等方面的心理活动规律，选择合适的广告媒体和传播方式，提高商品信息的传递与接收的效果，促进企业商品的销售。宝洁公司曾首家开发出商标为"帮宝适"的一次性尿布，这种尿布非常方便，容易使用并且节省时间，但是当这些显而易见的好处在早期的广告和促销活动中被大力渲染的时候，产品的销售却一片苍白。后来，宝洁通过科学的调查研究，洞察问题所在，得知母亲更加关心婴儿的利益，其次才是自己的利益。这一研究使营销策略发生重大转变，新的广告强调"帮宝适"可以保持婴儿更加干爽、更加舒适快乐，由此产品的销量直线上升。实践证明，消费者的需要被满足得越充分，消费者的满意程度越高，其重复购买和劝说别人购买的概率就会越高，企业就越处于一种良好发展的态势。企业只有不断满足消费者的需求，才能具有较强的竞争能力，才能在瞬息万变的市场中应付自如。

（二）有助于引导和帮助消费者，保护消费者权益

在现实生活中，消费者由于商品知识不足、认知水平较低、消费观念陈旧、信息筛选能力较低等原因，致使决策失误、盲目购买、效果不佳，甚至利益受到损坏的现象随处可见。因此，从消费者的角度，加强对消费者心理与行为的研究是必要的。一方面，通过相关知识的普及传播，帮助消费者建立正确的消费观念和消费方式，帮助消费者学会从大量的信息中筛选对自己有用的信息，懂得如何以较少的花费获得更多的收益，提高决策水平，使消费行为更为合理。另一方面，与企业相比，消费者是单个、弱势的。有些企业为了获得短期的利益，采取一些不正当的手段来获得消费者的消费，如企业运用欺骗性或误导性广告、播放有不良社会影响的广告、推销人员采用欺骗或强制等方法迫使消费者去购买他们并不需要也不想买的产品、采用不正当的销售行为等，这些都会给消费者带来利益的损害。因此，了解消费者行为的知识对消费者自己亦有好处，特别是有助于识别一些容易上当受骗的销售手段。例如，一些贩卖者惯用"贱卖"、"便宜"的叫卖来引诱消费者，以达到推销次货、陈货的目的；还有一些摊贩雇佣"托儿"，造成一种从众的气氛，引诱一些消费者上当受骗。了解这些欺骗手段，可以帮助消费者免受其害。而且，通过研究消费者行为，可以从保护消费者权益的角度，为政府或主管部门拟定公共政策提供依据。

（三）有利于国家制定宏观经济政策

在买方市场占主导的今天，消费者心理活动和行为模式的变化会直接影响市场供求状况的改变，进而对一国的国民经济产生连锁影响。例如，如果消费者物价下跌的心理

预期过强，就会出现持币观望的现象，从而使国内的消费不足，市场疲软，国民经济增长速度放缓或出现下滑。作为宏观经济政策和法律制定者的国家机关，必须要了解民众所需，才能很好地制定出与经济、社会福利或其他公共领域有关的政策法律。要了解民众所需，就必须透彻地了解消费者的购买行为与心理规律，把握影响消费者购买行为的个性因素，准确预测消费需求的变动趋势。只有这样，才能促进国民经济健康协调地发展。

第二节 消费者行为学研究的方法、内容与理论基础

一、研究的方法

消费者行为学是以行为科学研究的一般方法为基础，吸纳、借鉴、创新、发展多门学科的研究方法，形成了自己的研究方法体系。消费者行为学研究的方法主要有观察法、实验法、调查法、问卷法、深度访谈法、投射法、隐喻分析、人类学方法、符号学方法等几种。

（一）观察法

观察法，是指研究人员通过对消费者外部表现的直接观察与记录来分析消费者的心理活动，揭示消费者行为规律的一种方法。例如，很多大公司和广告代理商让一些经过训练的研究者到购物场所实地观察顾客的购买行动或去观察消费者在商店、商业街或自己家里的录像。运用观察法，首先应有明确的目标，要事先制订研究计划，还要拟订详细的观察提纲。观察过程中要能够敏锐地捕捉各种现象，并且详细、准确地记录下来，以便及时进行整理分析。只有这样，才能了解消费者的行为反应的特点，分析消费者心理活动的规律，为刺激消费者的行为反应提供策略选择的依据。

观察法可以从不同的角度加以分类，可分为以下几种类型：

（1）直接观察法和间接观察法。直接观察法是指观察那些正在发生的行为，间接观察法是指对一些隐藏行为的观察。采用间接观察法时，研究人员注意某一行为造成的影响或结果多于注意行为本身。

（2）公开观察和隐蔽观察。观察者的身份是公开的，并且消费者意识到自己的行为被观察的，就是公开观察。隐蔽观察则是指观察者的身份不公开，而且消费者没有意识到有人在观察自己。

（3）人工观察法和机械观察法。观察者是研究人员雇佣的人员或其本人，这是人工观察法。机械观察法则是运用机械性或电子设备来记录顾客的行为或是对营销刺激的反应，如银行使用安全照相机监测使用自动取款机的用户。在技术发展迅猛的今天，机械观察法值得注意。

（4）结构性观察与非结构性观察。如果将结构观察限定在预先确定的那些行为上，就是结构性观察。对所有出现的行为都进行观察和记录的则是非结构性观察。

（二）实验法

实验法是有目的地严格控制或设定一定的条件，人为地引起某种心理现象产生，从而对它进行分析研究的方法。研究者通过此方法试图研究确定具体的营销刺激，如广告、包装、价格等对消费者反应的影响。在实验过程中，研究人员必须对各种可能影响消费者反应的因素加以严格控制，这样才能检验各种营销刺激与特定的消费者反应如试用新产品、增加购买量等之间的关系。

实验法有两种形式：实验室实验法和自然实验法。

实验室实验法是指在专门的实验室内，借助仪器、设备等进行心理测试和分析的方法。在设备完善的实验室里研究心理现象，从呈现刺激到记录被试者反应、数据的计算和统计处理，都采用电子计算机、录音、录像等现代化手段，因而对心理现象的产生原因、被试者行为表现的记录和分析都是较为精确的。这种方法因借助仪器会得到比较科学的结果，但是存在无法测定比较复杂的个性心理活动的缺点。

自然实验法是指企业通过适当地控制和创造某些条件，刺激和诱导消费者的心理，或者是利用一定的实验对象对某个心理问题进行试验，最终记录下消费者的各种心理表现。例如，选择具有代表意义的商场，在特定的时间内，或者改变产品价格，或者改变产品包装，或者推出新的促销手段，来观察和分析消费者的反应。但现实营销环境复杂，对有些变量难以实施有效的控制，不可避免地会影响实验结果的准确性和可靠性。

（三）调查法

调查法是从大量的消费者系统中收集信息的方法。例如，中国移动如果要确定消费者对全球通品牌的态度，它可以将相关的问题编成问卷，并向一组有代表性的全球通用户提这些问题。

调查可以采用邮寄问卷、电话访问、个人访谈、在线调查等方式。邮寄问卷的操作是把问卷直接寄到消费者个体家中。邮寄问卷的主要问题是回收率较低，但是研究者们已经开发出许多技术以提高回收率，例如，装入一个贴上邮票、写好回信地址的信封，使用刺激性的问卷，等等。电话访问是研究人员利用电话等工具与消费者交谈或进行询问来达到了解消费者的心理活动和行为趋向的目的。个人访谈是研究人员与消费者面对面的交谈和询问进而了解消费者心理状况和行为取向。个人访谈通常在家里和购物现场进行，不过现在在西方，商业街的拦截访谈比家庭访谈运用得更广泛。在线调查是通过网络进行的调查，被调查者直接通过计算机广告或主页到市场营销的网站回答问题。这些调查方法各有优缺点，研究者在选择时要加以衡量。

（四）问卷法

从严格意义上讲，问卷法也是调查法的一种。它是根据研究内容的要求，由调查者设计一份调查表，由被调查者填写，然后汇总调查表并进行分析研究的一种方法。

问卷要求被调查者回答问题明确，表达正确。通过对问卷的结果作认真细致的数量和质量的分析，可以明确某一年龄阶段或某一阶层的人群的消费心理倾向。根据研究课题性质和目的的不同，问卷可分为无结构型问卷和结构型问卷两种。

（1）无结构型问卷，又称为开放式问卷。它的特点是在问题的设置和安排上，没有严格的结构形式，被调查者可以依据本人的意愿作自由的回答。无结构型问卷一般较少作为单独的问卷进行使用，往往是在对某些问题需要作进一步深入的调查时，和结构型问卷结合使用。通过无结构型问卷，可以收集到范围较广泛的资料，可以深入发现某些特殊的问题，探询到某些特殊的调查对象的特殊意见，也可以获得某项研究的补充和验证资料。有时候研究者可以根据被调查者的反应，形成另一个新问题，作进一步的调查，使研究者与调查对象之间形成交流，使研究更为深入。

（2）结构型问卷，又称为封闭式问卷。它的特点是，问题的设置和安排具有结构化形式，问卷中提供有限量的答案，受试者只能选择作答。由于设置了有限的答案供受试者选择作答，因此它适用于广泛的、不同阶层的调查对象；同时有利于控制和确定研究变量之间的关系，易于量化和进行数据的统计处理，因此，这类问卷被普遍使用。但是，正因为限制性的选答，所以通过回收的问卷也难以发现特殊的问题，难以获得较深入、详尽的资料。因此，通常在以结构型问卷为主的情况下，加入一两个无结构型问题，两种类型的问卷结合使用可以获得较好的效果。

（五）深度访谈法

深度访谈是一个经过训练的访问者和被访者之间一次较长时间、非结构化的访谈，一般持续的时间通常是30分钟到60分钟。访问者在确定讨论主题后应尽量减少自己的参与。除了讨论产品的种类与品牌等相关的话题外，被访问者还常被鼓励自由谈论他们的活动、态度、兴趣等。这些给营销人员提供了非常有价值的有关产品设计或需要重新设计的观点，提供了产品定位或需要重新定位的各种见解。在进行深度访谈时，一般由访问者携带一张写有话题的清单或一些开放式的问题，如"你能详细阐述一些你的观点吗？""你能给我一些特别的理由吗？"等。这些问题的提出并非是为了触及被访问者潜意识的动机，而是用来询问被访问者意识到的原因，从而帮助研究者了解被访问者的真实想法。

深度访谈有一定的优势，它消除了被访问者的群体压力，因而会获得较真实的信息；一对一的交流能够帮助访问者与被访问者之间感情上的交流和互动，有助于更多信息的提供；通过双方的交流，可以更加深入地揭示隐藏在表面陈述下的各种感受和动机。因此，在一些情况下，深度访谈是唯一获取信息的方法，如竞争者之间的调查和有利益冲突的群体之间的调查等。但是，深度访谈存在如下不足：它的成本较高，调查的速度较慢，每天完成的调查样本量较少，相对访问时间较长，可能会影响访问者和被访问者的情绪，而且相对拒访率较高。

（六）投射法

所谓投射法，就是让被试者通过一定的媒介，建立起自己的想象世界，在无拘束的情景中，显露出其个性特征的一种个性测试方法。测试中的媒介，可以是一些没有规则的线条；可以是一些有意义的图片；可以是一些只有头没有尾的句子；也可是一个故事的开头,让被试者来编故事的结尾。因为这一画面是模糊的,所以一个人的说明只能是来自于他的想象。通过不同的回答和反应,可以了解不同人的个性。投射法用于消费者心理与行为的研究,主要是给消费者一些意义并不确定的刺激,通过消费者的想象或解释,使其内心的愿望、动机、态度或情感等深层次的东西在不知不觉中投射出来。

投射法的最大优点在于主试者的意图目的藏而不露,这样就创造了一个比较客观的外界条件,使测试的结果比较真实。它真实性强,比较客观,对被试者的心理活动了解得比较深入;但缺点是分析比较困难,需要有经过专门培训的人员来进行操作。常用的投射法有语言联想法、造句测验法、主题感知测验法和角色扮演法等。

(1) 语言联想法。语言联想法是向消费者提供一系列意义不相关联的词语,要求消费者见到词语立即说出最先联想到的其他词汇,通过分析比较消费者作出反应的词汇和反应时间,从而推断消费者对刺激词语的印象、态度和动机。例如,看到"电视机"所联想的某种品牌、看到"果汁"可能联想的任何其他词语等。

(2) 造句测验法。造句测验或称句子完成法,通常是事先准备好几个关于某一事物的未完成的句子。例如,"买车要买……牌的轿车","一想起电脑,我首先想到的就是……",要求消费者进行填补。在这种情况下,消费者会不自觉地将自己的内心情感、态度、需要等情意因素投射到反应之中。通过对消费者所填内容进行分析,可以了解消费者的愿望或偏好,进而能够推断出消费者对某种产品或某品牌的评价或态度。

(3) 主题感知测验法。主题感知测验法全套测验有30张黑白图片和一张空白卡片。图片内容多为一个或多个人物处在模糊背景中,但内容隐晦不清或意义模棱两可。然后由消费者根据图画讲个故事,故事应该包含三个基本维度:①图片上的情境是怎么造成的;②图片中的情境表示发生什么事件,并描述其角色的情绪表现;③结果会怎样。表面上看,这一活动是绝对自由的,比如在指导语中,会鼓励消费者无拘束地想象,自由随意地讲述,故事情节愈生动戏剧性愈好;但是实际上,消费者在这个过程中会不自觉地根据自己潜意识中的欲望、情绪、动机或冲突来编织一个逻辑上连贯的故事。这样,研究人员可以根据消费者投射到图上的意思,分析消费者的各种心理活动,从而推断消费者的需求、兴趣、动机、情感和态度等心理倾向。

(4) 角色扮演法。所谓角色扮演,是指由消费者扮演某一角色,对某一特定事物或某一特定行为作出评价。这种方法不是要求消费者直接表明自己对某商品或某一活动的态度,而是通过对其他人动机或态度的描述来透射出自己真实的动机和态度。

(七) 隐喻分析

近几年来,很多研究者认为大多数人的沟通是非语言性的,人们在思考问题时,不是用文字来思考,而是用意向。如果消费者的思考过程包括一系列的意向或是脑海中的图片,那么在研究过程中,仅仅要求消费者用文字来表达是不够的。因此,让消费者用一种不同的、非语言的形式,如通过对声音、绘画、音乐等的描述来表现其意向、展示对其他事物的感觉,这种方法即为隐喻。

很多企业会综合使用以上方法,这样可以更科学、更准确地判断消费者的心理变化。另外,随着社会的不断发展,消费者行为的研究方法必将不断完善。

（八）人类学方法

人类学方法来源于文化人类学中的研究技术，他要求研究者将自己置身于被研究的社会群体之中，去理解该社会群体各种实践活动的文化含义。例如，美国一家大型广告公司曾选择了伊利诺伊州的一个小镇进行研究，希望了解当地消费者关心的具有代表性的问题。研究人员试努力成为"小镇中的一员"，他们同小镇的居民进行沟通交流，参加镇上的聚会，切实了解该社会群体所关心的代表性问题。

（九）符号学方法

消费者常常会按照象征意义来解释和理解各种营销刺激和环境中其他的事物。符号学（Semiotics）所关注的就是符号与象征意义之间的关系及其在赋予含义过程中所起的作用。丹德里奇、米特洛夫和乔伊斯把符号区分为三种类型：①语言类，包括神话、传说、故事、标语、笑话、流言等；②动作类，包括仪式、聚会、饮食、休闲活动、习惯等；③物质类，包括地理位置标志、成果作品、标志物、奖品、徽章等。每一类符号都在描述、能量控制和系统维持等各个层次发挥功能。例如，某个群体中流传的故事可以发挥描述的功能（如提供信息和引起同感的体验）、能量控制功能（如增强或缓和消费者群体与公司以及群体成员之间的紧张氛围）、或通过把该符号作为某些行动（如维持与特定公司的忠诚关系、重复购买等）的理由而促进系统的维持。在消费者行为的研究中，符号学方法可以帮助研究人员和营销人员更好地理解消费者如何对接受的刺激作出解释，以及不同的符号在引导消费者赋予营销刺激意义时所起的作用。

二、研究的理论基础

消费者行为学是 20 世纪 60 年代中后期兴起的一个相对较新的研究领域。在它的形成和发展过程中，不断地吸收和消化其他相关学科的研究成果，不仅丰富和扩展了其他相关学科的理论知识，也形成了自己独特的学科体系。消费者行为学具有显著的跨学科的性质，与其关系密切的学科主要有心理学、社会学、社会心理学、经济学、人类学、市场营销学、信息经济学等。

（一）心理学

心理学是研究心理现象和心理规律的科学，它以人的心理为主要研究对象。科学的心理学不仅对心理现象进行描述，更重要的是对心理现象进行说明，以揭示其发生发展的规律。心理学关于人类认知活动心理过程的研究成果，为研究消费者的信息加工过程提供了理论依据，有助于研究人员了解并解释许多消费者学习行为和品牌偏好现象。如广告如何才能吸引消费者的注意力，并促成消费者的购买行为。一个广告从出现到消费者最终购买的过程，是受众的感觉、知觉、注意、记忆、联想、认知改变（态度改变）和购买的一个复杂的心理过程。一个成功的广告主需要考虑如何通过广告这个载体向受众提供合适的感知觉刺激，以吸引受众的注意，并让其形成正面的记忆，且让受众形成一定的想象空间，从而引导说服受众购买产品。广告的说服，是通过诉求来达到的。一般常见的广告诉求是理性诉求和情感诉求。任何成功的广告诉求都建立在消费者需要基础之上，而消费者行为学中有关消费者的需求、动机、态度和行为的研究均来自于心理学的理论基础。

（二）社会学

社会学是从社会整体出发，通过社会关系和社会行为来研究社会的结构、功能、发生、发展规律的综合性学科。它从过去主要研究人类社会的起源、组织、风俗习惯的人类学，渐变为以研究现代社会的发展和社会中的组织性或者团体性行为的学科。在社会学中，人们不是作为个体，而是作为一个社会组织、群体或机构的成员存在。社会学家研究时常常分析群体，如社会组织、宗教组织、政治组织及商业组织。他们研究社会群体间的互动、跟踪源头及发展过程、分析群体活动对各个成员的影响。社会学家关心社会群体的特征、群体间或成员间的互动影响及社会特征（如性别、年龄、种族）对日常生活所带来的效果。

目前，社会学家对社会的研究包括了一系列的从宏观结构到微观行为的研究，从大如对种族、民族、阶层和性别的研究，到细如对家庭结构和个人社会关系模式的研究。社会学家在社会组织、社会结构、社会功能、社会群体等方面的研究成果，对于了解和分析社会环境中的消费者心理和行为具有重要的意义。因为，消费者总是生活在一定的社会环境之中的，社会政治制度的变迁、社会文化与亚文化的习俗、社会各阶层之间的消费模式差异、社会群体规范的制约作用等社会现象和社会问题对消费者的心理及行为有深刻的影响。

（三）社会心理学

社会心理学是研究个体和群体的社会心理现象的心理学分支。个体社会心理现象指受他人和群体制约的个人的思想、感情和行为，如人际知觉、人际吸引、社会促进和社会抑制、顺从等。群体社会心理现象指群体本身特有的心理特征，如群体凝聚力、社会心理气氛、群体决策等。社会心理学是心理学和社会学之间的一门边缘学科，受到来自两个学科的影响。在社会心理学内部一开始就存在着两种理论观点不同的研究方向，即所谓社会学方向的社会心理学和心理学方向的社会心理学。在解释社会心理现象上的不同理论观点，并不妨碍社会心理学作为一门独立学科应具备的基本特点，无论如何，社会心理学始终为消费者行为研究提供了重要的理论基础和科学依据。如社会心理学所揭示的个体社会心理和社会行为规律是研究消费者社会动机、社会认知和社会态度的重要依据，又如社会心理学在群体心理和行为领域的研究成果对于研究消费者行为的群体压力和群体影响、意见领袖的营销信息传播作用以及营销活动中的从众现象等问题提供了必要的理论基础。

（四）经济学

经济学是一门研究人类行为及如何将有限或者稀缺资源进行合理配置的社会科学。经济学通常分为宏观经济学与微观经济学两个分支。宏观经济学以整个国民经济为视野,以经济活动总过程为对象,考察国民收入、物价水平等总量的决定和波动。其中,经济增长理论和经济波动(经济周期)理论又是宏观经济学的两个独立分支。微观经济学研究市场经济中单个经济单位即生产者(厂商)、消费者(居民)的经济行为,包括供求价格平衡理论、消费者行为理论、在不同市场类型下厂商成本分析与产量、价格决定理论、生产要素收入决定即分配理论等。宏观经济学提供消费者行为指标,有助于理解全球消费差异;以微观经济学中的原理来分析某类产品的供求状况及其影响因素,能预测市场价格走势,评估消费者对价格变动的心理反应和行为选择,从而提出产品定价的策略建议。

(五)人类学

人类学是从历史的角度研究人类及其文化的科学。而消费者的心理与行为不可避免地受到特定的历史传统和文化习俗的影响。人类学对民俗、宗教、传说等文化传统和民间习俗的研究,为研究和探索消费者特定心理与行为的文化渊源提供了依据。近年来,人类学对消费者行为的影响还是比较显著的。这主要倾向于消费者行为与实践,有助于理解消费仪式、象征等现象,有助于了解消费者的消费意义,也有助于揭示消费者如何获取产品的问题。

(六)市场营销学

市场营销学是研究企业如何通过产品开发、定价、宣传推广等一系列企业行为来满足消费者需求。为了满足消费者需求,获得市场份额和利润,市场营销学将影响消费者行为学的多种因素作为研究对象。

(七)信息经济学

1959年,美国著名的经济学家马尔萨克(J. Marschak)开创了从信息学的角度对经济学进行研究,首次在其论文《信息经济学评论》中提出了"信息经济学(economics of information)"这一术语,成为信息经济学诞生的标志。国内则以乌家培、张维迎、靖继鹏、马费成、陈禹、谢康等为代表的学者对信息经济学进行了本土化的探索和研究,取得了显著的成就。伴随着研究的不断深入,信息经济学的理论体系逐渐健全,并且逐步衍生出众多分支学科。信息经济学是情报学与经济学交叉而形成的,对它的研究离不开这些学科的基础理论,同时对信息经济学的研究也能不断促进情报学和经济学的发展。

三、研究的内容体系

消费者行为学的研究任务是揭示和描述消费者行为的表现、揭示消费行为的规律性,以及预测和引导消费者行为。本书分几个方面来说明和阐述消费者行为的研究任务。

消费者行为学绪论是对消费者行为学的研究做一个总体性的、概括性的说明,包括消费者行为研究的发展、消费者行为研究的意义、消费者行为研究的内容与理论基础等，这部分在书中第一章论述。

消费者购买过程可分为消费者需求产生、消费者信息收集处理、消费者行为方式选择、消费者行为评价几个阶段。消费者在购买中呈现出不同的特点，企业应详细分析并有针对性地进行营销方案的设计，这一部分在第二章涉及到。

消费者的心理过程研究是对支配消费者行为的内在心理活动过程、特点和规律性加以研究，包括消费者需求与动机、消费者感觉与知觉、消费者个性特征与行为等。这部分将在第三章和第四章进行论述。

消费者受各种来自于本身资源的因素影响会形成一定的消费态度，拥有资源、学习、记忆和学习模式对消费者未来的行为有一定的影响。认识这些有利于企业通过营销手段转变消费者态度，获得消费者的认可。这一部分在第五、第六章和第七章涉及到。

消费者的行为除受到内在的心理活动的影响以外，还受到各种外部因素的影响，如社会群体、社会阶层、消费者的家庭、社会环境等社会因素，以及消费者的民族、地理等文化因素。这部分内容在书中第八章、第九章涉及到。

本章小结

本章主要介绍消费者行为研究的发展与意义、消费者行为研究的方法、理论基础及内容体系。

在本章中，我们主要是从狭义的消费者即购买、使用各种产品或服务的个人、家庭或住户这一角度来研究消费者行为的。对于消费者行为概念的认识和理解不同，所识别和考虑的影响消费者行为的关键因素，以及基于此而提出的消费者行为分析模型、分析原则和方法也会有所不同。本章中我们更加倾向于采用美国市场营销学会（AMA）的定义："消费者行为，是指感情、认知、行为以及环境因素之间的动态互动过程，是人类履行生活中交换职能的行为基础。"

消费者行为学成为一门独立的学科体系大约在20世纪60年代，它的产生一方面是商品经济和生产力发展的客观需要，另一方面也是心理学等相关学科日益发展的结果。它的形成和发展可以分为萌芽阶段、应用阶段和变革与发展阶段3个时期。它的研究发展趋势表现为研究角度趋于多元化、研究方法趋于定量化和研究范围的广泛性。

加强对消费者行为的研究主要有利于增强企业的竞争能力，有助于引导和帮助消费者，保护消费者权益，有利于国家制定宏观经济政策。因此，不论是政府、企业还是个人都非常重视对它的研究。它的研究方法主要由观察法、实验法、调查法、问卷法、深度访谈法、投射法、隐喻分析、人类学方法及符号学方法等几种。它的研究理论基础主要有心理学、社会学、社会心理学、经济学、人类学、市场营销学等。它的研究内容主要有消费者购买决策过程、影响消费者行为的心理因素、影响消费者行为的个体因素和影响消费者行为的外部环境因素。

关键概念

消费者　消费者行为　观察法　实验法　调查法　问卷法　深度访谈法　投射法　隐喻分析

思考题

(1) 如何理解消费者行为的概念？
(2) 消费者行为学研究的主要内容是什么？
(3) 研究消费者行为的方法有哪些？
(4) 为什么说消费者行为的研究如此重要？

案例 大数据时代下的淘宝"定向"营销

早期的消费者行为研究关注消费者行为本身，通过传统的调查问卷、焦点小组访谈、个体访问、店面观察等定性、定量调查方式和手段采集人口统计学资料、购物行为、消费意向等信息，用于进行消费者行为的研究和分析。进入互联网时代，反映消费者行为轨迹的数据在网络上大量沉淀，基于购物网站的点击率、访问量及其他网络数据量化指标被大量采集，形成对消费者行为路径的概括和综合描述。当下进入大数据时代，网络平台样式和消费者购物习惯多样化，需要对消费者数据的采集和行为的分析逐步扩展至更多数据源，结合购物网站、其他网页浏览信息、社交媒体平台信息、移动终端、搜索引擎等多个平台去接触消费者，挖掘数据，从而进行综合评估和分析。

根据中国互联网络信息中心当日发布的《第33次中国互联网络发展状况调查统计报告》显示，截至2013年12月，我国网民规模达6.18亿，全年共计新增网民5358万。互联网普及率为45.8%，较2012年年底提升3.7个百分点，整体网民规模增速保持放缓的态势。与此同时，伴随中国网民人数的上升，截至2013年年底，淘宝和天猫的活跃买家数超过2.31亿，活跃的卖家数大约为800万。淘宝的销售额也一路飙升，2013年成交额为1.1万亿元人民币。而淘宝阿里巴巴集团在2003年5月10日投资创立，在短短十年多的时间里就能够实现万亿的交易额，这无疑是一个经营神话。淘宝能够实现这样的经营神话除了马云和他的团队的不懈努力之外，也得益于淘宝对数据的收集和发掘，实现线上的"定向"营销。淘宝的数据"定向"营销主要是通过对于数据的沉淀和数据的挖掘来实现的，而这样的数据积累和数据挖掘的根本目的是对消费者行为进行分析，从而预测和推断消费者的购物倾向和购物习惯，进而实现"定向"产品推送、"定向"广告推送、"定向"价格推送等"定向"营销。淘宝和天猫由于用户规模庞大、交易活跃，使它沉淀了丰富的数据，这也为其大数据营销奠定了坚实的基础。对此，马云强调，阿里巴巴不想占有数据，数据不用来分享就是一堆数字，没有一点意义。为了自己和下一代商人，必须思考这些问题，并且为之而努力。

淘宝的"定向"营销的成功之处在于对网络消费者购物行为的成功把握，并通过现有的技术、平台、广告等策略对消费者的需求进行有效的刺激。淘宝的成功归结于对消费者行为的分析，而"线上"消费者行为相较于"线下"消费者的行为有以下特征：

(1) 追求个性化消费。在线消费通常是在由互联网技术所构成的虚拟购物空间或消费网页中进行。这是一个具有新奇性与风险性的消费氛围，同时也是一种具有与传统店面不同体验的消费场所。网络交往的高度随意性与隐匿性决定了网络主体可以"随心所欲"地进行交易活动，更希望通过创造性消费展示自己的个性，体验自身价值，这无疑强化了消费的个人选择与知识创新。

（2）选择范围大、便利。借助于搜索引擎、电子商务目录和智能代理等网络系统强大的信息处理能力，消费者可以不受时空的限制、尽情浏览所需信息，选择自己满意的商品或服务，相对于传统的店面购物模式，更加自由方便。

（3）直接参与生产和流通过程。传统的营销模式中商业流通循环是由生产者、商业机构和消费者共同完成的，商业机构充当生产者和消费者连结的共同纽带。在网络环境下，生产者和消费者在网络支持下直接构成商品流通循环。网站用户逐渐从被动浏览者向主动参与者转变，消费者能够向商家主动表达其需求，缩短了生产和消费之间的距离，并且使网上消费变得更加直接，使生产者更容易掌握市场对产品的实际需求，减少了市场的不确定性。

（4）消费行为的信息化。电子商务的发展很大程度上改变了消费者的信息搜集方式，由以往被动的信息接收者转变为主动的信息搜集者。由于信息对选择商品或服务的重要性，消费者总是希望尽可能多地占有信息，以便拥有更多的选择权，使自己在交易中处于有利地位。在线环境提供给消费者适于交易的技术、搜集大量信息的媒介，使得在线消费者成为信息经济下不可或缺的一部分。

（5）关注消费的安全性与可靠性。由于在线交易具有风险与不确定的性质，使得在线消费者更加关注网络的安全性与可靠性，包括个人隐私、银行卡信息的泄漏等数据的存取、操作权限的安全可靠以及网络保护个人信息免于泄露的能力等。另外，在线卖方的机会主义行为也可能成为消费者在线交易实现的障碍。因此，在线消费者特别关注网络的安全可靠性。

尽管淘宝可以借助其规模庞大的交易平台、支付平台以及先进的数据挖掘技术和优秀的数据挖掘团队，完成"大数据"营销过程，并实现对于网络消费者行为的分析与掌握。但消费者行为有着众多的不确定性和动态性，淘宝依然需要持续的更新和跟踪数据和技术。同时，对于其他众多的B2C平台而言，依托"大数据"实现"定向"营销依然是一个机遇和挑战。故究竟如何实现数据的沉淀、数据挖掘和数据应用，这依然是一个亟待研究的课题，需要众多政府、企业、学者的共同努力寻找简便、切实和易行的解决方案。

资料来源

[1] 薛婵娟. 消费者网络购物行为研究综述 [J]. 情报探索，2011（12）

[2] 牛禄青. 阿里巴巴让数据做主 [J]. 新经济导刊，2012（12）

[3] 万红玲. 大数据时代下的精准营销 [J]. 新闻传播，2014（1）

链接思考

（1）结合案例分析消费者行为研究的重要性。

（2）为了更好地进入网络市场，企业应当如何进行对网络市场的消费者的分析？

参考文献

[1] 符国群. 消费者行为学（第二版）[M]. 武汉：武汉大学出版社，2004

[2] 黄维梁. 消费者行为学 [M]. 北京：高等教育出版社，2005

［3］林建煌. 消费者行为学［M］. 北京：北京大学出版社，2004
［4］徐洁怡，马威. 消费者行为学［M］. 北京：中国农业大学出版社，2004
［5］荣晓华. 消费者行为学［M］. 大连：东北财经大学出版社，2006
［6］于惠川，林莉. 消费者心理与行为［M］. 北京：清华大学出版社，2012
［7］江林. 消费者行为学［M］. 北京：科学出版社，2007
［8］熊素芳，袁青燕. 营销心理学［M］. 北京：北京理工大学出版社，2006
［9］符国群. 消费者行为学［M］. 北京：高等教育出版社，2002
［10］菲利普·科特勒. 营销管理（第三版）［M］. 北京：中国人民大学出版社，2005

第二章 消费者决策及其行为过程

本章学习目标

通过本章的学习，应掌握以下内容：①了解消费者决策的含义，掌握消费者决策的过程以及影响各过程的因素；②了解消费者需求的认知过程、消费者处理信息的过程、消费者购买评价与选择过程、消费者购买过程、消费者购后评价的过程，识别消费者需求的方法。

第一节 消费者决策及其行为过程的阶段组成

消费者的决策过程是一个复杂的过程，客观、具体地分析和认识消费者的决策行为过程，可以为企业制定战略奠定基础。消费者决策过程主要分为认知需求、收集信息、评价与选择、购买决策和购后评价等五个阶段。

一、认知需求

消费者需求是指消费者在生理和心理方面的缺乏状态，如一个人口渴时产生对水的需求、孤独时产生对友谊的需求、得到荣誉嘉奖时产生想与亲人分享快乐的需求等。认知需求是指消费者能够正确识别自己需求的行为过程，市场营销的任务就是发现、帮助消费者认知自己的需求，同时采取各种策略引发、满足消费者的需求。消费者的需求可能由内在刺激因素引起，如干渴、饥饿而形成的驱使力；也可以是由外部刺激拉力引起的，如广告、朋友的建议、广告的影响等。营销人员可以通过调查研究充分了解刺激力和拉力，进而设计出针对性的营销策略。

其实，需求的认知主要源于消费者的理想状态与实际状态之间的差异。所谓消费者的理想状态即消费者的意欲状态，而所谓实际状态即消费者的感知状态。由于这种差异的存在，促使着消费者采取某种决策行动。而需求的认知有时可能源于外部因素的刺激，如广告、折扣、赠品等；而有时也是由于内部需求的刺激所引起的，如口渴、饥饿等。消费者在意识到某个需求之后，是否采取购买或消费行为，取决于两个因素：①其意欲状态与感知状态之间差距的大小或强度。例如，某个消费者已经拥有一辆价值10万元的汽车，但他希望拥有一辆价值12万元左右的汽车，此时他的理想状态和实际状态相差得并不是很大，如果在没有任何促进因素的影响下，该消费者可能不会采取购买新车的决策行动。②问题的重要性。例如，某个消费者现在已有一部数码相机，但是为了追求更好的拍摄效果，该消费者想买一部单反相机，而此时如果该消费者在短期内需要买房的话,他可能就会将购买单反的计划延滞,甚至取消。

二、收集信息

收集信息,是指消费者认知需求之后,通过各种渠道收集能够满足这种需求的相关资料的行为过程。

消费者主要的信息来源有五个方面:①个人来源,包括家庭、亲戚、朋友和熟人等;②商业来源,包括广告、杂志、包装和推销员等;③公共来源,包括大众传媒、公众组织和政府宣传等;④经验来源,包括消费者以往对产品的使用或对企业的了解、积累的经验等;⑤互联网来源,包括通过网络、微信、微博。

一般来讲,不同的消费者会通过不同的渠道获取所需要的信息,营销人员要努力通过市场调查弄清消费者信息来源,进而为其进行决策提供依据。

三、评价与选择

消费者在收集到各种资料之后,将这些资料进行分析对比的过程叫作评价与选择。

消费者在收集到与自己需求有关的各种资料之后,便会将这些资料进行分析整理,从资料中得到自己所需产品的相关信息,并根据自己的理解对产品属性进行横向对比,并根据自己的认识对自己有利的信息加以判断,为购买决策提供参考。这个阶段的结果会反映出消费者对各企业产品属性的态度及选择的侧重程度。不同的消费者选择的侧重点不一样,得出的结果可能不同。如有的侧重于价格,有的侧重于款式,有的侧重于品牌知名度、这将直接影响到消费者的选择倾向和购买决策。

此阶段企业营销人员主要考虑两个方面:一是确定消费者评价和选择的标准,二是确定标准各指标的重要性程度。

四、购买决策

购买决策是消费者经过对商品的评价和判断之后所产生的一种购买意图,但不一定是最终的实际购买行动。消费者的购买倾向在实施的过程中还要受到一些其他因素的影响(见图2-1),最终才能完成购买决策。

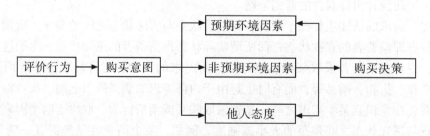

图2-1 消费者购买决策的影响因素

1. 预期环境因素

预期环境因素是指消费者家庭的将来收入、产品的预期价格、产品的预期利益等。

这些因素的影响具有一定的预期性和稳定性，消费者的购买决策正是在预期因素的影响下做出的，也是影响购买决策的直接因素。

2．非预期环境因素

非预期环境因素是指营销人员的服务态度、当时购买环境的变化，以及不可预测因素临时影响消费者的购买决策。例如，营销人员的服务方式引起了消费者的反感，消费者临时发现产品的质量问题，消费者临时产生的投资风险意识，等等。

3．他人态度

他人态度是指对消费者购买决策产生影响的人，如购买者与相关群体之间在审美观念上的不统一，营销人员对自己推销的货品的自信心，等等。他人的态度对于消费者购买决策的影响十分复杂，一旦他人的态度与消费者不协调，会使购买决策变得不稳定。

所以，选择判断后的偏爱还只是消费者的一种行为倾向，并不一定成为实际的购买行为。要把这种行为倾向变成实际的消费行为，营销人员的知识、自信和适当的消费倾向引导是十分必要的。

五、购后评价

购后评价是购买决策过程的最后一个阶段，它是指消费者在购买和使用商品后，对商品各方面的感受和评价的过程。消费者在购买了商品之后，会进一步地与市场上的同类商品在品质上、价格上、款式上和售后服务上作出横向比较，也会通过相关群体对商品的态度对自己的购买决策作出满意或不满意的评价。评价的结果如何将会对确立商品的信誉、树立品牌形象、促成下次购买和带动相关群体的购买产生十分重要的影响。因此，市场营销学认为，消费者支付货款实际购买了商品，并不是整个营销过程的最后终结，而是下一个营销过程的开始。

消费者购后的评价有两种：满意和不满意，其形成过程见图2-2。如果对产品满意，可能会再次消费该产品，进行正面口传，增加使用次数，进而形成品牌忠诚。

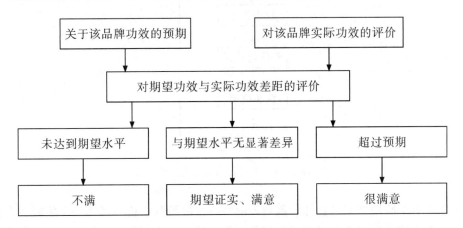

图2-2 消费者满意与不满的形成过程

影响消费者满意的因素很多，诸如产品品质与功效、消费者特征、促销影响、消费者态度与期望、竞争产品状况、对公平的感知、消费者归因等。而不满意的消费者反应则截然相反，他们可能会设法通过放弃或退货来降低不平衡感，也可能通过寻求能证实产品价值高的信息来降低心理不平衡感（如图2-3所示）。

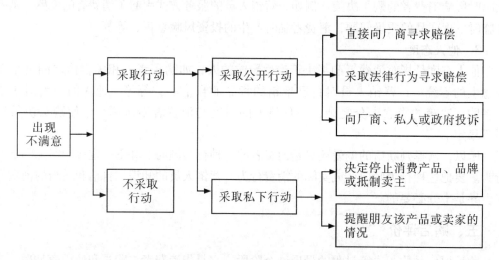

图2-3 消费者不满意而采取的行动

因此，企业应采取强有力的措施尽可能降低消费者购买后的不满意程度，诸如设立免费抱怨热线、使产品有强有力的保证、增加企业危机事件处理能力、不断与消费者沟通、提供投诉和赔偿渠道等，都是比较有效的方法。

综上所述，消费者决策活动及其行为过程的五个阶段见图2-4。

图2-4 消费者购买行为阶段

但以上五个阶段并不是意味着消费者的每一次决策都会逐一经历每个阶段，在日常生活中消费者购买决策会跳过或逆向进行决策行动，这主要取决于消费者介入程度、时间多少和决策对消费者的重要性三个因素（见图2-5）。

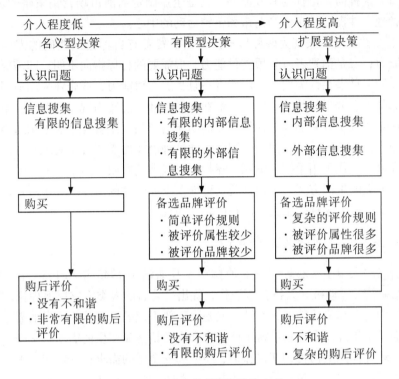

图 2-5 消费者决策阶段的表现

第二节 消费者需求认知

一、消费者需求的类型

（一）按其性质划分为生理性需要和心理性需要

（1）生理性需要。人类个体作为自然人为维持自身生命的延续和种族的繁衍而与生俱来的需要。《礼记》中的"礼运"篇有"饮食男女，人之大欲存焉"以及"欲"者即"需要"的描述。除此以外，还包括对空气、保暖的需要。

（2）心理性需要。人类个体作为社会人在长期协同生存中逐渐形成的，受历史条件、社会制度、文化知识水平、种族和风俗习惯等的制约后天形成的需要，因此也称为社会性需要。人类个体需要中，除了生理性需要外的需要，诸如对友谊、地位、荣誉等的追求，都属于心理性需要。

（二）按其形态划分为现实性需要和潜在性需要

（1）现实性需要。即消费者不仅有目标指向明确（具体商品）的需要，而且有货币支付能力。这种需要也称为有效需要，它是企业制定当前市场营销策略的现实基础。满足消费者现实性需要是企业当前市场营销活动的中心。

(2) 潜在性需要。表现为两种形式：一是消费者有目标指向明确的需要，但缺少货币支付能力；二是消费者有货币支付能力，但需要的目标指向不明，即需要处于一种朦胧状态。第一种潜在性需要，在消费者一旦具有支付能力，或企业采用适当的市场营销措施，如降价、分期付款等，则这种潜在性需要即可能转为现实性需要。第二种潜在性需要，在企业推出具有能满足这种需要的功能的产品，或者在企业采用适当的市场营销措施，如广告宣传、示范表演等，则会诱导这种潜在性需要转化为现实性需要。自古以来，女人世世代代采用手搓、脚踩、棒打的方式来洗衣服，简单重复、吃力费时，但却成为天经地义的生活方式，人们摆脱这种繁重家务劳动的需要就处于潜意识状态。一旦企业推出洗衣机，这种需求就从潜在的转变为现实的。

(三) 按其需求划分为五个层面

美国著名的人本主义心理学家亚伯拉罕·马斯洛于1943年和1954年先后发表了《人类动机理论》、《动机和人格》等著作，提出了著名的人类需求层面理论。马斯洛认为，人的行为是由动机驱使的，而动机又是由需要引起的。他认为人类的需求可以划分为五个层面：①生理需求，指维持个体生存和人类繁衍而产生的需求；②安全需求，指在生理和心理方面免受伤害，获得保护、照顾和安全感的需求；③社交需求，指人类对归属感、被接纳的需求，包括与他人的友谊、尊重和爱等；④自我尊重需求，指希望获得荣誉、博得他人尊重、得到一定社会地位的需求；⑤自我实现的需求，指希望发挥个人最大潜能，实现自己的理想和抱负的需求。

二、消费者需求认知的过程

在市场经济条件下，企业销售业务的顺利发展取决于其提供的商品和服务是否满足了消费者的需求。这种需求认知引领消费者决定他们要买什么和消费什么。需求确认就是发现消费者需求的渴望状态和足以引起并激发决策的现实状态之间的区别。需求认知取决于现实状态（消费者的目前情况）和渴望状态（消费者想要进入的状态）之间的矛盾有多大。当这种矛盾达到或超过了某一特定的界限，就会产生需求。例如，某一消费者现在感到饿了（现实状态），并且想要消除这种感觉（渴望状态），当这两种状态之间的矛盾达到足够大的时候就会产生需求；如果这种矛盾处于界限以下，需求认知就不会产生。需求认知过程见图2-6所示。

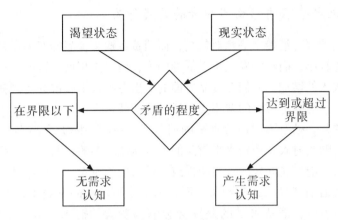

图 2-6 需求认知过程

因此，当现实或渴望状态发生改变，使得两者明显不一致时，需求认知就会出现。需要注意的是，需求认知应根据消费者本身一些情况的变化而不断调整。如当家庭当中还没有孩子的时候，年轻的夫妻不需要购买抚养孩子的必要产品。然而，当他们发现自己快要做父母的时候，他们的渴望状态就会发生改变，以前跟他们无关的产品现在变得重要了。但尽管如此，对企业来说影响人们的需求认知是可能的，而刺激需求认知更是重要的市场营销行为。

三、消费需求对购买行为的影响

（一）消费需求决定购买行为

购买行为的产生和实现是建立在需求的基础上的。即：消费需求→购买动机→购买行为→需求满足→新的需求。消费者由于受内在或外在因素的影响，产生某种需求时，就会形成一种紧张状态，成为其内在的驱动力，这就是购买动机。它导致人们的购买行为。当购买行为完成，需求得到满足时，动机自然消失，但新的需求又会随之产生，再形成新的购买动机，导致新的购买行为。

（二）消费需求的强度决定购买行为实现的程度

一般情况下，需求越迫切越强烈，则购买行为实现的可能性就越大。反之，需求不迫切不强烈，消费者的购买行为就可能推迟，甚至不发生。例如，对一个没有鞋穿的人来说，第一双鞋对他的使用价值最大，也就是说，他对第一双鞋的需求性最强，也许走进一家商店，只要看到他能穿的鞋就买下来，而对鞋的式样、颜色、价格、质量等要求并不高。但当他买了鞋以后，对鞋的需求就不那么迫切了，鞋的使用价值对他来说就不那么重要了。也许他还会产生买鞋的需求，但需求的迫切性大大降低，这时，他要考虑价格、质量、式样等各方面的因素，因而对购买行为的阻力就很大，购买行为就不易实现。

（三）需求水平不同影响消费者的购买行为

在经济发达国家，消费水平相对较高，而消费者购买食品的费用在整个购买费用中所占的比例就比较小，而经济发展水平低的国家，情况正相反。这就是著名的恩格尔定律。随着家庭收入的增加，人们在食品方面的支出在收入中所占的比例就越小，用于文化、娱乐、卫生、劳务等方面的费用支出所占比例就越大。

需要指出的是，处于不同消费水平的消费者，在购买同类商品上会出现较大的差异。例如，同是购买衬衣，消费水平较高的人可能花较多的钱购买一件高档衬衣，而消费水平较低的人可能会花同样的钱买两件或三件低档的衬衣。一些商品在消费水平较高的家庭中属于普通消费品，经常购买，而在消费水平较低的家庭中，可能是奢侈消费品，很少购买。所以，消费水平的差别会影响消费者的需求，从而影响他们的购买行为。

四、识别消费者的需求

企业营销的成功主要取决于能否了解并满足消费者的需求。其方法不仅要先进规范，而且要具有可操作性。识别消费者的需求的方法有以下几种。

（一）体验中心法（模拟消费者需求）

设立专门的实验室或体验中心，通过软件系统或体验场所，创造出与现实相同的条件与环境，藉以判别消费者的一些特殊需求。这一方法可以和在现实中较为容易获得的消费者信息相互补充。对一些高科技产品、时尚产品而言，这是一种新颖而有效的识别消费者潜在需求的方式。

（二）深度访问法

对消费者深度访问通常包括两部分：一是被访问的消费者在不同的消费环境下解释其对某一产品的偏好。二是访问人就被访问人指出的一个产品属性对其进行提问。在最简单的访问中，被访问人的反应是将这一属性和另一属性相联系或和一个利益点相联系，访问人通常就会接着问"为什么这个属性（或利益点）对你来说很重要？"访问就是在类似的一问一答中进行。当被访问人再也不能想起任何其他相关事物后，访问就结束了。

根据企业自己的逻辑推理顺序得出的产品联想，和消费者心中的产品联想差异可能会很大，因此，决不应该去假设某些因素一定存在或其他因素一定不存在。相反，应该通过与消费者交谈来识别他们对属性的看法、对利益和价值的需求。

（三）价值曲线法（识别潜在需求）

价值曲线即以产品关键要素（价值因素）和相对水平为横纵坐标连接成的曲线。不同产品在价值曲线坐标上有着不同曲线。曲线意味着满足不同的需求消费者群和消费者的不同需求。在多种价值因素影响下，在空白处勾勒出相似的价值曲线，或与其他价值曲线交叉的曲线，即为消费者的新需求。利用价值曲线识别消费者潜在需求，其实质是调整价值曲线。任何一种要素都可以分解成若干价值因素，价值因素相对水平的联机构成了该种产品的价值曲线，在该种产品领域内识别消费者潜在需求，其实质是对这些价值因素相对水平进行调整。通常，同类产品价值曲线的形状基本相同。

例如，19世纪80年代中期，法国旅店业萧条，雅高宾馆管理人员首先深入了解旅馆旅客的需要，并绘制了一星级、二星级宾馆的价值曲线（见图2-7）。

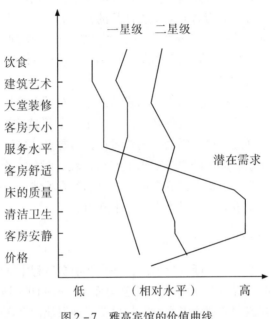

图2-7 雅高宾馆的价值曲线

一星级宾馆与二星级宾馆的价值曲线形状相似，仅相对水平不同，企业通过多提供一点或少获取一点来改善供给消费者的价值。而识别消费者潜在需求是通过调整价值因素而改变价值曲线的形状。雅高宾馆改变其价值曲线，削减了一半的建筑成本，人工成本从收入的25%～35%下降到20%～23%。费用的节约允许雅高宾馆提高给消费者的价值，结果使其传递给消费者的价值高于二星级宾馆，而其价格却与一星级宾馆相差无几，因而消费者盈门，宾馆得到了发展与壮大，它在价值曲线方面的创新得到了回报。

（四）研究竞争对手法（基于差异化方式的消费者需求识别）

竞争让企业不断寻找新的、更有效的方法寻求发展，通过研究竞争对手，可以推动消费者需求的识别。

首先，竞争带来活力。竞争对手使营运过程更有效率，在寻求差异化的竞争中更富有创造力。从需求来看，在一个市场上，消费者不断变化的需求，可以生成一系列的竞争性产品和服务。这一系列产品和服务，不仅仅只是品种上的不同——所有的产品都使用一样的技术，外观也差不太多，满足消费者某一特定的功能性需求，还包含了用途的不同。以咖啡壶为例，速溶咖啡是一种用途上的替代，只不过是通过不同的途径，向消费者提供同样的功能性服务。从消费者角度看，任何形式的消费需求，都可以通过某种特定的用途得到满足。但是通过对消费者在价格、付款方式和销售条件等方面的需求识别，就可以准确地回应消费者需求。

其次，竞争将消费者对某方面的需求做大。星巴克为消费者第一次喝latte咖啡提供了一个舒适的地方。但是，特制咖啡是一个新兴行业，有足够的空间让小规模经营者从星巴克手里争夺消费者。新的消费者如果喜欢小店特制咖啡的口味，许多人就会愿意品尝它们的风味，甚至会更偏爱这些邻近星巴克的咖啡自营店的新品。星巴克建立了对星巴克品牌的需求，培育了消费者对某一类产品的初始需求。当大公司培育了初始消费者需求，也就为他人进入这个市场营造了一个"利基需求"空间（指竞争对手获利甚微或力量薄弱的小块市场），而利基需求的存在又促进了大公司的业务发展，不过，其前提是它不追求为所有人提供所有产品。

最后，竞争吸引消费者，刺激需求。当强劲的竞争对手坐落在一起时，消费者更容易进行货比三家。挤在一起并非总是件坏事。事实上，如果这些商铺中有一家消失了，其他商家的日子也未必好过。这是因为，消费者往往需要多种选择，他们很少在只有一种选择时购物。所以商家们提供的服务如果能有所比较，对每一个公司来说都有好处。选择的范围越多，越能激发消费者的购买欲望。对那些有独特的商家或服务组合的商家来说，他们具有很强的竞争力，并最终在市场上胜出。

（五）加入时间概念的识别方法

消费者的需求是动态的、不断变化着的，并且在消费过程中随时都可能产生新的需求。时间处于数字商务世界的核心。成功的公司懂得，时间规则如何能够变成市场机会，如联邦快递公司知道它的消费者愿意额外付费以确保他们发送的邮件准时到达。实时或即时的核心思想就是能在识别消费者在时间方面的需求，并随时满足消费者在消费过程中所产生的新的需求，即时满足消费者的需要。在组织内，每一项业务处理都应响应消费者的需要而即时执行，零时意味着组织能即时行动和响应市场的变化。

（六）基于数据挖掘的消费者需求识别方法

数据挖掘就是需要挖掘出大量数据背后隐藏的规则和模式，从而预测未来的趋势。它是一种决策支持过程，主要基于人工智能、机器学习、统计学等技术，高度自动化地分析企业原有的数据，作出归纳性的推理，从中挖掘出潜在的模式，预测消费者的行为，帮助企业的决策者调整市场策略，减少风险，作出正确的决策。

从功能上可将数据挖掘分析方法划分为关联分析、聚类分析和分类分析等。

1. 关联分析

关联分析是为了挖掘出隐藏在数据间的相互关系，从一组给定的数据项以及交易集合中，分析出数据项集在交易集合中出现的频度关系，这种使用关联分析方法挖掘的模式称为关联规则。著名的"啤酒和尿布"就是一个关联规则的例子，啤酒和尿布分别是一个数据项集，通过关联分析，发现这两个数据项集之间存在频度的关系。用户作出决策时总是基于对几个属性组合构成的产品总体进行评价，而不是单独对一个属性进行评价。尽管很难证明，但如果一项研究工作越是能够模拟人们的真实行为，那么这项研究结果也就越有效越可信。因此，在产品需求分析中，分析产品属性间的相互关系具有很重要的意义。

2. 聚类分析

聚类分析是输入一组未标定的记录集合，即输入的记录还未被进行任何分类，再根据一定规则，合理划分记录集合，并用显式或隐式的方法描述不同类别。公司经常细分市场，把市场分割为具有不同的消费者需求的集合，目的是使同一细分市场内个体之间的固有差异减少到最小，使不同细分市场之间的差异增加到最大。同一市场细分里的消费者需求和潜在消费者需求带有相同的人口结构（如收入或年龄）或价值和需要方面的属性，而不同的市场细分里的消费者对产品的需求一般来说是不同的。一般来说，用户需求应该是指需求量最大的市场细分里的消费者的需求。这就需要将市场中的消费者按照某种方式（如追求相同的产品效用）进行聚类分析，并用显式或隐式的方法描述不同类别消费者的共同特征，从而得到消费者需求细分。

3. 分类分析

分类分析给定一个记录集合和一组标记，标记就是一组具有不同特征的类别。首先为每一个记录赋予一个标记，即按照标记将记录分类，然后分类分析检查这些标定的记录，描述记录的特征。利用这些特征可以分类新的记录。例如在银行数据库中保存着信用卡用户记录，并根据信誉程度将持卡人分为三类：良好、普通、差。分类分析将检查这些记录，然后给出一个对信誉等级的显式描述，如"信誉良好的用户是那些收入在 X 元以上，年龄在 A 到 B 之间，居住在 C 地区附近的人士"。不同的消费者对产品的需求一般来说是不同的。市场上同类产品可以按照购买消费者的类别分类，而某一类消费者购买的产品的共同特征则构成了这类消费者的产品需求。

上述方法使用的原则是不断识别并随时满足消费者新产生的需求，赢得消费者，提高其满意程度。

五、刺激消费者的需求认知

刺激消费者的需求认知的实例很多，其中可以家具行业为例，许多消费者非常满足于数年来保持同一套家具，甚至时间更久，没有强烈的愿望要更新或改变什么。因此，必须采用多种方法激励消费者需求。

激励消费者对新家具需求的一种方法是改变他们的渴望状态，也就是说，提供他们一些样品和情景，开发新的样式、设计和结构。不断进行产品的创新会刺激消费者需求的产生。另一种方法可用于家具行业中，即重点放在影响消费者认识到他们的现状，目的是破坏消费者觉得现在的家具足够的概念。可用广告幽默、引导的方式，让消费者意识到现有的家具该退休了。在某种程度上，只有成功地使消费者质疑他们现有家具的足够性和吸引力，消费者才会引起强烈的需求认知。

刺激消费者需求的种种努力区别在于激励普遍的需求，还是激励有选择性的需求。许多企业寻求扩大同类产品在市场上的整体销售规模，也就是努力诱发消费者的普遍需求认知。以牛奶为例，生产企业鼓励消费者多喝牛奶，以增加营养、增强体质。

选择性需求认知出现在同类产品中，当某一特定品牌的需求被激发时，市场营销的重点就要放在说服消费者相信某一特定品牌可以满足他们的需求上。电视广告描述某品牌产品的优点，可能会有一定作用。如广告描述某品牌电视指出："不闪的，才是最好的"等广告语就能激发消费者需求。

第三节　消费者信息收集和处理

一、信息收集在消费者决策中的作用

消费者明确了需求后，就开始信息的收集。获取信息在消费者决策中的作用如图2－8所示。

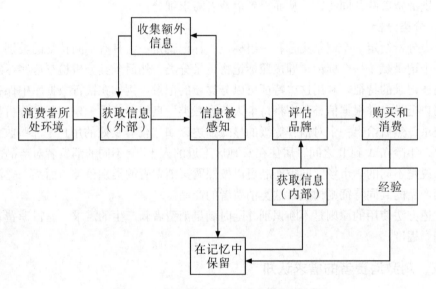

图2－8　获取信息在消费者决策中的作用

从图2－8中可知，消费者是从其所处的环境中获取信息的，这里的环境是指广告、售货员、朋友和邻居的口碑相传，诸如相关权威部门、媒体等公正信息的来源，等等，这些都是信息的外部来源。消费者从环境中获取信息后，对信息进行加工、理解，用更多的信息去评估或确定产品特性。通过搜寻额外的有关产品或价格的信息，消费者减少了作出错误选择的风险。

图2－8还显示了另一种存储在记忆中的信息类型：购买和消费经验。这些信息在评估品牌过程中也会被回想。通过这种途径，消费者从过去的经验中进行学习。图2－8也显示从记忆中恢复信息被看作获取内部信息的方式，因为这些信息的来源是消费者自身。

二、收集信息的决定性因素

以下几个因素鼓励消费者去积极地获取更多的信息。

（一）消费者参与程度高

消费者参与程度越高，信息获取量越大。这就是说，如果消费者自己不断接触产品，对产品有情感吸引力，消费者对产品就有持续的兴趣，那么，对收集信息就会更积极。

（二）可预见风险高

购买中可预见的风险越大，消费者收集信息的动力也就越大。例如，当发现风险高时，消费者将收集诸如消费者报告等来源的中性信息，以及收集诸如朋友和邻居等个人的消费信息，以便尽量减少风险。

（三）缺乏产品知识和经验

在一项有关购买电视机、摄像机和家用计算机的研究中，Beatty 和 Smith 发现缺乏产品知识的消费者更可能去收集信息。相反，Srinivasan 和 Ratchford 发现这种清楚的目标会引导消费者去获取有关产品属性的具体信息。

（四）更小的时间压力

作决策时的时间压力将不会促使消费者积极收集更多的信息，如果消费者有更多的时间，他们的信息收集程度将会增加。

（五）高价格的决策

价格越高，消费者信息收集就越积极。这种情况多是对妇女服装、用具和汽车等产品信息的收集；产品高的价格意味着消费者投入收集信息的成本费用不断增加，并促使消费者在搜寻信息上投入更多的精力。

（六）更大的产品差异

当品牌间存在实质性差异时，为了对各个产品进行对比了解，收集信息就会有更重要的意义。

（七）收集信息成本的高低

消费者收集信息要花费一定的成本，如果成本太高，即使信息非常重要，消费者也会逃避搜寻信息。因为，消费者决策时会不断对信息的经济性和效益进行对比，通过评估与信息利益相关的成本来作出这种评定。一些经济学家认为，消费者运用认知经济性原则时会考虑边际利益，他们将持续地收集信息，直到额外信息的增加利益不再超过收集这些信息的成本。

三、信息来源

消费者利用其周围环境中的几种信息来源来获取信息。图2-9在两个维度上显示了这些信息来源，即个人的来源和非个人的来源、营销人员控制的来源和非营销人员控制的来源。

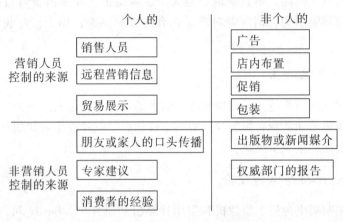

图2-9 消费者的信息来源

从图2-9可知，假如某一消费者在选择电脑的各种替换品牌时，他可以在零售店与销售人员谈论有关可选品牌、价格和外围设备的事情（个人的、营销人员控制的来源）；了解杂志上有关计算机的广告（非个人的、营销人员控制的来源），与朋友和同事谈论他们使用的计算机的经验（个人的、非营销人员控制的来源），他还可以使用诸如工商部门或其他部门发布的报告来确定其对计算机品牌的评估（非个人的、非营销人员控制的来源）。

需要注意的是，消费者也通过从记忆中恢复信息而进行一种内部搜寻。在试过朋友所拥有的几种型号的计算机后，消费者在记忆中存储了过去的经验并在评估品牌的过程中恢复记忆。

对信息来源的使用也随着搜寻信息条件的变化而变化。在对摄像机、电视机和家用计算机的研究中，研究人员发现缺乏产品知识的消费者更可能依赖朋友或同事的信息作为信息来源，因为他们比销售人员更可信。另外，有较多知识的消费者更有可能依赖自己的经验，因为他们对自己的评估和判断更有自信。

由于各种条件的限制，消费者对信息的收集量常常是有限的。抛开消费者进行信息收集的原因不谈，他们对除了最昂贵的产品以外的其他产品的信息搜寻量是非常有限的。因为对认知经济性原则的认同，消费者常常认为简单地搜寻额外的信息在时间和金钱上不合算。因为他们发现试图考虑所有可选择品牌的信息，其搜寻成本和信息处理的复杂性太大了，太多的信息造成信息超负荷，影响决策的效率。

四、消费者处理信息

消费者对信息的处理包括获取信息、感知信息、记忆等（如图 2-10 所示）。

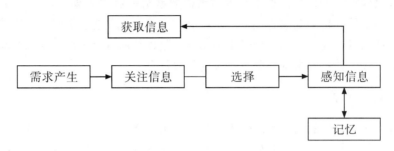

图 2-10　消费者处理信息

（一）获取信息

当某一需求得到确认时，消费者就会积极搜寻和处理与这一需求相关的信息。诸如欲购买汽车的消费者开始关注与汽车相关的各种信息，如广告、网络、朋友关于汽车的评论、注意停在展厅和大街上的汽车等。他们也很可能留意影响购买汽车后运营成本的信息，如上牌价格、汽油价格、维护成本及配件成本等。

消费者对信息的获取经常是有选择性的。他们经常搜寻那些证明自己购买行为是正确的商业广告，不时把那些与自己需求或利益相违背的信息排除在外。因此，获取信息实际上是消费者选择的过程。也可以说，此阶段是消费者在需求的引导下，用来增强自己对现存品牌的态度和感知。

（二）感知信息

感知是指消费者用来对信息进行选择、组织及解释，以便清楚信息含义的过程。符合下述条件的刺激更容易被感知：①与消费者的经验相一致；②与消费者对某一品牌的当前信息相一致；③不是十分复杂；④可信；⑤与需求相关；⑥不产生过分的恐惧和焦虑。

很明显，消费者对信息的感知与对信息的获取一样，是有选择性的，强化消费者信念和经验的广告更可能被注意和记忆。同样，消费者也更可能抵制与某一品牌的经验相抵触的广告。通过有选择地感知信息，消费者试图达到一种心理平衡的状态，换句话说就是一种避免冲突和避开矛盾信息的状态。

（三）记忆

保留的信息会存储在消费者的记忆中，而这种记忆是由过去的信息和经验所组成的。信息一旦被存储在记忆中，在将来使用时就可以被回忆起来。

从记忆中提取的信息，大致有三种类型：一是关于产品评价标准的信息。例如，购买智能手机时,到底需要具备哪些基本的产品特征或特性,如手机的运行内存、手机内存、分辨率、像素等。二是关于备选品牌的信息。例如,我们在购买手机时,需要考虑哪些品牌的手机、哪些型号的手机以及哪些不需要考虑的品牌或型号的手机等。三是关于备选品牌具体特征的信息。例如,消费者需要购买一台"苹果"或"三星"的智能手机,他将需要从记忆中提取有关上述两种品牌的价格、性能、保修期、维修的便捷性等方面的具体信息;同时,如果记忆中的信息不足以使消费者满足对这两个品牌的手机进行合适的比较,他将寻求从外部进一步的搜寻信息。

(四) 补充信息

消费者在没有足够的信息用以作出适当的决策的情况下,将会搜寻额外的信息来补充:①觉得可供选择的品牌不充分;②对有关正在被考察品牌的信息不充足;③从朋友或其他媒介所获得的信息与过去的经验和当前的信息相矛盾;④倾向于选择某一特定品牌,试图验证这一品牌的性能与预期是否一致。

研究表明,消费者一般不会致力于广泛地搜寻信息,除非消费者认为补充收集的信息价值与获取这一信息的成本、对其决策的影响价值相当。一项研究发现,当消费者面对多种可供选择的日常消费品时,仅用感观或尽量少的信息收集进行决策。另一项研究发现,有50%以上的消费者在购买汽车和住宅时,并不仅仅依靠经验、销售商的宣传对一品牌作出决策,而且需要大量信息的及时补充,除非他们认为自己已经拥有了足够的信息。

第四节 消费者购买评价与选择

消费者购买某一产品的可能性取决于消费者对它的评价。在决定购买何种品牌的产品时,消费者在很大程度上会将几种可选择的品牌进行比较。通过进一步考虑和比较几个好的选择,最后就剩下一个评价最高的选择。图2-11描述了消费者在备选产品之间进行评价和选择的过程。

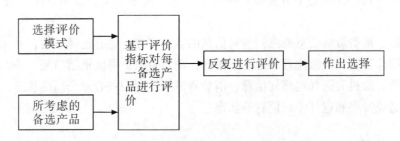

图2-11 消费者购买评价与选择过程

一、选择评价的模式

消费者对备选方案的评价模式基本上可以分为补偿性模式和非补偿性模式。

(一) 补偿性模式

消费者依照所考虑的产品属性得到各个备选方案的加权或单纯加总的分数,然后再根据分数的高低来评价备选方案的优劣。补偿性模式的最大特色是不同的产品属性之间是可以相互弥补的,非补偿性模式则不允许以某一评价较佳的属性来弥补另一评价较差的属性。一般而言,补偿性模式由于通常所考虑的属性较多,最后进一步深入思考的品牌方案也较多,因此比非补偿性模式复杂。

(二) 非补偿性模式

最常见的非补偿性模式有联结模式、非联结模式、编辑模式,属性筛减模式。

1. 联结模式

联结模式是一种使用"阀限"的模式,"阀限"代表上下限。它是针对备选方案中的产品属性分别设计空间范围,只有各个产品属性在阀限内的产品品牌,消费者才会更进一步地进行评价与考虑,这样便可大大减少所要评价的产品品牌数目。例如,消费者要购买房子,则可以先决定可以接受的最高房子总价、可以接受的最小面积以及所限定的房子坐落区位,如此便可以大量减少所需考虑的备选方案数目,而只需认真地进一步衡量与评价阀限范围内的备选方案。

2. 非联结模式

非联结模式只在单一或少数属性上设定阀限,因此只要备选方案通过这些少数的阀限,消费者便可以接受这些备选方案。如上例,消费者要购买房子,则可以只在房子总价以及所限定的房子坐落区位上设限,而只要通过阀限的房子,便是可以接受的方案,因此往往需要再辅以其他的决策模式来作进一步的选择,或是选择第一个通过阀限的备选方案。

3. 编辑模式

编辑模式是把属性以其重要性加以排列,然后依属性的重要性的高低逐一针对各备选方案进行比较。若某一方案在最重要属性上较其他备选方案为优,则选择该备选方案。如果在这一最重要属性上无法分出高低,则进行次一重要属性的评价,一直到各备选方案分出高低为止。

4. 属性筛减模式

属性筛减模式类似于编辑模式,不过有些微差异。消费者先依重要性来对属性进行排序,然后分别设定阀限,接着将所有备选方案由最重要的属性开始进行评价,只留下那些高于阀限的备选方案。如果有超过两个以上的备选方案高于最重要属性的阀限,则再进入第二重要的属性,评价其是否超过该阀限。如此,依属性的重要性逐一往下评价,一直到最后的最佳方案出现。

二、选择评价的准则

消费者通常会采取一些措施来降低备选方案评价上的困难度，一个方法是限制备选方案集合中的方案数目。由于记忆的有限性，消费者往往只能记住少数的产品品牌，因此也降低了备选方案评价时所需要的认知资源。

对于营销管理人员而言，一个重要的目标便是在于判定哪些评价准则在影响消费者选择上最为重要。对消费者产品评价有所影响的属性可以分为显著性属性和非显著性属性。显著性属性是指消费者认为那些对于其购买决策重要的属性。虽然一项产品上具有很多属性，但并不是所有的属性都会被消费者所注意到，也不是所有注意到的属性都是被消费者认为重要的属性。

显著性属性只是潜在的可能对购买决策产生重要影响的属性，真正关键的属性是决定性属性。决定性属性是指真正决定消费者要选择哪一个品牌或到哪一家商店购买的属性。例如以购买计算机来看，可能记忆容量、品牌、价格和速度都是显著性属性，但由于各家计算机在上述个属性之间的差别并不是太大，因此，最后决定消费者所购买品牌的可能是促销上所附赠的接口设备，则此时这些附赠的接口设备便成为决定性属性。

消费者在建构其评价时，有类别程序与零碎程序两个基本的程序。类别程序是指依照其所属的特别类别，去评价各个备选方案。零碎程序是指依照产品的重要方面，来评价各个备选方案的优缺点。在人类的知识结构中，心理类别是很重要的一部分，类别也通常联结着一些偏好。例如在美国，某一消费者因为过去对黑人没有好感，则"黑人"这个心理类别便联结着一些反感和厌恶，因此也连带不喜欢和黑人相关的产品，如"黑人牙膏"和黑人音乐。所以当消费者采用类别程序来评价产品的备选方案时，首先会将该产品与某一心理类别相联结，而同时与该心理类别相联结的偏好和态度，也会转移到这一产品备选方案上。采用类别程序时，产品的评价主要视该产品评价方案所归属的类别而定。对于营销人员而言，如果知道其消费者是采用类别程序来进行评估的，则首先要了解该产品所被消费者归属的类别，以及消费者对于该类别预先存在的偏好。

零碎程序则是透过逐一琐碎地评价产品的内涵，而慢慢形成对于备选方案的整体评价。采用此种评价过程，首先必须找到评价方案评价的准则和内容，然后针对这些准则和内容，就各个备选方案加以评价，最后形成整体评价。

并不是所有的消费者每次都会有那么多的精力和时间来进行备选品牌的选择。例如，具有高度消费者惰性和品牌忠诚性的消费者便不会进行上述那么繁琐的比较程序。因此，对于这些人，类别程序会是其较常用的评价方式。

消费者惰性是指消费者会在每次到达零售店购买产品时，都倾向于购买相同的品牌，这种固定的模式便是由于消费者惰性的关系。这样的固定习惯主要是基于比较不需要消费者花费太大的精力。一般而言，消费者惰性对于品牌转换的抗拒并不大，营销人员只需要解冻消费者的购买习惯，便可以改变其购买习惯，例如，他们可以在购买点展示、广泛发放折价券以及降价，来消除消费者惰性。

与消费者惰性不同，品牌忠诚型则是一种基于其对持续购买某一相同品牌的认知性决策，也就是说，品牌忠诚性是由正面的态度做基础的。相对于消费者惰性，虽然在购买行为上可能表现出相同的购买行为,但是对于该品牌的承诺度则有很大的差异。品牌忠诚性的承诺度通常远大于消费者惰性,因此要改变品牌忠诚性高的消费者的购买行为,会比改变单纯消费者惰性高的购买行为更难。

第五节　消费者购买过程

一、消费者购买的类型

由于多种原因,消费者经常会放弃已经决定的购买选择。这些原因包括由于消费者情况临时出现变动、环境变化、新信息或产品缺乏可用性等。例如,某个消费者计划购买一台海尔电视机和一台美的空调,但因商场部分商品促销,该消费者实际购买了一台长虹电视机和一台格力空调,使其原购买计划发生变动。

(一) 具体性计划购买

具体性计划购买是指进店之前已经计划了所要购买的产品和品牌。经营者通过那些鼓励消费者计划购买产品的广告和其他手段来提高自己的品牌效应和商店忠诚。研究表明,在产品介入程度较高时,购买计划更可能生成。商场里的因素会影响消费者是否按计划购买产品,例如商店的布局、设计、限制游览和店内决策的时间压力,那些能改变消费者所选品牌的市场策略也会中断或改变消费者的购买计划,这些策略包括:样品、降价、赠品券、购买点展示或其他的促销手段。市场营销行为如何影响购买行为取决于消费者的忠诚度,研究表明,产品信息的赠品券广告对那些有兴趣改变品牌的消费者有很好的影响作用;有吸引力的图片对忠诚于某一竞争品牌的消费者具有更强的效果。

(二) 一般性计划购买

一般性计划购买是指进店之前已经决定购买某种产品,但到购物时才决定具体品牌。消费者可能计划好他们打算购买的产品,但是他们到商店后或上网后才决定所购买的产品的品牌、具体的样式和尺寸。当快速决策时,消费者通常会购买"所知道的和喜欢的品牌"。降价或具体的样品和包装可能会影响最终所选择的品牌和式样。

(三) 非计划购买

非计划购买是指产品和品牌都是在进店前没做计划的,只是在购买时才决定的。诸如陪朋友逛街时被商场促销吸引、购买一种商品时被另一种商品吸引等。这些"冲动型"购买经常是在消费者多变念头的方式下发生的,购买点展示、相关产品的价格或者店内的新产品都会促发"冲动型"购买。购物者经常有意地将目录上的产品展示和材料作为一个可替代的购物单。

二、消费者购买决策过程

选择一间具体商店的过程涉及消费者的性格以及购买特点与商店特点的匹配。根据不同的购买类型，消费者可能会用不同的标准来评价哪间商店能最好地满足其需求。消费者进行选择是基于他们对这些选项认识的基础之上的，如过去的经历和商店形象可能会影响消费者对具体商店的选择，如果某一消费者过去在某些商店购买有过愉快的经历，他可能就会继续去这些商店购买其所需要的产品；但是如果消费者是第一次购买或者以前有不理想的经历，他就会考虑进行更多的选择。商店形象是不同市场细分的消费者在对他们所认为的重要属性理解的基础上形成的。研究表明，当消费者被问及什么商店有何具体属性时，如"低价"、"便利"，他们会很快想起一间商店。这就是说，这间商店在他们脑海里存储了很长时间。在每个细分市场中，这些潜意识的回答被称为自动认知过程，且直接和消费者的第一选择联系在一起。图2-12是消费者购买决策过程。

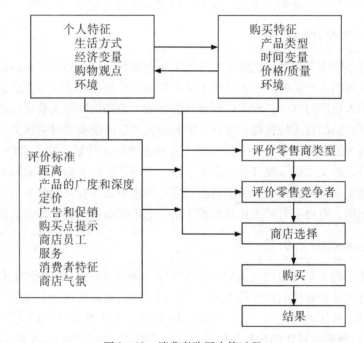

图2-12 消费者购买决策过程

三、选择购买的决定因素

根据市场细分和商品分类，商店选择的决定因素是变化不定的，其他一些非常重要的属性仍然决定某些零售商能否成功。这些因素可以分为如下几类。

（一）距离

对大部分消费者来说，根据时间和混乱程度因素，他们既会考虑商店的实际距离，也会考虑其位置。消费者通常会过高估计时机距离和实际时间。在一些市场里，距离可能包括行走到指定位置的能力或者公共运输的可能性。如在日本，零售商有时被称为"铁路零售商"，这是因为零售商们挤在主要的火车站附近，几乎所有的消费者都将火车作为交通工具。

（二）产品的质量

对商店选择来说，售卖产品的广度和质量是非常重要的因素。特别是对购物中心的商店而言，这尤为重要。一些专卖店之所以能够取得成功，是因为它们有能力采购和提供主导产品，主导产品是以分类、最终用途或式样进行分类定义的产品。这些专卖店的产品质量比较好且单一层次较多，通常能够吸引一些特别的消费者。

（三）定价

价格是商店光顾率的重要因素之一，它随产品的类型而变化。价格的重要程度取决于购物者的特征。那些看重某些因素（如便利）的消费者在购物时就不会考虑更多的价格因素。需要注意的是，消费者所认知的价格通常比实际价格更为重要。不要将"最低价格"和"可接受的价格范围"误以为是商店选择的一个决定因素。有研究表明，消费者宁愿价格在可接受的范围内（价格性能比最优）而不是价格一直最低。

（四）零售商的广告与促销

广告和其他形式的促销手段是建立零售品牌的重要工具，是消费者对商店及其总体形象的认识途径。为了建立一个零售品牌，广告需要包括形象和信息两部分内容。当一个零售商在市场内建立一个新形象或者改正其自身形象时，广告应当强调"形象"。形象广告利用可视化的组件和语言，帮助消费者形成他们在商店内的经验和什么样的消费者对商店满意的认识。另外，信息广告提供了可能影响购买决策的详细信息，如产品、价格、商店营业时间、地理位置和其他属性。

零售的焦点正逐步聚焦在市场上。零售公司已经开始强调营销策略——采购合适的商品、正确地展示和储存商品、在合适的时间定价和降价。除了注意价格广告外，大部分零售商以前很少注意商店以外的市场动态。为了努力改变人们对商店的认识和吸引消费者，零售商正在观察市场动态，如为"高级会员"提供特别的时间和服务，并通过计算机的数据库与不同的消费者交流。

（五）销售人员

尽管当今的很多零售行为是消费者在没有销售人员帮助情况下的自我选择，但是，当消费者在选择商店或购物中心时，知识丰富且能够给予帮助的销售人员也很重要。销售能否成功取决于两个因素：交易过程中的关系和销售人员所使用的说服策略，销售人员赢得消费者信任和完成一个交易过程的能力受到如下因素的影响：

1. 专业知识

当消费者认为销售人员知识丰富时，由于交易过程中的信任和信心，他们通常更有可能购买产品。

2. 信任感

销售人员给消费者留下的第一印象会影响整个交易过程。当购物者对销售人员有较强的信任感时,购物者的购买决心就会得到加强。信任感越强,购买的可能性越高。

3. 熟悉消费者的需求

销售人员越熟悉消费者需求,就越可能完成一宗销售。知识丰富的销售人员能够对不同类型的消费者进行描述和分类,并用其他销售经验在相似的情形下引导消费者。

4. 适应能力

相应地,销售人员对老练的消费者的知识结构与适应能力有关。拥有了合适的知识结构,销售人员就能够针对单个消费者的需求和期望,改变其最初适当的反应。

(六) 提供的服务

便利的自助服务设施、退货容易程度、交货、信用和总的货物服务影响着商店的形象。影响的程度随着服务质量和消费者的期望而变化。如某一鞋业零售商为个人购物者提供包装他们所购买商品的服务,这些商品包括赠送样品和鞋子。当在这间商店采购到能够符合他们要求的商品时,个人购物者也会号召别的消费者与之一起购物。

(七) 商店气氛

电梯、灯光、音乐、空调、便利而易寻的卫生间、布局、通道设置和宽度、停车设施、地毯和结构都会影响商店形象和消费者对商店的选择,这些共同组成的商店环境就是影响消费者购买的商店气氛。从经营者的观点来看,商店的气氛可以吸引消费者的注意力,也可以增加消费者购买没有引起他们注意的产品的机会。零售环境也向消费者展示了商店的特点和形象。最后,商店环境也可以引起消费者特别的感情反应(如高兴),这可以影响消费者在购物时所花费的时间和金钱。

(八) 消费者特征

因为消费者有将自身形象与商店形象相匹配的倾向,所以商店内的购物环境类型会影响消费者的购买倾向。一些消费者可能会避免光顾一些商店,因为他们不想将自己与这些商店联系起来,也不想被联系到这些商店上。如年轻的消费者可能会避免一些零售商,因为那里有"太多的大龄消费者",而一些大龄消费者也可能会避免光顾那些吸引"太多年轻消费者"的商店。

(九) 购买点展示和标志

购买点展示和标志可以增加消费者决策的机会,还可以刺激购买,增加销售。创建展示和活动对商店是有力的,首先,与其他促销形式相比较而言,它们是便宜的;其次,它们让人们光顾所需购物的商店;最后,它们可以增加零售店的气氛。

第六节 消费者购后评价

一、消费者购后行为与购后冲突

(一) 消费者购后行为

消费者在购买了某些产品或服务后会产生一种被称为购买后冲突的现象,这种现象产生的原因,是由于消费者对其购买行为的合理性产生怀疑。当消费者对所购买商品不满意时,则会将产品退还或保存而不使用。对大多数消费者来说,即使存在购后冲突或不和谐,仍会使用产品。使用产品通常涉及对包装和产品本身的处置。在使用过程中和使用后,消费者会对购买过程和产品进行评价。不满意的评价会使消费者产生抱怨,而厂商作出的合适反应会减少消费者的不满情绪。购后会产生满意与不满意,消费者随之采取相应的行动,要么导致重复购买与忠诚,要么导致转换品牌或不再使用此类产品等其他行动。

消费者购后行为如图 2-13 所示。

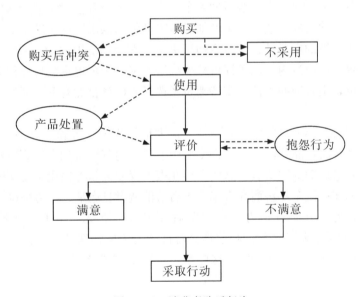

图 2-13 消费者购后行为

(二) 消费者购后冲突

消费者常常需要在多个备选方案中间作出选择,一旦作出决定,消费者可能就想知道自己是否作出了最佳选择。在相对较难下决心且具有长期影响的决定作出之后,消费者会对其购买行为产生怀疑和焦虑。这类反应是很常见的,这种对购买行为的怀疑和焦虑就叫购买后冲突。消费者产生购后冲突的可能性及其激烈程度是由以下因素决定的：

（1）忠诚度或决定不可改变的程度。决定越容易改变，购后的不和谐就越不易发生。

（2）决定对消费者的重要程度。决定越重要，越有可能产生购后冲突。

（3）在备选品中进行选择的难度。越难作出选择，就越有可能产生购后冲突且冲突激烈程度越高。决策难度大小取决于被选品的数量、与每一备选品相联系的相关属性的数目以及各备选品提供的独特属性。

（4）个人体验焦虑的倾向。有些人更易感到焦虑，而越易于感到焦虑的人就越可能产生购后冲突。

购后冲突或不和谐之所以发生，是因为选择某一产品，是以放弃对另外产品的选择或放弃其他产品所具有的诱人特点为代价的。这与个体希望获得这些富有吸引力的特点的欲望不一致。在名义型决策和大多数有限型决策中，由于消费者不考虑被选产品不具有而其他替代品具有的特色，因此这类决策不会产生购后冲突。例如，某位消费者的备选方案里有4个咖啡品牌，他认为这几个品牌除了价格以外在其他属性都旗鼓相当，此时，他会选择最便宜的品牌。这样的购买一般不会带来购后冲突。

由于大多数购买介入度高的决策涉及一个或多个引发购后冲突的因素，因此，这些决策常伴随购后冲突。而且由于购后冲突令人不快，消费者会设法减少购后冲突。消费者常用的减少购后冲突的方法有：①增加对所购品牌的欲求感；②减少对未选品的欲求感；③降低购买决策的重要性；④改变购买决策（在使用前退回产品）。

尽管消费者可以通过内心的再评价减少购后冲突，搜集更多的外部信息来证实某个选择的明智性也是很普遍的方法。支持消费者选择的信息自然有助于消费者确信其决策的正确性。

消费者购物后搜集信息的倾向和做法，极大地强化了广告和后续销售努力的作用。为了培养消费者对所选品牌的信心，许多耐用消费品的营销者如大宗家电和汽车推销商就会寄一些资料给近期的购买者，这些资料在很大程度上是专门用于证实购买的明智性与正确性的。例如，汽车零售商在汽车售出后给消费者打电话，一方面确保消费者没有碰到产品问题，另一方面也是为了减少购后冲突。即使是一些十分简单的口信，如"感谢您在我处购买了新车，我们相信你会对自己的选择感到满意。我们是否能做些什么使您更充分地享用您的新车呢？"这些都可以减少消费者购后冲突和增加消费者满意感。

二、产品使用与闲弃

（一）产品使用

大多数购买属于名义型或有限型决策，因此很少引发消费者购买冲突。消费者购买产品后根本不担心购买是否明智的问题，而是放心地加以使用。即使在存在购后冲突的情况下，消费者仍会使用购得的产品。

出于多方面的原因，营销者需要了解消费者如何使用其产品，弄清楚产品是以功能性方式还是以象征性方式被使用，以便于改进产品设计。例如，耐克公司通过观察球场上的篮球运动员，获得了球员所希望的关于运动鞋的功能方面与式样方面特征的信息。观察中发现，比赛前穿上运动鞋和系上带子的过程充满了象征意义，从某种意义上，这一过程类似于骑士在比武或战斗之前戴上头盔。耐克在设计运动鞋时，好几个方面都运用了这方面的知识。

许多公司试图运用标准的调查问卷或集中小组访谈来获得关于产品使用的有关信息。这一类调查可以帮助企业开发新产品，为现存产品揭示新的用途或市场，为确定合适的沟通主题指明方向。产品使用行为在不同地区亦存在差别，营销者了解这些情况，有助于在其他地区性广告中加以反映。某种产品的使用需要使用另一种产品的事实，常常被零售商所利用，如室内盆栽植物与肥料、独木舟与救生衣、照相机与相机套、运动外套与领带、衣服和鞋子等产品组合。在每种情况下，一种产品的使用都因为另一种相关产品的使用而变得更容易、更有乐趣或更安全。零售商可以对这些产品进行联合促销或培训推销员进行互补性销售。然而要做到这一点，需要充分了解这些产品在实际中是如何运用的。如果营销者发现消费者对如何正确使用其产品存在困惑，则应对消费者进行这方面的教育。有时候，厂商会通过产品重新设计使之更易使用，以获得竞争优势。

（二）产品闲弃

需要指出的是，并非所有卖出去的产品都被使用。产品闲弃是指买了一种产品将其搁置起来不用或相对于产品的潜在用途仅有很有限的用途被使用。对于很多产品和大多数服务，购买决策和消费决策是同时作出的。当一个人在餐馆订餐时他同时也决定了所订的食物。然而，在超级市场买回食品后还需要对食品的准备与消费再次进行决策。作出第二个决策的时间、情境与第一个决策明显不同。这样，由于购买时与潜在使用时环境或购买者的改变，就会发生产品闲弃。例如，卖场陈列将一种新食品展示为可用于做一道可口的小菜，此时会激发消费者联想到一种合适的使用情境，从而购买该食品。然而，一旦没有了展示时的刺激，消费者可能想不起该食品的用处。在这种情形下，消费者浪费了金钱，营销者也不大可能获得重复销售。而且，营销者很难找到合适的补救措施和对消费者施加有效的影响。在另外一些情况下，通过提醒或在合适时机给予促销，消费者会使用所购的产品。坎贝尔汤料公司所做的调查显示，大多数家庭备有几听坎贝尔汤，因此，公司的主要目标是鼓励人们现在或尽快把放在家里的汤料喝掉。由于消费者已拥有其产品，因此促销的任务不是鼓励购买而是促使消费者赶紧消费。

三、产品与包装的处置

产品使用前、使用后及使用过程中均可能发生产品或产品包装容器的处置。只有完全消费掉的产品如蛋卷冰淇淋才不涉及产品处置问题。

除了工业废弃物，很多垃圾场由于废弃物的大量产生而被迅速填满，收集和倾倒垃圾的费用正不断攀升。人们对与二氧化碳、铅、汞有关的环境污染问题的关注与日俱增,显然,产品处置是营销者必须予以正视的。

每天有很多的产品包装被处理掉。这些包装容器有的被消费者使用,更多的则是作为垃圾被扔掉或循环利用。用尽可能少的资源制造包装既是企业的一项社会责任,在经济上也具有重要意义。生产易于回收和再利用的容器,影响之大远非社会责任所能概括。在有些细分市场,消费者将产品包装能否回收视为产品的一项重要属性。同样,这些消费者在选择评价阶段就将包装的处理看作品牌特点。因此,在赢得这类消费者的过程中,包装处理的简单易行(包括不使用包装)可做为营销组合中的重要变量。

对许多类别的产品而言,即使产品本身不再具有使用价值,其实物形态依然存在。一种产品迟早会不能以消费者满意的方式发挥作用,或不再具备消费者想要的象征意义。不能再开的汽车是产品失去功能价值的例子,而被车主视为过时的汽车则不再具有象征性功效(对某特定消费者而言)。无论出于何种原因,营销者一旦作出替换决策(甚至在购买之前),他也同时要对原来的产品作出处置安排。

图2-14描述了产品和包装的多种处置方式。遗憾的是,虽然"扔掉"不是唯一的选择,但却是迄今为止最广泛采用的处置办法。正如许多厂商做的那样,政府和环保机构试图努力改变这种做法。

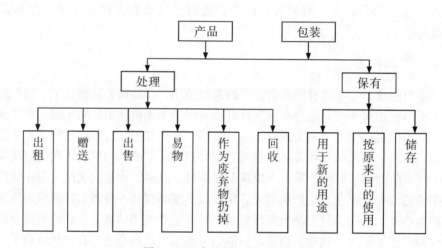

图2-14 产品和包装处置方式

四、购买评价和消费者满意

选择某种产品、品牌或零售店是因为人们认为它在总体上比其他备选对象更好。无论是基于何种原因选择某一产品或商店,消费者都会对其应当提供的表现或绩效有一定的期望。消费者期望水平可以从很低到很高。正如你所预料的,期望水平和感知到的功效或表现水平并非相互独立。一般来说,消费者倾向于将产品或商店的表现感知为与其期望相一致。

在产品使用过程中或产品使用之后,消费者会对产品的功效或表现形成感知。这一感知水平可能明显高于期望水平,也可能明显低于期望水平或与期望水平持平,如表

2-1 所示。消费者购买的满意程度取决于最初的期望水平和实际感知水平。

表2-1 消费者期望、欲求功效和满意度

相对期望的实际感知	期望水平	
	低于最小欲求功效	高于最小欲求功效
更好	满意	满意与忠诚
相同	非满意	满意
更糟	不满意	不满意

注：满意设定为感知水平超过最低欲求水平。

从表2-1中可以看到，如果一个商店或品牌的功效或表现符合一个低水平的期望，则结果通常既不是满意也不是不满意，而是非满意。即消费者可能不会失望，也不会抱怨该零售店或产品，但下一次遇到类似购买问题时，消费者可能会寻找更好的备选对象。

对一个品牌的感知功效低于期望水平，通常会导致消费者的不满。如果感知水平与期望水平差别过大或原先的期望水平过低，消费者可能会重新开始整个决策过程。导致问题识别的品牌极可能被列入排除范围，从而在新一轮决策中不再被考虑。不仅如此，抱怨和负面的传言也可能由此产生。

当对产品功效的感知与最小期望水平匹配，即功效水平等于或高于最小期望水平时，通常会导致消费者的满意。消费者满意会降低下次面临同样问题时的决策水平，即满意的购买具有奖赏激励作用，它将鼓励消费者在将来重复同样的购买行为。另外，满意的消费者可能会对所选品牌做正面的口头传播。当产品实际性能超过消费者期望的功效时，一般会导致满意甚至忠诚。

创造满意的消费者对促销水平的确具有重要的意义。"不满意"从某种程度上是由期望水平与实际感知的差别所决定的，所以夸大和不实际的宣传应当尽量避免，因为它会促长消费者期望水平的上升，最终导致不满意。

五、消费者不满意的反应

美国营销学专家詹姆斯·穆尔说："现代企业的命运掌握在消费者手中，消费者是企业利润的最终决定者。"因此，消费者满意对企业来讲是至关重要的。美国一项研究表明，让一个老消费者满意，只需花19美元，而要吸引一个新消费者，就要花119美元，减少消费者背叛率5%，就可提高利润25%。研究资料显示：假如100个消费者有不愉快的购物经历，商店就会流失32个至36个现有或潜在的客户。在调查中，48%的受访者表示如果得知朋友在哪家商店的不愉快经历，他们会避免去那家商店购物。因此，了解消费者不满意时可能采取的行动及其产生的原因，有助于零售商有针对性地提出改进建议，以提高消费者的满意度。

（一）消费者不满意时可能采取的行动

消费者在感到不满意时，将采取的行动是多种多样的；其不满意的反应如图 2 - 15 所示。

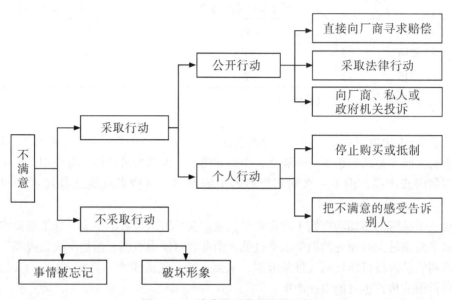

图 2 - 15　消费者不满意时的反应

消费者在不满意时，采取或不采取行动、采取公开或个人行动，表面上它们所占的比例应该相当，但实际调查结果却未必如此。如杰·贝克零售业项目和维德集团进行的"2005 年零售业消费者不满意度调查"结果显示：与商店发生摩擦的消费者中，仅有 6% 与公司联络，31% 的人选择向亲朋好友或同事诉说自己不愉快的遭遇。在这 31% 的人群中，8% 告诉了一个人，另有 8% 告诉了两个人，6% 告诉了六个以上的人。

从以上数据可以得知，消费者的不满意严重影响了零售店铺的形象和收益，尤其是当消费者采取个人行动时，给零售商带来了致命的伤害。因为消费者在采取个人行动时不容易被零售商知晓并采取相应的补救措施。因此，当零售商把注意力放在构建消费者投诉处理系统的同时，更应该注意到消费者不满意时采取其他非公开并有损商店形象的行为及其后果。只有洞察、探究消费者产生不满的根源，才能有效提高消费者的满意度和忠诚度。

（二）消费者产生不满意的根源

一般情况下，当消费者的期望值越大时，购买产品的欲望相对就越大，但是当消费者的期望值过高时，消费者的满意度就越小；消费者的期望值越低时，消费者的满意度相对就越大。因此，企业应该适度地管理消费者的期望。

我们可以借助服务质量差距模型来分析消费者产生不满的根源（如图 2 - 16 所示）。

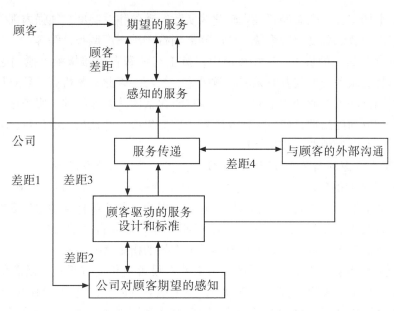

图 2-16 服务质量差距模型

服务质量差距模型理论认为服务差距的核心是顾客差距,即顾客的期望和实际感知之间的差别,组织必须弥合这一差距,才能避免消费者产生不满意,进而与之建立长远的合作关系。为弥合这一差距,组织还必须弥合其他诸如不了解消费者期望的差距、未选择正确的服务设计和标准的差距、未按服务标准提供服务的差距、未将服务绩效与承诺相匹配的差距。为了保证所提供产品或服务的质量,在实际工作中必须消除以上差距,其中,首先要解决不了解顾客的期望的差距,在此基础上再解决其他差距。消除消费者差异也就消除了消费者不满意的因素,使消费者对服务质量没有不满意的表示。

(三) 有效消除消费者不满意的策略

零售商要从源头着手消除消费者的不满意,要做好三方面的工作:首先,通过改善自身的管理,让消费者体验愉快购物;其次,通过营造积极的氛围,让消费者把不满情绪宣泄出来;最后,当消费者提出投诉时,及时采取补救措施。

1. 加强内部基础管理,健全管理体系,让消费者满意

(1) 构建以"消费者满意为中心"的企业文化,强调重视消费者需求。零售商通过市场调研密切关注消费者期望的变化和竞争对手策略的调整,找出并提升关键点的服务质量。树立"消费者总是对的"的企业价值取向,并渗透在员工的具体行为中,以提升与消费者之间的关系。

(2) 构建扁平化的组织结构。扁平化组织结构意味着中间层次的减少和管理效率的提高,使一线员工在与消费者直接接触过程中得到的信息能在企业内部迅速、准确地流动。同时,授予一线员工一定的处理权限,提高企业的反应能力,从组织上保证执行的效果。

(3) 完善内部管理制度。构建与零售商资源相匹配的战略规划,可根据内外环境进行恰当的市场定位，完善经营理念转化为实际行动的相关制度，加强内部管理的执行力度，建立消费者满意度评价系统，适时开展消费者满意度调查，等等。

（4）培养高素质的员工。在零售商中，员工与消费者直接接触，他们必须掌握怎样提供高质量的服务及如何及时采取补救措施等技巧。因此，零售商必须对员工提供有针对性的培训。除了专业知识培训外，还应提供包括团队合作精神、服务态度和反应能力等个人素质方面的培训，使员工能及时发现服务失误，并让员工明确自己的职责，迅速改正错误并及时对消费者作出补偿。

2．鼓励不满意的消费者提出投诉，使个人行动转化为公开行动

（1）提升企业的口碑。实证研究表明，对于规模大的、著名的、口碑良好的零售商，不满意的消费者会具有更强烈的投诉倾向，因为具备这些特性的零售商能够提升消费者对于投诉的正面结果预期。因此，零售商应努力提升自己的形象，建立良好的口碑，这是令不满意的消费者不能提出投诉的最有效的措施之一。

（2）建立消费者反馈的专门系统，为消费者投诉提供便利手段。随着信息技术的发展，消费者反馈的渠道和方式逐渐增多，除了现场投诉外，电话、写邮件和短消息等都是消费者最可能选择的投诉方式。零售商应充分利用现代技术，建立专业电话如400免费电话或提供固定网址及时收集消费者的意见，应把收集消费者反馈并定期提交报告规定为销售代表和服务人员的工作职责和考核内容。

（3）简化投诉程序并教导消费者如何投诉。复杂的投诉程序会令消费者望而生畏，从而放弃投诉，或者虽然提出了投诉，但容易在过程中产生不耐烦情绪继而放弃。因此，简单明确的投诉程序对于鼓励不满意的消费者进行投诉非常重要。此外，零售商还应明确告诉消费者在对产品或服务不满时应如何投诉、向谁投诉。

六、消费者重复购买

消费者重复购买是指消费者由于多种原因影响而再次采取同样消费行为的行为。影响消费者重复购买的因素主要有三种。

（一）感知价值

许多营销学者都认为，消费者的感知价值对其品牌选择有重大影响。Zeitham 认为，消费者感知价值是消费者在所得与所失的感知基础上，对某一产品效用的总体评价。感知价值不仅取决于消费者感知到的品牌属性如何，而且还取决于消费者的需要和追求的目标，也即取决于消费期望或价值期望。价值期望会直接影响消费者所关心的品牌属性、对属性的评价权重以及对属性的信念等，从而影响感知价值。由于消费者无论是首次还是再次购买，都会发生介入程度不同的对品牌的评价决策过程。在重复购买问题是以购买同类产品的需要会反复出现的前提下，消费者对不同品牌的价值感知显然是决定重复购买的关键因素。

感知价值具有动态性，这使得在不同时间测量的感知价值的内涵和意义不同。一种动态性是随着内外部环境的变化导致的消费者感知价值的变化。显然，越接近于消费者再次购买决策时间所测量的消费者感知价值，预测的准确性就越高，但预测的意义也就不强。更重要的是，由于影响消费者感知价值的内外部因素在何时刚巧会发生重大变化各不相同，因此无法根据这种动态性确定合适的测量时间以及界定相应感知价值的内涵。另一种动态性是由于消费者存在着多层次性的价值选择范围不同的价值期望，消费者的购买决策的过程将使价值选择范围发生收敛，从而因为价值选择范围也即评价标准的变化，使消费者对同一客体的价值感知会发生动态变化。既然不同层次的价值期望会影响感知价值，那么就可以用消费者感知价值是受哪一层次价值期望的直接影响来区别不同内涵的感知价值，而刚巧产生某一层次价值期望的时间，就可作为选择测量时间的分界线。

按逻辑顺序，针对同一产品的价值期望应该包括三个层次，在不同层次价值期望下感知价值也就有多个层次：①在购买某类产品的需要出现后，在多种因素影响下，消费者会产生对这类产品较为模糊的价值期望，这称为一般价值期望，它将影响消费者对这类产品的大致选择范围，相应的感知价值可称为产品一般感知价值。②消费者总是在某种情景下启动购买决策的，在不同情景下，消费者会产生对这类产品较为具体的价值期望，这称为情景价值期望，它将影响消费者在某一情景下的产品选择范围，相应的感知价值可称为情景感知价值。③在某一情景下的价值期望范围内，消费者会对进入这一价值接受范围的各个品牌进行比较评价，还会受购买现场各种因素的影响，并形成对各个被选品牌的价值感知和预期，此时的感知价值可称为购买前的最终感知价值，消费者当然将选择价值感知和期望最高的品牌，并形成对所选品牌的特定价值预期。

（二）情景期望

R. W. Belk、贝尔齐及霍金斯认为，情景对消费者购买会产生影响。在不同购买情景，特别是使用情景下，消费者会产生不同的情景期望，在不同情景期望下，消费者对各品牌的价值感知可能不同，进而会影响消费者是否会重复购买。由于情景以及情景价值期望可能非常复杂，而且特定情景下的感知价值易与最终感知价值相融合，因此不易测量多样化消费情景下的感知价值。为了体现情景价值期望和情景感知价值的作用，可以通过消费者面临的消费情景，以及情景期望的多样化程度来预测重复购买的可能性。

在购买现场面临的具体营销因素主要有可供选择的品种款式、价格促销和营业员推荐等，虽然这些因素对重复购买有影响，但其作用不仅取决于这些营销因素和特定消费者各自的特点，而且取决于各品牌现场营销因素的影响是否会相互抵消。例如，企业能确定自己产品各种款式的基本吸引力而且它能反映在消费者对该品牌的一般评价中，但不能确定某一款式是否刚巧为某一特定消费者所需要。这些因素不仅复杂，而且在出现和发生作用两方面都具有不确定性，只能作为随机因素处理。

（三）源于购后效应的重购意向

上述两个关键因素并未反映前次购买的影响，当研究消费者是否会重复购买同一品牌时，伴随消费者购后评价与行为的心理后果还要重点考察。心理后果应该包括购后冲突、满意程度、转移成本的感受以及其他知识经验的变化。这些心理后果也可称为购后效应。

消费者首先感受到的是购后冲突。购后冲突并非源于对所购品牌的体验与评价，而是源于对各种横向因素的思考评价，往往是购买实施前各种冲突的延续。其次是消费者满意。消费者满意一般被界定为实际感知水平与先前的各种期望，主要是与对所选品牌的特定期望之间的差异函数。霍金斯认为，如果消费者的产品属性期望很低，即使产品表现与低水平期望相符，也不会导致满意，而是非满意。因此，满意程度同时取决于先前的期望水平以及期望水平与实际感知水平的差异。由于消费者在受某种核心需要的推动下进行的任何购买都存在多层面的价值期望链，即产品属性期望—使用结果期望—需要满足和目标期望，而且可以在产品属性期望中分离出信息期望。因此，在购后冲突和消费者满意的内容中，都存在产品属性、使用结果、目标达成以及有关信息的冲突或满意问题。再次是转移成本。如果消费者转移品牌，可能会发生各种心理成本、时间成本、精力成本和货币成本等转移成本。既然有正转移成本，也就可能有负转移成本，这里把消费者寻求多样化所带来额外的心理价值也当作转移成本。最后是消费者在购后使用中还会获得其他许多知识经验。例如，对该类产品和特定品牌的属性、效果的知识经验，如何收集信息、进行正确判断以及如何使用处置的经验等。但这些知识经验主要有助于提高重复购买时的决策水平和加快决策进程，在没有明显冲突和不满意的情况下，价值评价标准也只是更为成熟和全面，未必对重复购买有直接影响。

三种购后效应的主要作用有：①品牌属性冲突。这是最典型的购后冲突，强烈的属性冲突会加深对所选品牌缺陷的感受，从而会对重复购买产生负面影响，并可能对满意度产生负面影响。②目标冲突。消费者会把问题归结为企业是否存在过度营销和自身的追求是否正确，是否要调整目标，而目标满意则既反映了对属性所能产生的整体效果的评价，又反映了对该效果及相应目标是否应该追求的反思，它们都会影响消费者是否会重复选择同一品牌甚至同类产品。③属性满意。这种满意将会加深消费者对该品牌的有利认知并产生好感，信息满意会使消费者产生信赖感，这些因素加之降低知觉风险的愿望，都有利于重复选择。转移成本对重复购买之所以能产生影响，是因为它能减少或增加具有更广泛意义的感知价值。随着消费者生命周期的演进，购后效应还会进一步积累，从而产生有关因素的影响力会发生变化的现象。

需要注意的是，购后效应主要是因感情、信任、转移成本和克服认知失调的愿望等原因而影响重复购买的，而感情、信任和转移成本等因素并不包含在前述感知价值和情景期望中，这意味着三种购后效应又是一组影响重复购买的关键因素。

根据上述讨论，可以建立重复购买行为的一般模型（如图2-17所示）。

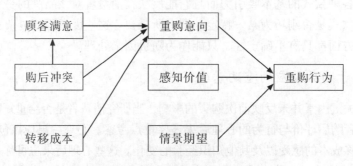

图2-17 重复购买的一般模型

第七节 消费者品牌忠诚

一、消费者品牌忠诚的概念

品牌忠诚的定义是随着产品特征和市场环境的变化而不断发展的,关于品牌忠诚的定义有很多,但是目前学界都比较认同的是 Jacoby(1971)所下的定义:"品牌忠诚是一种带有倾向性的(非随机的)行为反应(购买),具体表现在消费者一直以来在众多品牌中总是选择某一个或某几个品牌。"

由于对品牌忠诚认识的不同,导致实践中存在一定的误区,主要有以下方面。

(一)顾客满意了就会忠诚

传统观念认为,发现需求—满足需求并保证顾客满意—营造顾客忠诚,构成了营销的三部曲(Mark,2004)。因此,有人认为顾客满意必然造就顾客忠诚。Francis 和 Jamie(2002)在对一个企业的消费者满意调查发现,虽然大部分顾客对企业评价的总体满意度为 4(一个从 1 到 5 表示满意程度的量表),但事实上,企业的销售额却在下降。这个现象的答案就在于顾客满意和忠诚的区别:一个顾客可能对产品或服务非常满意,但这并不意味着忠诚。忠诚和满意是两个不同的概念:顾客满意是一种意见主张,忠诚是一种行动。忠诚反映的是客户未来的购买行动和购买承诺,而客户满意度调查反映了客户对过去购买经历的意见和想法,只能反映过去的行为,不能作为未来行为的可靠预测。

(二)忠诚就是重复购买

有人认为消费者能够持续地购买使用同一品牌,即为品牌忠诚。Jonathan(2004)却认为重复购买可能只是陷阱,重复可能只是由于惯性或者冷漠。Mark(2004)也认为重复购买并不意味着品牌忠诚,这可能只是因为它价格便宜、产品或服务的取得非常便利或者转换品牌的成本太高造成的。不可否认的是,重复消费是忠诚的重要行为体现,企业应该致力于培养顾客的重复消费,长期的重复交易会使重复与忠诚的关系不断发展(Jonathan,Albert,2004)。

(三)提高忠诚的办法就是打折

有些企业所谓的忠诚项目就是通过提供折扣来吸引顾客重复购买,买得越多折扣越高。这样做的确可以留住一部分顾客,但很难藉此提高忠诚度。实践表明,这种手法的直接后果是让商家走上绝路,因为折扣总是有一定限度的,没有哪个品牌可以提供别的品牌不能提供的折扣,而且还要消费者认为你的折扣有实际意义才行。另外,折扣增加了消费者对价格的敏感性,深度的折扣可能会稀释品牌资产。

(四) 转换成本高就有品牌忠诚

认识转换成本的典型就是计算机行业，通过制造不兼容或不断升级软件版本来形成品牌转换成本，使消费者一旦用上某个品牌就很难换另一个品牌，否则要付出很高的代价。消费者即使不满意也不会转换品牌。这种转换成本的存在，其实是人为制造的障碍，也是一种伪忠诚，这样的转换成本是不可能为长期的利润作出贡献的。

二、消费者品牌忠诚的作用

企业普遍存在的一个做法是通过吸引新顾客来维持消费者对其品牌的忠诚，事实上这是很困难的，因为新顾客常常没有足够的理由放弃他们原来已经使用的品牌。相反，维持老顾客可以得到丰厚的回报，因为维持老顾客的成本比较低。维持老顾客就像是堵住漏斗的口，而开拓新顾客则是往漏斗里添沙，往往是装进去的还没有漏掉的多。维持消费者忠诚对于一个品牌来说是有许多好处的，具体地说，包括以下几个方面。

(一) 减少营销成本

维持一个老顾客比获得一个新顾客的成本要少得多。潜在的新顾客通常缺乏改变品牌的动机，因此，要接触到他们需要付出昂贵的代价。即使他们能够接触到新的品牌，但是要他们冒着风险去购买和使用一个新的品牌，需要有足够的理由。所以，忽视老顾客而重视新顾客的做法是欠考虑的。对于老顾客来说，只要他们没有什么不满意的地方，要维持他们并不太困难。消费者对品牌越忠诚，越容易维持。

(二) 品牌忠诚与高回报、增加市场份额相联系

品牌忠诚者使企业获得更多的利润。从短期看是因为更多人购买，从长期看是因为良好的口碑，企业由于能够保证一个稳定的未来顾客群而最直接地影响其利润。由于品牌忠诚者现在的和潜在的价值，理所当然地成为公司心目中最有价值的顾客群。

(三) 吸引新顾客

当购买存在风险时，老顾客的重复购买起到了为新顾客提供担保的作用。在新产品领域，情况也是一样。一大群消费者重复购买一个品牌，会给人如此印象，即该品牌是一个人们普遍接受的、成功的品牌，是一个能够支撑得起售后服务和产品改进的品牌。戴尔公司在1989年的广告中说有10万顾客，这对新顾客来说无疑是一大购买诱因。

(四) 提供给企业对竞争对手反应的时间

品牌忠诚让企业有时间对竞争者的行动作出反应。当竞争者开发出更优越的产品而将顾客吸引过去之前，企业可以改进产品以达到与竞争对手相当的水平。所以许多老牌企业，由于有大量的忠诚顾客做后盾，因而总是在市场上采取跟进策略，以规避新产品市场开拓中的巨大风险。

（五）品牌延伸时风险较小

一个品牌要做大做强，往往要进行品牌延伸。企业在品牌扩张和延伸时，那些忠诚消费者信任这个品牌，很大程度上也会购买其新产品，这样该品牌推出新产品的风险就比较小。例如著名品牌耐克，最早只是一个运动鞋的品牌。很多耐克的忠诚者认为，既然耐克运动鞋是优质的，那么耐克运动服、耐克篮球、耐克体育器械也应该是优质的，所以耐克公司在推出这些新产品时，几乎没有遇到什么大的障碍，成功率很高。

（六）品牌忠诚是品牌资产的主要决定因素

与其说将品牌看成是资产，不如说真正的资产是品牌忠诚。如果没有忠诚于品牌的消费者，品牌只不过是仅用于识别的符号。高度忠诚的消费者实际上是品牌资产的最终来源。现在不少学者在评估品牌资产价值的多少时，已经把该品牌拥有多少品牌忠诚者作为一个重要计算指标。

（七）品牌忠诚可以激励企业不断自我完善

赵明娟和郭宇（2010）指出，有较高顾客忠诚度的品牌，其企业自身想要保持竞争优势，则必然会不断地改进产品质量，改善企业经营管理，提高售后服务的质量，加大力度进行广告宣传。这一切都源于企业想要保持较高的顾客品牌忠诚度，而促使企业不断地完善自我，进一步壮大企业的实力。

三、品牌忠诚的分类

要对品牌忠诚进行深入地理解，必须对其进行归纳和分类。按照不同的分类标准，研究者们得出了以下几种不同的分类。

（一）按照消费者对品牌忠诚的数量来分类

品牌忠诚有唯一品牌忠诚和多品牌忠诚之分。Sharyn（2001）指出，唯一品牌忠诚是指消费者在某一类商品中，只忠诚于一个品牌，其典型行为大部分在快速消费品中发生。而多品牌忠诚则是指消费者在某一类商品中，同时有多个品牌的偏好，可能有不断轮流的购买行为。这种情况的发生往往与环境有关，如产品缺货导致的顾客品牌转换；也与消费者本身寻求产品多样性的特征相关。

（二）按照消费者心理行为来分类

品牌忠诚可以分为态度忠诚和行为忠诚。Kahn（1986）提出，消费者不断地重复购买某一品牌，就是行为上的品牌忠诚；消费者稳定的品牌偏好、信仰和购买意图就是态度上的品牌忠诚。Arjun 和 Morris（2001）研究发现购买忠诚导致了更大的市场份额，态度忠诚导致了更高的相对价格。Dick 和 Basu（1994）认为，忠诚有态度和行为两个维度，将忠诚分为四种：真正的忠诚、潜在的忠诚（较少光顾和积极的态度）、伪装的忠诚（经常光顾和漠然或敌对的态度）和无忠诚。以上任何一种都反映了品牌忠诚是心理态度和重复购买行为两个变量的组合。

（三）按照情感归属、社会影响和购买行为分类

Spiros 和 Vlasis（2004）根据情感归属、社会影响和购买行为三个维度对品牌忠诚进行了比 Kahn（1986）更为细致准确的分类，他认为品牌忠诚可以分为四种：

（1）没有忠诚。这类消费者对某特定品牌没有购买，也没有情感上的偏好，因此也极少受到社会的影响和压力。

（2）羡慕忠诚。这类消费者对某特定品牌没有购买，但是情感上却高度认同，对该品牌也有很多了解，这种忠诚在一定程度上是受到社会影响的结果。

（3）惯性忠诚。这类消费者对某特定品牌有不断重复的购买，但是情感上不一定偏好。这类消费者忠诚多发生在经常购买的日用品上。出于方便和懒于过多的考虑，消费者只是不假思索的习惯性地选择某一个品牌，但是对这个品牌本身并没有很好的评价。因此，这样的忠诚实际上并不牢靠，只要外部条件发生改变，这类消费者很轻易就会改变他们的忠诚。

（4）理性忠诚。这类消费者对某特定品牌高度重复购买，情感上也高度偏好。这类消费者的忠诚是品牌选择经验总结后的结果，当所忠诚的品牌一时买不到时，他们会主动寻找该品牌，或者以后再买。因此，这类品牌忠诚者最为可靠和持久，也是企业应该作为主要定位的一类消费群体。

（四）按照产品的不同类型以及顾客购买频率的不同分类

Sharyn 和 Rebekah（2001）认为，品牌忠诚可分为消费品市场品牌忠诚、耐用品市场品牌忠诚和服务市场品牌忠诚。

（1）消费品市场品牌忠诚。作为消费品市场的品牌忠诚有一个十分明显的特征，那就是品牌忠诚十分分散，几乎每一个品牌都会拥有一批忠诚的顾客，而每一位顾客对一个特定品牌的忠诚度也很有限，他们往往同时购买几个品牌的产品。

（2）耐用品市场品牌忠诚。对于耐用品市场而言，由于产品的价值较高，使用时间较长，因此消费者涉及的程度高，产品性能、形象对消费者的利益影响深远，因而消费者往往对某一品牌具有较高的忠诚度。通常消费者不会在不同品牌中徘徊，他们的品牌忠诚的持续时间长。

（3）服务市场品牌忠诚。虽然目前对服务市场的品牌忠诚研究较少，但其重要性并不比有形产品市场品牌差；相反，服务市场品牌忠诚有时显得更加重要，如餐饮业、美容美发行业、信息产品、咨询行业等都能受益于品牌忠诚。

四、消费者品牌忠诚的评估

Assael（1993）认为，以往文献中能较好度量品牌忠诚度的方法有两种：一是从消费者的实际购买行为出发，将消费者在一段时期对一个品牌的购买作为品牌忠诚度的度量标准；二是以认知理论（Cognitive Theories）为基础，通过对态度和行为的度量，将两者相结合来预测消费者再次购买同一品牌的概率，以此作为消费者品牌忠诚度。后一

种方法得到了学术界的普遍认同与广泛应用。

（一）行为忠诚测量

对消费者行为进行测量的指标有很多，常用的是货币测定指标和频率测定指标两大类。

（1）货币测定指标。从货币角度出发，Reinhold 和 Sesser（2001）提出了"钱包份额"这一指标。因为企业生存的首要目标是获取利润，企业最关心的是消费者的钱包问题。指标具体计算公式如下：

$$钱包份额 = \frac{消费者对该品牌的购买金额}{消费者对所有该种类产品的购买金额} \times 100\%$$

这个指标主要是反映消费者钱包中给企业的份额，还可以用来表明被竞争者拿走的份额。由于综合了企业自身与竞争者的情况，所以有了这方面信息，品牌管理者就可以调整策略，有的放矢地开展竞争。另外，这个指标也体现了购买频率和购买量的综合效果，所以对企业较有实际意义。

（2）频率测定指标。从消费者购买频率这个角度出发，多数研究学者所采用的是"重复购买率"这个指标。具体计算公式如下：

$$重复购买率 = \frac{消费者对该品牌的购买次数}{消费对该种类产品所有品牌的购买次数} \times 100\%$$

消费者对该品牌产品或者服务的重复购买次数越多，他的忠诚度则越高，反之则越低。这有助于品牌管理者及早发现问题，如果一个顾客的重复购买率越来越低，说明该品牌对他的价值越来越小，这是消费者发生品牌转换的信号。

（二）态度忠诚测量

用重复购买行为来测量品牌忠诚有其局限性。首先，重复购买不等于品牌忠诚；其次，对于那些高卷入的耐用品的品牌忠诚，如汽车，根本就无法用重复购买的指标来测量品牌忠诚。因此 Bruno（1998）提出一个通过品牌偏好量表来测试消费者的品牌忠诚的办法，用这个办法可以大致上确定哪些是品牌忠诚者，哪些是品牌转换者。

另外一个测量消费者态度忠诚的方法是李克特量表法。它由一组问题组成，每一个题目按态度的不同等级给以不同的分数，然后把被试者所填题目的得分加起来，根据总分多少判断其态度强弱的程度，最后将每个人的态度总分进行统计汇总，从而了解消费者的总体态度（Rebekah，2002）。

（三）结合行为和态度来测量品牌忠诚

计建、陈小平（1999）认为，可以用行为忠诚和态度忠诚的二维坐标对消费者品牌忠诚度加以分析，如图 2-18 所示。

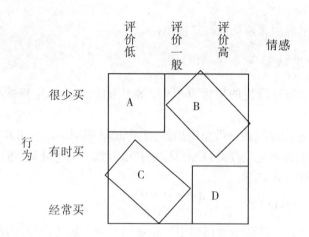

A区：没有忠诚　B区：潜在忠诚者　C区：脆弱忠诚者　D区：真正忠诚者

图2-18　态度忠诚和行为忠诚分类模型

该模型是将态度忠诚度和行为忠诚度分别划分为高、中、低三类，从而形成了四个区域的矩阵（图2-18中的A，B，C，D）。把态度忠诚度高于行为忠诚度的忠诚者定义为"潜在忠诚者"；相反，将态度忠诚度低于行为忠诚度的忠诚者，定义为"脆弱忠诚者"；模型右下区域表示"真正的忠诚者"。得出每一区域所代表的忠诚者的绝对数以及占样本总量的相对比例，统计出真正忠诚者、潜在忠诚者以及脆弱忠诚者所占比例，可以为企业了解品牌忠诚状况并采取具体措施提供参考。

五、品牌忠诚影响因素分析

品牌忠诚影响因素的研究主要讨论了以下方面。

（一）产品类别

消费者的品牌忠诚因产品类别的不同而各异。Alsop（1989）的研究发现，像盐、调味品、蜡纸等产品，购买单一品牌的使用者超过80%，而像汽油、轮胎、罐头等产品，购买单一品牌的使用者超过40%。

（二）时间

消费者的品牌忠诚也因为时间的不同而各异。北京麦肯特市场推广咨询公司（2000）对312名居民的调查发现，消费者夏天喝得最多的五个品牌依次是可口可乐、百事可乐、统一、露露、旭日升，而冬天喝得最多的五个品牌是露露、可口可乐、统一、三元牛奶、椰树牌椰子汁。

（三）竞争对手的数量

一项采用三种方式测量品牌忠诚的研究发现，消费者会购买他们能够想起来的各种品牌。在一个产品类别中，可接受的品牌越多，消费者忠诚于某个品牌的可能性越小；

相反，在那些竞争品牌较少的产品类别中，品牌忠诚更多（Exter，1986）。

（四）企业营销者

广告、促销、公共关系都是企业管理者经常运用的营销工具。大多数研究者发现，广告能成功地产生基于忠诚的品牌资产，广告是象征产品质量的一个重要外在线索（Milgrom，Roberts，1986），重度投入广告表明企业对品牌的投资，这又意味着更优越的产品品质（Kirmani，Wright 1989）。另外，Archibald，Haulman 和 Moody（1983）发现广告投入水平不仅意味着高质量也意味着好的销售。Jacobson 和 Aaker（1994）也发现广告投资与感知的品质之间有积极的关系。在关于促销对品牌忠诚的影响方面，研究认为，价格促销一般很难有助于提高内在购买动机（喜欢品牌或品牌忠诚）；相反，有可能淡化这种内在动机，对表现个人身份、地位和生活情趣的高价值品牌，情况更是如此。对非品牌使用者，促销活动可能促使他们购买，但深度折扣的价格促销会在他们心中形成不良的品牌形象；对品牌忠诚者，则会打破他们内部参考价格的"公平感"。这些负面结果将导致品牌转换行为的产生，降低品牌忠诚。在公关对品牌忠诚的影响方面，Frederick 和 Reicheld（1993）的研究表明，公共关系不会直接影响品牌忠诚，但是良好的公关可以通过对企业内部关系的管理而间接影响消费者忠诚，可以整合社会信誉资源服务于品牌形象，维持品牌活力，形成品牌个性。

（五）消费者

消费者自身的特征，如性别、年龄、经济收入、受教育程度会影响其品牌忠诚度。Aslope（1989）在对 25 种产品的研究中发现，近 25% 的 60 岁以上的被调查者对 10 种以上的产品有很强的品牌忠诚度，而年龄在 8～29 岁的被调查者的这一数字仅为 9%，同时他还发现，收入高的人们对品牌更加忠诚，他推测富人可能有更大的生活压力，从而没有时间了解更多的产品信息，对忠诚品牌的购买行为则保证了一个可以接受的最低价格质量。Ingrassia 和 Patterson（1989）发现，女性消费者比男性消费者有更高的品牌忠诚度。Frank 和 Douglas（1968）发现，品牌忠诚与受教育程度负相关。

（六）顾客体验

伴随着网络经济的兴起，"体验"已经成为对品牌忠诚具有重要影响的要素。Hong-Youl Ha（2005）指出顾客体验能够直接对品牌忠诚产生影响。同时，国内学者钱佳和吴作民（2008）、侯家麟（2007）也通过自己的研究发现顾客体验能够对品牌忠诚产生直接的影响。许多学者对顾客体验的价值及顾客满意与再次惠顾的关系进行了实证研究，证明了消费体验对顾客满意有积极的促进作用，进而提升品牌忠诚。贺爱忠和龚婉琛（2011）通过对互联网购物的顾客体验对消费者品牌忠诚的影响的实证研究，发现顾客体验能够对品牌情感和品牌信任有着较为显著的影响，但它对品牌忠诚的影响是通过品牌信任间接实现的。总之，网络经济时代，顾客体验与企业的品牌忠诚有着密不可分的联系，对企业的品牌能够产生直接或间接的影响。

本章小结

购买产品并非消费者决策过程的结束，相反，围绕该产品的使用与闲弃、产品与包装的处置以及该产品的评价会产生很多的决策活动。

消费者可能按预定的目的和用途使用产品，也可能采用创新性方式将产品用于其他用途或场合。在某些情况下，消费者还可能将产品搁置起来不用或不作充分利用。

如果一个商店或品牌的功效或表现符合一个低水平的期望，则结果通常既不是满意也不是不满意，而是非满意。对一个品牌的感知功效低于期望水平通常会导致消费者的不满。如果感知水平与期望水平差别过大或原先的期望水平过低，消费者可能会重新开始整个决策过程。当对产品功效的感知与最小期望水平匹配，即功效水平等于或高于最小期望水平时，通常会导致消费者的满意。

在满意的情况下，消费者可能形成重复购买甚至品牌忠诚。在不满的情况下，则可能导致抱怨、负面口传、法律行动、不再购买该产品或不再光顾该商店等多种行动。厂家可以采取措施，来减少或消除消费者的不满。首先通过改善自身的管理，让消费者体验愉快购物；其次通过营造积极的氛围，让消费者把不满情绪宣泄出来；最后当消费者提出投诉时，及时采取补救措施。

产品与包装的处置日益受到企业的关注。消费者采用扔掉、保存、赠送、出售等多种方式处置产品，这些产品处置方式对消费者下一轮购买决策具有直接或间接的影响。

关键概念

产品闲置　消费者满意　购后冲突　补偿性模式　非补偿性模式　重复购买　品牌忠诚

思考题

(1) 消费者购买行为的过程有哪些？
(2) 消费者的需求认知过程是怎样的？
(3) 消费者选择评价的准则有哪些？
(4) 影响消费者重复购买的因素有哪些？

案例　小杨如何购买电脑

小杨刚开始大学生活时，每天的感觉是用来上课的时间出乎意料的少，空闲时间太多，以至于不知如何打发；去上自习、看书，又没有兴趣。于是她就花费很多时间闲逛、睡觉或者泡网吧。然而，她慢慢感觉到网吧上网只能玩一些无聊的东西，用来查有用的资料的时间太少，即使查了一些资料也不方便保存，便萌生了自己买台电脑的念头。认为如果自己有了台电脑，就会方便很多，不用整天往网吧跑，且有时候跑去了位子却已经全满，要上网就得长时间等待。这样既不方便，又浪费钱和时间，而且只能做一些无意义的事情。如果自己有电脑，就可以随时想玩就玩，上网查的资料也可以保存起来，等到有空的时候再查看，上课期间需要用到电脑时，也会很方便，不用到处跑去上网了。而且自己电脑知识比较贫乏，有了台电脑，既方便实践，又可以补习一下电脑的相关知识。

由于小杨还是一个纯消费者，尚未能有自己独立的收入，故可用于买电脑的资金是很有限的，需要尽量节俭。她对电脑性能没有特别的需求，认为一般的学习型电脑就够了，当然也不能太落伍；笔记本电脑是用不着的，因为不需要到处携带，而且笔记本又那么贵。所以她要的电脑属于学生配机中配置水平一般的台式机。缺乏电脑方面的知识，这也是在她购买电脑时感到最头痛的，因为她那时对电脑的了解，仅限于开机、关机、聊QQ和进行鼠标的单击和双击。买电脑要用到电脑方面的知识，靠她当时的水平肯定是不够的。所以在这方面她花了些时间，搜集了许多相关的资料。

小杨认为，要购买电脑，对电脑的构成及物价行情没有一点了解当然不能随便出手，否则买回来不能运行就后悔莫及了。于是就开始了对相关信息的搜集，主要是电脑硬件方面的信息。对于电脑的硬件组成，首先是自己通过查看相关书籍、教程，得知了电脑的基本构件及一些性能指标，如内存条的内存越大越好，频率也是越大越好；硬盘的存储空间越大、缓存越大、转速越大就越好；等等。小杨对其他硬件的性能指标都有了初步的了解，由于同学中有几位对电脑是有一点了解的，他们自然就成为了小杨常常咨询的对象。从他们那里，小杨了解到了电脑主要硬件的一些主要品牌：内存条中金士顿是老牌子，性能没得说，但价格也相应高一些；黑金刚内存条上市晚一些，但性能是相当出色的，是内存条市场上的一匹黑马，性价比较高；还有其他一些市场评价比较好的品牌如威刚、胜创；等等。硬盘市场中，主要有迈拓、西部数据、希捷等大品牌。然后，小杨又通过上网、逛电脑商店、看广告等方式搜集到一些推荐性的整机配置方案，每套方案中都列出了CPU、内存条、硬盘等电脑主要硬件的评价指标信息和相关评估报价，这些都使她对电脑硬件有了初步的了解。

对电脑硬件构成有所了解后，小杨接下来关心的自然是价格了。小杨依然是通过商家、朋友、媒体、自己查找等途径，采取查找电脑相关的报纸杂志、上网查询及逛商店、看商家广告和传单等方式，获取电脑硬件的相关报价信息。这样使她对电脑主要组成硬件的报价有了一定了解。如CPU及INTEL的性能稳定些，但价格高些，而AMD的价格要低，且性价比要高；内存条市场，金士顿由于品牌最响亮，价格就要比别的牌子稍贵，但同一级别的产品中，各种品牌之间的报价差别不会很大，一般不会超过30元。其他硬件的报价也基本上遵循这一规律。

对于电脑的硬件组成、基本性能指标及基本价格水平都有了一定了解后，自然就是要确定一套符合自己实际需求和支付能力的配置水平的电脑了。小杨对电脑的评价标准主要有价格、售后服务、性能水平等，而对款式、颜色等外在指标不作要求。在电脑购买选择规则上，她采取连接式规则和重点选择规则相结合的方式进行。如对硬盘购买的选择，如果其存储空间低于80G，则不在小杨的选择对象范围内；而在品牌机和组装机的选择上，虽然品牌机的售后服务十分出色，但其价格和相对性能水平跟组装机是无法比拟的，即品牌机的总体性价比要低，所以小杨把组装机作为购买对象。

然后是具体的硬件组件的评价选择，对于CPU，INTLE的运行起来比较稳定，价格稍高，AMD的性价比则相当出色，其超频能力公认的很强劲，且价格相对INTEL的产品要低不少，适合对电脑感兴趣的用户。而小杨虽然暂时电脑技术水平很低，但是凭她对电脑的兴趣和热心，认为不选择 AMD 的产品绝对是有负于自己。因为她相信自己的电脑水平会很快得到提高，到时就可以小试牛刀。若选择了 INTEL 的产品则就丧失提升自己水平提高的平台了。所以对于 CPU，小杨选择 AMD 的产品。在她的需求水平和经济能力下，又可以进一步把 CPU 型号确定为闪龙 2200+～2800+之间。其他组件也采用类似的策略进行评价选择，如内存条选择威刚或黑金刚 512M、DDR400 的，硬盘选择迈拓 80G、缓存 8M 的，等等。对于显示器，考虑到它比较重，以后需要处理，所以不会花费很多资金，选择二手的 17 寸纯平、主流品牌如三星、菲利普的即可。主板、光驱等其他配件也主要以此选择策略为主，结合实际进行具体决策。

配置清单基本确定后是购买时间的选择，当时由于大一下学期已接近期末，那时买电脑肯定是不理智的。因为那时买了电脑，玩不了多久就要进入漫长的暑假了，电脑就要寄存起来，搬来搬去很麻烦，且售后时间也浪费了一个暑假。而大二开学时间即接近十月一日，商家肯定都会做促销活动，那时购买价格会更划算，且还可以利用暑假时间向家里申请买电脑所需的经费。

最后是购买地点的选择，由于电脑城是电脑卖家的聚集地，卖家竞争激烈，价格相对要低些；而规模大些的商家售后质量会好些，所以，小杨选择电脑城里有一定规模的商店作为购机的地方。首先选择规模比较大、形象比较好的店铺进去观看，对其服务态度和产品价格及质量产生感性认识，并询问其所能给予的优惠条件。然后选择产品质量、售后服务质量和优惠条件总体评价较高的商店作为自己购买电脑的最终目的地。

终于，小杨把电脑买回来了，同学的评价基本上都说配得还可以，当然主要是指价格方面没有"被宰"。而且电脑从买来一直用到现在，运行的还挺好，尚未出现大的硬件问题，她对这台机子的购买还是比较满意的。现在看来，CPU 有些落后了，所以等到资金允许的情况下，她还是要对它升级一下的。购买电脑后，没能让小杨满意的就是，当时买电脑的初衷主要是用来查资料学习，偶尔可以用来娱乐一下。但购买了电脑之后却未能如愿，因为她把娱乐和学习时间的安排和初衷相颠倒了，这是需要在以后改进的地方。

链接思考

根据消费者购买行为理论，试分析小杨的购买过程。

参考文献

[1]（美）德尔·I. 霍金斯，（美）罗格·J. 贝斯特，（美）肯尼斯·A. 科尼. 消费者行为学 [M]. 符国群，等，译. 北京：机械工业出版社，2002

[2] 符国群. 消费者行为学 [M]. 北京：高等教育出版社，2001

[3] 林建煌. 消费者行为学 [M]. 北京：北京大学出版社，2004

[4]（美）亨利·阿塞尔. 消费者行为与营销策略 [M]. 韩德昌，等，译，北京：机械工业出版社，2000

[5] 史有朋，刘春林. 顾客重复购买行为的实证研究 [J]. 南开管理评论，2005

[6] 张灵明. 品牌忠诚及其影响因素研究 [D]. 硕士学位论文，2006

［7］李敏. 顾客忠诚对企业的价值贡献分析［J］. 市场营销导刊，2009
［8］于惠川，林莉. 消费者心理与行为［M］. 北京：清华大学出版社，2012
［9］（美）韦恩·D. 霍依尔，（美）德波拉·J. 麦克依尼斯. 消费者行为学（第四版）［M］. 刘伟，译，北京：中国市场出版社，2001
［10］贺爱忠，龚婉琛. 购物网站顾客体验对品牌忠诚影响的实证研究［J］. 东南大学学报（哲学社会科学版），2011

第三章 消费者心理活动过程对消费者行为的影响

本章学习目标

通过本章的学习，应掌握以下内容：①了解感觉、知觉的概念及感觉、知觉在市场营销中的作用；②了解记忆、注意的概念与分类；掌握记忆、注意在市场营销中的作用；③了解想象、思维、情绪、情感、意志的一般知识以及它们对消费者行为的影响。

第一节 消费者心理活动的认识过程

一、消费者的感性认识阶段

置身于纷繁芜杂的商品世界中，各种各样、形形色色的商品、服务、广告等每时每刻都在刺激消费者，向他们传递各种消费信息。消费者通过大脑对外部信息加以接收、整理、加工、贮存，从而形成对商品或劳务的认识，这一过程就是心理活动的认识过程。认识过程是消费者心理过程的起点和第一阶段，也是消费者行为的主要心理基础。各种消费心理与行为现象，诸如消费动机的产生、消费态度的形成、购买过程中的比较选择等，都是以对商品及劳务的认识过程为先导的。可以说，离开认识过程就不会产生消费行为。

认识过程不是单一的、瞬时的心理活动。消费者对商品或劳务的认识，通常经过由现象到本质、由简单到复杂的一系列过程。例如，消费者接收到某种商品信息后，首先会对色彩、形状、光亮、声音等表层信息作出直觉反应，产生外部印象；然后集中注意力，进一步观察、了解该商品的内在质量和性能；最后还要运用已有的知识和经验，对已获得的商品信息进行分析综合，去粗取精，去伪存真，在此基础上得出对该商品全面、正确的认识和结论。由此可见，消费者的认识过程是通过一系列心理机能的活动共同完成的。构成认识过程的心理机能包括感觉、知觉、注意、记忆、思维、想象等方面。

（一）感觉

1. 感觉的概念

感觉通常是指由一种感觉器官的刺激作用引起的主观经验，或者说，感觉是人脑对直接作用于感觉器官的客观事物的个别属性的反映。例如，人们可以感觉到外界的各种声音，这就是听觉。感觉是人脑对客观事物个别属性的反映，而不是对客观事物整体的反映。例如苹果，用眼睛看是红颜色，这是视觉；用鼻子闻，闻到清香味，这是嗅觉；用手触摸，是圆滑形状，这是触觉；用嘴尝尝，吃出清香可口的味道，这是味觉。苹果的颜色、味道、形状，都是它的个别属性，这些个别属性作用于我们的感觉器官，从而使人们产生了感觉。感觉的产生是整个分析器活动的结果。感觉分析器是指有机体感受和分析某种刺激的神经装置。

感觉分析器包括四个部分：外周部分（即感觉器官，也叫感觉器）、中枢部分（在大脑皮层内）、传入神经和传出神经。这四个部分缺一不可，外周部分与中枢部分由传入神经和传出神经做反馈联系（如图3-1所示）。

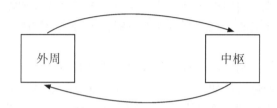

图3-1　消费者感觉分析器活动示意

2．感觉的分类

（1）外感受感觉。按引起感觉的刺激物与感受器有无直接接触，分为距离感受作用和接触感受作用。前者指感受器与刺激物不发生直接接触产生的感觉，如视觉、听觉、嗅觉。后者指感受器与刺激物必须发生直接接触才能产生的感觉，如味觉、肤觉等。在外感受感觉中，视觉是人们获取信息的主要通道，据研究，83%的信息通过视觉取得，10%左右通过听觉取得，其余通过其他通道取得。

（2）内体内部感觉。内体内部感觉是指那些外周部分处于肌体内部的各种器官、肌腱部位的感受器引起的感觉。主要包括位置觉（也叫平衡觉）、运动觉和内脏觉。

3．感觉的一般规律

（1）适宜刺激。每种感觉器官只能反映特定性质的刺激，例如，听觉要通过耳朵而不能通过鼻子进行；视觉要通过眼睛而不能通过嘴进行。所谓适宜刺激，是指对特定感觉器官的特定性质的刺激，如我们的视觉、听觉、味觉、嗅觉。例如，我们的视觉由波长为380～780毫微米的电磁波作用于视网膜上的视锥细胞和视杆细胞引起；听觉是由振动频率为16～20000HZ的声波作用于内耳柯蒂氏器官的毛细胞引起，它包括言语听觉、乐音听觉和噪音听觉三种形式。使人们能分辨出声音的四种属性：音调、响度、音色和持续性。味觉由溶解于口内液体的化学物质作用于舌头和软腭上的味蕾引起。嗅觉则由各种可发挥物质微粒作用于鼻腔上部的嗅细胞所引起。

（2）感受性和感觉阈限。感受性是指感觉器官对外界刺激强度及其变化的主观感受能力，它是消费者对商品、价格、广告等消费者有无感觉、感觉强弱的重要标志。但不是所有的外界刺激都能引起人的感觉，人的感觉有一定的范围。刺激太弱不能引起人的感觉，刺激太强又可能导致回避觉察。人的感官只有在一定刺激强度范围内才能产生反应。它说明引起感觉不仅要有适宜刺激，还要有一定的强度要求。

感受性通常用感觉阈限的大小来度量。感觉阈限指引起某种感觉的持续一定时间的刺激量。消费者感受性的大小主要取决于消费刺激物的感觉阈限值的高低。小于阈限的刺激强度，机体是不发生可觉反映的。一般说来，感觉阈限值越高，感受性就越小；感觉阈限值越低，感受性就越大，二者成反比关系。

在生活中并不是任何强度的刺激都能引起我们的感受。例如，在室内放音乐时往地上扔一根针，人们就听不到声音，因刺激太弱，而频率高于 20000HZ 的声波也能听不到。这说明人的听觉只在一定限度内起作用。不仅听觉，人体的每一器官都只能在一定限度内起作用。心理学上把能引起感觉的最小刺激强度叫作绝对感觉阈限，对这种能觉察出最小刺激强度的能力叫作绝对感受性。显然，绝对感受性和绝对感受阈限成反比关系。绝对阈限越小，能引起感觉的刺激强度越弱；绝对感受性越大，说明人的感觉器官越灵敏。

人们在生活中还体会到，虽然有时引起感觉的刺激在强度上发生了变化，但人们的感觉并不一定会发生变化。例如，拿一件重量为 100 克的物体，再加上 1 克的重量，人们觉察不出两者的重量差别，这是由于差别阈限在起作用。心理学上把能够引起感觉差别的最小变化量叫差别阈限。例如，在 100 克重的物体上增加 3 克，人们就能觉察出重量感觉的差异，这 3 克就是感觉在原重量 100 克时的差别阈限。与差别阈限的概念相联系，心理学上把能区别出同种刺激最小差别的能力叫作差别感受性。

人对刺激变化的感受性与刺激量的变化存在一定的关系。原有刺激量越大，差别阈限值越高，差别感受性越小。刺激从原有强度上变化至最小可觉差是一个恒定的比例常数。这种关系可表达为：

$$\frac{\Delta S}{S} = K$$

其中，S 是原有刺激值；ΔS 是相对于 S 的最小可觉差值；K 为比例常数，也称为韦伯分数。人们把此公式称为韦伯定律。该公式表明，原有的刺激强度越强，最小可觉的差异量就越大。

这一规律清楚地解释了一个带有普遍性的消费心理现象，即各种商品因效用、价格等特性的不同，而有不同的差别阈限值，消费者也对其有不同的差别感受性。例如，1 斤粮食提价 0.20 元，消费者就明显感觉到了；而一台电脑提价几十元却往往不被消费者注意。

市场营销活动中，韦伯定律得到广泛的应用。在企业努力改进产品质量时，一方面要让消费者注意到，另一方面又要避免浪费。例如，一家银器抛光剂的制造商，设法改善质量来延缓污点的出现，即延长有效期。有效期越长，成本越高；若延长的幅度小，又不易被消费者知道。这种情况下，最佳的策略是确定消费者对抛光剂效用期的差别阈限。这样，对产品的改进既做到了使用最低成本又能引起消费者注意。

由于成本的提高，产品价格或数量、大小都可能需要做适当的调整，但又要求不易使消费者发觉，这就意味着这些变化最好保持在低于差别阈限的范围之内。例如，在原材料价格上涨的情况下，为了保持产品价格稳定，制造者往往设法寻找廉价的替代品，以致产品的质量可能有所变化。这里，重要的是使这一质量变化不要高于差别阈限。保持原材料上涨时产品价格稳定的另一种途径则是适当缩减产品的重量或数量。同样，这里的变化也应限于差别阈限的范围之内。

差别阈限在识别真假名牌商标上也有实用价值。一方面，名牌商标的制造者寻求与其对手的区别；另一方面，对手则试图混淆视听、鱼目混珠。因此，在某些意义上来说，商标战涉及消费者对商标的差别阈限。要识别真假名牌就是两者之间的差别大于差别阈限，方法之一就是将两者成对地让消费者去辨认。

差别阈限在价格策略中的一个应用就是让减价幅度大于差别阈限。在降价过程中，如果价格变动的绝对量相对于初始价格太小，消费者可能就没有觉察，从而对销售产生的影响就很小。零售商的经验似乎是，为了吸引消费者购买，通常至少要削价15%，才有望获得成功。

（3）适应。适应是指刺激对感受器的持续作用而使感受器发生变化。这种作用可能增强，也可能降低。例如，白天人们刚走进电影院后什么也看不见，过几分钟就能看见了，这叫作暗适应。又如，对交通噪音的适应，刚住进临街的房子，晚上被交通噪音吵得迟迟不能入睡，过一段时间就能睡着了。

（4）感觉的相互作用。各种感觉的感受性在一定条件下会出现此长彼消的现象。在微弱的声响下，能提高人辨别颜色的感受性，反之，如果声音过大，对颜色的分辨感受性就降低了；人的听觉在黑暗中会得到加强，在光亮中会减弱。这些说明，对人的某一器官的刺激加强了，另外器官的感受性就会相应减弱；反过来，对某一器官的刺激减弱，另外器官的感受性就会加强。

4．感觉在消费者购物和营业员工作中的作用

（1）感觉使消费者获得对商品的第一印象。感觉是一切复杂心理活动的基础。消费者只有在感觉的基础上，才能获得对商品的全面认识。感觉在消费者购买商品活动中起着重要的作用，感觉使他们对商品有初步印象，而第一印象的好与坏，往往决定着消费者是否购买某种商品。同时，企业的各种营销手段，也只有给消费者以良好的感觉时才能发挥作用。

（2）对消费者发出的刺激信号强度要适应人的感觉阈限。消费者认识商品的心理活动，首先是从感觉开始的。由于每个人的感觉阈限不同，有的人感觉器官灵敏，感受性高，有的人则承受能力强。企业在做广告、调整价格和介绍商品时，向消费者发出的刺激信号强度应当适应他们的感觉阈限。刺激信号强度过弱则不足以引起消费者的感觉，达不到诱发其购买欲望的目的；刺激信号强度过强又会使消费者承受不了，走向反面。例如，对商品的价格，消费者很敏感。有时商店为了推销商品，要降价出售，并标明原价和现价。降价的幅度对消费者而言是个刺激信号，这就要考虑到购买者的心理。降价幅度过小，刺激强度不够，购买不会踊跃；降价幅度过大，有时也令一些消费者怀疑商品是否有重大质量问题，反而不敢贸然购买。

（3）感觉是引起消费者某种情绪的通道。客观环境给予消费者感觉上的差别，会引起他们不同的情绪感受。例如，商店营业厅的环境布置优劣、商品陈列的造型和颜色搭配、灯光和自然光的采用、营业员的仪容仪表等，都能给消费者以不同的感觉，从而引起不同的情绪。

(4) 营业员的职业对感觉的要求。从事任何职业对主体的感觉器官发达程度都有一定的要求。一般来说，对优秀的营业员而言，要求他们感觉器官的灵敏度有一定的界限，最佳感觉界限是具备高度的上限阈限和中等的下限阈限。如果营业员的感觉器官过于灵敏，则容易伤感或激动，于服务工作无益；同时要求营业员有一定的心理承受能力，以克服工作中产生的心理负担。

（二）知觉

1. 知觉的概念

知觉是指人脑对直接作用于感觉器官的客观事情的各个部分和属性的整体反映。感觉分别反映客观事物的个别属性，而知觉对感觉所反映的各种属性按其相互联系加以整合，形成该事物的完整映像。例如，人们的不同感官分别对大米的颜色、香味、形状、口感、触感等各个属性产生感觉，而知觉对感觉信息进行综合，加上经验的参与，就形成了大米的完整映像。人把某一对象知觉为某一客体，除了必须获得相关的感觉信息外，还要有过去经验和知识的参与。知觉在感觉的基础上产生，是对感觉信息整合后的反映，是把感觉信息转换成对事物的经验和知识的过程。

2. 知觉的分类

（1）根据在知觉中起主导作用的分析器的特征，可以把知觉分为视知觉、听知觉、味知觉、嗅知觉、触知觉和动知觉。观看一幅广告画，在用眼睛观察的同时，还伴随着眼肌的运动，但是以视分析器为主，因此属于视知觉。一般知觉都是对复合刺激的反映，往往有两种以上分析器起主导作用。例如，观看中播放的广告，视和听同时起主导作用，称为视－听知觉。

（2）根据知觉所反映的事物的特性，可分为空间知觉、时间知觉和运动知觉。

空间知觉是指人脑对物体的形状、大小、深度、方位、距离等空间特性的知觉。空间知觉包括形状知觉、大小知觉、深度知觉、距离知觉和方位知觉等，这些知觉都是由视、听、皮肤及运动分析器的协商活动实现的。

时间知觉是指人脑对客观现象的延续性和顺序性的知觉。时间本身是无始无终的，计量时间必须有某种客观现象作为参照物。例如，自然界的周期性现象如日出日落、月亮盈亏、四季变化、潮起潮落、日影移动等；人造的计时工具如立杆看影、滴漏、钟表等；有机体自身的节律性行为和生理过程也能起到自动计时器的功能，即医学上所说的"生物钟"现象。时间知觉还受到活动内容和个人兴趣等心理因素的影响，有趣或紧要的活动会被估计得时间短些，反之则估计得时间长些。

运动知觉是指人脑对物体的空间位移和移动速度等运动特性的知觉。运动知觉与物体的距离、速度以及观察者本身的运动状况有关。

（3）通过对客观事物的个别属性的综合分析所形成的整体反映是错误的，则称为错觉，即错误的知觉。视觉、听觉、嗅觉、触觉和运动觉等都能够出现错觉，如图形错觉、大小错觉、方位错觉等。错觉虽然是一种与客观事物不相符合的知觉，但是在产品设计、广告设计等方面加以利用，也可增加美感和满足感，提高营销效果。

也有些心理学家研究超感知觉，即不依赖于感觉器官而产生的知觉，也称为第六感。大多数心理学家对此持怀疑态度。

（4）社会知觉。社会知觉是指在社会情境中以人为对象的知觉，有时又称为人际知觉。通俗地讲，也就是人们对事物看法有什么差异，为什么有差异，人们看事物的观点有多大程度的客观或主观，这种看法反过来又如何指导人的行为，个人对外界所持的观点在管理过程中起怎样的作用，怎样才能减少偏差或不出现偏差，等等。消费者的社会知觉主要包括对人的知觉、人际知觉、角色知觉和自我知觉。对人的知觉主要是指对别人外表、言语、动机、性格等知觉。人际知觉中对人的知觉包括很多方面，其中主要的是对他人表情的知觉和对他人性格的知觉。角色知觉主要包括两个方面：一是根据某人的行为来判定他的职业，如工程师、幼教、艺术家等；二是对有关角色行为的社会标准认识，如人们认为学者的行为标准应该是谈吐文雅、学识渊博、仪表端庄等。自我知觉是指一个人对自己行为的观察而对自己心理状态的认识。

3. 知觉与感觉的区别与联系

知觉与感觉是两种既有区别又有紧密联系的心理活动过程。

（1）区别。

第一，感觉是人脑对客观事物的某一部分或个别属性的反映，知觉是对客观事物各个部分、各种属性及其相互关系的综合的、整体的反映。

第二，感觉是介于心理和生理之间的活动，产生于感觉器官的生理活动及客观刺激的物理特性，相同的客观刺激会引起相同的感觉。知觉却是以生理机制为基础而产生的纯粹的心理活动，处处渗透着人的主观因素。

第三，感觉过程仅仅反映当前刺激所引起的兴奋，不需要以往知识经验的参与；而知觉过程包括了当前刺激所引起的兴奋和以往知识经验的暂时神经联系的恢复过程。

第四，从生理机制看，感觉是单一分析器活动的结果，而知觉是多种分析器协同活动对复杂刺激物或刺激物之间关系进行综合分析的结果。

（2）联系。

第一，知觉和感觉都是人脑对当前客观事物的反映。即都是当前客观事物直接作用于人的感官时才产生的反映，当客观事物在人的感官范围内消失时，感觉和知觉都停止了。

第二，对事物属性的综合的、整体的反映以对事物属性的个别反映为基础，对事物个别属性的感觉越丰富、越精细，知觉就越完整、越准确，因此感觉是知觉的基础，是知觉的一个组成部分。在实践中，很少有孤立的感觉存在，只是为了心理研究的需要才把感觉与知觉加以区分。

第三，知觉和感觉都是认识过程的初级阶段，是其他更高级心理活动的基础。

4. 知觉的基本特征

（1）整体性。知觉对象是由许多部分综合组成的，各组成部分分别具有各自的特征。但是人们并不会把对象感知为许多个别的、孤立的部分，而总是把对象知觉作为一个完整的整体，即知觉的整体性。如图3-2所示，人们看图时并不把它们知觉为虚线的组合和三个圆圈，而能够把它们看成是圆形和三角形。

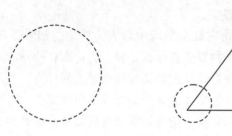

图 3-2

人们在感知客观对象和现象时，能够根据以前已获得的知识和经验去解释它们，即知觉的理解性。这一特征是通过人在知觉过程中的思维活动而实现的。如图 3-3 所示，这张图画没有全部完成，但由于人们的知觉有理解性，即使没有完成的图画也可借助人的思维，从过去的经验和知识中得到补充，在这里人们可以看出这是一个小孩和一条狗在奔跑。

图 3-3

（2）选择性。人们在进行知觉时，常常在许多对象中，优先把某些对象区分出来进行反映，或者在一个对象的许多特性中，优先把某些特性区分出来予以反映，这说明知觉的客体是有主有次的。这里的"主"，是指知觉的对象，"次"是指不够突出或根本没被注意到的背景。

知觉的对象和背景在一定的条件下是可以相互转化的（如图 3-4 所示）。若以白色的作为背景，我们可以看到两个侧面人头像。若以灰色的作为背景，我们可以看到一个花瓶。

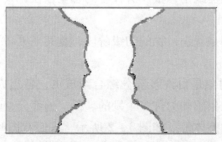

图 3-4

(3) 恒常性。当知觉的条件发生一定的变化时，知觉的对象仍然保持相对不变，这就是知觉的恒常性。这是指当距离、缩影比、照明度改变时，知觉对象的大小、形状和颜色的相对固定。例如，一座挂在墙上的圆形石英钟，人们在 0.5～10 米的距离内，从正面、侧面、上面观察，它的大小和形状是相同的。虽然当视角改变时，人的视网膜上的成像有改变（长方形、椭圆形、圆形），但总是把石英钟感知为圆形，如图 3-5 所示。

图 3-5

5. 知觉的作用

（1）知觉的选择性帮助消费者确定购买目标。如果消费者带有既定购买目的到商店，就能积极能动地在琳琅满目的商品中选择所要购买的商品，这是由于购买目标符合他们知觉目的的对象物，感知很清楚。对于其他商品，相对而言成为知觉对象的背景，没有注意到或者感知得模模糊糊。

（2）错觉在造型艺术上的特殊作用。错觉的产生，可能由于知觉对象被背景或参照物所干扰，也可能由于人过去经验的影响。常发生的错觉有线条长度、方向错觉、图形大小、形状错觉等。商业企业在橱窗设计、广告图案、包装装潢、商品陈列、器具使用等方面，适当地利用消费者产生的错觉，进行巧妙的艺术处理，往往能达到一定的心理效果。例如，在狭小的营业场所，一面或两面墙壁安装上镜子，会使顾客对空间产生非常丰满的视知觉，从而诱发购买欲望。

（3）知觉的理解性与整体性在广告中的应用。知觉的整体性特征告诉人们，具有整体形象的事物比局部的、支离破碎的事物具有吸引力和艺术性。因此，在图画广告中，把着眼点放在与商品有关的整体上比单纯地把注意力集中在商品上效果更为突出。例如，一幅宣传微型录放机的路牌图画广告，画面是一位健美的年轻姑娘，身着运动衫和牛仔裤，头戴耳机，腰间挎着小型录放机骑在自行车上微笑前行，两旁绿叶清风。这幅广告说明录放机与消费者生活密切联系，可减轻旅途疲劳，提高情趣，高雅不俗。这幅广告运用了知觉的理解性和整体性原理，比只画一个录放机、配上死板的文字说明的效果好得多。

（4）知觉在营业员工作中的作用。①拓展接待服务面。营业员应当将正在接待的顾客当作知觉的对象，而将其余顾客作为知觉背景。营业员知觉对象和背景随时在调换，接待甲消费者时，乙消费者向营业员发问，则乙立即成为知觉对象。优秀的营业员能够同时接待、照应几位顾客，有较宽的接待服务面。例如，已故全国商业劳模张秉贵同志，接待顾客能做到"接一问二联系三"，从心理学角度分析，他的知觉对象是三位顾客，其他才是背景，这正是他高人一筹之处。②掌握向消费者推荐商品的艺术。由错觉原理可知，深颜色可使物体显得小些，横条纹服装可使人显得矮胖，两极相反的物体放在一起会相互突出。营业员在向消费者推荐服装类商品时，应学会运用人们感知觉中产生错觉的心理，合理、科学地推荐，提高服务艺术。例如，向身体较矮胖的顾客推荐深颜色、带有竖条纹的服装，劝说脸型大而圆的顾客不要穿圆领口或带圆形图案的服装，劝说脖子长的顾客不要穿鸡心或V字领服装，劝说头型小的顾客不要戴大沿帽子，这样一定会使顾客们满意。

二、消费者的理性认识阶段

消费者在认识客观事物时，首先通过机体的感觉和知觉对刺激物产生直观表象的反映，在储存刺激信息、进行初步辨认中形成认识的初级阶段，然后由感性认识发展到理性认识，从而形成消费者认识的完整体系。

（一）注意

1. 注意的概念

注意是指人的心理活动对外界一定事物的指向与集中。注意这种心理现象是普遍存在的。例如，工人开动机器生产，要全神贯注在操作上；战士射击打靶，要屏气凝神瞄准目标；学生上学听课，要聚精会神地听老师讲课。人只要处于清醒状态，就没有不产生注意心理活动的。生活中品尝食物味道、闻闻气味等也都是注意活动。注意与人们的一切心理活动密不可分，它伴随人们的认识、情感、意志等心理活动过程而表现出来。

2. 注意的特性

（1）指向性。注意的指向性特征显示人的认识活动有选择性，就是人们对认识活动的客体进行选择，每一个瞬间，心理活动都是有选择地指向一定的对象，同时离开其余对象。例如，消费者在市场上，他们的心理活动并不能指向商店内的一切事物，而是长时间地把心理活动指向商品。

（2）集中性。注意的集中性就是把心理活动贯注于某一事物，不仅是有选择地指向一定事物，而且是离开一切与注意对象无关的东西，并对局外干扰进行抑制，集中全部精力去得到注意对象鲜明、清晰的反映。例如，消费者在选购商品时，其心理活动总是集中在要购买的目标上，并且能离开其他商品，对场内噪音、喧哗、音乐等干扰进行抑制，以获得对所选购商品清晰、准确的反映并决定购买与否。

3. 注意的功能

（1）选择功能。选择功能就是选择那些于行为有意义的、符合活动需要的外界影响，避开和抑制那些与当前活动不一致、与注意对象产生竞争的各种影响。

（2）保持功能。保持功能就是注意对象的映像或内容在主体意识中得以保持，持续到达到目的为止。

（3）对活动进行监督和调节的功能。监督和调节功能就是对活动进行调节和监督，在同一时间内，把注意分配到不同的事物上。有人做事爱出错、马虎、走神，实际上是心理监督机能不够健全所致。

4. 注意的分类

根据产生和保持注意有无目的和意志努力的程序，注意可分为无意注意和有意注意两种。

（1）无意注意。无意注意是指事先没有预定的目标，也不需要做意志努力，不由自主地指向某一对象的注意，因此无意注意也可以叫作不随意注意或被动注意。例如，消费者到商店想购买甲商品，无意中看到乙商品，觉得不错，引起了对乙商品的注意就属于无意注意。

引起无意注意的原因，一方面是刺激物本身的特点，强烈、鲜明、新奇的活动和变化的刺激物，如色彩鲜明、有动感的广告容易引起无意注意；另一方面是与人们的生活、学习、工作、社会实践直接有关，并能引起兴趣的事物。

（2）有意注意。有意注意是指自觉的、有预定目的，必要时还需做一定意志努力的注意。像上文讲的做工、射击、听课都是有意注意。有意注意在心理学上也被称作随意注意或主动注意。例如，消费者在嘈杂的商店里专心选择欲购买的商品、学生在吵闹的环境中看书、司机在马路上开车都属于有意注意。

（3）有意注意与无意注意的区别。

第一，目的性。有意注意有明确的预定目的，自觉性强；无意注意没有预定的目的，自觉性差。

第二，持久性。有意注意需要做一定的意志努力，因而比较稳定、持久；无意注意没有意志的参与，保持的时间短，也容易发生转移。

第三，疲劳性。有意注意时，神经细胞处于紧张状态，因而容易出现心理疲劳，处于抑制状态；无意注意时，神经细胞时而紧张时而松弛，因此不容易产生心理疲劳，也不容易被抑制。

第四，制约性。有意注意受主体的主观努力所制约，无意注意则被刺激物的性质和强度所支配。

有意注意和无意注意的区别说明两种注意既互相联系又相互转换。只有有意注意，人就很容易疲劳，效率不能维持；只有无意注意，人就容易"分心"，心理活动不能指向某一特定事物，事物也难以做好，因此要强调两者的相互转换。

（4）发挥注意在市场营销活动中的作用。

第一，用多角化经营调节消费者在购物中的注意转换。传统的零售商业企业的基本功能是向消费者出售商品，综合性大型零售商业企业也只是满足消费者吃、穿、用的全面消费需求。消费者"逛"商店觉得很疲劳，因为需要走路，需要长时间处于有意注意状态。现代化零售商业企业的功能已大为拓展，集购物、娱乐、休闲甚至精神享受之大成，满足全方位消费需求，使消费者的购物活动时而有意注意，时而无意注意，时而忙于采购，时而消遣娱乐。这种多元化经营显然有利于延长消费者在市场的滞留时间，创造更多的销售机会，同时也使消费者自然而然地进行心理调节，感到去市场购物是一件乐事。

第二，发挥注意心理功能，引发消费需求。正确地运用和发挥注意的心理功能，可以使消费者实现由无意注意到有意注意的转换，从而引发需求。例如，贵州茅台酒在

1915 年巴拿马万国博览会上获金奖，注意心理在这里立了头功。博览会初始，各国评酒专家对其貌不扬、装潢简陋的中国茅台不屑一顾。我国酒商急中生智，故意将一瓶茅台酒摔破在地上，顿时香气四溢，举座皆惊，从此茅台酒名声大振，成为世界名酒。我国酒商的做法，符合强烈、鲜明、新奇的活动刺激能引起人们无意注意的原理，取得了成功。

第三，成功的广告需要引起消费者的注意。在广告宣传中，要使广告被消费者所接受，必然要与他们的心理状态发生联系。失败的广告就在于没有引起消费者的注意。有的广告用词一般，内容空泛，如"产品生产历史悠久、质量可靠、畅销全国、机件优良、性能稳定、操作方便、使用安全、信守合同、交货及时、代办托运、协助安装、实行三包、欢迎订购"，罗列许多概念化词句，讲了半天，消费者还不知道商品的品牌、名称和型号，这样的广告就难以引起消费者的注意。新中国成立前，上海有家梁新记牙刷店，它的广告画面是：一个人用九牛二虎之力，拿钳子拼命拔牙刷上的毛，旁边只写"一毛不拔"四个字。梁新记牙刷的质量上乘就一下子引起了消费者的注意。

要使广告引起消费者注意，可运用下述方法：①利用大小。形状大的刺激物比形状小的刺激物更容易引起注意，尤其是介绍新产品的广告，应尽可能刊登大幅广告。例如，现在有一些在报刊上刊登的广告，除有图文并茂的特点外，一般占版面的1/3，有的甚至占整版，极容易映入读者眼帘。当然，这并不等于广告篇幅增加两倍，就能引起读者加倍的注意，不存在这样简单的直接增加的关系。②利用强度。洪亮的声音比微弱的声音容易引起注意。国外的电视节目播出商业广告时，音量突然增加，正是利用了强度原理。但要注意刺激强度不能超过消费者的感觉阈限，否则便会走向反面。③运用色彩。鲜明的色彩比暗淡的颜色容易引起消费者的注意。一般来讲，黑色比白色更引人注目。现在，虽然色彩广告到处可见，但是黑白对比鲜明的广告同样可以给人以新鲜的感觉。④利用位置。在自选商场，商品举目可望，而从人的胸部到眼部是最能引起消费者注意的商品陈列位置。印刷在报纸上的广告，什么位置最能引起消费者注意的呢？据国外的调查结果是：上边比下边、左边比右边更容易引起读者的注意。⑤利用活动。活动着的刺激物比静止的刺激物更容易引起注意。例如，反复变化的霓虹灯广告，比静止的更引人注目，更能引起消费者的兴趣和注意。⑥运用对比。对比度越高越容易引起人们的注意。例如，强音和弱音、明亮和昏暗、大型和小型轮流出现，比单一出现更容易引起消费者的注意。⑦利用隔离。在大的空间或空白的中央放置或描绘的对象更容易引起注意。例如，有的报纸整个版面都是印刷广告，效果不甚理想，因为消费者的注意力被分散了，造成视而不见的后果。如果在整版广告中央设计广告物，反而能够引起注意。

（二）记忆

1. 记忆的概念

记忆是指过去经验在人脑中的反映，或者说是人脑对过去发生过的事物的反映。人们在日常生活、工作或其他活动中，凡是感知过的事物、思考过的问题、体验过的情绪都可以成为记忆的内容。

记忆是一个复杂的心理过程，它包括识记、保持、再认三个基本环节。

（1）识记，是指事物在头脑中建立暂时神经联系并留下痕迹的过程，是记住事物的过程。识记是在记忆的开端，是保持和再认的前提。根据学习者有无预定的识记目的、是否付出主观努力，可把识记分为有意识记和无意识记。有意识记是明确了识记目的，并运用一定方法的识记；无意识记是事前没有确定目的，也不用任何有助于识记的方法的识记。依据识记的材料有无意义，以及学习者是否了解其意义，可分为意义识记和机械识记。意义识记是主要通过对材料的理解而进行的识记，学习者运用已有的知识经验，积极地进行思维，弄清材料的意义及其内在联系，从而将它记住；机械识记是主要依靠机械重复而进行的识记，学习者只按材料的表现形式去识记，而不了解材料的意义及其关系。

（2）保持，是指已识记的知识和经验的存储过程。保持以识记为前提，保持的效果又在再认中得到证明和表现。保持的时间长短不一，短的转瞬即逝，长的可达终生。

（3）再认，是指重新感知已感知过的事物时能够辨认出来。再认的速度、确信度和精确性取决于两个条件：一是对旧事物识记的充分程度，保持的巩固程度。识记越充分、保持越巩固，再认速度就越快，确信度越高，精确性越大。二是原识记的事物与当前感知事物的相似程度，相似程度越高越便于再认。

从信息加工的观点看，记忆就是对输入信息的编码、贮存和提取的过程。其中，对信息的编码相当于识记过程，信息的存贮相当于保持过程，信息的提取则相当于再认或回忆过程。记忆过程中的三个环节是相互联系和相互制约的，没有识记就谈不上对经验的保持，没有识记和保持，就不可能有对经历过的事物的再认或回忆。

2. 记忆系统

从信息加工的观点看，记忆是信息输入、编码、贮存、提取的过程。根据记忆过程中的信息加工方式和贮存时间及神经生理学关于记忆过程中生理活动特点的研究，可将记忆分为若干阶段，这些记忆阶段即记忆系统。记忆系统由感觉记忆、短时记忆和长时记忆组成，如图3-6所示。

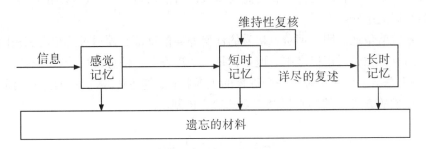

图3-6 记忆系统示意

（1）感觉记忆。感觉记忆又称瞬时记忆。当刺激物停止作用以后，感觉不立刻消失，在一段很短的时间内保持它的印象，这种在感觉基础上产生的只储存瞬间的记忆就是感觉记忆。通过感官获得信息，首先在这里储存，所储存的是一些有限的、初步的信息。储存时间不到1秒，甚至只有几分之一秒。感觉记忆只留存在感官层面，如不加注意，转瞬便会消失。乘车经过街道，对街道旁的店铺、标牌、广告和其他景物，除非有意注意，否则大多是即看即忘，此类记忆即属感觉记忆。感觉记忆按感觉信息原有形式贮存，它反映的内容是外界刺激的简单复制，尚未经加工和处理，因此，感觉记忆的内容最接近于原来的刺激。

（2）短时记忆。短时记忆也被称为操作记忆、工作记忆，指的是信息一次呈现后保持在一分钟以内的记忆。例如，我们从电话簿上查一个电话号码，然后立刻就能根据记忆去拨号，但事过之后，再问这个号码是多少，就记不起来了。此类记忆就是短时记忆。

运用记忆的策略与方法所做的识记操作称为复述。复述的功能一方面是把输入的信息保持在短时记忆中，另一方面是使信息从短时记忆向长时记忆转换。复述分为维持复述和详尽复述两级。前者指的是单纯重复信息音韵的复述，这种复述能够把内容保持在短时记忆中而不会消失，但难以形成长时记忆。后者指的是思考内容的意义和联系的复述，由于这种复述经过不同程度的加工，可形成长时记忆。成为感觉记忆的信息只有得到注意并进行维持性复述的小部分信息才能转入并被保持在短时记忆中。短时记忆的信息容量有限，一般人的短时记忆的广度平均值为 7 ± 2 个。研究表明，记忆广度和记忆材料的性质有关。如果呈现的材料是无关联的数字、字母、单词或无意义音节，短时记忆广度为 7 ± 2 个，超过这一范围，记忆就会发生错误。如果呈现的材料是有意义、有联系并为人所熟悉的材料，记忆广度则可增加。可以通过对信息的编码、再编码，以及适当扩大"块"的信息量来增加记忆的广度。在短时记忆中，言语材料信息基本上以听觉形式编码，动作和空间形象的信息基本上以视觉形式编码。通过详尽复述、编码，短时记忆的内容就进入长时记忆。

（3）长时记忆。长时记忆是指信息经过多次重复之后长久保持在头脑中的记忆。保持的时间在一分钟以上乃至终生。短时记忆中贮存的信息，经过复述、编码，并与个体经验建立了丰富的联系后，就可以转入长时记忆。长时记忆的回忆和再认，是信息的检索与提取过程。这种检索需要一些线索，线索中包含的信息同长时记忆中的信息越匹配，检索越容易。在长时记忆中，信息大多数以自然语言为中介进行编码，视觉表象也可以作为编码的中介。

记忆系统清楚地表明，消费者接受的任何外界信息都必须通过感觉的和短时的记忆系统，最后存贮在长时记忆之中。但是在每一个进程上，信息都可能被遗忘。

表3-1总结了记忆系统每一个进程的主要特征。它们包括信息的贮存时间、存贮的容量和存贮的方式（编码）以及主要的遗忘机制。

表3-1 记忆系统特征

记忆系统	保持时间	容量	编码类型	遗忘的主要机制
感觉记忆	短于一秒	所有感官都能传达	类似于实际的直接表现	衰减
短时记忆	短于一分钟	大约七个项目	间接表现——组块	衰减
长时记忆	直至许多年	几乎不限	间接表现——意义化聚类	干扰

3. 遗忘

(1) 遗忘的概念。与记忆相对的是遗忘，遗忘是人们对经历过的事物不能或错误地回忆或再认。人的生理基础是由于保留在大脑中的经历过或记忆的事物的暂时神经联系的痕迹受到部分或全部抑制。从信息加工的角度看，遗忘就是信息提取不出来，或提取出现错误。

(2) 艾宾浩斯遗忘曲线。许多心理学家对人的记忆与遗忘做过专门研究，最早对遗忘现象进行实验研究的是德国心理学家艾宾浩斯（H. Ebbinghaus）。艾宾浩斯以自己为被试对象，以无意义音节作为记忆材料，用时间节省法计算识记效果。艾宾浩斯的遗忘曲线也称为保留曲线，表明了遗忘变量与时间变量之间的关系：遗忘进程不是均衡的，在识记的最初一段时间遗忘很快，以后逐渐减慢，稳定在一个水平上，遗忘有先快后慢的发展趋势（如图3-7所示）。

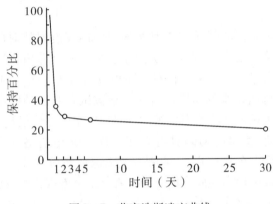

图3-7 艾宾浩斯遗忘曲线

图3-7曲线表明，遗忘的过程不是线性的。遗忘开始很快，随后遗忘的速度变缓，这是遗忘先快后慢的规律。遗忘的程度取决于消费者的学习程度，通常，学习程度越深、理解得越多，保持的时间越久。此外，有意义的、连贯的事物易于保持。

消费者的兴趣和注意的程度影响记忆保持的程度。这些影响包括以下方面：

第一，识记材料对消费者的意义与作用。凡不能引起消费者兴趣，不符合消费者需要，对消费者购买活动没有太多价值的材料或信息，往往遗忘得快；相反，则遗忘得较慢。同是看有关计算机的宣传材料，对于准备购置计算机的消费者与从未想要购置计算机的消费者，两者对所记信息的保持时间将存在明显差别。

第二，识记材料的性质。一般来说，熟练的动作遗忘得最慢。贝尔（Bell）发现，一项技能在一年后只遗忘29%，而且稍加练习即能恢复。同时，有意义的材料较无意义的材料，形象突出的材料较平淡、缺乏形象性的材料遗忘得慢。莱斯托夫效应（Restoff Effect）实际上从一个侧面反映了学习材料的独特性对记忆和遗忘的影响。所谓莱斯托夫效应，是指在一系列类似或具有同质性的学习项目中，最具有独特性的项目最易获得保持和被记忆住。对于广告主来说，要使广告内容被消费者记住，并长期保持，广告主题、情境、图像等应当具有独特性或显著性，否则，广告内容可能很快被遗忘。

广告中经常运用对比、新异性、新奇性、色彩变化、特殊规模等表现手法，目的就是为了突出宣传材料的显著性。

第三，识记材料的数量。识记材料数量越大，识记后遗忘得就越多。试验表明：识记5个材料的保持率为100%，识记10个材料的保持率为70%，识记100个材料的保持率为25%。

第四，识记材料的位置。一般而言，系统性材料开始部分最容易记住，其次是末尾部分，中间偏后的内容则容易遗忘。之所以如此，是因为前后学习材料相互在干扰，前面的学习材料受后面学习材料的干扰，后面学习的受前面材料的干扰，中间材料受前、后两部分学习材料的干扰，所以更难记住，也更容易遗忘。

第五，学习的程度。一般来说，学习程度越深，理解的部分越多；反复的次数越多，则保持的时间越长。所谓过度学习，是指一种学习材料在达到恰好能背诵时仍继续学习的状况。过度学习达150%时，记忆效果最佳。低于或超过这个限度，记忆的效果都将下降。

第六，学习时的情绪。心情愉快之时所学习的内容能保持时间更长，而焦虑、沮丧、紧张时所学习的内容更易于遗忘。美国学者斯鲁尔（T. Srull）通过将被试者置于过去的某些经历中，激起了三种情绪状态，即积极的情绪、消极的情绪和中性的情绪。例如，对一则关于马自达跑车的印刷广告，要求被试者对这种跑车作出评价，结果发现，阅读广告之时处于积极情绪状态的被试者对该跑车的评价最高。由此说明，信息获取时的情绪状态，对信息如何编码具有直接影响。戈德伯格（M. Goldberg）和戈恩（G. Gorn）所做的一项试验中表明，一些被试者看喜剧类电视片，另一些被试者看悲剧类电视片，两则电视片中均插播同一内容的广告。结果发现，看喜剧片的被试者较看悲剧片的被试者能更多地回忆起广告的内容。这一结果的一种可能解释是：积极的情绪状态会使消费者从记忆中提取出更为广泛和更加完整的各类知识，从而有助于对当前输入信息的编码。

此外，消费者本人的生理特征也是一个很重要的方面。个体间的记忆差异很大，有的人记忆力强，有的人较差，青年人的记忆好，老年人较差；同一个人，在生命周期的不同阶段，其记忆力也有差异。这些都是不可忽视的因素。

（3）遗忘的原因。对于遗忘的原因有种种解释，影响较大的有消退说、干扰说、压抑说。

第一，消退说。该学说认为，对材料的识记会在大脑皮层上留下痕迹，遗忘是由于这些痕迹得不到强化而逐渐减弱，以致最后消退而造成的。20世纪20年代，完形心理学派的学者们最初提出记忆痕迹的概念。这些学者认为，学习时的神经活动，会在大脑留下各种痕迹，即记忆痕迹。如果学习后一直保持练习，已有的记忆痕迹将得到强化；反之，如果学习后长期不再练习，既有记忆痕迹将随时间的流逝而衰退。痕迹消退说强调生理机制对记忆痕迹的影响，这一解释虽然合乎一般常识，而且能说明很多遗忘现象，但未必符合所有事实和具有普遍意义。因为人的有些经历，即使是在几十年以后，仍然历历在目，并不随时间流逝而淡忘。

第二，干扰说。该学说认为，经识记的内容始终贮存在头脑中，遗忘只是由于刺激干扰的影响使得提取有关信息发生困难所致。为这一学说提供有力支持证据的是前摄抑制和倒摄抑制。所谓前摄抑制,是指先学习的材料对后学习的材料所产生的干扰作用。安德武德(Underwood)发现,在学习字表以前有过大量练习的人,经过 24 小时后,所学会的字表只记住 25%;以前没有做过这种练习的人,能记住同一字表的 70%,由此说明前摄抑制的存在。所谓倒摄抑制,是指新学习的材料对原来学习的材料的提取所产生的干扰与抑制作用。1990 年,德国学者穆勒(Muller)和皮尔杜克(Pilzecker)首先发现倒摄抑制。他们的观察发现,被试在识记无意义音节之后,经过 6 分钟休息,可以回忆起 50% 的音节;如在间隔时间内从事其他活动,则只能回忆起 26%。

第三,压抑说。该学说认为,遗忘既不是由痕迹的消退所造成的,也不是记忆材料之间的干扰所造成的,而是由于人们对某些经验的压抑使然。压抑引起的遗忘,是由某种动机所引起的,故它又称为动机性遗忘。这一理论出自于弗洛伊德的精神分析说。弗洛伊德认为,回忆痛苦感受将使人回到不愉快的过去,为避免痛苦感受在记忆中复现,人们常常对这些感受或经验加以压抑,使之不出现在意识之中,由此引起遗忘。

4. 记忆原理对营销活动的启示

从理论上讲,虽然消费者的记忆容量很大,对信息保持的时间也可以很长,但在现代市场条件下,消费者接触的信息实在太多,能够进入其记忆并被长期保持的实际上只有很小的一部分。正因为如此,企业才需要对消费者的记忆予以特别的重视。一方面,要了解消费者的记忆机制,即信息是如何进入消费者的长时记忆,有哪些因素影响消费者的记忆,进入消费者记忆中的信息是如何贮存和提取的;另一方面,要了解已经进入消费者长时记忆的信息为什么和在什么条件下可能被遗忘,企业在防止或阻止消费者遗忘方面能否有所作为。

如何利用记忆原理有针对性地开展营销活动呢?可以从以下几个方面着手。

(1)重复可以促进学习,复述可加强保持。如果企业在营销中提供的信息不断地重复,则有助于消费者学习该内容。无论是信息重复的频率还是信息重复在时间上的安排,都会影响消费者学习的范围和持久性。维持性复述有助于信息的短时记忆,详尽复述有助于将短时记忆转化为长时记忆。这就是为什么电视台或广播中的广告经常将电话号码反复播放的原因。

在实际的购买活动中,消费者想要获得有关商品的全部信息要花相当高的成本。如何低成本地获得想要的信息是消费者非常关心的事。营销活动中,可以通过突出商品的某些特征使消费者比较容易的辨别出该商品。如商品的颜色、形状、价格、包装、商品的品牌等。

(2)将学习材料意义化。消费者易于记住有意义、有关联、结构和逻辑性好的信息;而无意义的信息很容易被消费者遗忘。消费者的购买习惯可以通过不断重复某商标商品的广告逐渐形成,只要该商品的特征能够满足消费者的需求。重复的重要性可以从条件反射建立与巩固的原则中得到确认。因此,将商品的品名、商标等信息组织成有意义的信息,在很大程度上会影响消费者的记忆。

(3)把营销信息编成组块,可以使消费者记得更多。组块是指把几个小单位组成大单位。通过组块,对于原来的小单位来说,记忆容量就可以增大。如在图 3-8 中,甲组的 9 个圆圈很散乱，粗看上去不易正确估计数目；乙组经简单分组，一目了然；丙组的圆圈的数目大大增加，远远超出正常的短时记忆量，但是分组后记忆容量大增。

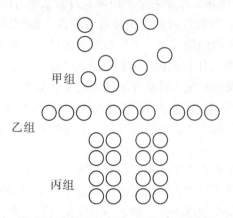

图 3-8　散乱与组块对记忆量的影响

　　组块的方法在现实生活中应用广泛。一切有意义的编码，都可以被用来组块，即把各个信息组成熟悉的、有意义的、有规律的图形、符号、文字等。跟数字一样，文章语言也可以组块，如中国农历节气的立春、谷雨、惊蛰等无规律地排在一起，很难记住；把农历节气分别组成四句押韵的话之后就大不一样了：春雨惊春清谷天，夏满芒夏暑相连，秋处露秋寒霜降，冬雪雪冬小大寒。

　　短时记忆的容量非常小，要使消费者能够从众多营销活动传达的信息中记住自己特定的商品信息，企业必须寻找某种办法，将信息编成组块。这样不仅在有限的时间和空间中传达了很多的信息，而且也容易辨识。

　　(4) 信息呈现的顺序影响着对它保持的完好程度。信息的中间部分最易被遗忘，而开头和结尾出现的信息最为突出，会干扰对中间信息的记忆。在长时记忆系统中，旧有的信息贮存往往要受到新采集的信息的影响，这就是干扰。干扰是造成长时记忆阶段遗忘的主要机制。因此，营销活动所传达的最重要的内容应放置在开头和结尾。

　　(5) 独特的营销信息具有更大的记忆潜力。因为具有独特性的信息受到遗忘干扰的影响最小。这就是为什么营销中广告要有鲜明的主体和独特性的一个理由。

　　(6) 利用学习中的其他线索。这些线索有利于对学会的材料进行回忆。在消费者的学习过程中，一些线索总是伴随着学习内容一起被存储在大脑中。这些线索越多，日后要回忆也越容易。因此，营销活动中，商品的包装、商标、颜色、零售店的布置，以及广告的设计，等等，都应考虑利用线索来提醒消费者的相关回忆。

（三）想像

1. 想像的概念

　　想像，是指用从前感知过的材料来创造新的形象，或者是头脑改造记忆中的表象而创造新形象的过程。它是人所特有的一种心理活动，是在记忆的基础上把过去经验中已经形成的联系再进行新的组合，从而创造出没有直接感知过的事物的新形象。心理学中把客观事物作用于人脑后，人脑会产生出这一事物的形象的现象叫作表象。想像的内容有许多是"超现实"的，但绝不是凭空产生的。例如，古典小说《西游记》中的孙悟空、猪八戒等主人公形象在现实生活中并不存在，但人们的头脑可以把人与猴、人与猪的形象进行分析综合加工改造，用另一个形象来补充这个形象，创造出人们并没有直接感知过的孙悟空和猪八戒的新形象。这些都是人们受了动物的启发，运用自己的想像和创造力，塑造出一系列栩栩如生的形象。

想像活动必须有三个条件：一是要有过去感知过的经验。这种经验并不局限于想像者个人的第一手资料，也可以是他人或者前人积累的经验；二是要依赖于人脑的创造性，需要对表象进行加工，而不是表象本身；三是想像的结果是主体没有感知过的新形象。比如，汽车是用轮子代替动物的腿，飞机是用机翼来代替鸟的翅膀，二者虽然有本质的区别，但人们之所以能够创造出来这些工具，还是受了动物的启发，运用想像力而发明的。这些创造出来的现实中并不存在的事物的新形象，归根到底还是来自于人们对客观世界的感知。

想像力是创造的源泉。想像力虽然人人都有，但在每个人的身上的表现却十分不同。有些人想像力丰富，而有的人却很贫乏。因为想像带有强烈的感情色彩，在某些情况下，想像会导致消费者的冲动性购买。所以某些精明的商家在促销化妆品时就会利用模特或现场的展示，以激发消费者的想像力，进而促进销售。

2. 想像的分类

根据想像有无一定的目的，可以把想像分为有意想像和无意想像。有意想像是带有目的性的、自学性的想像，也叫随意想像。在进行有意想像时，人给自己提出想像的目的，按一定任务进行想像活动。有意想像按其内容的独立性、新颖性和创造性的不同，可分为创造想像和再造想像。创造想像是根据任务和目的，不依赖现成的描述而独立创造出新形象的过程，具有独立性和首创性的特点，创造想像在完全创造产品开发中具有重要作用；再造想像是根据语言文字的描述或条件的描述（如图样、图解、符号记录等），在头脑中形成有关事物的形象和相应情景的过程。再造形象的新形象不是主体自己创造出来的，而是根据别人的描绘形成的，所以再造想像在顾客的购买活动中具有重要作用，当顾客购买从未使用过的商品时，就需要借助营销人员的介绍，通过再造想像来加深对商品功能的理解。而且再造想像是经过主体大脑加工而成的。无意想像是没有特殊目的、不自觉的想像，也叫不随意想像，如人的梦。无意想像是想像中最简单、最初级的形式。

3. 想像在营销活动中的作用

（1）想像对消费者的作用。消费者在评价商品时时常伴随有想像活动，消费者在购买活动中，他们买还是不买某种商品，常取决于购买对象与想像中的追求是否相吻合，如果吻合就会欣然买下，不相吻合就带几分遗憾地不购买。例如，某件衣服穿在身上会是什么样子，某件日用品或装饰品放在家中会产生什么效果，等等，这些消费者在购买时都会产生一定的想像，其中，以那些能够满足人们社交需求和自我实现需求的商品尤为突出。

想像在一定程度上对于推动顾客购买行为具有一定作用。由于想像往往带有感情色彩，积极的想像会使人们对未来产生美好的憧憬，对商品往往倾向于肯定态度，所以，在某些情况下可能会导致顾客的冲动性购买。而实际上许多顾客并不是因为急用才购买某种商品，而是在想像的支配下采取的购物行为。作为消费者，他在形成购买意识、选择商品、评价商品的过程中都有想像力的参与。想像能提高消费者购买活动的自觉性和目的性，对引起情绪过程、完成意志过程起重要的推动作用。例如，评价一块布往往会伴随着对居室环境的美化效果的想像，如做窗帘布如何、做床罩如何、是否和家具的颜色相协调等等。通过想像，消费者可以深入认识商品的实用价值、欣赏价值和社会价值，结果是增强了商品的诱惑力，激发了消费者的购买欲望。企业营销人员可以利用想像对于消费者的这种作用，采取相应的促销策略，以提高销售业绩。

（2）想像对企业营销人员的作用。营销人员在为客户服务的过程中，想像的作用不可忽视。在营销过程中，如商品的陈列、橱窗的布置、商品的展示等，都需要营销人员充分发挥创造想像的作用。消费者的任何想像都不是凭空产生的，而且在加工改造过程中又不可避免地受到消费者的意识、兴趣、能力和习惯的限制和影响。因此，在企业的经营活动中，可以利用事物之间的内在联系，通过明晰巧妙的象征和生动形象的比喻等表现手法，丰富促销内容，增强刺激的强度、深度和广度，激发顾客有意的想像，提高促销效果。所以，企业应从多方面来丰富顾客的想像力，以达到提高促销效果的目的。

（四）消费者的思维

1. 思维的概念

消费者的思维，是指消费者在感性认识的基础上对客观刺激物和情境进行分析、归纳、比较、抽象、判断、推理，从而形成购买意向，作出购买决定。思维是人的认识过程的最高阶段，是人脑对客观事物本质特征的间接和概括的反映。思维作为人的认识过程的最高阶段，是以感知为基础的，只有通过感知，才能获得事物具体而丰富的形象，并以此为材料，进行加工、处理，从感性认识上升到理性认识，进而发现事物的本质属性和内部联系，从而发现事物的基本特征和发展规律。

在购买活动中，消费者的思维过程就是消费者的决策过程。由于消费者的思维方法和能力的差异，购买决策的方式和速度也各不相同。思维能力较强的消费者，其思维的独立性、灵活性、逻辑性以及深度和广度都比较好，因此，决策也果断、迅速、正确。

间接性和概括性是思维的两个主要特征。

所谓间接性，就是通过其他媒介所产生的感知去理解和预见事物的发展，即借助已有的知识经验来理解和把握那些没有直接感知过的，或根本不可能感知到的事物，以及预见和推动事物发展的进程。例如，人们对某种手机的质量、性能不够了解，但在购买过程中，会根据营业员的介绍及自己对手机品牌的印象、手机表现出的功能，如短信息、彩屏、和弦、无线上网、待机时间和通话时间等一系列的功能，借助以往的经验进一步了解、认识它的质量性能。

所谓概括性，就是通过对同一类事物的共同特性、本质特征或事物间规律性的联系来认识事物，而不像感觉，只对个别属性发生反映。例如，消费者在购买过程中，已经逐渐形成了名牌和质量之间的联系，认为名牌产品的质量比较可靠，从而对名牌产品产生良好的印象。可见，消费者不仅通过感觉和知觉对商品的个别属性进行认识，对商品的整体状况还要运用分析、综合、抽象、比较、判断等一系列的思维形式，评定商品的内外质量，推测其未来的使用状况，等等。消费者的思维除了体现在对商品的内外状况的认识上，还表现为以自己的需要与支付能力、市场商品供求状况等的认识；消费者通过对自身和商品内外状况的充分认识，通过权衡得出更为符合实际的决策。

2．思维的分类

根据思维过程中的凭借物的不同，可将思维分为形象思维和逻辑思维。

形象思维是指利用直观形象和表象对事物进行分析判断的思维。

逻辑思维是借助概念和理论来反映客观事物，达到对事物本质特征和内在联系的认识的思维。

消费者在社会经验、个人经历和行为偏好等方面不同，他们思维在深度、广度、独立性和灵活性上都存在一定的差异。在他们的购买过程中，形象思维和逻辑思维往往交替使用。思维在顾客购买过程中有重要的地位，在商品的经营活动中，顾客在感觉、知觉、记忆的基础上进入高一级的心理活动——思维。意识、感觉、知觉、记忆等心理活动为思维提供大量素材，如某些商品外形美观大方、典雅，这些反映或通过感知获得，或通过记忆获得，思维便是在这些素材的基础上，通过对零乱的、繁杂的信息进行分析、综合、比较、抽象、概括和具体化等基本过程，为最终的顾客购买行为提供可行性方案。所以商家在销售中应该注意顾客思维的特点，以便更好地满足顾客需求，实现企业的经营目标。

3．消费者购买活动的思维过程

思维以想像、感知和表象为基础，通过分析、比较和评价等基本步骤完成。反映在消费者购买行为的过程上主要有以下三个方面：

（1）分析过程。分析是指在头脑中把整体的事物分解成各个部分、个别特性和个别方面。反复地分析能够使顾客比较全面地认识商品的外观、性能、质量等个别属性，在这个基础上建立购买目标。

（2）比较过程。比较是依据一定的标准以确定事物异同的思维过程。因为有些商品很难通过对商品的外观、性能、质量等个别属性的认识作出正确的判断，所以初步分析确定购买目标之后，消费者借助比较来进一步鉴别商品质量的优劣、性能的好坏和价格的高低。比较的依据可以是当时购买商品中的同类商品，也可能是顾客曾经使用过的商品，这些比较对于顾客更好地认识商品具有重要意义。

（3）评价过程。顾客在确定了购买目标之后，要运用判断、推理等思维方式，综合多种信息，排除各种假象的干扰，在此基础上，对商品的内在属性和本质进行概括，为确定购买决策做好心理准备。

人们对于客观事物的认识不会停留在感知和记忆的水平上，而且还要进行分析、比较、综合、抽象等思维活动。消费者在对商品的认识过程中，不仅通过感觉、知觉了解商品的个性，而且还运用思维方法掌握商品的内在构成、制作工艺、内外质量及推测商品的未来使用效果，从而获得对商品更为深刻的认识。

消费者在购物时往往要经过紧张的思维活动，一般是由于所购买的商品在满足需要上存在一定问题或者为实现购买目的还要克服一定困难。由于消费者个体的差异，所以在思维方式上又表现出不同的特点。

4. 想像和思维的联系和区别

思维是人脑对现实的间接认识和概括反映。只有在思维过程中，人们才能认识事物与现象的本质及事物之间的联系和关系。想像离不开思维，人们在探索和解决新事物、新问题时，必须要有思维活动的参加，同时二者都是较高级的认识活动；二者的区别是：想像的结果是以具体形象的形式表现出来的，思维的结果是以抽象概念的形式表现出来的。

第二节 消费者心理活动的情感过程

消费者在经历感觉、知觉、记忆、想像、思维等认识过程后，实现了对商品的本质属性及内部特征的正确反映，获得了商品信息。伴随认识过程，消费者需要经历情绪情感过程和意志过程，才能排除各种主观因素的影响，采取行动实施购买行为。

一、情绪与情感的概念和产生

（一）情绪与情感的概念

情绪和情感，是指消费者判断客观事物符合主体需要的程度而产生的态度和内心体验，它是消费者对客观事物与自己需要之间关系的反映。

人们在认识和改造客观世界的过程中，对于所接触到的许多事物，常常会产生不同的态度，并且这些态度总是以某种特殊色彩的体验形式，诸如愉快与高兴、忧虑与悲伤、激动与愤怒、恐惧与绝望、欣赏与淡慕、厌恶与憎恨等表现出来。所有这些喜、怒、哀、乐、爱、憎、恨，都是人们对现实对象的不同态度和独特体验，也是情绪和情感的不同表现。当人们产生各种情绪体验时，人的面部表情、体态动作和言语声调、速度都会产生明显的变化。

消费者在购买过程中，情绪与情感的体验更加真切、明显。购买到令人满意的商品而产生的愉快和喜悦，遇到服务态度恶劣的人而引起的激动和愤慨，贵重商品受到损害而引发的悲伤和痛苦，没有购买到某种商品而导致的悲观与失望，等等，都是消费者情绪和情感的表现。

（二）情绪与情感的产生

情绪与情感的产生是由情景引起的，情景即客观现实中对人产生刺激的具体环境。自然环境、社会生活、人体内的生理状态都可以成为情景。但是，情景引起的情感并不是直接的，必须经过人对情景的认识和评估才能产生情感。情景、认识与评估不同，引起的情绪也不相同。

情绪与情感的产生以需要为基础，这种需要包括生理的、社会的、物质的、精神的。消费者的情绪和情感与消费者需要是否被满足有直接关系。消费活动是一种满足需要的活动，它直接通过商品的购买与使用来实现。消费者在选购和使用商品的过程中，总是以自己的需要为评定标准，对于符合心意、满足需要的商品会产生肯定、积极的情感体验，如愉快、满意、欢乐等；相反，不能满足消费需要，消费者就会产生否定、消极的情感体验，如悲伤、丧气、忧愁等。由此可见，情绪和情感是主观体验，但同时也离不开客观环境对人的作用。所以，情绪和情感体验体现了主体与客体间的相互关系。

二、情绪与情感的关系

情绪和情感是从不同角度来表达感情这种复杂的心理现象的，二者既有区别又有联系，并有两极性的特点。情绪和情感虽然都属于人的感情，但二者还是有一定区别的。首先，情绪是人和动物共有的，是较低的、表层的心理现象；而情感则是人所特有的，是较高的、深层的心理现象。其次，情绪在人的婴儿阶段就存在了；情感则是个体生长到某个年龄阶段后才产生的。再次，情绪是与人的自然需要相联系而产生的，如渴而得饮、饥而得食会有满足之情；情感则是与人的社会需要相联系，如社会交往、友谊、信仰、道德感、美感等。最后，情绪不够稳定，往往由特定情景引起，情景出现，情绪产生，情景改变，情绪随之改变或消失；而情感则比较稳定，它与长期的社会实践活动的内容有着密切联系，所以持续的时间相对比较长。

总体来说，情绪具有情景性、短暂性、冲动性、外露性的特征，如触景生情引起的激动和回忆。情感具有社会性、持久性、稳定性、内隐性的特征，如对祖国的热爱、对丑陋行为的鄙视等。

情绪和情感有着密切的联系。一方面，情绪受已形成的情感的影响和制约；另一方面，情感总是体现在情绪之中。所以，从某种意义上说，情绪是情感的外在表现，情感是情绪的本质内容。在实际生活中情绪与情感有时会交织在一起，很难截然分开，尤其到了正常成年人阶段，情绪和情感更是难解难分。因此，在日常生活当中，人们对情绪和情感并不做严格区分。

消费者的情感是多种多样的，喜、怒、哀、乐、爱、恶、惧是人的七种主要情感。但在消费者活动中，消费者的情感绝非仅限于上述七种，而是丰富多彩、变化多端的。然而，不论哪种情感，不管怎样变化，其表现形式都可以分为最基本的两种类型，这就是情感的两极性。情感的两极性表现为肯定和否定的对立性质，如快乐和悲伤、热爱和憎恨、兴奋和忧愁、满意和不满、轻松和沉重等。同时，这种性质相反的情绪和情感又是相辅相成的，在一定条件下可以相互转化，"乐极生悲"、"苦尽甘来"等就是种转化的体验。在有些情况下，肯定性情感和否定性情感还能彼此结合在一起，即对同一刺激，消费者既能体验到肯定的情感，又能体验到否定的情感。例如，消费者对某种商品既感到满意，又感到不满意，既为买到某件商品而高兴，又为这一商品增加了某些负担而忧愁，等等。

情感的两极性还表现为积极的增力作用和消极的减力作用。强烈而深刻的情绪和情感,可以成为人们为达到预定目标而积极进行活动的推动力,如满意、快乐、热爱、兴奋等,能增强人的活动能力,驱使人更积极的行动。与此相反的情绪和情感,则会成为阻碍人们进行活动的消极力量,如悲伤、失望、忧愁、不满等,会降低人的活动能力,阻碍人的活动的实现。

研究情感的两极性对消费者购买行为的影响具有重要意义。它可以有效地指导市场营销活动。积极、肯定的情感能够激发消费者的购买欲望,促使消费行为积极发生。例如,消费者受到周到热情的服务时,会产生满意喜悦之情,这种肯定性情感会促进他产生连锁反应,再次到该商店购买商品,或者购买更多的商品。相反,如果消费者对商店的服务产生厌恶的情绪,就会破坏其消费行为的产生,甚至不愿再光顾此商店。

三、情绪与情感的表现形式及类型

(一) 情绪与情感的表现形式

情绪与情感是人对客观事物的一种特殊反应形式,它的发生与认识过程一样,源于客观事物的刺激。当刺激达到一定程度时,便会引起人的相应体验,从而产生各种情绪情感反应,并通过人的外部表情表现出来。

1. 面部表情

人的面部器官有嘴、鼻子、脸颊肌肉、眼睛、眉毛等,它们都具有传送情绪与情感的功能。其中,眼、眉最能倾诉人的心灵。例如,人顿时瞪大眼睛就传达了好奇、激动的情绪,眉开眼笑则就传达高兴喜爱的情绪,横眉立目则是愤怒的情绪表现。

2. 身段表情

身段表情指通过身体各部分表现情绪和情感,包括手势、坐姿、站姿、步态及小动作等。例如,拂袖而去表现出不满意的情绪情感,手舞足蹈表达喜悦、激动的情绪情感。

3. 语言表情

人的情绪、情感可通过语言、声调、节奏速度等来表达。当一个人语速突然加快,表达出其不耐烦的情绪;反之,如果是轻轻的细语,则是一种温和的情感;拉长语调表示轻蔑。有时,从语言的内容看是富含感情的,但语调却显得很淡漠。

由此可见,消费者的情感是商品和劳务在其内心世界的体验;但它必然要通过外部表情表现出来。企业营销部门要研究消费者对自己商品品牌的态度,就可以在各种展销活动中,通过观察消费者的各种表情来研究和推测其基本态度,从而能有的放矢地开展营销活动。

(二) 情绪与情感的分类

1. 按情绪维持的时间、表现的强度和速度来划分

按情绪维持的时间、表现的强度和速度可分为以下几种:①激情。激情是一种猛烈的、迅速爆发而持续短暂的情绪体验,如狂喜、暴怒、恐怖、绝望等,激情具有瞬息性、冲动性和不稳定性的特点,发生时往往伴有生理状态的变化。消费者处于激情状态时,其心理活动和行为表现会出现失常现象,理解力和自制力也会显著下降,以致作出非理性的冲动式购买举动。②热情。热情是一种强有力的、稳定而深沉的情绪体验,如向往、热爱、嫉妒等。热情具有持续性、稳定性和行动性的特点,它能够控制人的思想和行为,推动人们为实现目标而长期不懈地坚持努力。例如,一个书画收藏家为了不断增加藏品,满足自己的爱好,可以长年累月地压缩其他生活开支,甚至借钱来购买收藏品。③心境。心境是一种比较微弱、平静而持久的情绪体验。它具有弥散性、持续性和感染性的特点,在一定时期内会影响人的全部生活,使语言和行为都感染上某种色彩。在消费活动中,良好的心境会提高消费者对商品、服务、使用环境的满意程度,推动积极的购买行为;相反,不良的心境会使人对诸事感到厌烦,或拒绝购买任何商品,或专买用以消愁解闷的商品。④挫折。挫折是一种在遇到障碍又无法排除时的情绪体验,如怨恨、懊丧、意志消沉等。挫折具有破坏性、感染性的特点。消极者在挫折的情绪状态下,会对商品宣传、促销劝说等采取抵制态度,甚至迁怒于销售人员或采取破坏行动。

2. 按情绪与情感表现的方向和强度来划分

按情绪、情感表现的方向和强度可以分为以下几种:①积极情感,如喜欢、欣慰、满足、快乐等。积极情感能够增强消费者的购买欲望,促成购买行动。②消极情感,如厌烦、不满、恐惧等。消极情绪会抑制消费者的购买欲望,阻碍购买行为的实现。③双重情感。在许多情况下,消费者的情感并不简单地表现为积极或消极两种极端。如满意与不满意、信任与不信任、喜欢与不喜欢等,而经常表现为既喜欢又怀疑、基本满意又不完全称心等双重性。在两极之间还存在着各种类似的强度不同的情感,如在喜与悲之间,从大喜到微喜、从微喜到不喜、从不喜到讨厌,都会出现一系列程度不同的情感变化,制约和支配着人们的行为活动。在某些情况下,积极的情感和消极的情感是彼此结合在一起的,由于同一事物刺激的作用,消费者既体验到了肯定的情感,也体验到了否定的情感。例如,消费者对所购买的商品非常喜爱,但由于价格过高而又感到有些遗憾;当顾客选购时装时,有时会对服装的款式、颜色很满意,但又担心自己穿上别人会有想法;由于售货员十分热情,消费者因盛情难却而买下不十分满意的商品;等等。双重情感的产生,是由于消费者的情绪体验主要来自商品和售货员两个方面,当两者引起的情感反应不一致时,就会出现两种相反情感并存的现象。

3. 按情绪与情感的社会内容划分

按情绪情感的社会内容,还可以把人的情绪情感分为道德感、美感和理智感,这是人所特有的高级社会情感。道德感是指人们用社会的道德准则去感知、比较和评判自己或别人的行为举止时而产生的情绪体验。美感是指与人的审美需要相联系的对客观事物和对象的认识和体验。理智感是指人们从认识、探索或维护和追求真理的需要出发,对自己辨别是非曲直、利害关系,以及自我控制能力进行评价时产生的态度体验。

四、消费者购买活动的情感过程

消费者购买活动会产生各种不同的情感体验。消费者的情感有时是骤发过程,有时是缓释过程,有时是从厌恶到喜欢,有时是从紧张到轻松的相反变化过程。尽管影响消费者情感变化的因素是交叉作用的，消费者的情感变化也很微妙复杂，但还是有一定规律可循的。一般来说，消费者的情感体验可分为以下六个发展变化阶段。

（一）选择阶段

选择阶段是情感的初起阶段。消费者一旦对某种商品或劳务产生了需要，就会产生解决的愿望，需要和愿望会使情绪不安和波动起来，力求对商品进行认识、鉴别和选择，如果需求强烈，情绪就愈加紧张并促使消费者寻找解决问题的途径和具体办法。可见情感的选择阶段与需求密切相关。

（二）定向阶段

这是情感变化的肯定和否定阶段。这时，消费者已经初步确定了购买地点、时间和哪一类型的商品，在进一步的搜集信息，观察和思考过程产生喜欢或不喜欢、满意或不满意的情感，并会产生联想。定向是消费者对商品或服务形成基本态度倾向的阶段。

（三）激情阶段

激情阶段是情感的明朗表现和强化阶段。在这种情绪情感引导下，消费者购买欲望会更加强烈，对他所喜欢和满意的商品非买不可，冲动型的顾客可能马上产生购买行动。大部分消费者虽然处于感情强化过程，但由于谨慎和经验，还要积极考虑和推敲一番。

（四）冲突阶段

在这一阶段，消费者对商品进行全面评价。由于多数商品很难同时满足消费者多方面的需求，消费者会产生不同程度的体验和情感的矛盾变化。比如有时对价格满意，对商品造型又不太中意；有时对质量价格满意，却又为式样过时而感到遗憾；等等。总之，情感的强度变化和矛盾冲突会由于特定的事件或场合反复表现出来。如果积极的情感支配着消费者，最终他还会实施购买。

（五）选定阶段

经过对商品或服务的全面综合评价，消费者的理智和感情逐渐趋于统一，最终作出了购买决定，实现了购买行为。

（六）评价阶段

评价阶段是消费者在购买商品后所体验的情感过程。如果商品符合消费者购前预想的意愿，得到周围的称赞，消费者必然会处于喜悦满意的情感之中。但如果商品出现问题，消费者会后悔、烦恼或懊丧不已。这种情感体验将促使消费者作出弥补行动，如换货、退货或修理，还会为下次的购买行为做一定的心理准备。

上述六个阶段中，定向阶段是很重要的，在这一阶段，消费者对商品初步认识后，有了大致的印象，随之形成了对商品的态度倾向。如果不喜欢，就谈不上以后的情绪发展。因此，一般来讲，诱发消费者对商品的积极情感，对促发购买行为有十分重要的意义。

五、培养消费者对商品的积极情感

在社会实践活动中，人的情感是极其复杂且变化多端的，但它最终的基本内心体验都表现为两极化，即积极性情感和消极性情感。这两种情感是在需求的基础上产生的，同时对现实需求又起着动机的作用，影响着消费者的购买行为。例如，在消费者选购商品过程中，对符合心境，满足他们实际需要的商品和劳务就产生积极肯定的情感，就会感到满意、高兴、心情舒畅，从而增强购买欲望，促进购买行为的发生。相反，对不符合消费者心境的环境、商品，就会产生消极情感，从而抑制购买欲望，阻碍购买行为的产生。另外，情感的两极化是互相联系、互相转化的，推动着人的认识过程和意志过程不断深化和巩固。因此，企业营销应根据消费者情感的动机作用和两极化的转化，在商品、服务、环境等方面采取行之有效的方法，激发和培养消费者积极情感，转化消极情感，以促进营销活动的顺利实现。

（一）商品

消费者的各种需要大多是借助商品而满足的。因此，商品是消费者的情感形成与变化的重要因素，消费者的情感往往是因商品"有感而发"。商品的质量、性能、款式造型、色彩、价格、品牌、包装、附加值乃至商品名称等，往往能使消费者的情感处于积极、消极或矛盾之中。例如，消费者在购买商品时，如果觉得商品与自己过去经验中形成的愿望相吻合，就会产生积极的情感和情绪；反之，则会产生消极的情绪和情感。商品的内在质量如何更是影响消费者情感的直接因素，但有的商品质量虽好，如果总是样式陈旧也不会受欢迎。

除了商品的美观性、装饰性能给消费者不同的情感体验，有时商品名称也会带来意想不到的"情感体验"。我国著名的茉莉花茶在新加坡销售不畅，原因是"茉莉"与"没利"发音相似，使人产生不祥之感。后来茶叶出口商把茉莉花茶改为小包装"得利"花茶，才人见人爱。因此，在企业的经营活动中，不仅商品的质量应符合消费者的时代要求，而且要大力加强商品包装的改进工作，竭力美化商品，以唤起消费者积极的情感，也就是要尽量为消费者提供充分满足其需要的整体商品，促使消费者积极情绪和情感的形成与发展。

（二）服务

消费者不仅要通过购买活动满足自己的物质和精神需要，而且要通过购买活动满足自己的心理需要，因此，除了商品质量外，服务质量对消费者的情感影响也十分重要。服务质量水平高可以使消费者产生安全感、信任感、受尊敬感，这可以有效地提高企业和商品的知名度、美誉度，产生比广告宣传更好的效果。俗话说"和气生财"，"和气"会使消费者的情感因素向积极、肯定的方面发展。这就要求营业员要以微笑服务、礼貌待客，善于揣摩顾客心理，尤其是在他们不熟悉商品时主动热情地当好参谋，并且帮助他们解决购买活动中出现的困难，博得顾客好感，让他们买到满意的商品，增加惠顾率。反之，若营业员举止粗俗、语言不雅、行为浅薄，只能使消费者产生不良情感。服务质量问题不仅仅是个态度问题，也是个观念问题。现代企业必须树立"一切以消费者为中心"的现代市场营销观念，才能切实做好售前、售中、售后等各项服务工作，使消费者心情舒畅，解除其后顾之忧。

（三）环境

心理学的研究表明，情感不是自发的，它是由环境中多种刺激因素引起的。外界条件的变化也是不可忽视的因素。消费场所具体包括购物环境、用餐环境、娱乐环境等。就购物现场环境来说，直接刺激消费者的感官，引起情绪变化的主要有现场的设施、温度、气味、色彩、声音等因素。研究表明，温度适宜，使人心情平静、温和，喜欢久留；如果温度过高，则会使人心情烦躁，富有挑衅性。购物场所噪音的影响也不容忽视。嘈杂的声音会使人情绪烦躁，心情压抑，注意力分散，甚至引起头晕、耳鸣、听力下降。强音响的噪音（80分贝以上）不仅会引起顾客的反感，还会降低服务人员的工作效率；反之，绝大多数顾客在微音量（小于50分贝）的轻音乐中购物，会增加愉快感，增加购物享受的心理效应。所以，通过营造良好的购物环境，培养消费者的积极情感，已成为现代商业企业竞争的重要手段之一。

（四）消费者的自身情趣

消费者的自身情趣是指消费者在购买过程中由个人的兴趣、爱好、目的出发所产生的不同评价和表现。这种感情趣味受到自身经历、文化、年龄、性格等条件的约束。例如审美观念，有的人喜欢恬淡宁静，有的人喜欢热情奔放，反映在对颜色的选择上，有人会选择淡蓝色，有人会选择猩红色。由于自身情趣不同，对同一种商品的注意与兴趣也不同。例如，有的人爱好集邮，在集邮过程中会有一番知识和情感的学习和体验，而有的人却毫无兴趣。一个人情绪低落、心情抑郁，就会大大缩小感知范围，缺乏对周围事物的敏感性，自身情趣也相应减少，对购买商品失去热情、欲望和兴趣。因此，情感变化有时是由主体引起的，决定于当时的精神状态。有些消费者内心感情较细腻丰富，兴趣也比较广泛，容易对商品产生联想也容易产生购买冲动；尤其是女性消费者往往体现着一种"晕轮效应"，其自身情趣所引起的对某一事物某种特点的偏好逐渐扩散，掩盖了事物的另一面。生活中常见有些人对商品所显示的颜色及款式极其喜爱，而不考虑使用质量和时节，更没有过多考虑是否符合自身穿着使用。所谓"名人效应"、"名牌效应"，也是巧妙地利用了消费者情趣中萌生的这种"光环"作用。

第三节　消费者心理活动的意志过程

一、消费者心理活动的意志的概念及特征

(一) 消费者心理活动的意志的概念

消费者心理活动的意志,是指消费者自觉地确定购买目的,主动支配、调节其购买行动并努力克服各种困难来实现预定购买目标的心理过程。如果说消费者对商品的认识过程是消费者将外在刺激向内在意识的转化,那么,意志活动则是消费者内在意识向外部行动的转化,是心理机能的保证。只有实现这一转化,消费的心理活动才能现实地支配其购买行为。

(二) 消费者心理活动的意志的特征

消费者心理活动的意志有两个基本特征:

1. 自觉目的性

目的性是指消费者意志具有明确的预定目的,行动具有自觉性。消费者在购买之前,就有预想的行动结果作为行动的目的存在于头脑之中,然后有意识、有目的、有计划地予以实施。比如消费者购买洗衣机是为了省去劳作之苦和节省时间,为了这个目的,他就会在经济开支上做计划,排除其他干扰,拿出一笔钱去购买。

2. 坚持性

影响消费者购买行为的因素是多方面的,既有消费者主观上的,如身体状况、情绪变化,也有客观外界的,如经济收入、消费习惯、居住状况,等等,这些因素随时都会成为消费者购买的阻力和障碍。消费者在购买时还要克服这样与那样的困难,这就需要意志做保证。坚持性就是指消费者在实现目的的过程中,能够自觉地排除内部不利因素的干扰,克服外部各种困难,坚持不懈地努力。坚持性的大小反映了消费者意志的强弱,取决于人的性格,也与需求强度有关。此外,购买便利与否也是影响因素之一。

二、消费者购买行为的意志过程

消费者购买行为的意志过程,可分为决策、执行、检验三个阶段。

(一) 消费者作出购买决策的阶段

在这个阶段中,消费者从自身需要考虑和决定购买目标,面对多种实现途径,消费者要以意志的努力和理智的思维选择一个比较满意的解决方法,然后再实施购买方式、购买时间等整个计划。有时面对多种需求,消费者要分清轻重缓急,并作出购买的顺序计划。通过这个决策过程,消费者才能决定购买商品。

(二) 消费者执行购买决策方案阶段

这个阶段是消费者将购买决策阶段的想法付诸实际行动，是意志活动的高峰，但这一过程并非一帆风顺。首先，商品质量、价格、式样等影响，消费者要进行比较和权衡，在对商品反复认识中重新修正原来的购买设想，不断优化自己的购买方案后才执行购买。其次，在购买时还会出现各种障碍或困难，如有时商品无货，或者有货，但消费者要进行货比三家，而交通、通信工具的不方便，造成劳累、繁琐、费时、反复等，消费者必须有意识地自觉排除这些外界因素干扰，才能较顺利地完成购买活动。最后，消费者在执行购买决策过程中，会受各种因素的影响，其中某些因素的变化，使消费者自我意志发生动摇，向否定方向变化。为了实现意志的目的，就要进行重新决策。可见，执行决策方案阶段是一个不断排除障碍、克服困难的过程，消费者采取购买行动时，可能会出现两种情况：一是作出决定后，不失时机地立即执行购买决定；二是决定的指向是比较长期的购买目标，并不立即导致购买行为，而是引起心理定向，这是完成未来购买行动的心理准备，出现这种情况的原因较多，如经济条件的制约、其他人的反对等。

(三) 消费者执行购买决策方案后的意志检验阶段

当消费者执行购买决策方案后，并不意味着意志行为的结束，消费者还要检验与评价自己的意志决策是否正确。这种检验是在商品的使用中进行的，通过商品性能是否良好、使用是否方便、实际效果与预期需要是否接近等方面的评价来判断购买决策正确与否。意志的这种检验和反省是通过思维进行的，如果结论比较满意，消费者就有可能在意志的肯定下再次惠顾，产生重复购买行为。如果在意志的检验阶段得到否定或产生矛盾时，就会使消费者考虑在今后的购买中回避或减少对该商品的购买。

三、消费者购买意志品质及对购买行为的影响

意志品质是消费者购买意志的具体体现。在购买活动中，常可以观察到消费者不同购买行为的显著特征，如有人购买行为果敢、坚定，独立性强；有人则犹豫、冲动、盲从。究其原因，一方面是由于消费者性格特征不同，另一方面则反映了消费者意志品质的差别。消费者具有坚强的意志品质，是克服不利因素及困难，完成购买决定的重要心理机能保证。

消费者购买意志品质主要表现在以下方面。

(一) 购买意志品质的自觉性

购买意志品质的自觉性，是指消费者对将要进行的购买活动有明确的方向和目的，能主动认识了解所要购买的商品，通过综合考虑制定购买决策并意识到购买后的实际意义和效果。自觉性是产生坚强意志品质的基本条件，可以促使消费者在执行购买决定时正视现实并不易受阻，能自觉、主动、独立地调节和控制自身的购买行为，遇到障碍时运用理智分析，自觉修改购买方案，在目标指引下勇于克服困难，承担外界压力，完成所预想的购买计划。与自觉性意志品质相反的是盲目性，这类消费者在购买过程中往往

表现出依赖、冲动和回避的态度，不愿付出必要的智力、思维和体力，由于缺乏自身意志的努力，购买行为也缺少自觉动力。

（二）购买意志品质的果断性

购买意志品质的果断性，是消费者以个人的良好素质（如知识、敏锐、机智等）对待外界事物，迅速而合理地采取决定。这类消费者在购物中善于捕捉机遇，积极思考，反应敏捷。例如，某种电器商品价格回落时，大多数人往往等待观望，"买涨不买落"；但有人能根据其他因素适时作出购买决定，而不是从众犹豫。果断性会给消费者带来一些切身利益，反之，优柔寡断的消费者在不同的购买目的和购买手段之间取舍不定，往往错过最佳购买时机。

随着商品种类的不断增加，满足人们同一需要的商品越来越多，差异也越来越小，许多消费者面对琳琅满目的各种商品难下决断。所以，企业在推出产品时要在特色上下些功夫，有实力的企业还要创名牌，因为大多数消费者对名牌商品的认定是无条件的。如对于世界著名品牌的"可口可乐"饮料，消费者对其购买果断性就很强。

（三）购买意志品质的自制性

购买意志品质的自制性，是指能够支配、控制自己的情感，完成自己的购物行动。消费者在购买活动中会出现各种各样的矛盾，发生某些不愉快的事。如售货员态度恶劣、购物环境拥挤或商品有问题等，对此，消费者善于控制自己不满意的情绪，避免冲动，从而缓和矛盾，就有利于购买行为的实现。反之，如果消费者自制性差，未能控制自己的言行，就会激化矛盾，不仅影响购买行为的完成，还会造成心理上的伤害。购买意志的自制性体现了一个人的道德素质和精神文明。

（四）购买意志品质的坚韧性

购买意志品质的坚韧性，是指消费者在购买活动中呈现的坚持到底、不畏困难的顽强精神。由于意志过程是一个不断排除障碍或克服困难的过程，因此消费者必须要有坚韧的意志。坚韧性需要消费者精力和体力的高度统一，要保持充沛的精力、顽强的毅力和坚定的稳定情感。坚韧性不仅表现为消费者能排除各种干扰，坚持主见，还表现为要依据主客观因素的变化当机立断，保证购买目标最后能够实现。

本章小结

人的消费行为心理活动，从认识商品开始，经过情绪情感过程和意志过程，通过注意、感觉、知觉等心理活动对商品形成感性认识，又经过记忆、想像、思维等进入了对商品的理性认识，消费者在购买活动中对商品或者服务是否符合自己的需要形成一种态度体验即情绪情感，它是一个复杂的内心活动，但要通过人的外部表情表现。积极的情绪情感会增强消费者的购买欲望，产生购买行为；消极的情绪情感会抑制消费者购买欲望，阻碍购买行为产生。企业要通过各种途径和采用各种方法培养消费者的积极情感。消费者对商品的意志是实现预定购买目标的心理过程，具有自觉目的性和坚持性特点，它分为购买决策、执行决策、检验决策等三个阶段。消费者的购买意志品质主要体现为自觉性、果断性、自制性和坚韧性。消费者行为心理活动的三个过程是统一的,认识过程是基础,没有它就谈不上情感、意志,但情感、意志过程又促进了人们认识过程的发展深化。情感过程是消费者认识商品不可缺少的阶段,如果消费者对商品持积极肯定的态度,则对购买行为的实现有决定性的意义。同时,消费者对商品的情感过程又决定了意志过程中执行购买决定的坚决程度。最后,消费者的意志过程又是认识过程、情感过程的保证。

关键概念

感觉　知觉　记忆　注意　想像　思维　情感　意志

思考题

（1）什么叫注意？它具有哪些特征和功能？
（2）影响注意的因素有哪些？如何提高消费者的注意力？
（3）什么是情感和情感？在购买活动中,如何培养消费者的积极情感？
（4）消费者的意志过程与认识过程和情感过程的关系如何？

案例一　娱乐业产生好心情

娱乐业的产品是什么？近日,北京东方康乐园的决策者们找到了答案。他们向北京娱乐界提出"我们生产好心情"的倡议。

占地3500平方米的北京东方康乐园,是国内首家以沐浴为主的综合娱乐场所,开业7年来在北京已是小有名气。为了使康乐园健康发展,并且提高服务水平,员工们深入探究消费者的心理,发现:"花钱买罪受",人们打0分;"花钱买温饱",人们打60分;"花钱买健康",人们打80分;只有"花钱买高兴",人们才会打100分。他们仔细分析了娱乐业的定位,认识到:"稻香村"生产好糕点,"同仁堂"生产好药品,"万家乐"生产好电器,而康乐园这样的娱乐企业就应该生产好心情。

为人们提供好心情不是一件简单的事,东方康乐园为此开发出了一些与众不同的项目。例如,专家设诊、免费幽默鸡尾酒、有奖小吉尼斯记录等,都是能让人开心、益心、益智的项目。他们还实行透明收费,每项服务都明码标价,多年来不收服务费、不收小费,让顾客花钱花得明白、舒心。另外,一般娱乐场所最让人不放心的就是色情服务。东方康乐园的按摩室都是大房间,7年来几乎成为有关部门的免检单位。健康经营换来的是顾客的信任、开心、舒心、放心,这样,康乐园就自然能为顾客提供好心情了。

链接思考

（1）北京东方康乐园注意的是顾客一般心理过程的哪些方面？
（2）北京东方康乐园是如何引导顾客的情感向积极方面转化的？

案例二 小米的"粉丝经济"和"饥饿营销"背后的消费者心理学

在信息时代的底蕴下，科技引领时代潮流。而在手机市场上，这种浪潮翻滚得尤其明显。在如今的中国手机市场，存在着诺基亚、三星、摩托罗拉这样的大牌，也存在着金立、步步高、朵唯、华为等优秀国产品牌。诺基亚以其优越的性能、良好的工艺、不错的口碑引领风骚。三星则以其做工精致、辐射低，滑盖机优良的特点深受用户青睐。而摩托罗拉系统开放，扩展性强，也在手机市场独树一帜。然而，这并不是手机市场的全部。一个有着十亿美元的梦想家向手机市场的迈步，使中国手机市场荡起了新的波澜，他就是雷军。

雷军，金山公司总裁兼CEO。一个有着巨大梦想的天使投资家。创业之初，雷军召集了谷歌中国工程研究院副院长林斌、摩托罗拉北京研发中心高级总监周光平、原北京科技大学工业设计系主任刘德、金山词霸总经理黎万强、微软中国工程院开发总监黄江吉、谷歌中国高级产品经理洪锋等组成了七人创业团队，并在2010年4月成立了公司。这家公司被命名为小米公司（全称为北京小米科技有限责任公司），而小米的由来，则因其拼音为mi，既为Mobile Internet的缩写，亦为mission impossible的缩写。小米是一家专注于智能产品自主研发的移动互联网公司。"为发烧而生"是小米的产品理念。

小米公司首创了用互联网模式开发手机操作系统、发烧友参与开发改进的模式。2014年1月2日，小米董事长雷军在内部通发邮件，公布小米2013年的业务数据：全年销售小米手机1870万台，增长160%，含税销售额316亿元，增长150%；其中2013年12月销售手机322.5万台，含税销售额53亿元。

小米的成功离不开强大的创业团队、创新的管理模式、为顾客创造价值的产品和服务、独特的客户界面（客户关系、分销渠道和目标客户定位）以及良好的财务表现。小米的成功还得益于"粉丝经济"和"饥饿营销"，而这两点恰恰是把握消费者心理，挖掘和满足了消费者深层次的需求。

一方面，就"粉丝经济"而言，小米主要通过如下两方面对消费者心理的把握，从而创造"产品粉丝"。

第一，小米通过搭建手机"发烧友"平台，建立与消费者之间的情感纽带，让消费者成为"产品设计"的主体。小米在成立公司之前搭建了一个手机爱好者的网上论坛，雇佣专业的手机人士在论坛上鼓励消费者发言，并通过论坛上消费者对于手机的真实想法，让消费者"设计"手机。这一举措使小米真实地了解到消费者对手机的真实需要，并且建立了手机和消费者之间的情感联系；通过生产符合消费者心意的产品，引起消费者对小米手机的充分关注。这也是小米"为发烧友而生"的起源，充分说明其"粉丝经济"的成功。

第二，小米通过符合消费者需要所"设计"的产品，满足了消费者对理想产品的渴望，树立"明星产品"，赢得"产品粉丝"，坚定消费者的购买意志。小米在收集消费者对手机的需求信息之后，通过强大的研发团队，根据消费者需求对手机进行研发，创造出尽量满足需求的"明星产品"。同时借助其独特的营销模式，不断满足未被满足的消费者需求。从某种程度上说，小米手机已经不再是单一的产品，而是一种"手机信仰"。

另一方面，就"饥饿营销"而言，小米主要是通过把握消费者的"求同"、"求名"、"求新、求美"、"求名"、"攀比"等消费心理实现的。

第一，求同心理。消费者"求同"动机的表现就是大家常说的"从众行为"或者"随大流"。从众在中国是一种相当普遍的社会行为，当消费者面对琳琅满目的商品无从选择的时候，看到别人作出的购买决定会直接影响犹豫不决的消费者。相信大家都遇到过这样的情景：某超市搞促销，一长列人在排队等待购买，然后许多人看到这个长队，根本不去看超市促销单，就直接站到队列里面等待。这种行为就是消费者"求同"心理作祟，很多消费者都这样认为：肯定有实惠，不然不会有这么多人排队的。这种"求同"心理往往被营销者利用作为促销的策略。同样，因为消费者具有"求同"心理，在2008—2010年，中国消费者突然兴起"汽车购买热"。据有关资料显示，2009年前两个季度，我国汽车产销量分别为961.27万辆和966.27万辆，均位居世界第一位。在这3年间，大家不管自己是否真正需要汽车，都跟风看车、购车，中国消费者处于购车狂热状态。究其原因，也无非是"周围的人都有汽车了，再骑自行车好像太丢人了"的心理。这种"求同"心理促使消费者迅速决策购买汽车，与其他人使用同样的交通工具。在消费者的这种心理动机的驱使下，"饥饿营销"适时出现。当大家疯狂抢购某种商品时，这种商品就会没货供应。这种情况是商品真的供不应求了吗？当然不是，是企业的"饥饿营销"在作怪。消费者"求同"心理越急切，企业就越悠闲自在，拖着长长的时间才供车，吊足消费者的胃口。所以说，企业应用"饥饿营销"策略，不是企业自主决定的行为，而是由消费者的消费动机牵制着的。消费者的求同动机是"饥饿营销"背后的第一心理因素。

第二，"求新、求美"的心理。"求新"动机是以注重商品的新颖、奇特和时尚为主要目的的购买动机。"求美"动机是以注重商品的欣赏价值和艺术价值为主要目的的购买动机。在对消费者"求新、求美"这种心理动机的诱导过程中，还有一个重要的因素就是神秘。以神秘为诱饵，激发消费者的好奇心理。消费者想一探究竟的同时，对新奇特商品也给予足够的耐心，所以当企业营销人员把消费者好奇心激发出来的时候，就可以放心应用"饥饿营销"策略了。消费者为了揭开心中疑团、为了获知所谓的真相，有时会不惜重金、不惜大量的时间进行等待。

第三，"求名"的心理。"求名"动机是一种以追求名牌商品或仰慕某种传统的名望为主要特征的购买动机。这种"求名"动机是与炫耀动机相结合的。炫耀性消费动机是凡勃伦（Thorstein Veblen）于1899年在其著作《有闲阶级论》中首次提出的，用来描述为了显示自身的财富和社会地位而过度消费的暴发户和上层阶层的行为。消费者在购买商品或从事消费活动时，不太重视消费支出的实际效用而格外重视由此表现出来的社会象征意义，通过购买或消费行为体现出有身份、权威或名流的形象。经济学家、营销专家与消费者行为学家、心理学家由于看问题的角度不同，对炫耀性消费的动机有不同的理解。经济学家对炫耀性消费倾向于持否定的态度，把它看成是需要加以限制的行为；营销专家与消费者行为学家把它看成是可以善加利用以促进销售的行为；心理学家则把它看成是满足或补偿心理欲求的合理存在。企业应用"饥饿营销"策略就是因为消费者有着对某些名牌产品的执着追求,即"求名"动机。消费者对名牌产品的执着追求表现为"现在断货的产品,可以等待,并且可以加价等待",这个等待的过程就是对企业"饥饿营销"策略的推动。

第四,"攀比"的心理。"攀比"可以说是我国文化中的一部分,虽然我们不提倡这种作风,但在现实世界里,这种作风不但没有得到遏制,而且还有增长的趋势。消费者中的"攀比"心理主要是指在消费过程中的争强好胜,有一种齐头并进或者胜过对方的消费心态,你有的我也要有、你没有的我也要有的一种心理。它与自己的喜好并不是关系很大,可以说主要是一种"面子"上的购物需求,是虚荣心和嫉妒心在驱使消费者的购买欲,所以许多产品的饥饿营销策略正是抓住消费者的这种心态大搞"限量版",以高品质、贵族享受这样的宣传语来满足消费者的心理需求。因"攀比"而产生消费,在我国随着贫富差距的扩大将会是一种常态。

总之,小米的成功主要得益于消费者心理的良好把握,让消费者感觉产品的存在,引起消费者的充分注意,使消费者对产品产生美好的愿景,并和产品之间产生某种难以割舍的"情感",最终坚定消费者购买的意志。

资料来源

[1] 刘清华. 饥饿营销背后的消费动机分析 [J]. 中国管理信息化,2011(20)

[2] 关贞琴. 基于消费者心理的饥饿营销策略 [J]. 现代营销,2012(11)

[3] 黄俐,顾刚. 对小米手机的分析研究 [J]. 科技致富导向,2011(36)

[4] 徐婧. 小米手机粉丝营销模式研究 [J]. 现代经济信息,2012(2)

链接思考

小米手机是如何实现对消费者心理过程的把握的?

参考文献

[1] 符国群. 消费者行为学 [M]. 北京:高等教育出版社,2001

[2] 陆跃祥. 消费者行为学 [M]. 北京:中国统计出版社,2005

[3] 冯丽云,孟繁荣,姬秀菊. 消费者行为学 [M]. 北京:经济管理出版社,2004

[4] 梁汝英. 消费者行为学 [M]. 重庆:重庆大学出版社,2004

[5] 卢泰宏. 中国消费者行为报告 [M]. 北京:中国社会科学出版社,2005

[6] 肖兴政. 营销心理学 [M]. 重庆:重庆大学出版社,2003

[7] (美) 韦恩·D. 霍依尔,(美) 德波拉·J. 麦克依尼斯. 消费者行为学 (第四版) [M]. 刘伟,译. 北京:中国市场出版社,2010

[8] 徐萍. 消费心理学教程 [M]. 上海:上海财经大学出版社,2001

[9] (美) 帕科·昂德希尔. 顾客为什么购买 [M]. 北京:中信出版社,2004

[10] 符国群. 消费者行为学 (第二版) [M]. 武汉大学出版社,2005

第四章 消费者需要和购买动机对消费者行为的影响

本章学习目标

通过本章的学习,应掌握以下内容:①了解消费者需要的概念、内容、特征与形态,把握现代消费者需要的发展趋势;②了解消费者心理动机的概念、内容、特征、表现,认识、把握消费者购买动机的理论。

消费心理学研究的出发点是人类在消费过程中的心理活动,而消费过程的起点又来自于消费者的需要,消费者需要既是客观需要,又是客观需要的主观反映。消费者需要的主观反映表现为一种心理活动——消费者购买动机。

第一节 消费者需要的概念、分类与变化

一、消费者需要的概念

消费,是指人们利用某种物品的使用价值或某种劳务来满足某种需要的活动。人们的消费活动通常是由消费需要引起和决定的,消费者需要是消费的先导,是消费活动的内在原因和根本动力。需要与刺激都是动机产生的条件,而需要是最基础的。

消费者需要包含在人的一般需要之中。因此,我们首先从人的一般需要来进行分析。

(一)人的一般需要

1. 需要的概念

需要,是指在一定的条件下,有机个体或群体对客观事物(其存在与发展条件)的欲求。就人类而言,需要是人们为了延续和发展生命,为了提高生活质量,以一定的方式适应生存环境而对客观事物的要求和欲望。因此,人的需要,实质上是人和社会的客观需求在人脑中的反映。

人是自然实体和社会实体的统一,人作为生物体,为了维持自身的生存与发展,必须依赖空气、食物、阳光、水等自然条件,否则就无法生存。自然需要是人类最基本的需要,人作为一个社会成员,在生活和工作中,还必须进行各种社会交往,参加各种社会实践。

2. 需要在人的心理活动中的作用

需要在人的心理活动过程中具有以下方面的作用:

(1) 需要能影响人的情绪。人们一旦产生某种需要，就要求获得满足，而人们的需要能否被满足，满足程度以及满足的方式与手段，直接影响人的情绪变化，如高兴、满意、不高兴、愤怒等。

(2) 需要有助于人的意志的发展。人们为了满足需要，有时付出巨大的努力。克服各种各样的困难。因此在为满足需要而进行努力的同时，人的意志也得到了锻炼。

(3) 需要对人的认识与活动也有重要影响。在满足需要的过程中，人们对所遇到的各种事物进行分析、研究，探寻各种可行的途径、方法。因此，需要是人们认识客观事物并从事实践活动的内在动力，人通过需要调节自身的行为并制约认识与活动的倾向。

明确需要在人的心理活动中的上述作用，对于我们研究和掌握消费者的心理与行为具有重要意义。消费活动从根本上讲是一种满足需要的活动，消费者的各种需要能否被满足、在多大程度上满足，都直接影响消费者情绪、态度的变化。消费活动还是一种有目的、有意识的活动。在市场经济条件下，人们满足需要主要是靠货币进行市场交易，而要获得货币就要付出劳动。消费者的消费活动往往不是一帆风顺的，时常要克服经济上、商品购买实现上甚至心理上的各种困难和障碍，这无疑要求消费者具备一定的购买意志力，有时甚至需要有点勇气和魄力。

(二) 消费者需要的概念及产生

1. 消费者需要的概念

所谓消费者需要，是指消费者对以商品和劳务形式存在的消费品的要求和欲望。消费者需要是包含在人类一般需要之中的。

在市场经济发达的条件下，生产资料和生活资料（包括劳务）都是商品，人们生产和生活的消费需要都离不开市场交换活动。随着社会生产力和科学技术的不断发展，各生产企业都将向市场提出数量更多、质量更高、品种规格更新的各种物资，包括原料、材料、燃料、设备等生产资料的需要。同样，随着社会购买力的不断提高，消费者也会不断提出数量更多、质量更好、品种规格更多样化的衣、食、住、用、行等生活资料的需要。

2. 消费者需要的产生

人的需要是客观存在的，马克思、恩格斯、列宁等都有过论述。过去由于研究、宣传得不够，造成一种误解，好像一讲需求，就是马斯洛的需求层次论，其实，马克思早在1844年就论述了人的需求问题。

关于消费者需要的产生，马克思曾经指出，任何人类历史的第一个前提无疑是有生命的个人的存在，因此第一个需要确定的具体事实就是这些个人的肉体组织，以及受他们肉体组织制约的他们与自然的关系；人们能够"创造历史"必须能够生活，但是为了生活，首先就需要衣、食、住及其他东西。因此，第一个历史活动就是满足这些需要的资料，即生产物质资料本身，这是"一切历史的基本条件"。对这个条件的产生，马克思还指出，这是由人的肉体组织决定的，受到人的肉体组织的制约。马克思明确告诉我们一个公式："人的肉体组织（有生命的个体）产生衣、食、住的需要，产生第一个历史……可见，这种联系是由需要决定的，这是推动历史前进的原动力。"

二、消费者需要的分类和基本内容

(一) 消费者需要的分类

1. 按人的生理与心理需要可分为自然性需要和社会性需要

人为了维持延续生命而产生的对食物、衣服、住房及其他生活必需品的需要,这些需要主要是由机体内部生理的某种不平衡状态所引起的,把这样的需要称为自然性需要,这种需要是人作为生物有机体与生俱来的,是由消费者的生理需要所决定的。

社会性需要是人类特有的一种需要形态,这是指消费者受社会环境影响而产生的带有人类社会特点的需要。如为获得经济报酬而产生的劳动需要,为渴求获得别人的尊重与友谊而产生的交往的需要,等等。这种需要是由消费者心理特征决定并在后天的社会生活中形成的,又可称为心理需要,对维系社会生活、推动社会进步有重要的作用。

2. 按需要指向的对象可分为物质需要和精神需要

人的物质需要是指物质产品并以占有这些产品而获得心理上的满足。例如,对工作和劳动条件的需要、对日常生活必需品的需要、对住房和现代交通工具等以一定形态存在的实体商品的需要。

人的精神需要是指社会的精神产品。例如,对观赏一场精彩电影的需要、对聆听一首旋律优美的歌曲的需要、对生活美好感受的需要,以及阅读报纸杂志、观看电视节目、了解时政大事的需要,等等,是以占有某些精神产品满足消费者精神欲望的需要。

物质需要是指对某些商品的拥有。例如,宽敞的住房不仅使自身有了栖身之所,同时也从另一方面满足了自尊和获得别人尊重的需要;漂亮的服饰,不仅具有保暖的功能,同时也满足了自身对美感的要求。

精神需要满足又离不开一定的物质产品,想要随时听到自己喜欢的歌曲,就要拥有一套播放设备,如要获知最新的新闻报道,就要订阅相关的报纸、杂志等。

3. 按需要满足的对象可分为社会公共消费和个人消费需要

社会公共消费需要,是指为满足社会公众或社会集团要求的需要。

个人消费需要,是指消费者个人的生活消费需要。

4. 按需要的实现程度分为现实需要和潜在需要

现实需要,是指消费者有明确的购买意向和充足的消费能力,已经实现或即将实现的消费要求。有学者还将现实需要划分为已实现的消费需要和未实现的消费需要,已实现的现实需要指由于消费者购买到商品而获得实际满足的那部分需要;未实现的现实需要指由于市场上缺乏消费者所需要的那类商品,或者消费者由于工作等原因没有充足时间去购买,暂时得不到的那部分需要。

潜在需要,是指目前尚未显现或未明确提出,但在未来可能形成的需要。

(二) 消费者需要的基本内容

1. 对商品使用价值的需要

使用价值是商品的物质属性,也是消费者需要的基本内容。人的消费不是抽象的,而是有具体物质内容的，无论这种消费侧重于满足人的物质需要还是心理需要，都离不开特定的物质载体，且这种物质载体必须具有一定的使用价值。因此，消费需要首先表现为对商品使用价值的要求，包括商品的功能、质量、外观、品种、规格、安全性能、方便程度、可供应的数量，以及与同类商品可供选择的余地，等等。

2. 对商品审美的需要

对美好事物的向往和追求是人类的天性，它体现在人类生活的各个方面。消费者在消费需要中，对消费对象审美的需要、追求，同样是一种持久性的、普遍存在的心理需要。消费者对所购买的商品既要求有实用性，同时也要求有审美价值，总希望该商品具有漂亮的外观、和谐的色调等一系列符合审美情趣的特点，主要表现为对商品的工艺设计、造型、式样、色彩、装潢、风格等方面的追求。

由于社会地位、生活背景、文化水准、职业特点、个性心理特征等方面的差异，不同的消费者往往具有完全不同的审美观和审美标准。每个消费者都是按照自己的审美标准来认识和评价商品的，因而对同一商品，不同的消费者会得出完全不同的审美结论。

3. 对商品时代性的要求

人们在消费时总是会选择那些能够接受的样式、造型、颜色，能够体现时代特征的商品。这一要求在消费活动中主要表现为：要求商品趋时、富于变化、新颖、奇特，能反映当代的新思想，富有时代气息。从某种意义上讲，商品的时代性意味着商品的生命，当某种商品被时代所淘汰时就会滞销，结束生命周期。为此，一方面，企业要使经营的商品适应时代的需要，满足消费者对商品时尚性的要求；另一方面，企业要及时生产出具有时代特点的商品。

4. 对商品社会象征性的要求

所谓商品社会象征性，是指人们赋予商品一定的社会意义，使得购买、拥有某种商品的消费者得到某种心理上的满足。人的基本需要当中，多数人都有扩大自身影响、提高声望和社会地位的需要，有得到社会承认、受人尊敬和增强自信心的需要。人的这种心理需要，在消费活动中同样得到了充分的体现。有不少消费者在购买商品时，往往对商品的实用性要求不高，却特别看重商品所具有的社会象征性。例如，有的人希望通过某种消费活动表明它的社会地位和身份，有的人则想通过某种消费活动表明他的社会责任感，有的人想通过所拥有的商品提高社会知名度。

5. 对提高良好服务的要求

随着商品经济的发达和人们消费水平的日益提高，服务已不仅是一种交换手段，而且已成为商品交换的基本内容和条件，贯穿于商品流通的全过程。现代消费是物质享受和精神享受的有机结合。

人们对服务的要求与商品经济的发达程度和消费水平有着密切的联系。在商品经济不发达时期，人们最关心的是商品的实用性、质量性、使用效果以及能否及时买到自己所需要的商品，对服务方面的要求只能降到次要地位。随着商品经济的日益发展，市场商品供应充足，消费者能随时、随地、方便地购买到各种商品。因此，服务在消费需要中的地位迅速上升，消费者对提高良好的服务质量要求较高。因此，提高良好的服务已成为当今企业竞争的重要手段。

三、消费者需要的特征与形态

（一）消费者需要的特征

1. 多样性

多样性是消费者需要的最基本特征。它首先表现为不同消费者的需要各不相同，千差万别。由于各个消费者的收入水平、文化程度、职业、性格、年龄、民族和生活习惯不同，自然会有多种多样的爱好和兴趣，对于商品和服务的需求也是千差万别和丰富多彩的。人们不同的需求差异，就表现为消费需要的多样性。不仅如此，就同一消费者而言，需要也是多方面的。消费者不仅需要吃、穿、用、住，还需要娱乐消遣，如欣赏音乐、美术、体育比赛等，这些都体现了消费需要的多样性。此外，消费需要的多样性还表现为，同一消费者对某一特定消费对象常常同时兼有多方面的要求。消费者需要的多样性决定了市场的差异性，这是企业进行市场细分和选择目标的基础。

2. 发展性

消费者需要不是一成不变的，随着社会经济发展和人民生活水平的不断提高，人们对商品和服务的需要不论是从数量上还是从质量上或品种方面都在不断地发展。一种需要被满足了，又会产生新的需要。总的趋势是由低级向高级发展，由简单向复杂发展，由追求数量上的满足向追求质量上的充实发展。某些现在受消费者欢迎的热门货，有可能在一段时期以后变成过时商品而被淘汰；许多潜在的消费需要，不断地变成现实购买行为；等等，这就是消费需要的发展性。

3. 层次性

人们的消费需要是有层次的。一般来说，总是由低层次向高层次逐渐延伸和发展的。当低层次的满足生存的需要被满足以后，就会产生高层次的社会需要和精神需要，这就是消费需要的层次性。

4. 伸缩性

人们的消费需要受外因和内因的影响，具有一定的伸缩性。内因影响包括消费者本身需要欲望的特征、程度和货币支付能力等；外因影响主要是商品的供应、价格、广告宣传、销售服务和他人的实践经验等。两方面因素都可能对消费需要产生促进或抑制作用。例如，从货币支付能力角度上看，现实生活中的每个消费者几乎同时具有多种消费需要，但是在一定时期内，多数消费者的支付能力是有限的，这就使消费者的需要只能有限地得到满足，并表现出一定的伸缩性，即消费需要并非只能增加、不能减少，或者只有当低档次的消费需要百分之百获得满足后才能进入高一级层次的需要。现实中的消费需要具有很大的伸缩性，可多可少、可强可弱，当客观条件限制需要的满足时，需要可以抑制、转化、降级或停留在某一水平上；也可以以某种可能的方式同时满足几种不同的需要；在特定的情况下，人们还可能满足某一种需要而放弃其他需要。一般来说，基本的日常生活必需品消费需求的弹性比较小，而许多非生活必需品或中、高档消费品的消费需求的伸缩性较大。

5. 周期性

人的消费是一个永无止境的活动过程，人的一生是一个不间断的消费过程。一些消费需要在获得满足后，在一定时间内不再产生，但随着时间的推移还会重新出现，并具有周期性。消费需要的周期性主要由人的生理机制运行引起的，并受到自然环境变化周期、商品生命周期和社会时代变化周期的影响。

6. 互补性和互替性

消费者需要对某些商品具有互补性的特点。例如，购买钢笔时可能附带购买墨水，购买汽车时可能会附带购买修理工具、防盗器、坐垫套及上光蜡，等等。因此，经营互有联系或互补的商品，不仅会给消费者带来方便，还能扩大商品的销售额；此外，许多商品具有可以互相替代的特点。在市场上，经营者常遇到这种情况，某种商品的销售量减少而另一种在消费上可以替代的商品的销售量增加。例如，夏季冷饮销售增长，西瓜等水果销售量可能相对减少。这种情况就要求工商企业及时把握消费需要变化趋势，有目的、有计划地根据消费需求变化规律供应商品，更好地满足消费者的需要。

7. 可诱导性

消费者的需要是可以加以诱导、引导和调解的，即可以通过环境的改变或外部诱因的刺激、引导，诱发消费者需要发生变化和转移。消费者需要的可诱导性，为企业提供了巨大的市场潜力和市场机会。企业可以通过卓有成效的市场营销活动，使无需要转变为有需要、潜在需要转变为现实需要、未来需要转变近期的购买行为，从而使企业由被动地适应和迎合消费者的需要，转化为积极地引导、激发和创造需要。

（二）消费者需要的基本形态

在现实生活中，多种多样的消费需要并非处于统一的状态，而是存在于各种不同的形态中。存在形态的差异对消费需要激发购买动机的强度以及促成购买行为的方式有着直接影响。研究消费需要的存在形态，对于了解市场需求的构成状况和变动趋势具有重要意义。

从消费者需要与市场购买行为的关系角度来分析，消费者需要具有以下基本存在形态。

（1）现实需要。这是指消费者已经具备对某种商品的实际需要，且具有足够的货币支付能力，而市场上也具备充足的商品，因而消费者的需要随时可以转化为现实的购买行动。

（2）潜在需要。这是指目前尚未显现或明确提出，但在未来可能形成的需要。潜在需要通常由于某种消费条件不具备所致。例如，市场上缺乏能满足需要的商品，消费者的货币支付能力不足，缺乏充分的商品信息，消费意识不明确，需求强度低弱，等等。然而，上述条件一旦具备，潜在需要可以立即转化为现实需要。

（3）下降需要。这是指消费者对某种商品的需要逐步减少，并趋向进一步衰退。导致需要衰退的原因，通常是由于时尚变化，消费者兴趣转移；新产品上市，对老产品形成替代；消费者对经济形势、价格变动、投资收益的心理预期变化；等等。

（4）不规则需要。它又称不均衡或波动性需要。这是指消费者对某类商品的需要在数量和时间上呈不均衡波动状态。例如，许多季节性商品、节日礼品，以及对旅游、交通运输的要求，就具有明显的不规则性。

（5）充分需要。它又称饱和需要。这是指消费者对某种商品的需求总量及时间与市场商品供应量及时间基本一致，供求之间大体趋向平衡，这是一种消费状态。但是，由于消费需要受多种因素的影响，任一因素变化如新产品问世、消费时尚改变等，都会引起需求的相应变动。因此，供求平衡的状况只能是暂时的、相对的，任何充分需要都不可能永远存在下去。

（6）过度需要。它又称超饱和需要。这是指消费者的需要超过了市场商品供应量，呈现供不应求的状况。这类需要通常由外部刺激和社会心理因素引起。例如，多数人的抢购行为、对未来经济形式不乐观的心理预期等。

（7）反感需要。这是指消费者对某类商品持否定、拒绝的态度，因而抑制其需要。之所以如此，可能是商品本身不适合其需要，也可能由于消费者缺乏对商品性能的正确认识，或者因旧的消费观念束缚、错误信息误导所致。

（8）不健康需要。这是指消费者对某些危害社会利益或有损于自身利益的商品或劳动的需要。例如，对香烟、烈酒、毒品、赌具、色情书刊或服务的需要，无论于消费者个人会社会都是无益的。

（9）无需要。它又称零需要。这是指消费者对某种商品缺乏兴趣或漠不关心，无所需求。无需要通常是由于商品不具备消费者所需要的效用，或消费者对商品效用缺乏认识，未与自身利益联系起来。

从上述关于需要形态的分析可以得到重要提示：并不是任何需要都能够直接激发购买动机，进而形成消费行为的。现实中，有的需要如潜在需要、零需要、反感需要、下降需要等，必须给予明确的诱因和强烈的刺激，加以诱导、引发，才能达到驱动消费行为的足够强度。此外，并不是任何需要都能导致正确、有益的消费行为；有些需要如过度需要、不健康需要等，就不宜进一步诱发和满足，而必须加以抑制或削弱。因此，不加区分地倡导满足消费者的一切需要显然是不适应的。正确的方法应当是区分消费者需要的不同形态，根据具体形态的特点，从可能性和必要性两方面确定满足的方式和程度。

四、消费者需要的变化和趋势

（一）消费者需要内容与方式的变化

当今时代，人类社会进入以新技术革命为标志的崭新的历史发展时期。与之相适应，现代消费者需要内容及需要方式等也发生了一系列极其深刻的变化，主要表现在以下几个方面：

（1）科学技术的日新月异和社会生产力的迅猛发展，加速了产品的更新换代，新产品和各种高科技产品层出不穷，由此推动了消费内容和方式的不断更新。

（2）发展中国家市场化进程的加速和发达国家区域联盟的建立，促进了世界经济一体化和国际大市场的形成，各国之间的贸易往来急剧增长，现代消费者面临的已不仅仅是本国市场和本国商品，而是直接面对国际市场和各国产品，由此使消费者选择商品的范围得到极大扩展。

（3）电子信息技术的迅速发展和广泛应用，给传统的商品交换方式带来了强烈冲击，从而为消费者实现购物方式和消费方式的根本变革提供了可能性。

（4）现代交通和通信技术的日益发达，迅速缩小了地域间的空间距离，促进国际交流的增加，使不同国家、民族的文化传统、价值观念、生活方式得以广泛交流、融会，各种新的"合金"文化、消费意识、消费潮流不断涌现，并以前所未有的速度在世界范围内广泛扩散、传播。

纵观世界历史，每一次社会生产力和科学技术的重大飞跃与发展，都必然引起消费领域的深刻变革。同样，现阶段社会经济的飞速发展，也将给消费者的消费内容和消费方式带来多方面的深层影响，并使消费者需要的结构、内容和形式发生显著变化。

（二）消费者需要结构的高级化趋向

随着人均收入和消费水平的提高，消费者的需要结构将逐步趋于高级化。这一趋向在处于高速增长阶段的发展中国家表现得尤为明显。以我国为例，近年来，我国国内生产总值的增长速度始终保持在高水平上。与此相适应，我国的消费基金在总量上也将持续地快速增长。在整体消费水平持续增长的基础上，我国广大消费者的需要结构将发生较大变化，消费内容更加丰富，生活质量将明显提高。具体表现在以下几个方面：

（1）食物的消费比重在整个消费支出中总体呈下降趋势。2000年，我国城镇居民的恩格尔系数为45%左右；到2010年达到35%左右，达到富裕的标准。农村居民的恩格尔系数在2000年前达到50%以下，达到小康水平；2010年可进一步达到40%左右，接近富裕水平。另外，随着生产的发展和人们生活节奏的加快，许多方便、快捷、高营养的食品将大量进入家庭。

（2）在城镇居民消费中，住宅消费支出的比重将迅速增长。资料显示，住宅消费支出将会由目前占家庭消费的5%以下，逐步上升到10%～15%，成为除食物消费外的第二大开支项目。随着居住条件的改善，住宅装饰宾馆化、艺术化的倾向愈益明显。因此，以室内装饰革命、厨房革命、卫生间革命为领航商品的室内耐用消费品将成为新的消费支点。

（3）随着收入的增长，城镇居民家庭电气化的程度将进一步提高和发展。目前，城镇居民前一轮电器耐用消费品的普及率已达80%以上，未来的消费重点将主要是产品的更新换代，高技术多功能、新款式、低能耗、无污染的新型耐用消费品将受到青睐。

（三）消费与生活方式相统一的趋向

消费与生活方式是两个不同的概念。所谓"生活方式"，是指人们为满足生存和发展需要而进行的全部活动的总体模式和基本特征，包括劳动生活方式、政治生活方式、宗教生活方式、闲暇生活方式等。从生活方式的系统构成中可以看出，消费生活方式不仅是生活方式总系统的重要组成部分，而且与其他生活方式分系统有着极为密切的联系。

现代社会中，人们在充分享受高度发达的物质文明所带来的高层次物质享受的同时，已逐渐意识到高消费并不意味着生活的快乐和幸福。心理学家的研究表明，人的需要是社会性的，其快乐源于多个方面，仅靠物质享受难以使人得到真正的满足。因此，消费和人的幸福之间并不直接相关。决定生活快乐的最主要因素是对家庭生活的满足；其次是有满意的工作，能自由地发挥才干，建立融洽的友谊关系。

基于上述认识，现代消费者越来越倾向于把消费与生活方式的其他方面统一、协调起来，从整体上把握、评价生活方式，注重提高生活方式的整体质量。具体表现在以下几个方面：

(1) 消费与劳动生活方式统一的趋向。劳动生活方式是指人在社会生活中，在一定劳动观、价值观的指导下，为谋取生活质料而进行的物质生产、精神生产或提供劳务的经常性的、相对固定的活动方式系统，具体包括劳动职位、劳动条件、劳动形态、劳动意识、劳动态度、劳动习惯等。劳动生活方式是整体生活方式的基础，对其他生活方式起着决定性的作用。消费与劳动生活方式的统一，表现为人们在消费观念和消费态度上会体现出自身劳动方式的特点，寻求与所从事劳动职业相互协调一致的消费方式。例如，我们能从一个人的穿着打扮上判断他所从事的职业。又如，微电子技术的革新改变了传统的办公方式，在家办公趋势的迅速发展激发了人们对家庭办公家具的大量需求。

(2) 消费与家庭生活方式统一的趋向。家庭是社会日常生活的基本单位，人们的大部分消费活动是在家庭中进行的。因此，家庭结构、家庭关系、家庭管理方式等与人们的消费活动关系极为密切。与传统家庭生活方式相比，现代家庭正向规模小型化、结构核心化的方向发展。目前，单身家庭、单亲家庭、无子女家庭等非传统化家庭形式的比重逐步上升，家庭管理方式也更趋于民主化。对应这一变化，现代消费者在消费需求观念、方式和内容上也发生了明显的改变。例如，小型家庭的娱乐、旅游、教育消费支出明显增加，独生子女家庭中儿童对消费决策的影响作用越来越大。

(3) 消费与闲暇生活方式统一的趋向。闲暇是指可以自由支配的时间。闲暇生活的内容通常包括休息、娱乐、学习、交往等。在现代社会中，随着工作效益的提高和劳动工时的普遍缩短，人们占有的闲暇时间日益增多。由于闲暇生活涉及人们多方面需求的满足，因此现代消费者对闲暇生活的重视程度不断提高，闲暇生活在社会生活方式中占有越来越重要的地位。与此相适应，在消费活动中，人们一方面努力提高自身收入水平，增加旅游、娱乐、教育、社交等非商品性消费的支出，以丰富和改善闲暇生活的内容与质量；另一方面，人们也在不断寻求新的消费方式，以求创造和占有更多的闲暇时间。近年来，电话购物、电视购物、网上购物、邮购等快捷而便利的现代购物方式，正受到越来越多消费者的青睐。少批量、多次数购买日常生活用品正在成为大多数家庭的购买模式，礼品直送、查询、咨询、搬家、家庭教育、保健、家庭服务等在消费支出中所占的比重迅速上升，空调、家庭影院、家用电脑、健身器以及室内装修、家用卫生设备迅速普及，以电话为代表的通信设备大规模进入家庭，美容美发、化妆品、歌舞厅、交响乐、书报杂志等高级文化消费日趋走俏。上述消费趋向表明，现代消费者对闲暇生活的需要大大增强，已经把创造更多的闲暇时间和提高闲暇生活质量作为消费行为的重要导向。

（4）消费与环境保护一体化的趋向。消费与环境保护一体化的趋向是指消费者要求自身的消费活动要有利于保护人类赖以生存的自然环境，维护生态平衡，减少和避免对自然资源的过度消耗与浪费，实现永续消费。随着世界环保运动的兴起，现代消费者的环境意识日益增强，发达国家中越来越多的消费者开始认识到，他们仅占全球人口的20%，而消费量却占世界消费总量的70%。地球的资源是有限的，过度消费留下的不仅是成堆的垃圾、对环境的破坏，还将导致人类的自我毁灭。因此，环保人士把保护自然资源和生态环境视为己任，将消费与全球环境及社会经济发展联系起来，自觉地把个人消费需求和消费行为纳入环境保护的规范之中，甚至提出"做一个绿色消费者"的口号。这就是要求每个消费者不要为广告所左右，不应与其他人进行无谓的攀比，而是根据自己的实际需要购买最必要的物品，并尽可能做到对所消费商品的再利用、再循环。绿色消费者运动在发展中国家也产生了越来越大的影响。许多发展中国家的消费者意识到，节约资源和维护生态环境是现代社会条件下提高消费水平及生活质量的重要组成部分，认为不应重蹈许多发达国家在推进工业化进程中无节制地消耗资源和严重污染环境的覆辙。为了保护自身健康并获得一个安全、洁净的生存环境，倡导消费者从现在起就把"绿色消费"作为消费需求的重要内容，要求购买无公害、无污染、不含添加剂、使用易处理包装的绿色商品，并自动发起和支持抵制吸烟、禁止放射性污染等保护消费者运动。由此看来，保护环境已成为现代消费者的基本共识和全球性的消费发展趋势。

（5）生活共感、共创、共生型消费的趋向。现代消费者在21世纪的高消费社会中将呈现出全新的消费趋向，即与企业一起共同创造新的生活价值观和生活方式的生活共感、共创、共生型趋向。生活在21世纪的消费者，具有高收入、高学历、高信息、高生活能力和高国际感觉的特性。与此相对应，他们的消费需求也将呈现出五大新特点：①美学性，即美的意识和艺术性；②知识性，即教养性和科学性；③身体性，即体感性；④脑感性，即官能性；⑤心因性，即精神性和宗教性。具有上述新需求的消费者的生活价值观将发生根本性变化，消费生活方式也将大大改变。消费和生活意识的中心将由物质转移到精神，健康、教育、娱乐、文化及信息将成为新的消费增长领域。

在更加注重和追求精神消费的过程中，现代及未来的消费者将不再指把消费视为一种商品或劳务的纯耗费活动，也不再被动地接受企业经营者单方面的诱导的操纵，从生产厂商设计和提供的有限种类、式样中选购商品，而是要求作为参与者，与企业一起按照消费者新的生活意识和消费需求，开发出能与他们产生共鸣的"生活共感型"商品，开拓与消费者一起创造新的生活价值观和生活方式的"生活共创型"市场。在这一过程中，消费者将充分发挥自身的想像力和创造性，积极主动地参与商品的设计、制作和再加工，包括精神产品和物质产品，通过创造性消费来展示独特的个性，体现自身的价值，获得更大的成就感和满足感。

五、影响消费者需要的因素

（一）个人因素

购买者决策也受其个人特征的影响，这些影响因素包括家庭生命周期、经济环境、生活方式和个性等。

(1) 家庭生命周期。家庭生命周期分为单身阶段、新婚阶段、满巢阶段、空巢阶段、鳏寡阶段。不同阶段的家庭有不同的需求特点，营销者只有明确自己的目标市场处于生命周期的什么阶段，拟订适当的营销计划，才能取得成功。

(2) 经济环境。一个人的经济环境会严重影响其产品选择。人们的经济环境包括：可花费的收入（收入水平、稳定性和花费的时间），储蓄和资产（包括流动资产比例），债务，借款能力，对花费与储蓄的态度，等等，这些经济状况决定着个人和家庭的购买能力。因此，营销者必须研究个人可支配收入的变化情况，以及人们对消费和储蓄的态度等。

(3) 生活方式。即使是来自相同的亚文化群、社会阶层，甚至来自相同职业的人们，也可能具有不同的生活方式。因此，营销人员要研究他们的产品和品牌与具有不同生活方式的各群体之间的相互关系。

(4) 个性。每个人都有影响其购买行为的独特个性。一个人的个性通常可以用自信、自主、顺从、交际、保守和适应等性格特征来加以描绘。调查发现，某些个性类型同产品或品牌选择之间关系密切。许多营销人员使用一种与个性有关的概念，那就是一个人的自我概念或称自我形象。

同时，按个性的不同，可将购买者分为习惯型、理智型、冲动型、经济型、情感型和年轻型等类型。每个类型的消费者，其消费偏好是不同的，因此，营销者应该了解自己目标市场的消费者属于哪种类型，然后有针对性地开展营销活动。

(二) 心理因素

一个人的购买行为受动机、知觉、学习、信念与态度等心理因素的影响。

(1) 动机。心理学家已经提出了人类动机理论，最流行的有三种：西格蒙德·佛洛伊德精神分析理论，佛洛德里克·赫茨伯格的双因素理论和亚伯拉罕·马斯洛的需求层次论。具体的内容将在下节中做详细介绍。

(2) 知觉。人们会对同一刺激产生不同的知觉，是因为人们会经历选择性注意、选择性扭曲和选择性保留三种知觉过程所致。

选择性注意。这是指人们在日常生活中面对众多刺激物的时候，会更多注意那些与当前需要有关的刺激物，人们会更多地注意他们期待的刺激物，更多地注意跟刺激物的正常大小相比有较大差别的刺激物。

选择性扭曲。这是指即使是消费者注意的刺激物，也并不一定会与原创者预期的方式相吻合。对于选择性扭曲，营销人员无能为力。

选择性保留。这是指人们会忘记其所知道的许多信息，但倾向于保留那些能够支持其态度和信念的信息。

上述三种知觉过程告诉我们，营销者的任务就是必须设法突破牢固的感觉壁垒。

(3) 学习。人类行为大多来源于学习。一个人的学习是通过驱动力、刺激物、诱因、反应和强化的相互影响而产生的。对营销人员来说，可以通过将学习与强烈驱动力联系起来，运用刺激性暗示和提供强化等手段建立对产品的需求。

(4) 信念与态度。通过实践和学习，人们建立起自己的信念和态度。信念是指一个人对某些事物所持有的描述性想法。态度是指一个人对某些事物或观念长期持有的好与不好的认识上的评价、情感上的感受和行动倾向。信念和态度能直接影响人们的购买行为。

六、消费需要与消费行为

消费需要是推动消费者进行各种消费行为的最普遍的内因和动力，是消费者行为前的一种心理倾向；但消费者的需要离真正的消费行为阶段还有一定的距离。

(1) 消费需要虽然是消费者购买行为的动力，但它并不总是处于唤醒状态。只有当消费者的欲望强度达到了某种迫切程度，消费需要才会被激发，并促动消费者有所行动。例如，我国绝大多数消费者可能都有住上舒适宽敞的房屋的需要，但由于受经济条件和其他客观因素的制约，这种需要大都只是潜伏在消费者心底，没有被唤醒，或没有被充分意识到。此时，这种潜在的消费需要或非主导的消费需要对消费者行为的影响力较弱。

(2) 消费需要一旦被唤醒，可以促使消费者为这种消除匮乏感而采取行动，但它并不具有对具体行动的定向作用。也就是说，消费需要只为消费行为指明大致的或总的方向，而不是规定具体的行动路线。在消费需要和消费行为之间还存在着购买动机、诱因等中间变量。例如，当消费者饥饿时，会采取寻找食物充饥的行动，但面对米饭、馒头、面条、面包、饼干等众多选择时，以何物充饥，则并不完全由消费需要本身所决定。也就是说，消费需要仅仅是一种心理倾向、心理活动，并没有形成相应的购买标准，没有指向具体的消费行为。

(3) 消费者有了消费需要，但能否实现自己的消费行为，还取决于各种内部条件和外部因素的作用，尤其是在外部因素中，是否具备满足消费者需要的条件。例如，是否存在这样的商品、是否在购物场所能够购买到这一商品、自己是否具备相当的购买力等等。

(4) 消费需要只是驱使消费者采取消费行为的因素之一，而不是唯一因素，外部诱因也可能引起消费行为。例如，消费者在并不饥饿的情况下会因为受到美味食品的刺激而产生购买和进食行为。

(5) 消费需要与消费行为之间并不是一一对应的关系。一类消费需要可能产生出一种消费行为，如一位消费者的衣服旧了需要购买新的衣服，他直接去商场购买一件新衣服。另一类消费需要也可能产生出多种消费行为，如这位消费者买回新衣服后觉得不合算，又买回一些服装裁剪方面的书籍打算自己学做衣服。此外，可能由于多种消费需要只产生一种消费行为，如某消费者要买新衣服，又想买化妆品、书籍，但他最后只买了新衣服这种商品，这是由消费行为本身的复杂性所决定的。

(6) 消费需要的强度决定购买行为实现的程度。一般情况下，需求越迫切、越强烈，消费者购买行为实现的可能性就越大。反之，需求不迫切、不强烈，消费者的购买行为就可能推迟，甚至不发生。

需求水平不同也会影响消费者的购买行为。在经济发达国家，消费水平相对较高，消费者购买食品的费用在整个购买费用中所占的比例就比较小；经济发展水平低的国家的情况正好相反。这就是著名的恩格尔定律。需要指出的是，处于不同消费水平的消费者，在购买同类商品时会出现较大的差异。一些商品在消费水平较高的家庭中属于普通消费品而会经常购买，而在消费水平比较低的家庭中属于奢侈消费品会很少购买。因此，消费水平的差别会影响消费者的需求，从而影响其购买行为。

第二节　消费者的购买动机

一、消费者的购买动机及其形成

人们的任何活动都是由动机引起的。动机是指引起和维持个体活动并使之朝一定目标和方向进行的内在心理动力，是引起行为发生、造成行为结果的原因。

在本节中，我们主要介绍的动机是指消费者的购买动机，即为了满足一定的需要，引起人们购买某种商品或服务的愿望和意念。

动机是一种个体内在的主动的力量，是个体基于需要而由各种刺激引起的心理活动。在人的社会活动中，动机对人的行为具有始发作用、指向作用、维持作用、强化作用和中止作用。动机的产生有三个必不可少的因素，即需要、刺激条件、满足需要的对象和条件。

需要是动机产生的基础。只有当个体感受到某种生理上或心理上的需要时，才会产生采取行动以使这种需要得到满足的动机。动机事实上是具体化的需要。

刺激条件是动机形成的必要条件。个体内在的需要只是一种潜在的状态，只有当个体受到刺激，这种内在需要被激活，从而使内心产生不安和紧张并进一步化为动力时，动机才会形成。

满足需要的对象和条件是动机形成的又一重要因素。需要产生后，必须有与之相适应的满足需要的对象和条件，才可能形成动机。例如，食物是人生存的必然需要。但只有当人受到饥饿的刺激而感到生理上紧张，并且发现市场上有食物供应时，才会产生购买食物充饥的强烈动机。

动机的作用过程如图 4-1 所示。

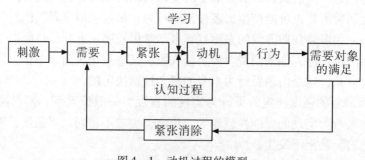

图 4-1　动机过程的模型

从图 4-1 可以看到，当个体受到来自外部或内部的刺激时，就会产生紧张感，同时引起需要。而个体在学习、体验及认知过程的帮助下会指向能够满足需要的具体目标，从而促使动机产生进而发生指向目标的行为。当个体获得需要对象之后，原有的紧张状态便会得到消除。当该需要得到满足后，新的需要又可能产生，从而使人的消费行为处于不断的发展过程中。

二、消费者购买动机的特征

由于购买动机是导致最终购买行为的直接驱动力，因而与需要相比，消费者购买动机较为具体直接，有着明确的目的性，但同时也具有更加复杂的特征。具体表现在以下方面。

（1）主动性。消费者对于引起购买动机的刺激物的接受往往是自觉和主动的。动机的形成可能源于消费者本人的内在因素，如需要、消费兴趣或消费习惯等；也可能源于外部因素的激发，如广告宣传、购物场所的提示等。而当消费者对于需要有了明确清楚的认知和强烈的满足欲望后，就会非常主动地接受外部刺激，自觉地搜集与商品有关的信息，有选择地加以利用。

（2）组合性。消费者在购买某一种或某一件商品时，可能是出于一种动机，也可能出于多种不同的动机，这种现象称为动机的组合性。换言之，动机与消费行为之间并不完全是一一对应的关系。同样的动机可能导致不同的行为，而同样的行为也可以由不同的动机所引起。一个人复杂多样的动机构成往往以其特定的相互联系构成动机体系。

（3）内隐性。消费者的真实动机并非能从外部直接观察到，而是隐藏在内心深处。另外，动机的内隐性还可能由于消费者对自己的真实动机缺乏明确的意识所致，即动机处于潜意识状态，消费者自己也没有很清晰地意识到左右自身行为的真正动机。

（4）主导性。动机是很复杂的，每个消费者都同时具有多种动机。这些复杂多样的动机之间以一定的方式相互联系，构成完整的动机体系。在动机体系中，不同的动机所处的地位和所起的作用是不相同的。有些动机比较强烈而稳定，在动机体系中处于支配性地位，称为主导动机；有的动机表现得微弱、不稳定，在动机体系中处于依从性地位，称为劣势动机。主导动机具有较大的激活作用，并对行为起支配作用。在其他因素相同的情况下，当多种动机之间发生矛盾时，个人行为往往受到主导动机的支配。

（5）可转变性。可转变性是指消费者购买决策过程中，由于新的消费刺激出现而发生动机转移，原来处于从属地位的劣势动机可能从潜在状态转入显现状态，上升为主导动机。在现实消费中，许多消费者改变预定计划，临时决定购买某种商品的行为现象，就是动机发生改变的结果。有时消费者之所以改变动机，是由于原有动机在实现过程中受到阻碍。例如，由于售货员态度恶劣，使消费者的自尊心受到伤害，其购买商品的主导动机被压制，从而诱发了维护个人自尊的动机，结果导致购买行为的终止。

（6）冲突性。当消费者同时具有两种以上的动机且它们共同发生作用时，动机之间就会发生矛盾和冲突。这种矛盾和冲突可能是源于动机之间的指向相悖或相互抵触，也可能源于各种消费条件的限制。动机冲突的基本类型有双趋式（或正正）冲突、双避式（或负负）冲突、趋避式（或正负）冲突。

(7) 强弱性。人的活动中通常存在多种动机，动机在支配行为时所起的作用并不相同，表现有强有弱，其中主导动机通常对活动具有决定作用。但人的动机体系会因动机满足、动机受阻、动机挫折等原因使其强度结构发生变化。

(8) 模糊性。在消费活动中，有时多层次动机错综复杂，主导动机不易辨认，也难以表达，许多消费者的购买行为常常是在潜意识支配下进行的，具有模糊性。

(9) 可诱导性。在消费活动中，起主导作用的动机不是一成不变的，消费者的主导动机和辅助动机在客观环境因素影响下，可以相互转移和转化。同时，通过人为创造的外部刺激因素，可以引发和改变人的动机。

(10) 逆反性。购买动机并非都是顺向发展的，有时也会出现反向性发展，即出现逆反动机，这是消费者心态变动的反常现象。

三、消费者购买动机的类型

人们消费商品时基本的并且普遍存在的原因和动力，称为基本动机；消费一种商品时，引起消费者购买这种商品直接的并且起主要作用的原因和动力，称为主导动机。

购买食品的主导动机是用于满足人们解除饥饿、补充体内能量、平衡体内营养的需要。这是消费食品的直接目的，也是最主要的目的，是其他商品很难替代的特性，具有相当的独特性。因此，当谈到消费者的主导动机时，是必然要考虑商品的具体特性的。当消费者购买某一品牌的食品时，由于包装漂亮、价格正符合他的期望等原因激发了消费者的购买行为，这些原因是激发消费者行为进行的基本动机。这些原因和消费动机在购买其他类型的商品时也会存在，具有相当的普遍性。

（一）四大类商品消费中消费者的主导动机

主导动机在具体的商品消费中起着直接的推动作用。由于主导动机不如基本动机那样普遍，必须依据商品的类型和商品的特性才能分析这些消费者动机。

一项对四大类商品的消费调查的资料表明，消费者的主导动机表现在以下方面：

（1）食品消费。当前食品消费中，消费者表现的主导动机有：追求新鲜的动机，追求营养的动机，追求健美的动机，追求美味的动机，追求营养兼美容的动机，追求烹调食用方便的动机，等等。

（2）服饰消费。服饰消费中，消费者的主导动机有：追求美的动机（同时属于基本动机），追求舒适的动机，追求流行的动机，追求服装表达个性的动机，等等。

（3）家用电器的消费。这类商品的消费中，消费者的主导动机有：追求电器省电的动机，追求低噪声的动机，追求高质稳定的动机，追求最好的绝缘性能的动机，追求电器的色彩和外观与居室协调一致的动机，追求操作方便的动机，等等。

（4）美容化妆品。美容和化妆已经成为我国城镇居民生活中一件必不可少的事情。美容化妆品市场已经发展成为一个巨大的商品市场，人们的美化自我形象的要求越来越强烈，消费者购买美容化妆品时所表现的主导动机有：追求使用方便的动机，追求没有任何副作用的动机，追求一种美容品多种美容效果的动机，追求美容效果快速的动机，等等。

消费者消费同一种商品的原因是多种多样的,而每一位消费者的消费动机有主有次,通过对消费动机的技术分析,可以找出对大部分消费者起主要作用的主导动机。以主导动机作为产品定位的基础,是以"消费者为中心"的营销观念的具体体现,已经被视为当代成功的营销思想。如果产品定位不是从消费者的动机出发,而只是从厂商的利益出发,这样的营销方案只能是一厢情愿的方案,容易导致营销活动的失败。

(二) 消费动机类型

以下所介绍的是存在于消费者中的 14 种消费动机类型。

(1) 追求实用的消费动机。一般是指日用品的消费中出现的一种消费原因。这些商品的使用价值非常重要,如果商品的使用价值不明确甚至徒有虚名,消费者便会放弃购买。对于食品而言,其使用价值是提供能量与营养并满足饥饿的需要,出于实用动机的消费者不会看重食品的华丽包装。衣服的使用价值是保暖、美化消费者形象等,出于实用性消费动机的人看重服装的式样与质量,而不看重衣服的品牌、知名度等因素。

产生实用性消费动机的原因一般有三种:一是商品的价值主要表现为它的实用性,消费者不必刻意去追求商品别的特性,如人们对洗衣粉、毛巾等一些日用品的消费。二是消费者已经形成实用性消费观,成为他购买所有商品的一条准则,选购商品时把商品的实用性放在第一位。三是消费者的经济能力有限,没有能力追求商品的精美外表,或购买价格昂贵、知名度很高的一类商品。

(2) 求得方便的消费动机。产生求得方便的消费动机的原因有三种:一是商品可以减少或减轻消费者的劳动强度,节省体力,许多与家庭服务有关的劳务消费均出自这种动机。如家庭装修、家庭服务、家庭运输等。二是商品具有一些方便消费者使用的功能,减少操作使用中的麻烦。如电饭锅、方便面、各种电器上的遥控装置等。三是可以方便消费者的购买,减少购买过程的麻烦。如购物距离近、购物时间正符合消费者的时间安排,以及送货上门服务、直销服务、电话直销服务、电话订货服务等,都可以满足消费者求得方便的动机。

(3) 追求美的消费动机。这是相当普遍的一种动机形式。心理学家及人类学家等都认为追求美的动机是人们生活中一种重要的动机形式。美是人们生活中一种重要的价值尺度。因每个人的生活环境与背景不同,对于美的要求也是不同的,这种不同的要求也反映在消费行为当中。

消费行为中求美动机的主要原因有两种:一是因为商品本身存在客观的美的价值,如各种艺术水平较高的美术作品、工艺首饰等,这类商品能给消费者带来美的享受和愉悦。二是商品能为消费者创造出美和美感,如美化了自我的形象、美化了个人的生活环境等。

(4) 追求健康的消费动机。健康的身体状态是保证人们幸福生活的基本条件。人人都有追求健康的动机,并会因此消费大量的有利于健康的商品。这些商品包括医药品、保健品及健身用品。医药商品作为治疗疾病的一类物品,已经拥有非常巨大和非常严格的市场。保健品的市场不像医药品市场那么严格,消费者可以自由地购买到这些商品,并且使用起来也比较方便。健身用品市场的发展来越来越快,健身商品的品种日趋丰富和完善，这与人们生活水平的提高有直接的关系。

（5）追求安全的消费动机。消费者求得安全的动机的主要原因有两种：一是为了人身与家庭财产的安全，消费者需要购买相应的商品以期防止具有危害性的事情发生；如购买防卫性的用品、购买保险服务等，即属于这种类型。在这类商品消费中，其主导动机与基本动机是一致的。二是在使用商品的过程中，希望商品的性能安全可靠，如电器商品的绝缘性能好等。

我国现阶段很多电器商品的安全性能有待提高，以便使消费者在使用过程中能得到一种安全感。

（6）求名的消费动机。这是指消费者通过购买特殊的商品来宣扬自我、夸耀自我的一种消费动机。因人们的个性特点不同，这种动机的强烈程序也就因人而异，有些消费者求名的动机十分微弱，有些消费者求名动机十分强烈。消费名牌商品是满足人们求名动机的重要方式，如购买名贵商品、稀有商品、某些极品商品等。此外，有些消费者以特殊的消费方式来达到求名的目的。例如，购买某种商品的数量大以求出名，购买某些奇特的商品以求出名，甚至以食用没有营养价值的黄金宴席以求出名，等等。这类消费者的行为方式对市场、对社会没有任何积极意义。

（7）求廉的消费动机。这是消费者追求商品低价格的一种消费动机。对于相近的商品品牌、同一类型商品或功能外观质量相似的商品，消费者会尽量选择价格最低、质量较好的那一种商品。求廉的消费动机是较为普遍的一种动机类型。正因为这种动机较为普遍，在市场营销中低价定位一直是一种十分有效的策略。

（8）好奇性的消费动机。好奇是每个人都会产生的一种心理，这种心理在一定的场合下会促使人以购买商品来满足。当人们对于面前的事物觉得新鲜、有趣、奇怪的时候，人们想要了解它、理解它和尝试它的好奇心就产生了。促使消费者产生好奇心且能激发其购买愿望的商品，都是些外观新颖、功能奇特的商品。新奇的娱乐性商品和新奇的玩具商品，一般都可以激发消费者的好奇性动机。好奇性的消费动机虽然普遍，但就某一种特定商品而言，消费者的好奇动机难于长时间地保持下去，这与人们的感觉适应性密切相关。因为好奇的动机是不稳定的，人们的好奇心容易转移到别的更有新意的商品上去，因此，企业要不断推出新奇产品，以促进产品销售。

（9）习惯性的消费动机。消费者出于长期形成的消费习惯而购买商品，是较为重要的一种购物动机。有的消费者对于某一种或几种牌子的商品保持稳定的消费习惯，有的消费者对于特定的商品类型保持稳定的消费习惯，还有的消费者对于具有某种特性、外形、色彩的商品保持特定的购买习惯。

（10）储备性的消费动机。消费者主要出于储备商品的价值或使用价值的目的而产生这一类动机。其表现形式有三种：第一种表现形式如消费者购买金银首饰、名贵价值的收藏品，进行保值储备。这类商品的价值比较稳定，不仅能保持原来的价值，而且还可能在收藏期间出现增值的情况。第二种表现形式是在市场出现不正常的商品短缺现象，求大于供，当社会上谣传物价上涨时，一些消费者会不考虑自己的消费能力而储备商品；社会出现动荡、不安定的因素时，人们会尽量地储备用品，以应付社会的不安定及动乱。第三种表现形式如消费者购买有价证券进行保值储蓄，虽然有价证券的保值性能不如金银类商品稳定，但消费者购买它的动机还是认为这些有价证券会给他带来更多的利益。

由于消费者的储备性动机受市场上各种因素的影响较大，利用宣传手段来引导消费者，并进行合理的储备是完全可能的，这对于稳定的特定市场（如艺术品市场）也是很有必要的。

（11）留念性消费动机。这是指消费者为了记下当时场景的气氛、记住当时的情景、留下回忆等产生的消费动机。这种动机对人们的生活意义重大，它扩大了人们的精神生活的空间，尤其是那些美好的纪念增添了人们乐观生活的情趣。旅游市场上有许多商品的消费是与这种消费动机密切相关的，如拍摄各种纪念照的服务、纪念品的销售等。日常生活中也有许多商品的消费是出于这种消费动机的，如结婚纪念照、纪实摄影录像等服务以及生日、节日、假日纪念礼品的销售等。

（12）馈赠的消费动机。消费者购买的商品不是为了自己消费而是为了馈赠他人，这种现象在重人情观念的中国十分普遍。在其他国家或民族中，这种消费动机也是十分常见的。馈赠的目的是为了表达某种情感、增进双方的友谊，或为了纪念一件事情，或出于一种风俗习惯，或为了某种利益的交换，等等。在购买馈赠商品时人们挑选和购买的标准是各不相同的：为了表达情感增进友谊的目的，馈赠商品的实用价值、质量与外观的要求一样重要；为了纪念一件事情或出于一种风俗习惯，馈赠商品的外观与象征意义显得更为重要。

（13）补偿性的消费动机。这是由于有些消费动机不能转化为现实的消费行为，经过较长的时间并且消费者具备了相应的条件后才出现的消费动机，这时的动机表现出一种补偿性。

补偿性的消费动机虽然较为普遍，但一直未受到研究人员的注意。例如，年轻夫妇在生儿育女的时候，生活一般较为困难，消费能力要受到较大的限制，许多消费动机被暂时地压抑。当他们步入中老年之后，工作已经稳定，事业上的成就也较大，收入水平也较高，许多原来没有实现的消费意愿在这个时候可以实现，消费行为体现出较强的补偿性。每一位消费者多多少少都会有消费动机的压抑现象，当消费条件好转的时候，都有补偿性的消费行为。

（14）取得心理平衡的消费动机。这是由于消费者本人存在某些方面的不足，要通过消费商品来弥补个人的这些不足，以取得心理平衡的消费动机。

消费者的基本动机和主导动机不是固定不变的。例如求美的动机，既可以在每一类商品的消费中表现出来，成为一种基本动机，也可以在服饰、家电的消费中表现出主导动机的作用。两类动机相互交叉地共同表现在消费者的心理和行为过程中，共同推动消费者行为的进行。

四、消费者的购买动机系统

消费者的购买动机本身是一个复杂的系统。它的复杂性主要表现为，动机虽然是引起行为的内在原因和动力，但是动机和行为之间并不一定是一一对应的关系。同样的动机可以产生不同的行为。例如，当消费者出于解渴动机时，他们的选择往往各不相同，有人去购买饮料，有人则可能购买水果。同样的行为也可以由不同的动机引起，例如购置房产这一行为，其动机也许是为了改善住房条件，也许是为了投资以待升值。消费者在购买商品和劳务时，有时出于一种动机，有时则是出于多种动机，即复合动机。例如，购买汽车的动机往往是用于交通运输，或为了节约时间、安全、成就、地位等多种动机的复合体。

动机系统的复杂性还表现为：动机系统发挥作用往往是多种不同层次的动机共同作用的结果，既有一般的动机，也有更为具体的动机。具体动机的完成可以成为到达更为一般的动机的手段，后者则是具体动机所要达到的目标。这被称为"手段—目的"的动机联结。图4-2是一个购买自行车车锁的"手段—目的"功能联结示意图。

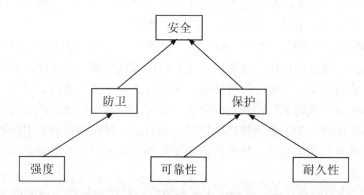

图4-2 购买自行车车锁的"手段—目的"功能联结示意

从图4-2可以看到，安全动机与更为具体的防卫和保护动机相联结，而防卫动机和保护动机分别与产品强度以及可靠性、耐久性等特性相联系。消费者的行为是这些建立起来的联系共同作用的结果。

在现实活动中，各种动机的地位往往是不相同的。有的动机较为强烈而且作用力持久，处于主导地位，被称作主导动机；与之相对的，那些作用力弱且不稳定的被称为非主导动机。主导动机最终决定着消费者行为。

由于消费者动机系统往往由两种或以上的动机构成，有时动机之间会产生抵触。当个体同时产生两个或两个以上相互抵触的动机时，所引起的消费者心理上的矛盾就是动机冲突。

动机冲突主要有以下三种类型：

（1）双趋式冲突。这是指消费者至少面对两个有吸引力的目标，但是由于消费条件所限，消费者只能选择其一，从而在心理上造成冲突。例如，消费者获得一笔奖金，他既希望用来购买电脑，又希望可以用来外出旅游，但奖金的数目限定了他只能选择其中一项支出而放弃另一项，这样的动机冲突就是双趋式冲突。

（2）双避式冲突。这是指消费者至少面对两个均会带来不利结果的目标，但实际只能回避其中的一种，而不能同时做到两种都回避。例如，消费者牙疼的时候，不去看医生任其疼下去是一种痛苦，而去医院拔牙同样也是一种痛苦。消费者不管选择哪种，其结果都是消极的,但是他总会趋向于选择不利程度低的目标,以将损失降到最低。

(3) 趋避式冲突。这是指消费者所面临的某种行为既有积极后果也有消极后果,实现积极后果的同时不得不承担消极后果。典型的例子是消费者既希望从美食中获得享受,又担心会造成身体发胖。品尝美食的动机和避免体重增加的动机就形成了趋避式的冲突。

上述三种动机冲突如图4-3所示:

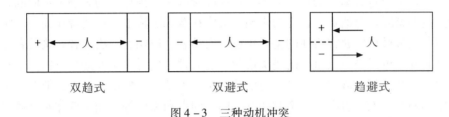

图4-3 三种动机冲突

五、消费者购买动机的因素与诱导

影响消费者购买动机的内在因素很多,主要有消费者的个体因素与心理因素。购买者的年龄、性别、经济收入、受教育程度等,会在很大程度上影响消费者的购买行为。

(一) 影响消费者购买动机的因素

1. 商品本身的因素

商品的使用价值是消费者购买的核心内容,因此,商品本身是影响消费者购买动机最主要因素。商品要符合当时的消费心理和消费目的,能提供消费者需要的使用价值。

2. 社会因素

影响消费者购买动机的社会因素包括文化和亚文化、社会阶层以及相关群体等方面。

(1) 文化和亚文化。文化是指人类从生活实践中建立起来的价值观念、道德、信仰和其他有意义的象征的综合体,文化因素包括消费习俗、宗教信仰、道德规范、价值观念、审美观念等几个方面的内容。亚文化是指某一局部的文化现象。每一个国家的文化中都包含着若干不同的亚文化群,主要包括民族亚文化群、宗教亚文化群、种族亚文化群以及地理亚文化群等,其中,亚文化群可分为年龄亚文化群、性别亚文化群、职业亚文化群以及社区亚文化群等。

(2) 社会阶层。社会阶层是指社会学家根据职业、收入来源、教育水平、价值观和居住区域等对人们进行的一种社会分类,是按层次排列的、具有同质性和持久性的社会群体,是由具有相似的社会经济地位、利益、价值观和兴趣的人组成的群体或集团。不同阶层人们的经济状况、价值观念、兴趣爱好均有差异,在消费活动中,不同的社会阶层对一些商品、品牌、商店、闲暇活动、大众传播媒介等都有各自的偏好,生活方式、消费方式各异。

(3) 相关群体,也称为参考群体或参照群体。它是指一个人或某些人在任职、情感的形成过程和行为的实施过程中用来作为参照标准的某个人或某些人的集合，包括以下方面的内容：①直接相关群体（家庭）。家庭是社会的细胞，对人的影响最大，人的价值观、审美观、爱好、习惯等多半是在家庭的影响下形成的。在购买者决策的所有参与者中，家庭成员的影响最大。对购买者决策影响的大小，在不同类型的家庭和不同商品的购买中是不同的。社会学家根据家庭权威中心点的不同，把所有家庭分为四种类型，即各自做主型、丈夫支配型、妻子支配型和共同支配型。家庭对消费者行为有着决定性的影响，是消费者基本的相关群体。不同的家庭对购买行为的影响是不同的，但无论何种类型的家庭，对消费者行为的影响都集中在购买决策上。消费者作为一名家庭成员，在购买决策过程中通常扮演的主要角色为发动者、影响者、决策者、购买者和使用者。在这五种角色当中，最重要的是决策者。这五种角色对于企业进行营销活动有着极大的作用。②间接相关群体。它是指与消费者接触不密切或根本无接触，但对消费者行为有一定影响的个人或组织，如亲戚朋友、同学同事和邻居等。相关群体对个体有信息性影响、功利性影响以及价值表现的影响。

3. 自然因素

影响消费者购买动机的自然因素主要是人口因素，包括总人口、人口的地理分布、年龄结构、人口性别、文化程度和职业、家庭户数与家庭人口数等。

（二）消费者购买动机的诱导

1. 努力开发有特色的商品

消费者各有所好。随着社会经济的发展和人们生活水平的提高，人们对产品的需求趋于多元化。开发有特色的商品有利于吸引消费者的眼球，刺激和诱导消费者进行消费。

2. 利用广告宣传，向消费者传递信息

广告是一种信息传播活动，任何广告的本质属性都是通过一定的媒体，向社会大众传播一种信息。广告是最大、最快、最广泛的信息传递媒介，能激发和诱导消费、较好地介绍产品知识、指导消费，并促进新产品、新技术的发展。

3. 营造好的购物环境和提高服务质量

好的购物环境可以吸引消费者进行消费，好的服务质量也是吸引消费者消费的重要因素。营业员可以用对话的方式直接与顾客或潜在顾客接触，介绍并宣传商品，帮助顾客获得满意的购买。

六、购买动机与消费行为的关系

购买动机引发消费行为，购买动机是消费行为的原动力。但购买动机与消费行为的关系却不是简单的直观关系，而是存在着一种迂回曲折、错综复杂的关系。

1. 消费者购买动机与消费行为之间的不对应关系

当消费动机实现为消费行为的时候，有些购买动机本身直接促成一种消费行为，有些购买动机则可促成多种消费行为的实现，也有在多种购买动机的支配下才促成一种消费行为，可见，购买动机的实现与消费行为之间的关系并非一一对应的。对于某一特定

的消费者来讲,其表现为一种购买动机引发一种消费行为、多种购买动机引发一种消费行为或一种购买动机引发多种消费行为。

2. 消费者购买动机与消费行为之间的对应关系

(1) 同样的购买动机产生不同的消费行为。例如,同是出于御寒保暖的动机购买冬装,有的人可能购买棉大衣,有的人可能选择羽绒制品,有的人可能购买真皮大衣,等等。

(2) 同一种消费行为出自不同的购买动机。购买钢琴这一行为,有的人出于实际工作或爱好,有的人是为了给子女创造一个学习音乐的良好条件,有的人则出于讲排场、与他人攀比等心理。

总之,在现实中,消费者的购买动机与消费行为是十分复杂的。企业应充分了解和分析它们之间的关系,从实际出发,采取行之有效的促销手段和对策,积极引导消费者的行为。

第三节 需要理论及其在市场营销活动中的应用

各国学者提出了多种多样的需要理论,在本节中我们将介绍以下几种理论并讨论它们在市场营销活动中的应用。

一、需要层次理论

需要层次理论是由美国人本主义心理学家马斯洛于 1943 年提出的。该理论认为,人是有欲望的动物,为了满足不同层次的特定需要而产生了特定的动机,人的需要可以归纳为五类,由低到高排列,分别是生理的需要、安全的需要、归属和享受的需要、尊重的需要和自我实现的需要,如图 4-4 所示。

(一) 生理的需要

生理的需要是人类最基本的需要,包括食品、衣物、住所、空气、水、活动力、异性等需要。生理的需要是保障人类生存的基本需要,正如马斯洛指出的,如果所有的需要都得不到满足,有机体就会被生理需要所支配,其他需要简直变得不存在了,或者退到隐蔽的地位:"对于一位处于极端饥饿的人来说,除了食物,没有别的兴趣。就是做梦也梦见食物。甚至可以说,这时(只有这时)充饥才能成为独一无二的目标。"

(二) 安全的需要

安全的需要是在生理需求得到相对满足的情况下产生的需要,包括安全感、稳定感、熟悉感、有秩序以及各种保险。人们在生存需要得到解决后,就会产生这种需要,采取各种行动以避免野兽、过高过低的温度、袭击、谋杀、失业等威胁。在现代社会中,人们参加各种保险以及将钱存入银行等行为就表达了人们希望得到安全保障的需要。

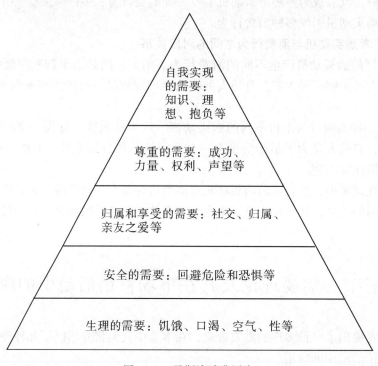

图4-4 马斯洛消费层次

(三) 归属和享受的需要

在前两种需要得到满足后,便会产生归属和享受的需要。这种需要包括人的交往的社会需要,如感情、交际、爱与被爱等。人类的生活是社会性的,人们渴望交往、组织家庭、参加团体活动等,渴望能够与他人建立一种深情的关系,并为这个目标做出相应的努力。例如,人们通常都会为交际购买时装饰品,也会为获得他人的好感而美容、健身,等等。

(四) 尊重的需要

尊重的需要比前三种需要更进一个层次,它包括我们通常所说的自尊、自重、成功、威信等。马斯洛认为,社会性的人都希望得到稳定、牢固的地位,具有自尊心并希望获得别人的尊重。这种需要主要表现为两种情况:一种是希望自己能胜任现实中的工作,表现出能力和成就,并实现个人的独立与自由;另一种则是重视他人对自己的评价,希望拥有名誉、威望,受到赏识、关心和高度评价。现实中许多人选择名牌高档产品进行消费,很大程度上也是出于一种尊重的需要。

(五) 自我实现的需要

自我实现的需要位于需要层次的最高层。它是指人们希望实现自己的潜能,最大程度地发挥个人能力。当前面四个方面的需求得到满足之后，人们就希望自己完成与自己能力相称的事情，成为自己所希望成为的人。例如，人们为受教育支付学费或支出各种各样的培训费，其目的大都是为了更好地满足自我实现的需要。

需要层次理论中的五个层次是逐渐递进上升、由低级向高级发展的。一般认为，前三种需要属于低层次的需要，后面两种则属于高层次需要。只有较低层次的需要得到满足后，才会形成较高层次的需要。在人们的活动中，未得到满足的需要会支配意识，并调动有机体的能量去获得满足。已得到满足的需要不再是活动的推动力，新的需要会取代已满足的需要，成为待满足的需要。但应注意的是，由低层次向高层次发展的需要并不是跳跃式的发展，而是渐进式的从无到有、由强到弱。如图4-5所示：需要A只被满足10%时，需要B可能不会出现，随着需要A被满足程度的提高，需要B会逐渐出现；当需要A满足达到75%时，需要B可能会出现90%。

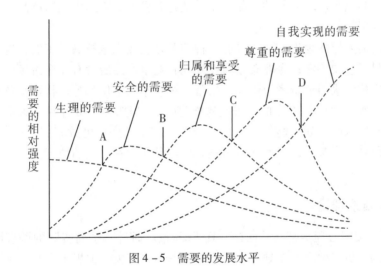

图4-5 需要的发展水平

马斯洛的需要层次理论中的许多观点结论无法在实证水平上得到证实或证伪，同时它将人的需要简单地看作自然禀赋而忽视社会因素的影响，其科学性常常受到人们的质疑。但是这一理论的重要性在于，它将人们的需要分为几大类，并指出需要由低向高发展及后者包容前者，这些观点对现代营销的理论与实践有着重要的指导作用。

首先，需要层次的划分为市场细分提供了重要的理论依据，消费者需要分为不同层次，与之相联系的，市场也可以被细分。例如，整个汽车市场，根据满足消费者的不同需要，可以按照满足运输的需要、满足安全的需要、满足社交的需要、满足显示身份的需要等进行进一步的细分。

其次，从消费者需要的多样性可以看出，消费者的购买活动可能是出于多种需要与动机，它说明产品、服务与需要间并不存在一一对应的关系。因此，企业在产品的生产营销过程中，应当注意到一种产品满足人们多种需要的功能。在广告宣传中，也应当适当突出产品在各个层次上的吸引力。以微波炉为例，宣传中可以指出它能够满足人们的生理层次的需要，即可以方便作出食品；也可以指出它能够满足人们安全层次的需要，即比其他产品更为安全且不会烫手；也可以指出它满足归属和享受的需要，如展示用它作出款待朋友的宴席佳肴的图片；此外还可以说明它能提高身份地位以满足人们尊重的需要，例如"为了有了一间真正高级的厨房，您需要一个微波炉"这样的广告语就很能打动人心。

再次，需要层次理论指出，需要是由低级向高级渐进层次性发展的。一般只有在低级需要获得充分满足的情况下，高级需要才会更好地得到满足。因此，企业在产品的生产营销中，既要重视通常与基本需要相联系的产品的核心价值，也应注意与高层次需要相联系的附加价值。但是，绝对不能用产品的附加功能去排挤、取代其核心功能。

最后，需要层次理论中的低级需要往往是具体的物的需要，而越向高级，越难以确定这种需要满足的方式和途径。例如，满足生理需要的通常都是有形的方式与物品，如渴了喝水、冷了穿衣等；但是如何满足尊重的需要，消费者往往不能够形成明确的观念。这样，越是满足高级需要的产品，企业便越有更大的空间去创造产品的差异并进行有效的宣传和引导。

马斯洛的需要层次理论认为，没有一种需要是已经完全被满足了的，这就为产品与广告定位提供了重要参考；企业总是可以发现其竞争产品所没有完全占领的位置，从而找准自己的定位，吸引消费者。例如，通常高级轿车的定位都是进行社交及显示身份地位，但是有一则"奔驰"汽车的广告是这样写的："当您妻子带着两个孩子在暴风雨的漆黑夜晚开车回家时，如果她驾驶的是'奔驰'汽车，您尽可放心。"这样，安全需要和社交需要就被结合起来，从而通过占领其他产品所没有占领的位置，对消费者造成一种吸引。

二、双因素理论

1959年，美国心理学家赫兹伯格（H. Erzberg）通过一系列实际的调查研究，发现人们对工作的动机与两类互相独立、互不关联的需要有关。他提出，与一项工作有关的某些因素如果有缺陷，会引起人们的不满意，一旦弥补上这些缺陷，不满意就可得到排除，但是这些因素不能激发人，被称为"保健因素"；保健因素包括与工作性质无关的一些因素，如工作条件、福利待遇、管理条件、公司经营政策等等。此外，还有一些来自工作本身的因素，如果加以改善，可以促使人们进取，焕发出人们内在的潜力，因此被称为"激励因素"，如成绩、承认、工作本身、个人发展和提升等。两类因素可以影响人们的行为动机，但是其作用效果不同。如果保健因素得不到满足，会导致工作的不满足；但是保健因素的满足却无法产生工作满足，只有当激励因素得到满足的时候，才会产生工作满足。

赫兹伯格也曾用他的理论来解释人的消费行为，认为人类大体上有两种需要：一种是动物的需要，一种是人类的需要。前者得不到就会造成不满，但仅满足前者还无法得到真正的满足，真正的满足必须是在人类的需要得到满足之后才能得到。例如，消费者感到饥饿（可被称为动物需要）时，就会要求去厨房做饭或餐厅进餐，当这种需要得到满足时，才会产生人类的需要，只有当人类的需要也得到满足时，消费者才能得到真正的满足。

在赫兹伯格的理论基础上，日本消费行为专家小岛外弘提出了商品对消费者发生影响作用的"双因素理论"，又被称为"MH"理论。MH理论的主要思想如下：M因素（激励因素）是商品所具有的魅力条件，H因素（保健因素）是商品所具备的必要条件。当商品的H因素有缺陷时，消费者会感到不满；但仅有H因素的完全满足依然无法带来消费者的完全满足，只有当M因素即魅力条件同时得到满足时，消费者才会真正得到满足。

一般认为，商品的质量、性能及价格等属于保健因素，情调、设计等则是激励因素。因此，在营销活动中，企业不仅要注意消费者在产品的保健因素上得到满足，如强调商品过硬的质量、极大的实用性或是优良的性价比等，还应当注意满足消费者对产品魅力因素的需要，这主要体现在产品的包装设计、色彩装潢及其他一些附加价值上。

必须指出，保健因素和激励因素的内容是随着时代、消费者动向以及商品生命周期的不同而变动的。例如，电视机问世之初，能看到图像已算很有魅力了，可看作魅力条件；但是随着它的普及以及不断的更新换代，音效、外观、色彩、清晰度等又成为购买的衡量标准，仅一般的图像当然不足以使消费者得到满足，因此音效、外观、色彩、清晰度等性能又成为魅力条件。可以看出，营销计划应当了解在各种特定的条件下，商品的各种构成因素对消费者行为的影响及其变化，从而随着现实条件的发展而不断发展，以适应新的形势。

三、麦古尼的心理动机理论

20世纪70年代，麦古尼采用了一套更为详细的动机分类系统解释人们的需要动机，将人们的需要分为12种，具体如下：

（1）追求一致性的需要。人类的一种基本渴望便是希望自己与其他的人在各个方面获得一致，包括态度、行为、观点、自我形象、对他人的看法等。利用这一点，营销人员就应当注意营销组合需要保持一致性，价格和产品定位的不一致很可能导致消费者对产品的不认同。

（2）归因的需要。人们总是想对发生的事情寻找原因：是谁或是什么导致了这一事情的发生？我们是否把我们所希望或不希望的结果归因于我们自己或外界？根据归因理论，当消费者将销售建议向企业提出时，企业并不容易相信这类建议；而当消费者将销售建议向朋友提出时，朋友则易于接受。这说明，营销活动应尽可能地让使人信任的人员去做。

（3）归类的需要。人们都需要将信息分类，整理成有用的、易理解和驾驭的形式；同样，消费者往往会在大脑中对信息进行分类，以便处理大量的信息。很典型的例子便是价格通常被归为不同类别，每类价格表示不同档次或类别的产品，如高于2万美元的汽车与低于2万美元的汽车被认为是两类不同的汽车，充分利用归类这一需要的营销实例比比皆是。许多企业将产品标价为9.90元或19.90元，原因之一便是想避免被消费者将这些产品归入"10元或20元以上"的类别。

（4）对线索的需要。人们需要使用可观察的线索、符号来推断自己的感觉和想法。通过对想法和感觉的推断，人们便可以建立起某种印象、感觉和态度。例如，在很多情况下，衣着暗示了一个人所渴望的形象和生活方式。许多大的企业都会要求管理人员的服装形象应与公司的形象相一致。

（5）追求独立的需要。任何文化中的任何个人或多或少都有追求独立的需要，特别是到了现代社会，独立的精神更为人们所崇尚。针对消费者的这一特点，营销者推出了很多产品以表现"干你自己的事"和"做自己"的精神。

（6）求新和猎奇的需要。人们时常会仅仅出于对新奇的需要而寻求变化，营销者将这种需要的结果称为"求变行为"。这也许是形成品牌转换和所谓的"冲动消费"的一个主要原因。消费者对新奇的需要是起伏变化的，也就是说，经历频繁改变的消费者会变得厌倦改变而渴望稳定，而处于稳定环境下的消费者会感到"腻味"而渴望变化。正是看到人们消费的这一特点，我们看到，旅游业将度假旅行者市场按"探险"组和"休闲"组进行了细分。

（7）自我表现的需要。人类有向他人表达自身存在的需要，人们通常都想让别人通过自身的行为来了解自己，往往会通过服装、汽车等的购物进行自我表现。这种需要为营销者提供了很大的启发，他们往往会特别展现产品的某一特性来强调产品可以满足消费者的自我表现的需要。

（8）自我防御的需要。人们天然具有对自我进行保护的需要。在自身身份受到威胁时，就会采用保护措施和防御状态。例如，一个对商品有不安全感的消费者为了避免或减少作出错误购买决策的可能性，往往倾向于购买名牌产品。

（9）出风头的需要。人们都希望做些能够提高自身地位，或提高自身在他人心目中地位的事情。有强烈出风头意愿的个体对一次购物感到不满时，会有更多的抱怨。

（10）强化的需要。在生活环境中，人们经常被鼓励以某种固有的方式去行动，认为这样会带来好处。例如，消费者在购买服装及家具时，通常以现有的销量和式样为基准；我们常见的营销广告也往往会突出强调这一点。

（11）对人际关系的需要。人是社会性动物，都需要与别人交往从而建立起亲密和谐的人际关系。许多消费者作出购买决定时既是基于保持和他人的良好关系，也会更多地考虑交往对象的感受。利用这一点的营销者常使用诸如"你的孩子会喜欢你送的这件礼物"的广告。

（12）模仿的需要。人有按照别人的方式行动的倾向。在消费行为中，消费者也会自觉不自觉地模仿他人的消费方式与行为。在广告中，营销人员常借助知名人士的选择来诱导消费者的模仿性购买。例如，"劳力士"先把它的产品赠送给一些成功人士，然后声称这些人使用"劳力士"。

四、期望价值理论

期望价值理论认为，人们的活动依赖于期望与价值。期望是指该活动导致已知的结果或目标，而价值则是指这种结果的价值。这就是说，人们的活动是为了满足某种需要，反过来，这种需要又是由价值体现出来的。因此，消费者的行为可以被看作一种达到目的的手段，这里所说的目的正是消费者寻求的利益。

国外有学者采用一种阶梯的方式研究消费的价值与特定的产品属性之间的联系，这种联系被称为"手段—目的"链，也称为 A-C-V 模型（如图 4-6 所示）：

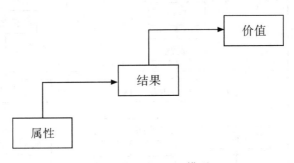

图 4-6 A-C-V 模型

从图 4-6 中可以看出，该模型有三个阶梯：①产品提供属性给消费者；②消费者使用这些属性，获得对结果的体验；③所获得的结果帮助消费者实现了特定的价值。

由于属性有具体的和抽象的，结果有功能的和心理社会的，价值则有工具性的和终端的，因此，A-V-C 模型还可以进一步扩展为图 4-7 的形式：

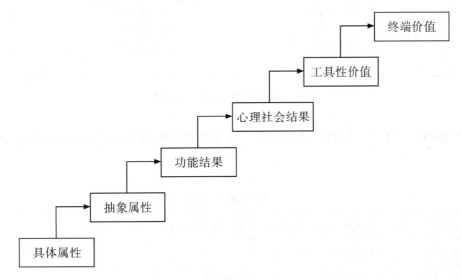

图 4-7 扩展 A-V-C 模型

我们通过美国联邦快递公司的一项研究，演示该模型在市场营销中的实际应用。联邦快递公司首先确定其市场细分目标对象为总经理室的秘书，然后对这些秘书进行深层的访谈，从而作出概要的"层次价值图"，如图 4-8 所示：

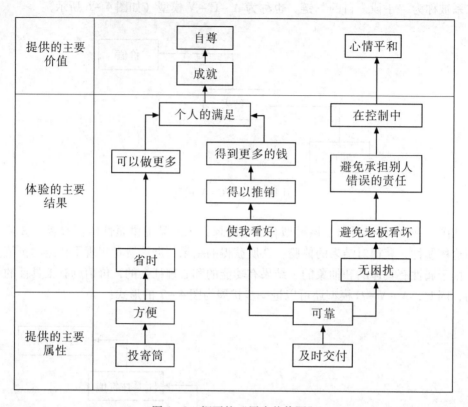

图 4-8 概要的"层次价值图"

根据这一"手段—目的"链的研究,联邦快递公司最终确定表 4-1 所示的广告策略。

表 4-1 联邦快递公司的广告策略

目标价值	有权决定使用哪一家夜间快递的总经理秘书们
终端价值	广告将集中在"心情平和"上
工具性价值	广告将集中于秘书们感觉"在控制中"
实施架构	实施是幽默的。若秘书不能立即找出一个邮包在哪里,很可能会被解雇;通过观看用来追踪夜间信件和包裹准确状态的联邦快递卫星系统,秘书意识到使用联邦快递是很有好处的
顾客的利益	主要属性是可靠性、依赖性;使他的工作变得更容易
信息基础	高级追踪系统:卫星传播网络
时髦用语	"为什么还跟别人闲荡"

本章小结

消费者需要是指消费者对以商品和劳务形式存在的消费品的要求和欲望。消费者需要是包含在人类的一般需要之中的，消费者需要通常产生于消费者的某种生理或心理体验的缺乏状态，它是消费者购买行为的内在原因和根本动力。

在现实生活中，消费者需要是非常复杂的，可以从不同角度进行分类。消费者需要具有多样性、发展性、层次性、伸缩性、周期性、可诱导性以及互补性和互替性的特点。消费者需要具有以下基本形态：现实需要、潜在需要、退却需要、不规则需要、充分需要、过度需要、否定需要、无益需要、无需要等九种，营销管理者应根据不同形态的特点从可能性和必要性两个方面决定满足需要的方式和程度。新时期，消费者需要有从低层次向高层次发展和追求个性的趋势。

动机是指引起和维持个体活动并使之朝一定目标和方向进行的内在心理动力，是引起行为发生、造成行为结果的原因。消费者动机是非常复杂的，可以从不同角度进行分类。消费者动机具有主动性、内隐性、冲突性、可诱导性等特征。这些说明动机本身是一个复杂的系统。本章还介绍了马斯洛的需要层次理论、赫兹伯格的双因素理论、麦古尼的心理的动机理论、期望价值理论及其在市场营销活动中的应用。

关键概念

需要　动机　需要层次理论　双因素理论　麦古尼的心理动机理论　期望价值理论

思考题

（1）什么是消费者的需要？
（2）消费者需要的变化趋势有哪些？
（3）什么是动机？需要与动机的关系怎样？
（4）动机冲突有哪几种类型？举例说明之。

案例一　两个皆大欢喜

当第 23 届奥运会决定在美国洛杉矶市举办的时候，洛杉矶的市民说，奥运会不能用我们一分一毫的税金。洛杉矶市民的说法自有理由：第 21 届蒙特利尔奥运会耗资 35 亿美元，亏损 10 亿美元；第 22 届莫斯科奥运会花费 90 亿美元，亏损又是空前的。

美国优秀企业家尤伯罗斯在两手空空的情况下勇敢地承担了这一重任，以商业化的手法成功地举办了第 23 届洛杉矶奥运会，不仅获得了近 100 亿美元的资金，还盈利 2.5 亿美元，创造了世界奇迹，他的点石成金的策略堪称世界营销大师的杰作。下面就是尤伯罗斯利用消费者的心理，创造两个"皆大欢喜"的妙招。

奥运会火炬在希腊点燃传到纽约后，要蜿蜒曲折地绕行美国 32 个洲和哥伦比亚区，途经 41 个城市和近千个镇，最后才到达洛杉矶。原先许多届奥运会火炬接力长跑者都是由那些著名运动员来担当，这本身就要花掉一笔不小的费用。尤伯罗斯则独具匠心，将其中的 1 万公里出售，参加火炬接力者都要向组委会缴纳费用，费用为 1 公里 3000

美元，愿者上钩。要知道，自美利坚合众国建国以来，在美国本土只举行过两次奥运会，能举着万众瞩目的奥运会火炬跑步，在家乡父老面前风光一番，实在是许多人朝思暮想求之不得的良机。虽然几分钟的乐趣要花费3000美金，但仍有许多人愿意花钱买火炬接力跑；这一活动也激发了美国对奥运会的热情，火炬所到之处，满街的亲友街坊都为之加油助兴，情绪十分高涨。当然，尤伯罗斯先生笑得更欢，因为3000万美金不费吹灰之力就进入了组委会的户头，好一个皆大欢喜。

如此巨大的体育盛会当然需要大量的工作人员，美国劳动力之贵又是举世闻名的，而尤伯罗斯却想在这方面减少开支。他看准有许多人把为奥运会工作视为一种荣誉，是一种值得炫耀的资本，于是公开招募严格考试才能录用的不领任何报酬的志愿人员。招募广告发出后，应聘者络绎不绝。这届奥运会的5万多名工作人员中，竟有一半以上是不领报酬的志愿人员。志愿人员在为奥运会的服务中获得了自尊感和身份感，尤伯罗斯则节约了大笔开支，又是一个皆大欢喜。

链接思考

试分析尤伯罗斯为什么能够点石成金？

案例二　中国绣花鞋畅销美国

近些年来，在美国西部的一些城市中，风行一种以中国绣花鞋作为生日礼物向女性长辈祝寿的活动，而且经久不衰。第一次用中国绣花鞋做生日礼物的是一位名叫约翰·考必克的美国青年医师。当时，他在中国旅行，出于好奇心理将绣花鞋带回国，分别在母亲60岁寿辰、姑母70岁寿辰、外婆80岁寿辰的时候，逐个献上一双精美、漂亮的中国绣花鞋作为祝寿的礼物。这三位长辈穿上"生日鞋"时都感到非常舒服和非常惬意，她们称赞约翰·考必克为她们送来的是"长寿鞋"、"防老鞋"、"防跌鞋"。

此事不胫而走，从而使美国西部人们纷纷仿效，争相购买。于是，中国绣花鞋便神话般地成为当地市场的抢手货。绣花鞋上的花色图案更是千姿百态，各显异彩。

现在绣花鞋已经几乎可以献给每一位女性。一些很小的孩子也常常在长辈的教诲下将绣花鞋献给年轻的女性长辈。有一位6岁的美国小女孩，在她17岁的未婚姑姑生日时，送给姑姑一双绣花鞋，上面绣有17朵色彩不同的花。绣花鞋的特殊意义，由此可见一斑。

链接思考

（1）中国绣花鞋能畅销美国，反映了顾客的何种需要？

（2）在本案例中，顾客是在哪些动机的驱使下采取购买行为的？

参考文献

[1] 符国群. 消费者行为学 [M]. 北京：高等教育出版社，2001
[2] 陆跃祥. 消费者行为学 [M]. 北京：中国统计出版社，2005
[3] 冯丽云，孟繁荣，姬秀菊. 消费者行为学 [M]. 北京：经济管理出版社，2004
[4] 梁汝英. 消费者行为学 [M]. 重庆：重庆大学出版社，2004
[5] 卢泰宏. 中国消费者行为报告 [M]. 北京：中国社会科学出版社，2005

［6］肖兴政. 营销心理学［M］. 重庆：重庆大学出版社，2003
［7］马义爽，王春利. 消费心理学［M］. 北京；首都经济贸易大学出版社，2002
［8］徐萍. 消费心理学教程［M］. 上海：上海财经大学出版社，2001
［9］（美）帕科·昂德希尔. 顾客为什么购买［M］. 北京：中信出版社，2004
［10］金润圭. 市场营销［M］. 北京：高等教育出版社，2000

第五章　消费者资源对消费者行为的影响

本章学习目标

通过本章的学习，应该掌握以下内容：①主要了解消费者资源主要有经济资源、时间和注意力及信任资源、能力资源和消费者知识资源；②了解这些资源对消费者购买行为产生的影响。

第一节　消费者的经济资源的构成

消费者的经济资源主要包括消费者的收入和其他经济资源。这些经济资源对其消费行为有重要的影响。

一、消费者的收入

（一）收入的构成

收入是影响消费者需求的一个关键因素，是其消费或支出的主要来源。一些人能住别墅、开小车、进行各种奢侈消费，而另一些人则住房简陋、穿着一般、出门走路、骑自行车或挤公交车，这种差别主要来源于收入上的差别。因此，营销人员应该关注和了解这种状况，以便于更好地了解目标顾客。

一般认为，收入是由工资、奖金、红利、利息和其他收入所构成的。在不同的消费者个体或群体之间，其收入构成存在较大的差异。在我国城镇地区，工资和奖金是居民收入的主要来源。农村居民收入较为复杂，大部分居民靠种植或养殖为生，但随着越来越多的农民进入城市谋生，很多农村家庭可能既有成员在家务农，也有成员外出经商或打工，由此使收入的来源和构成趋于多元化。由于收入分布的差别和职业的不同，其收入的构成可能是千差万别的。

（二）收入的测量

1. 人均国民生产总值与人均国内生产总值

国民生产总值，是指本国常住居民在一定时期（通常是一年）生产的产品与服务的总价值，它包括居住在本国的常住居民所生产的最终产品的市场价值与本国公民在国外的资本和劳务所创造的价值。国内生产总值，是指本国的常住居民所生产的最终产品的市场价值与外国公民在本国的资本和劳务所创造的全部价值与收入。由于国内生产总值（GDP）较国民生产总值（GNP）能更准确地反映一国经济的实际运行状况，所以自20世纪90年代以来，世界上绝大多数国家均采用GDP这一指标。人均GDP反映了一个国家或一个地区的消费者的购买力水平，是分析消费者收入的一个指标。

2. 个人收入、个人可支配收入和个人可任意支配收入

个人收入是指个人在一年内所获得的工资、奖金、红利、利息或其他福利收入。个人可支配收入则是指个人收入扣除税款和非税负性负担（如强制性保险）后的余额，它是支出与储蓄的来源。个人可任意支配收入是指个人可支配收入中扣除用于维持个人与家庭生存所必需的支出（如房租、水电、食物、燃料、保险等）后的那一部分收入。由于人们只有在保证日常的生活开支之后，才会考虑购买高档耐用品、奢侈品和外出度假、旅游，因此，提供这类产品与服务的企业，尤其需要关心、研究消费者的可任意支配收入。

3. 名义收入与实际收入

名义收入是指人们以货币形式获得的收入。实际收入则是在考虑通货膨胀和各种隐形所得等因素之后所测算出的收入。当企业采用问卷形式询问消费者的收入水平时，所得数据大多是消费者的名义收入。为了便于数据能在不同消费者之间以及不同时段之间进行比较，对名义收入应作适当调整。这种调整至少应包括两个方面：一是剔除通货膨胀因素的影响，如前年或去年的1元钱和今年的1元钱在价值上是不同的。二是要把名义收入转化为实际收入，应将现阶段不能得到的一些延迟所得和以隐形形式获得的收入货币化。例如，在现阶段，政府公务员和在公共事业单位工作的人员大多是由单位提供公房或廉价房，他们在医疗、养老保险等方面享有较多的保障，对这些方面的所得都应货币化，否则，拿公务员的月收入与企业人员同样的月收入直接比较是不合适的。

4. 临时收入与持久收入

临时收入是指人们在特定的时间、地点，因特定的原因而获得的收入。持久收入是指人们在可预见的长期内稳定地获取的收入。临时收入可能会使人们的消费行为产生一定的变化，但这种变化不可能稳定地持续下去。因此，临时收入的影响只能归入情景因素之列，而不能作为使消费者行为呈现一定特征的稳定因素。真正决定消费者行为特征的应该是他们的持久收入，包括工资收入、银行存款利息收入、投资所得红利等等。

5. 现期收入、过去收入与未来收入

消费者消费既受现期收入的影响，也受过去收入和对未来收入的预期的影响。一个过去收入很高的人，即使现在的收入水平已大幅度的下降，他仍会保持过去的某些消费习性。同样，一个对未来充满信心，认为未来收入将较现在有较大幅度提高的人，可能会突破现行收入的限制，通过信贷等方式扩大消费能力。消费者对未来收入的预期，涉及消费信心问题。消费信心对诸如耐用品的购买、是否举债消费、储蓄与消费支出的安排等，均产生重要影响。

（三）收入对消费者行为的影响

1. 收入对消费支出水平的影响

根据经济学理论，家庭对产品和服务的需求取决于可支配收入的水平：当可支配收

入上升时,消费支出量也上升。图 5-1 描述了 20 世纪 80 年代美国的消费和可支配收入状况,它表明消费和可支配收入之间有相当强的依赖关系。收入年复一年地变化,消费也是如此。然而,消费的变化与收入的变化并不完全一致,说明消费支出水平除了受当期收入决定外,还受其他因素的影响。例如,高利率使人们更多地储蓄(减少消费)。如果人们感到经济将会不景气(悲观的未来预期),那么人们也将减少消费,即使他们的收入增加了。

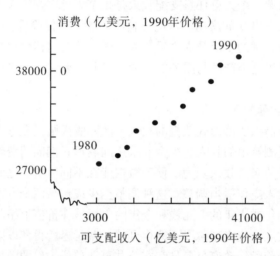

图 5-1 20 世纪 80 年代美国的消费和可支配收入示意

2. 收入对消费支出结构的影响

德国统计学家恩格尔曾发表了有关收入与食品支出之间关系的研究报告,提出了著名的恩格尔定律。恩格尔定律表明,随着家庭收入的增长,食物在家庭总支出中的比重逐步下降,而用于住房、教育、健康、娱乐等其他方面的支出及储蓄的比重增加。根据《世界发展报告(1990)》和《世界图表集(1992)》提供的资料,人均收入在 700 美元以下的低收入国家或地区、人均收入在 800～3000 美元的中等收入国家或地区,以及人均收入在 6000 美元以上的高收入国家或地区之间的家庭支出结构反映出的差异,与恩格尔定律是一致的(见表 5-1)。

表 5-1 三类国家或地区平均家庭消费支出构成 (%)

项目 类别	食品	服饰	房租、水电、煤气	医疗卫生	文化教育	交通	其他
低收入国家或地区	50	8	13	3	4	5	17
中等收入国家或地区	30	8.5	9.5	5	10	11	26
高收入国家或地区	14	7	18	10	7	12	32

改革开放以来,随着我国城乡居民收入的增长,恩格尔系数也呈现出了逐渐下降的趋势。表 5-2 列举了 1992—1998 年我国城镇居民家庭收入及消费支出结构方面的数据。我国城镇居民用于食品、衣着的支出比例稳步下降,恩格尔系数于 1994 年首次降到了 50% 以下。可以看出,在 1994 年以后,我国城镇居民消费支出的恩格尔系数已低于低收入国家的平均水平。到 1998 年,恩格尔系数降到 44.5%,比 1992 年降低了 8.4 个百分点,但离 90 年代初期中等收入国家平均水平的 30% 仍有近 15 个百分点的差距。

表 5-2 1992—1998 年我国城镇居民家庭人均全年消费性支出及构成

年份 项目	1992 年	1993 年	1994 年	1995 年	1996 年	1997 年	1998 年
人均可支配收入(元)	2026.20	2577.40	3496.20	4283.00	4838.90	5160.30	5425.10
消费性费用支出(元)	1278.90	2110.80	2851.30	3577.60	3919.50	4185.60	4331.60
食品(%)	52.90	50.10	49.90	49.90	48.60	46.40	44.50
衣着(%)	14.10	14.30	14.00	13.50	13.50	12.40	11.10
家庭设备及服务(%)	8.40	8.80	8.80	8.40	7.60	7.60	8.20
医疗保健(%)	2.50	2.70	2.90	3.10	3.70	4.30	4.80
交通通信(%)	2.60	3.80	4.70	4.80	5.10	5.60	5.90
娱乐教育文化服务(%)	8.80	9.20	8.80	8.80	9.60	10.70	11.50
居住(%)	6.00	6.60	6.80	7.10	7.70	8.60	9.40
杂项商品与服务(%)	4.70	4.50	4.50	4.30	4.30	4.40	4.60

从表 5-2 可以看出,城镇居民用于住房、交通通讯和娱乐教育文化服务等方面的支出比重都有明显上升。特别是城镇居民用于娱乐教育文化服务方面的支出,从 1992 年起便稳居前三位,1998 年一跃超过衣着类消费支出而位居第二位。这说明,城镇居民在解决温饱之后,把子女的教育、素质的提高、身心的健康放在了优先考虑的位置。

3. 收入对消费和储蓄行为的影响

一般来说,随着收入的增长,居民的储蓄倾向递增,而同时居民的消费倾向下降。例如,据统计,1997 年我国社会边际消费倾向为 57.8%,1998 年降至 45% 左右,社会边际消费倾向下降趋势明显。主要原因在于:高收入阶层在满足了基本生活需求之后,消费倾向呈边际递减,而低收入阶层虽有消费欲望,但消费信心往往不足,边际消费倾向同样表现出递减的趋势。

消费信心反映的是人们对未来经济状况所表现出的乐观或悲观程度。一个人如果对未来经济充满信心,未来的预期收入将较现在收入有较大幅度的提高,可能会突破他当前收入的限制,通过消费信贷等方式扩大消费能力;反之,便会减少现实的消费,增加储蓄,以备未来之急需。可见,消费信心对耐用品的购买、信用消费、储蓄倾向和一般支出的安排等都有重要影响。对消费者的信心进行预测,在很多时候都是一项必要的工作。

目前,国外已有专门机构进行消费信心的调查,并定期发布公告。如美国的 The Conference Board 和密歇根大学的消费景气调查中心,就是两家比较著名的消费信心调查机构。前者采用邮寄问卷方式调查 5000 户家庭,询问这些家庭对未来 6 个月经济和就业情况的看法。后者采用电话访问方式获取数据,每月调查 500 户家庭,调查涉及家庭财务和总体经济状况等方面的内容。

4. 收入对消费者所追求购买利益的影响

收入的变化也会引起消费者在购买时所追求利益的变化。也就是说,不同收入水平的消费者,他们需求的重点可能会大相径庭。随着收入层次的提高,消费者需求重点依次会沿着物质产品、价格、品质、便利性、快捷和舒适性、流行性的方向发生变化。而且,随着收入的提高,消费者的要求也会越来越高。不难发现,今天的消费者与过去相比,或者高收入阶层的消费者与低收入阶层相比,他们不仅对产品的质量和可靠性提出了越来越高的要求,而且在花色品种的选择范围、产品设计的个性化、顾客服务水平、对顾客需求的反应速度等方面也都有着更高的要求。

(四) 不同收入阶层的消费行为特点

很明显,不同的收入层在消费行为上存在明显差异。例如,在美国,收入居前 20% 的人口与收入居后的人口相比,两者在家中消费的食物不相上下,但前者在外用餐和在服饰上的支出是后者的 5 倍,在交通工具上的支出是后者的 7 倍。

1. 超级富裕层

超级富裕层通常是指收入特别高的人组成的群体,他们在人口中占的比重约为 1%,但其消费行为对其他群体有很大的示范作用。到底什么样的人属于超级富裕层并没有公认和一成不变的标准,如在 20 世纪 90 年代初的美国社会,一般认为家庭主要成员年收入在 7.5 万美元或 10 万美元以上的家庭就可划入超级富裕层。这一群体的人员大部分拥有自己的公司,或者是有名的医生、律师、咨询顾问,平均年龄 57 岁;这些人更可能生活在加利福尼亚、纽约、得克萨斯或伊利诺伊州。他们被认为是游艇、高级轿车等高级奢侈品的主要购买者;然而,这些产品可能主要是由他们的公司而不是个人掏钱购买。他们在使用哪些银行卡上也不同于其他阶层,如更可能使用西尔斯信用卡,而不是美国运通卡或萨克斯第 5 大街所发行的信用卡。他们在住房、装修、电器等方面开销不大,因为他们已拥有这些东西。然而,他们花在服务、旅游、继续教育等方面的支出则相当多。

2. 高收入层

高收入层一般是指人均收入居前的人口组成的家庭,它们拥有社会一半的收入和财产。高收入家庭通常是双职工家庭,特别注重产品的质量与服务,他们是家具、电器、中高档服装、家庭娱乐用品、化妆品、珠宝首饰等产品的主要购买者,购买量相当于这类产品消费总量的 50% 以上。高收入层也是推动服务市场增长的主要力量,他们是花园与草坪护理、美容服务等的主要消费者。

向高收入层传播产品、服务信息，应侧重于采用印刷媒体，因为这一群体订阅报刊、杂志的比例较其他群体高出很多，而且该群体人员听广播和看电视的时间明显较其他群体人员少。另外，他们主要收看闭路电视，收听公共电台或公共电视台的节目尤其是新闻节目。

3. 普通收入阶层

普通收入阶层拥有中等收入，占人口的大多数，是大众化产品的主要购买者。由于经济环境不宽裕，他们对价格相对比较敏感。对于这个收入阶层的消费者来说，店铺必须要有吸引力，而且要给予他们特别的尊重。西方很多折扣店，在销售和宣传中总是力图使他们相信其选择的精明和与众不同，而不是激起其囊中羞涩的感觉。目前世界上最大的零售商沃尔玛就是典型的代表：它定位于价格敏感的顾客，一方面坚持"天天低价"，保证同样的商品在沃尔玛的价格要比其他商店低一些；另一方面又能够做到"待客如宾"尊重顾客，向顾客提供"高品质服务"和"无条件退款"等响当当的承诺。

4. 低收入阶层

这一阶层主要由年老独身、家庭离异、无家可归或身残智障者组成，他们占美国总人口的10%~15%，往往处于贫困的生活底层。虽然低收入阶层的消费量在美国总消费量中所占的比重很低，而且人口规模相对来说也不大，但他们仍然是一些生活必需品，如牛奶、面包、理发等产品或服务的一支重要的消费力量。西方国家跳蚤市场、旧货市场的繁荣在一定程度上就依赖于他们的需要。

二、其他经济资源

（一）财富

消费者不仅根据当年收入的变化，而且根据全部的财富来消费。这里，财富包括现在的资本资产（股票、债券、房产）和人力资本（即预期未来工资的贴现值）。在经济学中，描述家庭消费与收入（指可支配收入）之间关系的函数，被称为消费函数。经济学家凯恩斯特别强调当前的可支配收入在确定现阶段消费时的重要作用，因此，描述家庭消费仅依赖于当前收入的消费函数被称为凯恩斯消费函数。在凯恩斯时代以后的数十年中，许多经济学家对凯恩斯的当前消费主要依赖当前收入的观点提出了质疑。

诺贝尔奖获得者弗兰科·莫迪利安尼强调人们为退休而储蓄，他将这种动机称为"生命周期储蓄"，意在用这个术语概括其认为个人将在工作期间储蓄以便他们的消费模式在退休期间也能基本保持不变的观点。另一位诺贝尔奖获得者米尔顿·弗里德曼也强调未来对今天消费的影响，指出人们在好年景储蓄是为了使自己能度过较差的年景，他的观点被称为"永久性收入假说"。弗里德曼指出，消费对当前收入的依赖不如对平均年景的一生总收入的依赖大。依据这两位诺贝尔奖获得者的观点，人们储蓄不论是为了稳定工作和退休期间的消费，还是为了稳定不同年景（较好年景和较差年景）的消费，他们都相信人们是不喜欢消费剧烈变动的。

尽管家庭消费对当前收入的实际依赖程度可能要比任何一种面向未来的消费理论所表明的要大，但它却指出了消费对财富的依赖关系。例如，在当前收入水平相同的条件下，较富裕的人消费得较多。由于资本收益或者资产价值的变化，会改变一个人的财富。因此，这些理论预言，当股票或不动产的价格上升并且人们预期这一变化将长期持续时，拥有这些资产的人将提高他们的消费水平。这样做是因为他们的总财富增加了，即使他们没有立即从财富价值的上升中得到任何收入。

在分析财富对消费的影响时，区分耐用品（如冰箱、小汽车、家具）与非耐用品（如食品和保险等）是极其重要的。耐用品的购买尽管是一种消费决策，却更多地具有投资决策的特点。买这些商品是因为它们将在未来许多年里提供服务。如果你买食品，一周内你就可以把它吃完，而一台冰箱却可以持续使用多年。因此，影响耐用品购买决策的因素与影响投资决策的因素存在一些相似之处：①如果实际利率上升，借钱买住房（或其他耐用品）就变得较为昂贵，因而会抑制商品住宅的购买；②如果银行贷款变得较难获得，如银行只对那些有良好信用记录的人提供住房按揭，那么同样的，住房和其他利用贷款购买的耐用品的消费就会减少；③未来收入的不确定性也十分重要，如果担心有失去工作或收入大幅下降的可能，这一不确定性就有可能阻止消费者购买住房或其他大件耐用品。

决定推迟购买一件耐用品与决定不买食品或其他非耐用品的结果大不一样。例如，如果你今天不买草莓，你今天就不会有草莓吃。但是，如果你今天不买新冰箱，可能并不意味着你今天就没有冰箱可使用，你可以将就着使用家里的旧冰箱。因此，推迟购买一件耐用品的代价是相当低的，而推迟购买的收益却是相当高的。考虑到这些因素，我们就不难理解在整个国民经济中为什么耐用品的购买占可支配收入的比重，在不同的年份会出现相当大的变化。当一个家庭的收入暂时下降时，家庭不是通过借钱来维持一个稳定的耐用品消费模式，而是简单地推迟耐用品的购买，这就使总支出严重依赖于当前的收入。

（二）信贷消费

信贷是消费者获得购买能力的另一个重要来源。在西方国家，信贷刺激了大量商品的购买和消费。从房子、汽车、家具、彩电，甚至一些日常用品的购买，都可以采用信贷消费的形式。

20世纪80年代，受减税和"婴儿潮"时期出生的人成家立业的影响，美国的信贷消费形成热潮。1980年，美国家庭的负债相当于家庭总收入的70%，到1990年这一数字攀升到90%。从长期来看，信贷消费会降低人们未来的购买能力，但它却可以迅速扩充消费者的经济资源，将未来的预期收入转化为现实的购买能力。

信贷消费在我国出现的时间不长。只是最近几年随着住房制度的改革、各种福利分房的结束，通过银行贷款形式购买商品住宅的家庭才渐渐多了起来。目前，住房消费贷款是我国信贷消费的一种主要和普遍的形式。此外，汽车消费贷款、家庭装修贷款、高档家具和家电的信用消费等也已在我国出现，有的还形成了一定的市场规模。但是，受经济发展水平、传统文化观念及消费习惯的限制，我国居民大量举债消费还有一定的局限性。可以预料的是，随着经济的发展和人们消费观念的转变，会有越来越多的人特别是年轻人，将对信贷消费采取更加积极的态度，推动信贷消费的发展。

然而，消费者愿不愿意接受信贷消费的形式只是问题的一个方面，另外一个关键性的问题是：银行是否愿意为你提供你所需要的贷款。在面向未来的消费理论中，不管是永久性收入假说，还是生命周期储蓄理论，实际上都假设当家庭收入暂时下降时，如遇到退休或工资收入减少，银行预感其贷款风险加大时，就会减少或停止贷出资金。在我国，消费者要从银行取得住房贷款，一般要有经济收入来源的合法证明。如果申请者处在失业状态、收入不稳定，或者收入水平较低，要从银行贷款往往不能如其所愿。即使在美国，大多数人也只有很少一部分可以随时提取的流动资产。他们可能有相当数量的储蓄被冻结在养老金计划中，直到退休才能提取这笔钱。他们可能拥有一些自己的房产，但他们最不愿意做的事情莫过于卖掉住房。而且，恰恰是在他们最需要钱的时候，如某人正失业或其企业营运状况不佳时，银行在资金上是最不乐于相助的。

在面对这种信贷配额的条件下，信贷的不可获得性就限制了消费者的选择。当他们的收入下降时，他们不得不减少消费。当人们没有可动用的资产并且面对信贷配额时，在收入下降时削减消费就不是一个可以选择的问题了。因此，对这些人来说，消费严重依赖于当前的收入。

第二节 消费者的时间、注意力与信任资源

从理论上讲，金钱作为一种资源可以是无限的，而时间却不是这样。时间的稀缺性使之更具有价值。对于很多人来说，他们主要关心的不是购买更多的产品，而是购买更多的时间，很多消费者日益感到时间的宝贵。在新经济时代，时间的匮乏也导致了人们注意力和信任的缺乏。因此，时间、注意力和信任均被视为稀缺的资源，这些稀缺的资源都在影响和改变着消费者的行为。

一、消费者的时间组成

一般意义上将消费者时间分成工作时间和休闲时间两部分。

消费者时间 = 工作时间 + 休闲时间（非自由处置时间 + 闲暇时间）

消费者由于竞争的压力和太多的责任要承担，一方面不得不投入更多的时间去工作，以面对信息爆炸带来的时间问题；另一方面为了释放工作中产生的紧张感和压力感，又需要有时间来进行一定的闲暇消费。这就产生了对闲暇时间的产品和节约时间的产品的两方面的需求。满足消费者的这些需求，无疑是许多现代企业必须面对的一种挑战。

（一）闲暇时间的产品

我们可以将一天 24 小时分成三个部分：工作时间、非自由处置时间和闲暇时间。沃斯（Voss，1967）认为："闲暇是指这样的自由处置时间，在此时间内消费者没有感受到经济的、法律的、道德的或社会的义务，也不是一种生理上的必需，消费者如何支配这段时间完全取决于他自身。"根据这一定义，除去维持生存所必需的时间（如吃

饭、睡眠等）以及承担工作、学习和家务等道义责任所需时间之外的时间，就是闲暇时间。与这种可以自由处置的闲暇时间相联系的，具有现实支付能力的消费就是闲暇消费。闲暇消费包括旅游、登山、钓鱼、阅读休闲读物、看电视、听音乐、逛公园或商店等。但是，就这些活动本身而言，它们并不是绝对的。例如，被大多数人视为休闲性的活动（闲暇消费），对另一些人来说可能正是他们的本职工作，艺术家、大学教授、职业运动员、导游员等所从事的就是这样一些"休闲性工作"。又如，有些人把逛商店看作一种休闲活动，而另一些人或同一些人在不同的时候则可能将其视为一种必须进行的家务活动。由于上述原因，严格地界定什么是闲暇消费或非闲暇消费并非易事。

不管怎样，消费者需要合理地分配工作时间、非自由处置时间和闲暇时间。同时，还需要在有限的闲暇时间内获得尽可能大的快乐和满足。消费者是否购买这些闲暇时间的产品以及向谁购买这些产品，将取决于他们拥有的可自由支配的时间和企业能否提供他们真正值得为此花费宝贵时间的产品。时间的宝贵在于今天的消费者有太多的事情要做，他们可自由支配的时间有迅速减少的趋势。例如，20 世纪 90 年代后期，鲁特斯（Reuters，1996）在世界范围内做了一次有关信息爆炸问题的调查，调查对象包括英国、美国、澳大利亚、新加坡以及中国香港等国家和地区的公司的执行官们。调查发现，为了处理办公桌上超大容量的信息，在每个星期中，大约有半数的公司执行官常常工作到深夜，周末还要在家中继续工作。人们即便是购买日常用品，今天需要花费的时间比过去也要多得多。有人测算，如果加上购物途中花费的时间，在西方国家，人们在 1961 年一天中用于购物的时间大约为 40 分钟，而在新千年之初，人们的购物时间已经增长到 80 分钟。

随着科技的发展，尽管有越来越多的产品可以帮助人们节约时间，如洗衣机、洗碗机、微波炉、真空吸尘器等，但并没有任何迹象表明，人们的闲暇时间会因此有所增加。实际上，它们所产生的结果可能正好与人们期望的相反。随着办公的自动化，办公工作会自动增加，以填满自动化所节约的时间。类似地，当一个家庭拥有的自动化的、节约时间的产品越来越多时，人们的家务工作也会增多，以充分利用家庭中现有的各种电器。例如，洗衣机的出现可能使人们原先一星期洗一次衣服改为一天一洗。这样，人们就要花费 7 倍于原来的时间来洗衣服和熨衣服。又如，在热水器出现之前，人们在冬天可能每隔一个星期甚至更长时间才洗一次澡，而现在，人们可能两天洗一次澡。这样，更多的时间被从可自由支配的时间中分配了出去。

因此，为闲暇消费提供产品和服务的公司，从消费者身上赢得更多的"时间份额"将是一项首要的任务。不同的消费者群体，在闲暇消费中往往表现出不同的需求和偏好，其时间支出模式也可能是不断变化的。例如，时间压力大的消费者可能从比较悠闲的活动转向相对剧烈、更加刺激的活动，如由钓鱼转向打羽毛球，由观光式的游览转向蹦极、狩猎等。在不同的年龄层次中，中年消费者的闲暇时间最少，当他们进入空巢期或退休年龄后，闲暇消费会大幅度增加，而其他方面的支出开始减少。在性别层面上，过去的女性更喜欢交流，在这方面花的时间远比男性多，现在这种差距正在缩小；过去，妇女做家务的时间远比男性多，现在，男性做家务的时间正在增加。上述这些特征和变化都是值得关注的。

(二) 节约时间的产品

由于时间的压力，消费者总是在试图挤压时间。对于许多营销者来说，他们往往存在一种偏见，认为市场机会主要存在于为消费者提供节省非自由处置时间的产品和服务方面。事实上，消费者可能在工作中或在非自由支配时间里，甚至在休闲时间里挤压时间。因此，能在这三个方面帮助消费者节约时间的产品和服务，都应是缺乏时间的消费者所期望和欢迎的。下面我们讨论消费者如何挤压时间及其给营销带来的机会与挑战。

1. 从工作中挤压时间

许多消费者信奉"不把工作带回家"的生活原则，不希望工作占用自己的私人时间。"不把工作带回家"意味着必须在工作时间内完成所有的工作。即使不是为了这个目的，消费者也可能需要为了其他目的而在工作中挤压时间。例如，为了与同事竞争，或者担心被有实力的同事超过，许多人便不得不争分夺秒，埋头苦干。还有一些人这么做，可能是因为广告的引诱和消费观念的变化，促使他们拿自己与那些高收入的人比较，或者与邻居们相互攀比。单亲母亲或父亲们经常会发现他们面临来自孩子的压力，因为他们担心自己不能让孩子拥有双亲家庭（特别是双职工家庭）的孩子所拥有的一切。

对于今天的许多公司高级经理来说，垃圾信息将是他们所厌恶的，因为处理这类信息会占用和浪费他们大量的宝贵时间。针对这种节约时间的需求，信息定制服务便应运而生。信息定制服务商会按照他们的特殊需求，以非常简练的形式提供他们所需的信息。这些信息主要来自一些涉及相关重要主题的文章，并且对信息进行了压缩和提炼，以适合几分钟内的浏览。与此相似，一些教授们如何进行快速阅读的课程目前在一些西方国家也非常流行。其中，一个最受欢迎的方案声称，能使学员达到1分钟阅读25000个单词的速度。这对许多缺乏时间的消费者来说，无疑是一个无法抵制的诱惑。

对于那些能提供更快捷的商务服务的公司或产品，会受到那些在工作中挤压时间的消费者的欢迎，通信业的发展就是一个典型的例子。在过去，如果某一天出现了紧急情况，我们就不得不到电信局的营业厅排队拍发电报或打长途电话；时至今日，不管我们在什么地方，随时都可以拨通自己的移动电话，与世界上的任何一个地点的人进行通话。在过去，如果能在2~3天内收到别人寄来的文件，你可能就已感到满意；现在，同样一份文件，通过传真或发电子邮件，对方立即就能收到。因为这些新的通信工具"更快"，市场接受和采用它们的速度也就"更快"。同时能够帮助消费者在工作时同时完成多个任务或做多件事情的产品或服务，在消费者中也会大受欢迎。例如，频繁的商务旅行者，会在车上收听商务信息或接听电话；乘飞机和火车时，可以准备工作文件或通过移动电话与同事讨论各种策略方案；等等。过去，满足商务旅行者的这些需要可能是无法想象的，但是现在他们却可以通过收音机、移动电话、手提电脑、移动通信网络等轻易地得以实现。

2. 从非自由处置的时间中挤压时间

在非自由处置的时间中，消费者最有可能从家务活动中挤压时间。很多产品和服务,如微波炉、方便食品、速溶饮料、雇人照看小孩、清扫与整理房间、修剪草坪等均有助于消费者从繁忙的家务活动中解脱出来。据报道,超过50%的美国消费者有时或经常采用推迟房间打扫、在快餐店用餐、购买外卖食品和在便利店购物等方法来节约家务活动所占用的时间。由于日益增加的从家务中解脱出来的需要,零售业中"一站购齐"式的服务方式便应运而生。因为时间压力,消费者更愿意把需要的各种产品和服务集中起来,组成一个需求集合,然后在某一次计划的购物中,以最节省时间的方式把所需要的物品或服务全部买回来。在"一站购齐"式服务出现以前,更多的是依赖消费者自己作出购物计划,设计购物顺序以及从一个街区再到另一个街区、从一家商店再到另一家商店的行走路线。为了避免这些麻烦和时间上的耗费,"一站购齐"式服务把传统的超市、商场、邮局、银行、电影院、加油站、洗衣店、餐饮店等的功能都集中到一起,使得消费者只要在一个购物地点,就可以买到他所需要的一切产品和服务。

消费者越是感到时间紧张,越是会对等待缺乏耐心,更不能容忍企业肆意浪费顾客时间的行为。一些企业运用"时间担保"(time guarantee)来向顾客承诺当遇到产品故障或问题时,不用花时间就可及时得到解决,而且是以顾客最方便的时间、地点来解决。例如,纽约一家汽车经销商承诺,如果汽车出了问题而没有在第一次被修好,该经销商保证在顾客方便的时间派修理人员上门解决问题。在随后的调查中,虽然大部分人希望经销商不要另外收费,但被调查者中63%的人承认这一举措对自己来说是非常重要的。另一些企业通过员工授权的方式,避免当顾客遇到问题时需要从一线服务人员逐级向上级请示而引起的顾客等待,以求更快地对顾客特殊的、个性化的需求作出反应。还有一些企业在顾客排队等待不可避免时,为顾客精心安排等待的时间,使其在等待的过程中尽量不感到乏味无聊或是一种时间的浪费,从而消除顾客在等待中的烦躁情绪,尽量减少他们因等待产生的不满。

3. 从闲暇中挤压时间

研究表明,即使有很多可自由处置的时间,许多消费者仍会感到时间紧缺,并把大量时间消磨在看电视上。这就是说,当消费者把宝贵的闲暇时间花在不能满足其期望的产品或服务上时,他们会很在意。例如,浪费2个小时看一场他不喜欢看的电影,或者在某个度假胜地度过了整整一个假期之后却发现自己并不喜欢它。因此,在一定的闲暇时间内获得尽可能多的愉悦身心的感受或体验,是大多数消费者所追求的。

为了保证时间能得以有效的利用,当时美国消费者经常会求助于专家,让专家告诉他们看什么、读什么、听什么,应该到哪里去旅游、选择哪家旅行社、住哪家旅店、吃什么、喝什么,以及选择什么礼物在返回时带给自己的亲朋好友,等等。这里所说的专家是指美国南佛罗里达大学的市场营销学教授琳达·布莱斯(Linda Price),她在20世纪80年代后期提出了"市场行家"的概念。按照她的观点,市场行家对产品、价格和最佳购物地点等拥有广博的知识,是消费者中最有权威和影响力的。

布莱斯解释说,市场行家会同消费者展开讨论,对消费者提出的问题作出回答。他们会带你去购物,也会为你去购物。他们在消费者中的分布并不会因种族、收入或职业地位的不同而不同。他们不仅是其他人消费的向导,而且在他们所掌握的专门知识、领域之内，自身也是很好的消费者，并且很少被各种促销活动冲昏头脑。

社会上共存在以下四种类型的市场行家，他们分别影响着不同的消费者群体。

(1) 邻近型市场行家。这是一些无报酬的热心者，并且是最具说服力的一种市场行家。他们对购物有强烈的爱好，把大量时间花在购物活动上，比较产品的价格，检查产品的质量，并且寻求最佳的交易条件。因此，在自己选择的专门知识领域内，这些邻近型市场行家能对最新的流行趋势和时尚保持消息灵通和敏感。更为重要的是，他们不仅仅渴望成为第一个购买和试用新产品的人，而且希望能被人看到他们是第一人。在这种欲望的驱使下，他们会率先冒险尝试某种新产品，并骄傲地向他的朋友们炫耀。他们的行为会受到其他消费者的关注，而他们的意见也会被采纳。

(2) 职业型市场行家。职业型市场行家是他们的工作或职业性质使其在某一专门领域拥有权威或专门知识。这种职业型市场行家涵盖了各行各业，包括影视、戏剧、文学评论家，音乐评论家，饮食评论家，汽车方面的通讯记者，时尚和购物专栏编辑或作家以及职业的消费者顾问，等等。近年来在西方国家出现的两种职业型市场行家值得关注。一种是受雇于高级商店的市场行家，他们在一些具有较高社会地位但无主见的消费者购买商品时，为他们提供建议，指导他们在这些商店中选购商品。在这样的一次购物活动中，消费者至少需要花费 50000 英镑，但对商店来说，最重要的是获得一份著名人士的顾客成员名单；另一种是作为商店助理的市场导购（Karisuma），她们都是年轻的女性，其穿着打扮和言谈举止富有魅力，被一些 10 多岁的女孩子看作时尚偶像。在旧千年将要结束时，这些人活跃在日本的时尚品和奢侈品零售店里，她们刻意塑造的形象通过示范的作用在社会上迅速流行和扩散。

(3) 狂热型市场行家。他们往往是某些产品或活动的"发烧友"，这些产品或活动从体育运动到摇滚音乐，从《星球大战》到《古墓丽影》，从普通的拼图游戏再到各种电影游戏（goovie，它将传统的电影和电子游戏融为一体，观众可以通过触摸放在面前的操纵台改变故事的情节），可以说应有尽有。这些市场行家往往建立相关网站，形成以国际互联网络为基础的虚拟的社会群体，彼此交流，共享其中的乐趣。不过，作为市场行家，他们常常是一些完美主义者，不能容许所热衷的产品或服务哪怕有一点点的瑕疵或缺陷。

(4) 名人型市场行家。这类市场行家通常享有较高的社会知名度，他们的每一番评论都能被大众媒体广泛地报道，因此这些知名人物所持有的种种观点经常会产生比其本身大得多的影响力。在美国，总统的阅读习惯几乎能使任何一本书在一夜之间成为畅销书。肯尼迪总统使伊莱·斯弗莱明（Ian Fleming）的早期小说成了畅销书。里根总统对汤姆·克兰西（Tom Clancy）的第一部小说《红色十月追踪》的喜爱，也使这本书在社会上风行一时。

总之，只要有足够多的市场行家推崇市场上的某一新产品或服务，它的销量就可能飙升不止。因此，在推出新产品时，营销者如何识别并首先赢得他们的认可和购买，是非常值得研究的一个课题。

二、消费者的注意力与信任

(一) 消费者的注意力

尽管消费者采取了这样或那样的策略来挤压时间，但他们中的许多人仍然会时刻面对巨大的时间压力。时间缺乏必然带来注意力的不足，结果是，消费者的注意力范围往往会受到极大的限制。为了更好地了解时间不足如何对消费者注意力产生影响，我们可以观察消费者的时间感知状态，即观察消费者是如何感知时间推移的。例如，我们可以观察某个消费者是匆匆忙忙地购买，还是先充满闲情逸致地浏览；是愿意花钱，还是对花钱感到厌烦。不同的时间里，消费者可能处于不同的时间感知状态。当消费者从一种感知状态转换到另一种感知状态时，我们称之为"时间转换"。每一次转换都有特定的需求和特征。

1. 对消费者注意力产生影响时间感知状态

广义上说，消费者有5种时间感知状态：

(1) 专注时刻。当消费者被某一事物深深吸引，不曾注意到时间的流逝和其他事物时，那么他就处在专注时刻。如果产品或广告具有强大的吸引力，消费者便有可能进入这一时刻。

(2) 重大时刻。这一时刻是指人们一生中具有重大意义的特定时刻，如结婚、生子、高考、工作面试等。当产品（如结婚礼服）或广告（如有关结婚礼服的广告）与消费者的某一重大时刻（如结婚）发生联系时，就能够吸引消费者相当多的注意力。

(3) 限期时刻。当消费者必须在某一限制的时间内完成某件事情，而且时间又紧迫时，他便处于这样一个时刻，在这一时刻，广告将很难引起消费者的注意。

(4) 休闲时刻。当人们处在这一时刻时，注意力往往是分散的、不集中的，但人们却有更多的时间去注意广告，如果广告确实有吸引力的话。

(5) 无聊时刻。当我们在候车室等车的时候，在候诊室排队的时候，或者在赴约提前到达的时候，都可能陷入无聊时刻。对正处于无聊时刻的人们来说，他很容易成为一名专注的听众。因此，在那些有很多人消磨时间的地方，如火车站、汽车站的候车室等往往蕴藏着极好的市场机会。根据消费者有无目的以及是否需要意志努力，可以将注意分为无意注意、有意注意、有意后注意等三种形式。

注意在消费者的心理活动中具有重要功能作用：①选择功能。注意的基本功能是对信息的选择，使心理活动选择有意义的、符合需要的和与当前活动任务相一致的各种刺激，避开或抑制其他无意义的、附加的或干扰当前活动的各种刺激。②保持功能。外界信息输入后，每种信息单元必须通过注意才能得以保持，如果不加以注意，就会很快消失。因此，需要将注意的内容保持在意识中，一直到完成任务、达到目的为止。③对活动的调节和监督功能。有意注意可以控制活动向着一定的目标和方向进行，使注意适当分配和适当转移。

消费者的注意可以维持和增加心理活动的强度，也可以降低或减弱心理活动的效率。为此，在商品设计、包装、广告宣传等营销活动中，应有针对性地采取多种促销手段,以引起和保持消费者的有效注意。

2. 营销人员吸引消费者注意力的方法

在一个如此纷繁复杂的媒体环境中,营销人员怎样才能吸引人们的注意力呢?

(1)可以通过增加消费刺激强度来引起消费者的无意注意。无意注意是有意注意的先导。许多消费者都是在无意注意的基础上对某种商品产生有意注意,进而引发购买行为的。因此,通过增加消费刺激的强度,诸如商品的色彩鲜艳度、款式新奇度、广告的音频高度、构思的巧妙程度等,来提高消费者感觉器官的感受性,并在更大范围内促进无意注意的产生。

(2)可以通过明确消费目标,培养间接兴趣来维持消费者的有意注意。有意注意是促进消费者购买的直接条件,是各种注意形态中最有意义的一类。但有意注意的形成不完全取决于消费对象的刺激强度,而主要决定于预先确定的消费目标。显然预定目标越明确,有意注意的形成就越顺利。为此,广泛利用各种宣传媒体,帮助消费者在充分了解商品的基础上明确目标,不失为赢得消费者有意注意的有效途径。此外,无意注意以直接兴趣为基础,即消费对象具有趣味性,对消费者具有强烈的吸引力。而有有意注意以间接兴趣为基础,即消费对象本身缺乏吸引力,消费者的主要兴趣在于消费活动的结果。由此,充分展示商品效能和使用效果,增加消费者的间接兴趣,也是维持有意注意的重要途径。

(3)帮助消费者自觉排除外部干扰,加强意志努力。随着市场竞争的加剧,消费者在把注意指向某商品时,经常受到其他消费刺激的干扰,造成注意分散和非主动转移。这就需要消费者增强自我控制能力,通过意志努力使注意力保持在稳定状态。就经营者而言,也应力求突出商品的独特性,采取多样化的促销手段,帮助消费者克服无关因素的干扰,尽快将有意注意转入无需意志努力即可保持相对稳定的无意注意状态。

由此可见,消费者的注意力是一种稀缺的资源,他们不可能在同一时间把注意力集中在多个事情上,而不同的企业以及其他的机构都在争夺消费者的注意力,因此营销者需要有效的策略来抓住消费者的注意力,提高它的"注意力份额"。一项研究发现,放在零售店货架上半部分的品牌比放在下半部分的品牌受到的注意要多35%,同时,将货架上某个品牌的商品从2个增加到4个,可使之得到的注意力增加34%。

(二) 消费者的信任

现实生活中,消费者一般难以对多个相互竞争的品牌同时建立信任,而且对不同品牌的信任度也是不一样的。在这一意义上,信任也是消费者的一种稀缺资源。据美国亨利中心(Henley Center)的一项调查表明,在10人中会有9人信任他们的配偶或伴侣,有8人信任他们的子女;只有不到1/3的人会信任零售商或制造商,信任广告的消费者只占14%。由于今天的商店和社区已变得越来越大,越来越非人格化,过去那种维系消费者信任和忠诚的纽带也就消失了。消费者在尽可能长的时间里信任邻近家里的经营小商店是一回事,而信任如沃尔玛这样的大公司则完全是另一回事。

信任不是靠收买人心能够得到的,任何信任都建立在个人拥有的知识和对对方尊重的基础之上。企业为了赢得顾客的信任似乎都在不遗余力,但大多把重点集中在诸如

"消费积分"、折扣、抽奖、赠送礼品等之类的财务刺激上。结果，消费者的信任度和忠诚度并没有因此而有所改善。在哈克·汉克斯公司进行的调查中，该公司询问了顾客对旅馆业服务的感受，大约10%的顾客给出了"优秀"的评价。但是，当他们询问顾客对于他们经常光顾的旅馆的忠诚度的时候，仅有不到5%的被访者声称他们对自己所钟爱的连锁旅馆"十分忠诚"，他们不愿意"移情别恋"。在同一项调查中，当顾客被问及对于旅馆业采取的忠诚营销的回报方案的感受时，72%的顾客感到旅馆所给予的回报并不是真正的回报，它们只不过是一种促使顾客购买更多商品的手段。实际上，69%的被访者认为，回报活动可能会使他们支付更高的价格；40%的人认为企业的回报活动只不过是在浪费时间。这一调查结果，对那些以财务回报或让利为内容的所谓"忠诚营销"活动无疑是极大的嘲讽。

这里的关键是，赢得消费者信任或顾客愿意与某个公司发展关系的基础到底在哪里。这方面研究和实践的结果是十分有趣的。例如，Deloitte & Touche 公司最近接受美国直接营销协会的委托所做的一项调查表明：在实施"会员卡"营销方案的零售商店，顾客申请成为会员决不仅仅是为了赢得消费积分和免费物品，他们更多的是希望被"认可"，并受到"特别对待"。同样，该公司推出的"最佳顾客"方案包括向被确认的"最佳顾客"提供一系列的优惠，如优先提供修理服务、优先安装某些设备、零利率信用消费、提供免费的商品目录、私人销售业务以及优惠券等。后来的调查表明，在顾客看来，顾客关系管理方案的零利率贷款、价格折扣、优惠券等更有价值的。顾客所希望享受的待遇是当销售人员在注意到顾客出示的支付卡上的"最佳顾客"的标记时，能够叫出商店经理，让经理来接待这位贵客。

第三节 消费者的能力资源

一、消费者的能力概述

人类从事任何社会活动，都需要有一定的能力。例如，读书需要有理解能力、记忆能力，写作需要有创作能力、文字表达能力，广告工作需要有想像能力、创意能力、艺术表现能力、团队协作能力，从事教学工作需要有教学能力和科研能力，等等。人们必须具备完成各种活动的能力，才能顺利地达到预期的目的。

能力，是指使人们能够顺利地完成某种活动，并且直接影响其活动效率和结果的个人知识、经验以及各种生理和心理素质的集合。所以，能力也是消费者的一种资源，它会直接影响消费者的购买行为。

依据心理学理论，人有三种能力：①认知能力。这是指人认知客观事物，运用知识解决实际问题的能力。它包括注意能力、观察能力、想像能力、思维能力和记忆能力，有人也把这五种能力统称为"智力"。这五种能力相互制约、相互影响，如果思维能力低，则注意能力、观察能力、想像能力和记忆能力都要受到影响，整个认知能力和智力水平也就偏低；反之亦然。②活动能力。这是指人们完成某种活动的能力。它也是由一些基本能力所构成的,如组织能力、计划能力、人际关系能力、适应能力以及实际操作能力。③特殊能力。这是指人们从事某种专门活动时所具有的特殊本领,如美术作品的鉴赏能力、运算能力、色彩辨别能力等。

人与人之间在能力上是存在个体差异的。正是这些差异决定了人们的活动具有不同的效率和结果。能力的差异主要表现在三个方面:①智力水平的差异。能力水平的差异亦即智力水平的差异。人们之间智力水平的差异可能是很大的。根据智商测试,超过130分的人智力特别强,可谓之"天才";低于70分的人则属于弱智;而大多数人的智力水平在70～130分之间。心理学研究表明,人类的智力状况基本上呈正态分布,其中"天才"和弱智大约各占2.5%,95%的人的智力水平在正常范围之内。②能力专长的差异。不同的人往往会具有不同的能力特长。例如,有的人乐感强,对音乐表现出了良好的识别与接受能力;有的人立体感强,能生动、准确地描绘出几何图形和各种实物形象;有的人实际操作能力强,心灵手巧;而有的人则思维能力强,善于推理,对事物有自己独到的见解。③能力表现的差异。有的人天生早慧,有的人则大器晚成;有的人能力平平,有的人却能力非凡。能力表现的早晚或高低,主要与个人的成长背景、经历和积累有关。

二、消费者的能力构成

消费者要获得需求的满足,需要具有认识问题、收集信息、判断选择、购买决策以及作出购后评价的能力。如果能力较低,消费者行为就会受到限制,他的需求也就难以获得最有效的满足。消费者的能力主要包括认知能力、感知能力、辨别能力、评价能力、决策能力、应变能力等。

(一)认知能力

认知能力是指消费者在其购买决策过程中能够认知到自己的需求是什么,然后再去寻找能够满足自己需求的产品或服务的能力。在很多时候,消费者是很难认清自己真实需求的,尽管这种需求可能早已存在。例如,在粘贴便签出现以前,一位秘书在使用传统的小夹子把便条一个一个地夹到文件上时会牢骚满腹,这表明人们对粘贴便签的需求已经存在,但是这位秘书肯定会承认她并不清楚她需要一种能暂时粘贴、可以随时撕下来而又不留痕迹的便签。同样地,消费者也可能并不清楚现有的技术和产品中哪一种技术或产品能够更好地满足自己的需求。如果没有基本的认知能力,相关的产品知识就难以建立,从而也就无法在相互竞争的替代品之间作出合理的选择。

(二)感知能力

感知能力是指消费者对商品的外部特征和外部联系等作出直接反应的能力。通过感知,消费者可以获得有关商品的外观、型号、色彩、气味、重量、质地、风格等方面的信息,形成对商品的初步印象,并为下一步的解释、分析和评价提供依据。因此,感知能力是消费者行为需要的一种基本能力。感知能力比较强的消费者,往往一进商店,就能在琳琅满目的商品中迅速找到他所需要和喜欢的商品,或者很快发现他们感兴趣的商品，而感知能力差的人却不能。现实生活中经常会出现这样的情况，两个人带有相同的购物目的，先后到过同一家商店，前者买到了称心商品，后者看到后很喜欢，但他当时在商店里对这件商品却根本未加注意。

（三）辨别能力

辨别能力是指消费者能将不同的商品区分开来的能力。消费者的辨别能力与个人经验密切相关。如果消费者购买、消费经验丰富，产品知识渊博，其辨别能力就会比较强。特别是对一些技术含量较高的产品或时尚产品，有一定专门知识的消费者（如上一节中提到的市场行家），其辨别能力要比普通消费者强得多。他们不仅能从实体产品的特征（如色彩、型号、大小、重量等）上辨别出不同的产品，更主要的是能根据专业知识区分不同产品的内在品质及其所能提供的价值和利益。普通的消费者只能从外观上了解大概。一些重传统经验的消费者，辨别产品的方法比较简单，习惯于眼看、手摸、嘴尝、耳听、鼻嗅。而受教育水平较高、接受新鲜事物较快的消费者，他们的辨别方法则比较灵活，也更多地采用科学的方法，他们不仅靠自己的感官感知产品，而且充分利用各种形式，收集尽可能多的信息，辨别不同品牌或产品之间在性能、质量、可靠性和特色上的差异。

（四）评价能力

评价能力是指消费者对收集的产品信息进行整理、加工、分析、比较，进而对产品的优劣、好坏作出判断的能力。从信息论的角度考察，消费活动是消费者不断接收市场输入的商品信息，进行加工处理，然后输出的信息运动过程。在这个过程中，对信息进行加工处理就是要对有关的产品作出评价，并对不同产品之间的优劣作出判断。因此，评价能力强的消费者，能清楚地了解产品的优缺点、不同购买选择的利弊，因此往往能作出正确的购买决定。而评价能力差的消费者，往往难以从众多的信息中提取有用的信息，更不能作出迅速、准确的分析和判断。评价能力在影响消费者行为中的作用是相当重要的。如果不了解产品的性能、使用方法及其能给购买者带来的利益，消费者就会有较多的顾虑和担心，从而推迟或放弃购买。评价能力较高的消费者，由于能对产品作出合理并且自信的判断，评价结论一旦得出，就会立即作出是否购买的决策，而不会有太多的等待和观望。

（五）决策能力

决策能力是指消费者在对商品进行评价、选择的基础上，在不同的备选购买方案中作出最优选择的能力。消费者决策能力的高低直接受其自信心、性格、气质以及对商品的认知程度、参与水平、经验和购买习惯等因素的影响。自信心较强、处理问题迅速果断的消费者决策能力较强；反之，则较弱。消费者对某种产品越熟悉，参与水平越高，有关的购买和使用经验越丰富，或者属于习惯性购买，那么决策能力就越强，决策也越果断、越迅速；反之，决策能力则较弱，决策也比较迟缓。

（六）应变能力

应变能力是指消费者对消费过程中出现的意外情况所具有的适应和应付能力。例如，消费者去商店本来打算买某个牌子的商品，但是商店却没有这个牌子，而其他牌子的同类商品却很多，是买还是不买？买哪一种？又如，当发现自己想买的车子有一点小的"毛病"时，如何与卖主砍价。在买房时如何与开发商就购买合同的具体条款进行谈判？要灵活处理这些问题，就需要消费者的应变能力。应变能力强的消费者面对突发情况，能够冷静分析，权衡利弊，重新作出判断选择，并尽可能地争取自己的利益；而应变能力差的消费者，面对新情况时，往往不知如何是好，甚至干脆放弃购买行为。

三、消费者的能力类型及其消费行为

不同的能力会使消费者表现出不同的需求和行为特点。根据消费者能力的高低及其在消费行为中的表现，可以把消费者区分为成熟型、普通型和缺乏型三种类型。下面我们分别对这三种类型的消费者及其行为表现进行分析。

（一）成熟型消费者

这类消费者具有较强、较全面的能力。他们对于所需要的商品不仅非常了解，而且具有较多的购买和使用经验，对商品的性能、质量、价格、行情、品牌、型号、性能以及生产企业等都极为熟悉，其内行程度甚至超过销售人员。因此，在购买过程中，他们通常注重从整体角度对商品进行综合评价，能正确辨别不同品牌的优劣，很内行地进行比较选择，并强调自我感受及商品对自我概念（或自我形象）的满足。这类消费者由于具有丰富的产品知识和消费经验，加之有明确的购买目标和具体要求，所以，他们在购买现场往往表现得比较自信、坚定，自主性较强，能够按照自己的意志独立作出决策，而无需他人帮助，并较少受到外界环境和其他人的影响。

（二）普通型消费者

这类消费者的能力结构和水平属于中等。他们通常具有一定的商品知识，但是缺乏相应的消费经验，主要通过广告宣传、他人推荐等途径来了解和认知产品，因此这类消费者对产品了解的深度远不及成熟型消费者。在购买之前，普通型消费者一般只有一个笼统的目标，缺乏对产品的具体要求，因此他们很难对产品的内在质量、性能、适用条件等提出明确的意见，同时也难以就同类或同种商品之间的差异进行准确比较。限于能力水平，这类消费者在购买过程中往往乐于听取销售人员的意见和公司的宣传，经常主动向销售人员或其亲友、同事、邻居进行咨询，以求更全面地作出比较和权衡。由于产品知识不足，他们会表现出一定的缺乏自信，也没有多少独立的见解，因此他们比较容易受到外界环境的影响或左右。

（三）缺乏型消费者

这类消费者的能力结构和水平处于缺乏状态。他们既缺有关商品知识，也没有相关

的消费经验。在购买之前,这类消费者往往没有明确的目标,仅有一些朦胧的意识和想法;在选购过程中,对商品的了解仅建立在直觉和表面的观察之上,缺乏把握产品本质及其与个人需求间内在联系的能力,因而难以作出正确的比较和选择;在作出购买决策时,经常犹豫不决、不得要领,极易受环境的影响和他人意见的左右,其购买行为常常带有很大的随意性和盲目性。很显然,这种能力状况对于提高消费效果是极为不利的。但是,这种状况通常仅存在于某种不熟悉的商品的消费过程中以及不具备或丧失了生活能力的婴幼儿、老年人和残疾人消费者中。

上述消费者类型的划分是相对的。一个消费者可能在某种或几种商品领域表现得成熟,而在另一些商品的购买和消费中表现得普通,甚至还可能在有些商品的消费中表现得极为无知;反之亦然。此外,随着消费者的不断学习和生活经验的积累,消费者的能力是不断发展和变化的。今天在某个商品领域是普通型的消费者,"事隔三日"之后,他可能已经成为这个产品消费方面的行家。

第四节 消费者的知识资源

知识是指储存在人的头脑中的信息,消费者知识则是指与履行消费者功能相关的那些信息。消费者知识并不必然与消费者所受的教育成正比。一个受教育程度很高的人,可能在某些产品的购买、使用与消费上的知识远不及一个受教育程度低的人。对营销经理来说,在开发和促销产品时,必须考虑消费者知识的程度。例如,可以向知识丰富的消费者传递有关产品更复杂的广告,因为他们信息超负荷的倾向性较低。

本节主要讨论有关消费者知识的内容、消费者的知识结构和消费者的知识测量等三方面的问题。

一、消费者知识的内容

(一) 产品知识

产品知识涉及很多方面,如关于产品类型及该产品里各种品牌的知识,关于产品术语、产品特征与属性的知识,关于具体产品或品牌信息的知识,等等。对于营销者来说,最重要的是消费者对本企业产品与竞争产品有何种程度的了解,有哪些方面的看法。这一类信息一般可以通过品牌知名度分析与品牌形象分析来掌握。

1. 产品或品牌知名度

知名度是指消费者对企业产品或品牌的熟悉程度。产品或品牌不为消费者所了解,就不会进入消费者的意识域,从而也不会被购买。不仅如此,研究表明,消费者对品牌的熟悉和了解本身就构成选择的基础。对于一些熟悉的品牌,消费者即使认为它们并没有什么优势,但仍不放弃购买。例如,一项研究发现,美国消费者中只有一半的人认为某种特定品牌的奶油品质较其他品牌的奶油好和应当收取溢价,而在进入商店时却有62%的人知道他们要选择何种品牌的奶油。由此说明,相当一部分消费者是根据品牌知名度而不是产品本身特点作出购买选择的。

测定产品或品牌知名度通常有两种方法。一种方法是要求消费者列出他所了解的某类产品的所有品牌，例如，要求消费者列出他想得起来的所有牙膏品牌。另一种方法是限定使用情境或利益，要求消费者列出与这种情境或利益相联系的品牌，例如，要求消费者列出最适合作为母亲节礼物的产品或品牌。

知名度分析虽然对了解消费者产品知识非常重要，但它毕竟还只是第一步。更详尽地了解消费者关于某一产品或品牌的知识还有赖于进行品牌形象分析。

2. 产品或品牌形象

几乎每一个有一定知名度的品牌均会激发消费者的某些联想，或使消费者将该品牌与其储存在头脑中的另外一些信息建立联系。例如，提到"茅台"，人们可能会把它与"国酒"、"高价"、"礼品"、"贵州"等相联系；提到"海尔"，会把它和电器、高品质和服务，甚至与它的图形标示"海尔小王子"、"海尔小神童"等相联系。一个品牌在消费者心中激起的所有联系和联想就构成了该品牌的形象。这些联系、联想有的涉及品牌的物理或功能属性，有的涉及产品消费时的情感，还有的可能涉及用户群、形象代言人、广告语、图形标示等等。

形象分析的第一步是识别出构成品牌形象的特定联想。这可以要求消费者用口头或文字形式描述出来，即在限定时间内说出或写出经由某一品牌所激发的各种联想。

品牌形象分析的第二步是考察这些联想的强度。品牌形象分析不仅有助于企业制定合适的策略来保住现有顾客，它也可为更有效地吸引竞争者的顾客提供启示。另外，为更完整地把握某一品牌的形象，还需深入了解品牌联想所代表的真实含义。例如，与品牌相联系的某一形象代言人、卡通人物等对消费者究竟意味着什么。

3. 价格知识

产品知识中的一个重要方面是消费者对产品价格的了解程度。现实生活中，不同消费者对同一产品的价格感知差别很大。研究表明，某些产品的使用者能较准确地判断这些产品的价格。

了解消费者对价格的感知，对企业制定营销策略具有多方面启示。

首先，如果消费者对某一领域的产品价格非常熟悉，那么，当竞争者采取降价策略时，企业应予以相应的回应。相反，如果消费者价格知识比较欠缺，企业对竞争者的降价就不必过于敏感。

其次，当消费者对产品实际价格缺乏了解时，企业可通过采用高价策略从一部分消费者中获得较高的利润。国内一些经销商将并非世界名牌的一些国际产品引进到国内但以世界名牌的高价出售，就是采用的这种策略。

最后，当消费者由于缺乏了解而高估企业提供品的价格时，其购买意愿会因此受到影响。此时，在广告中实事求是地传播价格信息就非常必要。例如，"Volvo"汽车在广告中均以"不像你想象的那么昂贵"为主题，就体现了试图矫正消费者价格认知不全面的意图。

(二) 购买知识

购买知识主要涉及两个方面：哪里买和何时买。同一件商品如钢笔可以从文具店、百货公司、便利店等不同类型的商店购买。消费者选择何种类型和哪家商店购买某种特定产品，取决于他的购买知识，尤其是关于店铺形象方面的知识。

（1）哪里买的知识包括以下几个层面：哪些商店出售何种类型的商品，以及这些商店的形象；在零售店，不同类型的商品放在什么位置，如男士服装在商店的第几层或放在商店哪个区域；某种产品在商店的具体放置位置。实验表明，消费者在确定商品的确切位置时，对置于商店外围过道的商品较放置在商店或卖场中央的商品有更好的估计。同样，商店越小，或顾客光顾商店次数越频繁，消费者对商品放在商店何处的估计就越准确。当消费者对一个商店不熟悉时，他将依赖店内陈列和指示信息来确定产品陈放位置。此时，消费者对店内刺激信息的处理水平会提高，由此可能激发一些先前未被意识到的需要和欲望，从而导致非计划性购买。

（2）何时买的知识是指消费者购买特定产品的信念。例如，冬天或冬天来临之际，消费者买御寒衣服和用品，夏天或夏天来临之时买衬衣，这是绝大多数消费者的习惯和信念。对于传统上在每年的某个季节或某一时段降价销售的商品，消费者可能会等到这个时候才购买。另外，对于新产品或创新性产品，不少消费者认为刚上市时价格很贵，过一段时间价格会降下来，这一类信念也会导致购买的推迟。

(三) 使用知识

使用知识是指有关产品如何使用、在什么场合使用、使用时有哪些要求等方面的知识。

消费者拥有足够的使用知识能影响对产品的购买。首先，当消费者对产品缺乏使用知识时，他购买该产品的可能性会减少。例如，一些人避免使用电话会议系统，就是因为不知道如何使用。其次，不合适的使用知识还会造成购买障碍。很多产品有多种用途，但消费者不一定知道，由此就会抑制消费者对这些产品的购买。例如，阿司匹林可预防心脏病的用途被发现后，拜耳公司大力宣传，从而使消费者对阿司匹林的需求大幅度上升。最后，即使不充分的使用知识不至于妨碍产品购买，但也可能降低消费者的满意感。不正确的使用会导致产品不能正常发挥作用，甚至导致人身伤害。

目前，一些公司用各种手段增加消费者的使用知识，而且向消费者提供的使用知识不仅局限于公司及其产品本身。例如，可口可乐公司印刷了一本叫"如何与公司对话和获得反应"的小册子，向顾客宣传在遇到产品质量或服务问题时如何向公司抱怨并使问题得到解决。这一小册子不是专门针对可口可乐公司的，它的推出则使消费者增长了知识，因此受到人们的欢迎。读了这本小册子的顾客有一半对可口可乐更具信心，15%的人表示要买更多的可口可乐。

二、消费者知识的结构

人类认知系统创造了十分庞大、复杂的知识，那么，这些知识是如何被组织在消费者的记忆之中的呢？目前，有许多理论对人的知识结构作出了解释，其中，人类联想记忆（Human Associative Memory，简称 HAM）模型得到了广泛的认同。在 HAM 模型中，所有知识都由一系列的节点和连接这些节点的连杆所构成。这些节点和连杆所构成的联想网络，就是所谓的知识结构或认知结构。

图 5-2 是有关耐克运动鞋的知识结构。在这个知识结构中，耐克运动鞋连结了各种知识：①有关过去事件记忆的情节知识，如"去年春天在某个商场花 800 元买了一双耐克运动鞋"；②有关耐克运动鞋外观、质量、重量和气垫等的语意知识；③有关使用耐克运动鞋的体验或感情反应（如跑步时感觉轻软、自信、骄傲和自豪）以及对这些感情反应的解释的知识（如耐克运动鞋品质一流、物超所值）；④有关如何使用耐克运动鞋的程序知识，要跑得更轻快，就要穿气垫鞋和弹性好的短袜，并且要系紧鞋带。

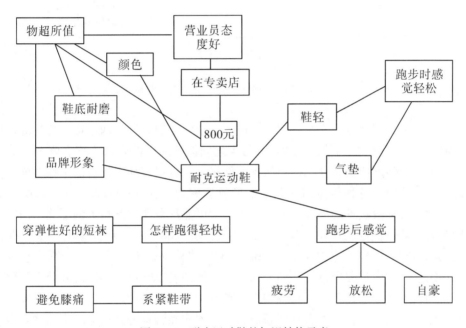

图 5-2　耐克运动鞋的知识结构示意

在一定的环境刺激下，人们知识结构中的一部分可能被激活。例如，当人们看到电视上的运动员穿着耐克鞋或注意到广告上的耐克标志时，一些知识就能被激活。在经过艰苦的锻炼之后产生的愉悦和放松的感觉，也可能激活人们知识结构中的相关知识。当"激活能量"从网络中的一个有意义的概念扩展到相关的意义时，一些有关耐克的意义能通过扩散而被激活。任何在购买决策过程中被激活的知识都对消费者的解释和整合过程有潜在的影响。

营销人员需要了解消费者已有的有关产品或服务的知识内容，并且清楚特定的营销策略大致会激活什么类型的知识。这就需要营销人员对具体的刺激（如不同颜色的汽车和具有特定内容的印刷广告）可能激发的消费者反应做详细的实验、调查和分析。

目前，有多种理论试图说明人们头脑中的知识或信息是如何被组织的。其中，认为信息是以联系网络方式组织的观点似乎更多地得到认可。根据这一观点，人的记忆是由一系列代表概念的接点（nodes）和把这些接点彼此联系起来的连接（links）所构成的。图5-3呈现了一个简化了的关于IBM个人电脑的联系网络。

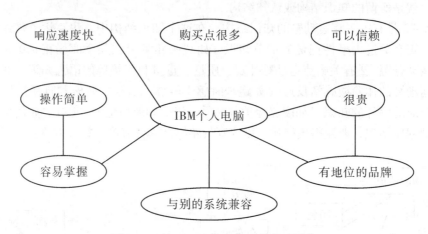

图5-3 关于IBM个人电脑的联系网络

记忆中各种不同接点组合在一起，形成了复杂的知识单元。两个接点之间的连接如"是一种昂贵的计算机"的信念或假设。接点之间彼此形成的联系强度有强弱之分。例如，消费者可能强烈地认为计算机很昂贵，但对于它也很容易操作可能不像对前一信念那么肯定。头脑中的各种信息组合起来，形成被称为图式（schema）的更高层次的知识结构。对于大多数熟悉的品牌，消费者头脑中可能都存在与此相关的图式。消费者既可能拥有关于某一特定品牌如"长虹"的图式，也可能在一个更抽象的层次上拥有关于电视机的图式。一种被称为脚本（script）的图式格外受人注目。这种图式包含了有关某一特定事件发生过程中行动序列的知识。诸如到餐馆吃饭、到医院开处方、到发廊理发等活动，大多数消费者都会有各种行为脚本。在信息处理过程中，图式和脚本发挥很重要的作用。实际上，在处理一则新信息时，图式和脚本的激活会减少消费者识别新刺激物和如何对新刺激予以反应的认知努力。

学术界对于信息是以品牌为中心还是以产品属性为中心曾进行了很多研究。研究人员可以提供给消费者一系列虚拟品牌及其属性的信息，一段时间后，再要求消费者回忆这些信息；信息从记忆中提取的顺序可用来推断消费者的记忆结构。目前的研究大多倾向于支持信息是以品牌为中心组织的观点。这也不足为怪，因为消费者所接受的广告等企业信息，均是以品牌活动为中心提供的。研究表明，记忆中的信息是以与这些信息被处理时相类似的方式组织的。因此，当信息以一个品牌接一个品牌的方式提供给消费者时，即先介绍一个品牌及其属性，然后再介绍另一个品牌及其属性时，以品牌为中心或基础的知识结构更可能出现。

三、消费者知识的测量

测量知识的第一种方法是用购买量或使用经验作为一种知识指示器。这一方法假定,对产品的更多体验会转化为知识。虽然产品体验是获取信息和知识的重要来源,但即使从未对产品有亲身体验,消费者仍可能拥有关于该产品的某些知识;不同的体验可能会产生不同类型的知识。基于此,用经验或体验来代表知识至少是不准确的。

测量知识的第二种方法是直接测量记忆中的内容,即测量储存于记忆中的客观知识。显然,这不是件容易的事情。这些问题涉及消费者知识的不同方面,研究中具体运用哪些问题则取决于研究的目的。

测量知识的第三种方法是关于主观知识的测量,即测量消费者对自己拥有多少产品知识的感受。与对客观知识的测量不同,主观知识测量不是了解消费者掌握了多少有关产品的具体信息,而是测量消费者对自身知识和对产品熟悉程度的感受与印象。例如,某消费者可能觉得自己对阿司匹林很熟悉,但他不一定知道阿司匹林有助于预防心脏病。

主观知识测量与客观知识测量具有一定的相关性,但两者不可相互替代。有些人可能高估自己拥有的消费知识,另一些人则可能低估自己的消费知识。当然,营销者最关心的是消费者实际拥有的知识。虽然消费者拥有的关于品牌形象等方面的信息对制定营销策略十分有益,但不能说主观知识测量没有价值,相反,在有些情况下,它可能较客观知识测量价值更大。例如,当企业对消费者是否进一步从外面搜集信息颇感兴趣时,了解消费者的主观知识就非常必要。即使消费者拥有足够信息和知识,但如果消费者认为这些知识尚不够,他就会进一步从外部搜集信息;相反,他可能会中止信息搜集。

本章小结

经济资源是影响消费者购买行为的一个重要因素。个体的经济资源主要指财产和收入,相对而言,财产数据较收入数据更不容易获得,所以在消费者调查中,通常是了解和考察消费者的收入。由于消费具有一定的惯性,而且也受预期等因素的影响,因此在很多情况下,除了考察收入,还需考虑家庭财产、消费信贷等因素。

对于今天的许多消费者而言,时间、注意力和信任都是稀缺性的资源。由于时间的压力,越来越多的消费者产生了对节约时间的产品的需要;为了释放时间紧张产生的压力,越来越多的消费者产生了对消费时间的产品的需求,并对满足其休闲消费需要的产品或服务提出了更高的要求。满足消费者的这些需求,无疑是许多现代企业必须面对的一种挑战。消费者的时间缺乏必然带来注意力的不足,其结果是,消费者的注意力范围往往会受到极大的限制。他们不可能在同一时间把注意力集中在多个事情上,而不同的企业以及其他的机构都在争夺消费者的注意力,因此营销者需要有效的策略来抓住消费者的注意力,提高它的"注意力份额"。

此外,消费者要获得需求的满足,还需要具有认识问题、收集信息、判断选择、购买决策以及作出购后评价的能力。如果能力较低,消费者行为就会受到限制,他的需求也就难以获得最有效的满足。因此,能力也是一种消费者资源。研究人员已经识别了一系列影响消费者行为的重要能力,包括认知能力、感知能力、辨别能力、评价能力、鉴赏能力、决策能力、应变能力等。消费者个体之间的能力是存在差异的,不同的能力会使消费者表现出不同的需求和行为特点。根据消费者能力的高低及其在消费行为中的表现，我们可以把消费者区分为成熟型、普通型和缺乏型三种类型。

消费者关于产品、购买、使用等方面的知识亦是影响其购买行为的重要因素。为此，企业可以通过产品知名度分析、品牌形象分析等方法，了解消费者对企业及其竞争者的产品的看法，同时还要了解消费者是如何将这些知识有机地组织起来，在此基础上，再有针对性地制定营销策略。

关键概念

消费者时间　个人可支配收入　国内生产总值

思考题

(1) 名义收入与实际收入有什么区别？在测量消费者收入水平时应注意什么问题？
(2) 收入对消费者行为有哪些影响？
(3) 为什么说时间、注意力、信任对于消费者来说是一种稀缺的资源？
(4) 消费者如何挤压时间？这对市场营销有何启示？
(5) 什么是消费者能力？它由哪些具体能力构成？

案例　节俭租车公司的经营之道

节俭租车公司是美国西南部的几大租车公司之一。节俭租车公司在5个州19个城市设有办事处和业务机构，主要在几大干线城市的机场提供远程租车服务。节俭租车公司可提供租车服务的车辆几乎囊括了所有节能型微型汽车和超微型汽车。无论是否经过预约，顾客都可以从公司任何一个业务机构租到旅游或办公用车。在节俭租车公司，顾客想要的车型偶尔也会没有，因而失去顾客，但是这种"缺货"的情况不超过10%。

节俭租车公司的服务柜台十分简单。在公司员工伸手可及的地方摆放着一个文件架，里面放有各种表格，在"过去的日子里"，柜台之间的唯一区别就是文件架的编号不同。如今，这些文件架和表格已经让位于一些现代化办公设施的计算机终端。服务台的数目由当地市场规模和特定时间内的需求水平决定。在较小的市场，公司可能只需要在服务柜台安排3名员工，但是在最大的一个市场，每当需求高峰来临时，则需要8名员工。通常，这些需求高峰与机场的到发航班时刻表是一致的；当高峰来临时，就有1名或多名员工专门负责接待那些已提前预约过的租车或还车的顾客。这时，这些员工所在的服务台的上方就会挂起相应的标志，向顾客提示他们所提供的特殊服务项目。因为服务速度是节俭租车公司保持竞争优势的一个重要因素，所以公司管理层和全体员工一直都致力于确保不使任何一位顾客做无所谓的等待。

节俭租车公司得以保证其竞争地位的另一个重要因素是，迅速使归还的车辆做好准备迎接新顾客的能力。一辆车从归还到重新投入使用，需要经过以下步骤：①确定里程表的读数；②加油并确定汽油容量；③检查可见的损坏；④优先性评估；⑤内部清洁；⑥维修评估；⑦维修并结账；⑧外部清洁并擦亮；⑨分类停放；⑩租给新顾客。

在任何一个办事处，当顾客归还租用的汽车时，公司的一名员工就会先确定里程读数，然后把车开到大约200米远处的服务点，并确定还需要向油箱中加多少油。有时，公司员工可以用手提电脑处理所有信息，这样，顾客就不必在办公地点排队了。在一些现代化程度稍低的办事处，该员工会将信息立即传递给所有的服务人员，以便顾客能够迅速结账离开（如果该员工发现车的内部或外部有某些损坏，就会通知值班经理；发生这类情况时，顾客必须解释清楚自己的责任，这可能会导致一些拖延）。检查损坏状况的步骤完成以后，车队负责人根据公司一贯的要求和车辆储备政策（为未经预约的顾客需求做准备），确定被归还车辆的优先级别：在6小时内即将使用的车辆优先处理，其他均做一般处理。优先车辆可以得到优先的服务。

公司首先彻底清洁车辆内部，并且喷洒一些气味淡雅的空气清新剂；然后，由1名修理工检查车辆维修记录，做一段驾驶测试，在表格上填写他认为必要的维修工作。节俭租车公司制定有一系列阶段性正常维修政策，例如，更换油料和过滤器、更换轮胎并平衡、添加润滑剂、更换冷却剂，还有对发动机进行调试。如有需要，还会对车辆做一些特殊维修，如修理刹车、修理或调试变速器，或者修理空调系统。

节俭租车公司系统内的修理车间都采用三个相邻工作台的设计：两个工作台只进行正常维修，第三个工作台既可以做正常维修，也可以进行特殊维修。第三个工作台的20%的时间用做特殊维修。公司通常在每个修理车间配备5名修理工：1名修理技师（修理车间经理），2名熟练修理工，还有2名学徒。学徒工负责除调整发动机以外的一切正常维修任务，为两侧工作台上的车辆提供服务，也轮流为中间工作台上的车辆服务。熟练修理工负责其他一切维修工作，他们也轮流为中间工作台上的车辆提供服务。

维修完毕之后，车辆从修理车间开到清洗区，那里有2名工人负责清洗、冲刷和擦亮车体，确保车辆外观良好。因为清洗过程中使用了蜡与液体的混合物，所以这些车辆经过清洗后，通常不需要再经过费时的打蜡工序。此时，汽车油箱也已加满了油，可以开往停车地点存放。当接待员呼叫车辆时，会有1名司机将车开到租车地点并交给顾客。

链接思考

（1）完整地画出节俭租车公司的服务流程图，指出影响该公司服务速度的关键流程和相关因素。

（2）节俭租车公司在帮助顾客节约时间方面进行了哪些努力？

（3）调查一家租车公司或汽车修理厂，弄清它的服务流程，并讨论如何改进其服务流程以加快它的服务速度，从而减少顾客等待的时间。

参考文献

[1] 肖兴政. 营销心理学 [M]. 重庆：重庆大学出版社，2003

[2] （美）韦恩·D. 霍依尔，（美）德波拉·J. 麦克依尼斯. 消费者行为学（第四版） [M]. 刘伟，译. 北京：中国市场出版社，2010

[3] 徐萍. 消费心理学教程 [M]. 上海：上海财经大学出版社，2001

[4] （美）帕科·昂德希尔. 顾客为什么购买 [M]. 北京：中信出版社，2004

[5] 符国群. 消费者行为学（第二版）[M]. 武汉：武汉大学出版社，2004

[6] 程志宇，王朝晖. 顾客价值视角下消费者资源节约型品牌创新研究 [J]. 学术交

流，2013（4）
［7］ 何昀，涂凯. 消费者资源与消费者行为：国外的研究进展［J］. 消费经济，2012（3）
［8］ 王建明，郑冉冉. 消费者资源节约行为的影响因素——基于购买、消费过程的考察［J］. 北京工商大学学报（社会科学版），2010（4）
［9］ 吴林海，高宁，朱淀. 不同消费群体对不同层次可追溯食品的需求研究［J］. 财贸经济，2013（5）
［10］ 王分棉，张鸿，李云霞. 消费者收入与认知水平对品牌成长影响的研究——基于省际面板数据的实证分析［J］. 经济问题探索，2013（8）

第六章　学习与记忆对消费者行为的影响

本章学习目标

通过本章的学习，应掌握以下内容：①了解消费者学习与记忆的概念、类型和方法，理解消费者的需要和行为绝大部分是后天习得的；②了解消费者的学习与记忆是紧密联系在一起的，没有记忆，学习是无法进行的。

第一节　消费者学习对消费行为的影响

一、消费者学习的概念

学习有狭义和广义之分。我们通常所说的学习，是指文化知识的学习，这是一种狭义的学习。广义的学习是泛指一切经过重复练习而产生的较为持久的认知或行为上的变化。市场营销专家认为，消费者学习是这样一个过程，即在购买和使用商品的活动中，消费者不断积累购买和消费的知识、经验和技能，完善其购买行为的过程。在这样一种关于消费者学习的界定中，有几个观点值得注意：

首先，消费者学习是一个过程，是消费者主观能动性不断发展变化的过程。这一过程开始于消费者的观察、认知、经验、练习等，经过大脑的分析、加工、处理，最后使消费者行为发生一定的变化。通过消费学习，消费者可以提高自己的消费水平，丰富自己的消费行为。消费者不断购买商品、使用商品的过程，也就是一个不断进行消费学习的过程。

其次，经验作为学习的一个要素发挥着重要的作用。虽然大多数学习都是从书本中获取，但也有相当一部分学习是通过日常生活或社会实践获取。如一则比较新颖的广告介绍和一项简单的商品推销工作使一些人不自觉地获得学习机会。

具体来说，学习是长期记忆和行为在内容或结构上的变化，是信息处理的结果。那么，信息处理可能是在高介入状态下的有意识、有目的的活动，也可能是在低介入状态下的不集中甚至无意识的活动。高介入状态的学习是消费者有目的的、主动地处理和学习信息。例如，一个在购买计算机之前阅读《电脑指南》的人，可能有很大的驱动力去学习与各种品牌计算机有关的材料；低介入状态的学习则是消费者没有多少推动力去主动处理和学习信息。如果在电视节目中插播消费者不常使用的产品广告，消费者就没有动力去学习广告中的信息。即使不是大多数，也有相当多消费者是在介入程度相对较低状态下进行学习的。又如，一位正在阅读报纸的人，他通常注意报纸上的文章而对旁边的广告很少注意。然而，这些广告展露在该读者面前（偶然展露）却是事实。研究发现，这种偶然展露，消费者尽管不能确切回忆，但的确增加了他认知该品牌的程度。偶然展露还增加了该品牌进入消费者品牌考虑域（消费者要达到一定购买目标所考虑选择的品牌组合）的可能性。很明显，在偶然展露时发生的低介入度学习，对营销者和消费者来说都很重要。

消费者的学习是商品、广告刺激与购买反应之间的一个中间变量，属于隐蔽部分。它是人们不能直接观察到的，只能通过消费者的行为表现推测他的学习情况。消费者在外界条件的作用下，其原有行为发生了改变，就可以认为他经历了消费学习过程。例如，有一位从未打过高尔夫球的人想学习这门技术，作为学习过程，其大脑是怎样分析、思考、掌握打高尔夫球过程的，人们是无法直接观察到的。人们只能看到，他观看了打高尔夫球光盘教学录像、阅读了打高尔夫球教程、进行简单的练习、观察了别人的行动，最后实现了打高尔夫球的行为，这个过程表明他经历了消费学习过程。

二、学习过程的要素

学习过程主要是指包含着动机、暗示、强化等一些共同的基本要素。

（一）动机

动机是根植于需要和目标的，对学习来说是一种刺激，例如，希望成为优秀羽毛球选手的男士或女士，会在这一动机的驱使下去学习有关的羽毛球知识，并在可能的条件下随时加以练习。如果他们通过"学习"认识到一副好的羽毛球拍是打好比赛的重要工具，他们就会搜寻有关羽毛球拍的价格、质量和性能等方面的信息。相反的，那些对羽毛球不感兴趣的人则可能会忽视所有与羽毛球有关的信息，目标（精通羽毛球）和他们毫不相干。这种关联程度决定了消费者去搜寻与产品或服务相关的知识和信息的动机水平。探求消费者的动机是商家的一项基本任务，据此他们设法向消费者解释他们的产品如何满足消费者需要的理由。

（二）暗示

如果动机服务于刺激学习，那么，暗示则是直接作用于这些动机的刺激。一则羽毛球野营的广告对那些羽毛球迷来说起到暗示作用，羽毛球迷们会突然"意识到"参加这样一个野营活动是一个利用假期提高他们球技的好途径，这则广告是一种暗示或刺激，它暗示着有某种特别方法来满足他们的动机需求。一个企业得到"国家免检"的称号，则传递消费者"我们的产品质量好"的信息。在市场上，设计、包装、广告、价格及商品摆设陈列等都起到这种暗示作用，它有助于消费者需要的满足。另外，当暗示与消费者的期望一致时，暗示就成为消费者的直接驱动力。

（三）强化

强化提高了某种特别的反应在将来的情境中再次发生的可能性，这种反应是特定的暗示与刺激的结果。几版广告中一再强调同一产品的效果和作用，或反复动用不同的明星代言同一产品,加大市场说服力,可认为是正强化。如果技术工人发现某种止痛药能够使他在手臂肌肉拉伤的情况下也能坚持完成工作的话,就很可能在受到其他伤害的情况下去购买同一品牌的止痛药。很明显,因为止痛药实现了他的止痛预期,通过这种逆强化,学习就发生了。相反,如果这种止痛药在他第一次使用时没有减轻他的疼痛感,那这位工人以后可能就不再相信这个品牌,即使有大量广告或商品陈列在暗示着这一产品。

第二节　消费者学习的类型、方法对消费行为的影响

一、消费者学习的类型

由于消费者学习的内容不同、学习的方式不同,以及消费者的个性差异,价值观、所处的社会阶层、个人经历、偏好都不尽相同,使消费者学习表现为各种各样的类型。主要可以划分为四种基本类型。

(一) 加强型类型

加强型类型,是指消费者在通过一段时间的学习之后,对消费知识有了进一步的掌握,加强了原来的消费行为,提高了该消费行为的反应频率。例如,某消费者对川菜的麻辣饮食很不习惯,在朋友的鼓励下品尝了一次,觉得没什么不好的味道,微麻中带香。后来他再吃一次,觉得味道很独特、很好吃,于是越吃越想吃,川菜的麻辣饮食消费频率就明显得到加强。

(二) 稳定型类型

稳定型类型,是指消费者经过学习消费某种商品之后,消费该商品的行为方式逐渐稳定下来,形成一定的消费习惯。比如一个人吸烟,一开始只是好奇,想玩玩,并没有想到会上瘾。但是吸了一段时间之后,发现自己已经难以自拔,于是吸烟这种行为变成了一种习惯,购买香烟的行为不再受兴趣、主意动机的影响,而是受稳定的习惯性需要所支配。

(三) 无效型类型

无效型类型,是指消费者无论怎样进行学习,如消费过这种产品,或者接受过有关这种商品的宣传等,都没有改变对待这种商品的行为方式,也就是学习之后并没有取得相应的效果,消费频率并没有上升。出现这种现象对于商家来说潜在的损失很大,究其原因主要有三种:其一是消费者长期没有这方面的需要。例如,新品上市就可能面临这方面的问题。此时对于商家最为重要的就是挖掘产品的多种性能,满足消费者不同层面的需要,加强宣传力度。其二是消费者对这种商品或对生产这种商品的商家存在不信任的态度。例如,商品出现过质量不合格被曝光或商家的企业形象差,这些对消费者的消

费心理都会造成影响。其三是消费者不愿意改变原来的消费习惯。例如,"尿不湿"在方便婴儿护理方面确实有不少好处,但是如果向一些习惯传统生活方式的人推广这种商品,则不会引起他们的购买行为。

(四) 削弱型类型

削弱型类型,是指消费者经过消费学习,了解了商品的某些特点,削弱了原来的消费行为方式,或者将原来的消费行为方式改变为另一种消费行为方式,这就是削弱型学习。这种效果的产生一般是因为在消费者购买商品或者使用商品的过程中有过不满意的体验。例如,某位消费者到商店购买商品时,受到营业员的欺骗,购买了假冒伪劣商品,那么这位消费者就可能不会再去该商店购买东西了。有一则广告宣传说,某地某部门邮购一些文学书籍,一位文学爱好者把钱邮去,但后来不见回音,于是这位文学爱好者对于邮购广告就不再信任了。所以,虚假广告、欺骗顾客的行为、恶劣的购物环境、损害消费者利益的做法,都容易导致这种削弱型学习类型。

二、消费者学习的作用

人的语言、知识、技能、生活习惯、宗教信仰、价值观念,乃至人的情感、态度、个性无不受后天学习的影响。如果说动物主要受本能的驱使,其行为主要是一种本能行为,那么,人的行为主要是一种习得行为。习得行为与本能行为的一个重要不同,就是前者可以通过学习而加以改变。正因为如此,习得行为比本能行为更灵活,它能使人类摆脱遗传基因的严格限制,使之能够更好地适应复杂多变的外界环境。因此,学习在人的行为塑造、保持人类行为同外界环境的动态平衡上发挥着巨大的作用。

从消费者角度来说,学习主要有以下作用。

(一) 获得有关购买的信息

消费者的购买决策是以获得有关购买问题的知识和信息为前提的。信息获取本身就是一种学习,而怎样或通过哪些渠道获得信息、获得哪些方面的信息,均需要借助学习这一手段。在现代社会,消费者每天都要接触大量的信息,如有关新产品的信息、产品的新的使用方法的信息、他人使用产品的行为与体验的信息等等。消费者或主动或被动地接触这些信息,而其中被消费者接受并能够影响消费者行为或行为潜能的可能只有一小部分,但正是这一小部分信息,使消费者行为不同以往,使其购买决策更富于理性和趋于优化。

(二) 促发联想

联想是指消费者由此一事物而想到彼一事物的心理过程。人们一提起冬天,可能就会联想到寒冷,一提起教室,会联想到黑板、课桌等。联想有两种类型:一是刺激对象之间的联想,如由香烟联想到火柴、由钢笔联想到墨水等等;二是行为与结果之间的联想,如由吸烟联想到疾病、由喝水联想到止渴等等。联想在消费者行为中有着非常重要的作用,它既能促发消费者的购买行为,又能抑制或阻碍购买行为。很多企业在宣传其产品时，都试图通过语言、文字、画面促发消费者的积极联想，从而激起消费者的购买欲望。同样的刺激或暗示对于不同的人可能会激发不同的联想，其中一个重要原因是经验和学习。对于长期生活在南方的海南岛居民来说，"冬天"这一词汇所激起的联想与生活在北方黑龙江居民中所激起的联想显然是有重大差别的。经由学习而产生的联想经多次重复，日久天长便会形成习惯。如家里牙膏快用完了，会自动地联想到离住宅不远的小店卖的某种牌号的牙膏；圣诞节或春节快到了，会自然地想到要购买一些贺卡寄给远方的亲朋好友。

（三）影响消费者的态度和对购买的评价

消费者关于某种特定产品或服务的态度，也是经由学习逐步形成的。例如，一些过去对外国电器产品十分偏爱、对国产电器产品不屑一顾的消费者，在经过长期观察、比较和接触各种各样信息之后，也在逐步改变自己的态度，甚至成为国产品牌的忠诚购买者。消费者态度的转变决非空穴来风，而是建立在学习的基础之上的。消费者的学习还会影响对产品或服务的评价。例如，对于初次购买个人计算机的用户，评价和选择计算机时可能考虑得比较多的是计算机的运行速度、内存、硬盘容量，而对其他配置可能相对予以忽视，而在使用一段时间后则会发现，这些被忽视的配置同样非常重要。换句话说，当消费者经过学习，具有更多的知识和经验后，他对产品的评价和选择标准也将发生改变。

三、消费者学习的方法

（一）模仿法

模仿法是指仿效和重复别人行为的趋向，是消费者学习的一种重要方法。一些明星的发型、服饰，甚至生活方式，之所以能很快在某些人群中流行开来，就是由于模仿使然。模仿可以是有意的、主动的，也可以是无意的和被动的。当被模仿行为具有榜样作用，社会或团体又加以提倡时，这种模仿就是自觉进行的。例如，当某种饮食方法被某某名人奉为强身健体、延年益寿之法，而传媒又对此大加渲染之后，社会上就会有很多人自觉地予以模仿。在社会生活中，很多模仿都是无意识的，如小孩模仿大人的行为、经常接触某个群体的成员不自觉地带有该群体的言谈举止等等。模仿可以是机械地模仿，也可以是创造性地模仿，前者如驾驶和明星一样品牌的汽车，理和明星一样的发型；后者如根据明星的服饰加以裁剪，制成更适合自身的装束等。

（二）试误法

试误法又叫尝试错误法，是指消费者通过尝试与错误，从而在一定的情境和一定的反应之间建立起联结。消费者渴了的时候，可以喝茶、咖啡、可口可乐、矿泉水等，也就是说可以作出许多不同的反应。但经过多次尝试，发现作出某种特定反应能获得最满意的效果，于是该种反应与渴这一情境的联结就会得以保存。如果在今后的行为练习中，作出此种反应之后总是伴随着满足，则联结的力量会增强；反之，若作出反应之后伴随的是不满和烦恼，联结的力量将减弱。

（三）观察学习法

观察学习法，是指消费者通过观察他人的行为，获得示范行为的象征性表象，并作出或避免作出与之相似的行为的过程。在消费过程中，消费者会自觉或不自觉地观察他人的消费行为，并以此指导自己的消费实践。例如，当发现同事家的某种品牌的音响设备效果特别好，就可能在头脑中留下印象，在自己需购置音响设备时，不自觉地想到同事家的音响，并形成某种选择或购买意向。反之，如果经观察发现同事所买的音响设备音质不理想，则在购买音响设备时，可能会避免选择该品牌的产品。观察学习使个体突破直接经验的限制，获得很多来自间接经验的知识、观念和技能，它是消费者所采用的十分普遍的学习方法。

四、学习的相关理论

（一）经典性条件反射理论

经典性条件反射理论是由俄国生理学家伊万·巴普洛夫（Ivan Pavlov）提出的。该理论认为，借助于某种刺激与某一反应之间的已有联系，经由练习可以建立起另一种中性刺激与同样反应之间的联系。

一般来说，在低介入情境下，经典性条件反射比较常见，因为此时消费者对产品或产品广告可能并没有十分注意，也不关心产品或产品广告所传达的具体信息。然而，在一系列对刺激物的被动接触之后，各种各样的联想或联系可能会由此建立起来。应特别指出的是，在低介入情境下，消费者所学到的并不是关于刺激物的信息，而是关于刺激物的情感反应。正是这种情感反应，将导致消费者对产品的学习和试用。

（二）操作性条件反射理论

操作性条件反射理论是由美国著名心理学家斯金纳（Skinner）提出的。该理论认为，学习是一种反应概率上的变化，而强化是增强反应概率的手段。

操作性条件反射理论的基本思想实际上很简单，归结为一点就是强化会加强刺激与反应之间的联结。联结学习或刺激与反应之间的学习，很大程度上取决于对强化物的安排。另一位美国心理学家金伯尔（Kimble）发现，如果给予连续强化，即在每次正确反应后就给以强化物，个体对正确反应的消退速度也很快。相反，如果强化是间断性的或部分的，即不是对所有正确反应而只是对部分正确反应予以强化时，虽然最初对正确反应的学习速度较慢，但在强化物消失后，行为消退的速度也较慢。

一般来说，操作性条件反射作用更适合于高介入度的购买情境。因为在高介入情境下，消费者对购买回报将会有意识地予以评价。以购买西服为例，消费者将西服购买回家后很可能会从象征性和功能性两方面对购买行为作出评价，在此情形下，强化无疑会在消费者心理上产生重要影响。例如，如果有别人对消费者所买的西服予以赞许，或者在某些场合目睹他人穿同样品牌西服时的风采，均会对消费者起到正面的强化作用。在低介入的购买情境下,除非产品的功效远远低于预期,否则消费者不会对购买做太多的评价。故此,低介入情景下的满意购买虽然对行为也具有强化作用,但相对而言不如高介入情境下的作用那么大。

(三) 认知学习理论

德国心理学家柯勒(Kohler)通过观察黑猩猩在目的受阻的情境中的行为反应,发现黑猩猩在学习解决问题的同时,并不需要经过尝试的过程,而是通过观察,发现情境中各种条件之间的关系,然后才采取行动。柯勒称黑猩猩此种类型的学习为顿悟。在柯勒看来,顿悟是主体对目标和达到目标的手段之间关系的理解,顿悟学习不必靠练习和经验,只要个体理解到整个情境中各部分之间的相互关系,顿悟就会自然发生。

继柯勒的顿悟学习实验之后,美国心理学家托尔曼(Tolman)与霍齐克(Honzik)于1930年所做的关于潜伏学习的试验,对行为主义的强化学习原理做了进一步反驳。该项实验发现,在既无正面强化也无负面强化的条件下,学习仍可以采用潜伏的方式发生。关于这一点,现实生活中的很多现象都可以对此提供支持。例如,在接触各种广告的过程中,消费者可能并没有有意识地对广告内容予以学习,在其行为上也未表现出受某则广告影响的迹象,但并不能由此推断消费者没有获得关于该广告的某些知识与信息。也许,当某一天消费者要达成某种目时,会突然从记忆中提取源自该广告的信息,此时,潜伏的学习会通过外显行为表现出来。

(四) 社会学习理论

社会学习理论又称观察学习理论,主要由美国心理学家班图纳(Bandura)所倡导。班图纳学习理论的一个最显著的特点就是强调学习过程中社会条件的作用。班图纳认为,人的许多行为都是通过观察学习而获得的。所谓观察学习,又称替代学习,是"经由对他人的行为及其强化性结果的观察,一个人获得某些新的反应,或使现有的行为反应得到矫正,同时在此过程中观察者并没有外显性的操作示范反应"。观察学习具有以下特点:①观察学习并不必然具有外显性的行为反应。②观察学习并不依赖直接强化,在没有强化作用的情况下,观察学习同样可以发生。③观察学习不同于模仿。模仿是指学习者对榜样行为的简单复制,而观察学习则是从他人行为及其后果中获得信息,它可能包含模仿,也可能不包含模仿。例如,两辆汽车行驶在公路上,前一辆车不小心碰上了路桩,后一辆车急忙绕行,以避免和前一辆车碰撞。在这个例子中,后一辆车的司机的行为是观察学习的结果,但并不涉及任何模仿的因素。

(五) 学习迁移理论

我们在研究消费者学习理论时,曾提到消费者如果对某一商店所经营的某种商品印象好,或是对该商店的服务很满意,那么,他就会经常光顾这一商店购买某种商品。同时,消费者也会对商店经营的其他商品感兴趣,甚至扩大到喜欢、偏爱,这种现象在学习理论上称为学习迁移。

学习迁移有两种情况:一种是水平迁移;另一种是垂直迁移。水平迁移是指个人把所学的经验推广应用到其他类似的且难度相同的情况中去。例如，消费者从学习中得知，氧化铝比普通铝耐用，由此他可推断出，凡是用氧化铝做的各种日用品，如壶、盆、饭盒等，都要比一般铝制品耐用。而垂直迁移是指个人把学得的经验因情境而重新组合，形成比原有的经验更高一级的学习。例如，科学家的发明创造，技术人员研制改进的新产品，等等，都是在总结前人经验的基础上又有新的创造。

在学习理论中，学习迁移这两种形式都是很重要的。水平迁移使学习知识的范围扩大，垂直迁移使学习的能力提高。但任何一种迁移都不是单纯学习行为的重复表现，而是学习经验的扩大或重新组合。因此，从消费者角度来讲，学习迁移理论对提高购买行为水平也十分重要。

（六）学习曲线

学习是消费者在实践活动中取得知识、经验和技能的过程。因此，学习是反复不断进行的，学习结果也会因练习次数的多少而有所变化。在一般情况下，学习的结果随着练习的次数的增加而不断上升或加强，我们称之为学习的进步。但即使是练习的次数不断增加，学习的结果也不是直线上升，往往呈曲线上升状态，故称之为学习曲线（见图6-1）。

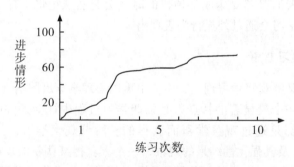

图6-1 学习曲线示意

如图6-1所示，练习次数不断增加，学习不断进步，但达到一定程度后，则曲线不再上升，而是呈水平状态。其实在学习过程中，由于不同消费者智力和个性的差异，学习进步的速度是不一样的，学习中的曲线也有多种形式。以下是在学习中出现的几种主要状况：

（1）先快后慢。这是指练习初期进步很快，但随着练习次数的增加，进步逐渐缓慢下来。出现这种情况可能是行动初期有很强的动机，兴趣也比较浓厚，学习进步较快，而后期则逐渐下降；也可能是学习的内容比较简单，或学习者已有相当的经验。这常表现为消费者对所要购买商品的学习。当消费者对某一感兴趣的商品不熟悉时，急于了解有关信息，他可能很快就掌握了商品的一般情况，如价格高低、性能特点、使用方法等，但如果要再进一步深入了解商品的内部构造，做到通常讲的"精通"，则十分困难，需要长期的反复实践和摸索。

（2）先慢后快。这是指练习初期进步缓慢，后期速度提高。出现这种情况，有可能是初学时经验不足,动机不强,但收到一定效果后,兴趣提高,速度加快;还可能是学习的内容比较困难,或原有的旧习惯干扰;等等。例如,学习打字,初期速度很慢,随着次数的增加,当掌握了基本要领之后,速度大大提高。

(3) 高原现象。这是指学习发展到一定程度可能停滞不前。即使继续学习,仍呈水平直线,再继续学习,学习曲线可能略有上升。而在学习曲线上出现的这一段水平直线,称为高原。在高原前后出现的进步现象,叫高原现象。高原现象一般出现在复杂事物的学习中。这就是为什么大多数消费者仅限于掌握商品的一般知识,很少有人具备商品的专业知识。

(4) 学习极限。这是指学习达到一定程度后,尽管增强练习次数,但学习效率仍然不能提高。消费者学习活动需要消耗生理上的能量,这种能量是有限度的。超过了这一限度,就不再进步。最典型的表现是消费者对广告信息的接受。广告要经过一定的重复才能为消费者记忆,但广告的反复刺激要有一定的限度,否则超过限度的每次重复都只会延缓消费者的学习,可能导致疲倦、习惯化甚至厌恶。

第三节 消费者记忆对消费行为的影响

一、消费者记忆的概念

记忆是人脑对经历过的事物的反应。凡是人们感知过的事物、体验过的情感以及练习过的动作,都可以保留在人的头脑中,在必要的时候又可以把它们再现出来,这个过程就是记忆。

感觉和知觉都是人脑对当前直接作用于感官刺激物的反应。但人在感知过程中所形成的有关事物的印象,并不随事物的移去而消失,还能在人脑中保持一定的时间,并且在一定的条件下又回忆起来。如消费者在消费实践中,感知过的广告、使用过的商品、光顾过的商店、体验过的情感以及操作过的动作等,在经过之后,并非消失得无影无踪,而是在大脑皮层留下兴奋过程的印迹。当引起兴奋的刺激物离开之后,在一定条件影响下,这些印迹仍然能够重新活跃起来。这样消费者就能重新再现已经消失的消费对象的表象。表象是过去感知过的事物在头脑中再现出来的形象。

从理论上讲,虽然消费者的记忆容量很大,对信息保持的时间也可以很长,但在现代市场条件下,消费者接触的信息实在太多,能够进入其记忆并被长期保持的实际上只有很小的一部分。正因为如此,企业才需要对消费者的记忆予以特别的重视。

二、记忆系统与机制

(一) 记忆的系统

人的记忆系统不仅包括短时记忆和长时记忆,而且还包括感觉记录。外部信息首先进入感觉记忆系统,信息在感觉记录系统保持的时间极其短暂,其中一部分信息受到特别注意而进入短时记忆系统,若信息给人的刺激极为强烈、深刻,也可能直接进入长时记忆系统;那些没有受到注意的信息则很快变弱直至消失。短时记忆中的信息一部分来自于感觉记忆,另一部分则取自于长时记忆。

(二) 感觉记录

感觉记录,又称瞬时记忆,它是指个体凭视、听、味、嗅等感觉器官,感应到刺激时所引起的短暂记录,其持续时间往往按几分之一秒计算。感觉记录只留存在感官层面,如不加注意,转瞬便会消失。乘车经过街道,对街道旁的店铺、标牌、广告和其他景物,除非有意注意,否则大多是即看即忘,此类现象即属感觉记录。感觉记录按感觉信息原有形式贮存,它反映的内容是外界刺激的简单复制,尚未经加工和处理,因此,感觉记录的内容最接近于原来的刺激。

(三) 短时记忆

短时记忆是指记忆信息保持的时间在一分钟以内的记忆。例如,我们从电话簿上查一个电话号码,然后立刻就能根据记忆去拨号,但事过之后,再问这个号码是什么,就记不起来了,此类记忆就是短时记忆。感觉记忆中的信息如果被注意和处理,就会进入短时记忆,而且,这些信息可以保持在一种随时被进一步处理的状态。也就是说,短时记忆中的信息可以自动而迅速地被提取,一旦需要对新输入的信息予以解释,长时记忆中的信息也可带入到短时记忆中来。实际上,短时记忆是这样一种即时的信息处理状态:从感觉记录和长时记忆中获取的信息被带到一起同时处理。短时记忆中的信息经适当处理,一部分会转移到长时记忆系统,另一部分则会被遗忘。

(四) 长时记忆

长时记忆是指记忆信息保持在一分钟以上,保持数年乃至终生的记忆。人们日常生活中随时表现出的动作、技能、语言、文字、态度、观念,以至有组织有系统的知识等,均属长时记忆。长时记忆系统被认为是语意和视听信息的永久贮存所。各种事件、物体、处理规则、事物的属性、感觉方式、背景资料等等,均可贮存在长时记忆中。与短时记忆相比,长时记忆的容量是相当大的,甚至被认为是无限的,长时记忆中的信息是以类似于网络结构的方式有组织地贮存的。A. M. 柯林斯(A. M. Collins)和 M. R. 奎利恩(M. R. Quillians)于 1969 年提出了一个语意记忆的层次网络模型,其基本思想是将各种概念按一定层次组成一个网络,以此表明各种概念的属性及不同概念之间的相互联系。除了层次网络模型以外,还有集合论模型、特征比较模型、人的联想记忆模型等,这些模型实际上都可视为网络模型的变种。在网络模型中,经由新概念与贮存在记忆中的旧概念的联结,或通过增加与已存概念的联结通道,新信息被融入网络中。同时,经由一个概念,可以激活并联系上下左右各相关概念,并在此基础上作出推论。这样的推论允许我们对新的信息作出反应并验证新获信息是否与我们所知道的相一致。

三、记忆过程的几个环节

（一）复述

个体在内心对进入短时记忆的信息或刺激予以默诵或作进一步处理努力，称为复述（rehearsal）。复述具有两大功能：一是保持信息在短时记忆中被激活；二是将短时记忆中的信息转移到长时记忆中。复述有以下特点：①复述决定保持方式。如"瞬间的选择决定十年"等广告语能引起消费者的反复注意，从而使广告信息从短时记忆转入长时记忆；②复述是顺次性的处理过程。就是说，一次性地复述一个项目的信息；③复述受刺激特性的影响。从系列位置效果（serial position effect）理论来看，复述影响信息的保持程度。系列位置效果理论认为特定信息项目的保持程度取决于此信息项目所处的刺激目录的位置。在所提示的刺激目录中，头几个信息项目的保持程度较高，这种效果叫首位效果（primacy effect）。在所提示的刺激目录中的最后几个信息项目的保持程度也比较高，这种效果叫最近效果（recency effect）。这些系列位置效果理论对市场营销活动意义很大。在广告中重要信息内容要安排在广告顺序的开头部分或最后部分，或者把广告安排在节目的开始之前或节目刚结束之后。

另外，复述可分为维持性复述和精细性复述。维持性复述是在短时记忆中维持信息的过程。例如，边打电话，边记电话号码。精细性复述是通过深层次的信息处理，帮助信息从短时记忆向长时记忆的转入。

（二）编码

复述直接影响短时记忆中的信息能否进入长时记忆，对记忆具有重要作用，同样不容忽视的是信息的编码（encoding），因为后者很大程度上决定着转换的时间，以及信息在记忆中的存放位置。在复述过程中，消费者可以简单地对刺激物重复默记，以此将刺激物与长期记忆中已经存在的信息建立联系。当消费者建立起了这种联系和对信息编码日益娴熟，存贮速度就会加快。

编码过程有选择性编码过程和精细性编码过程。在大部分情况下，感觉刺激与内部表象之间形成1:1的对应关系，但在有些情况下，对刺激的核心部分或特点进行编码，或者对追加的另信息进行编码。前者是选择性编码过程或叫缩小性编码过程，后者是精细性编码过程。把"Every Good Boy Does Fine"编码为"E、G、B、D、F"，这五个字母就是选择性编码。编码的精细程度也影响信息的保持。在信息处理过程中编码的精细程度越高，新的信息与原有信息之间形成更多的联结，从而提高消费者的趋近信息的可能性。所以，引起视觉形象（visual imagery）的图像信息比语言信息引起更多的记忆效果。

图像信息作为信息组织化手段起作用，而信息的组织化又引起信息项目间精细化，所以记忆效果好。根据这一解释，文字信息与图像相互吻合时，文字信息更具体化和形象化，从而更容易地被记住。但是，如果消费者的卷入程度高时，广告的图像内容与文案内容不一致，这样，消费者就会更多地思考广告所传递的内容，更精细地处理广告产品信息，从而提高记忆效果。

（三）贮存

贮存（storage）是指将业已编码的信息留存在记忆中，以备必要时供检索之用。信息经编码加工之后，在头脑中贮存，这种贮存虽然是有秩序、分层次的，但不能理解为像存放在保险柜里的文件一样一成不变。随着时间的推移和经验的影响，贮存在头脑中的信息在质和量上均会发生变化。从质的方面看，贮存在记忆中的内容会比原来识记的内容更简略、更概括，一些不太重要的细节趋于消失，而主要内容及显著特征则被保持；同时，原识记内容中的某些特点会更加生动、突出甚至扭曲。

（四）提取

提取（retrieval）是指将信息从长时记忆中抽取出来的过程。对于熟悉的事物，提取几乎是自动的和无意识的，例如，当问及现在市面上有哪些牌号的电视机时，消费者可能会脱口说出诸如"长虹"、"康佳"、"索尼"等多种牌号。对于有些事物或情境，如去年的元旦你在干什么，恐怕很难立刻回忆出来，往往需要经过复杂的搜寻过程，甚至借助于各种外部线索和辅助工具，才能完成回忆任务；但有时不提示适当的提取线索，就不能提取信息。

影响提取信息的因素有以下几方面：

（1）提取的线索。消费者提取信息的线索直接与获得信息的情景有关，那么消费者就容易提取其信息。特别是消费者获得信息时所形成的心情与提取信息时的心情类似的时候，就容易提取其信息，这种提取信息的效果叫心情一致效果（mood congruence effect）。例如，在广告内容中提示产品的包装，那么消费者在购买产品时就根据广告中所提示的产品包装轻易地辨别出其产品。

（2）刺激的熟悉感。在一般的情况下，消费者对某一刺激越熟悉，就越容易回忆起其刺激。所以企业为使消费者熟悉自己企业的品牌，而反复做广告。但消费者并不一定提取所有的熟悉的信息，而是只处理其中的部分信息。例如，把电视广告中的音像部分用来做广播广告，把电视广告中的录像部分用来做报纸广告，这时消费者接触广播广告或报纸广告时并不是重新处理广告信息，而是用回忆电视广告中的音像部分或录像部分的方法处理信息。

（3）刺激的突出性。刺激越突出，就能越多地引起消费者的注意，所以刺激的突出性（salience）会影响信息的提取。

（4）信息的视觉性。视觉性刺激一般比语言性刺激更容易被提取。提取的失败就是遗忘（forgetting），可以由衰退理论（decay）和干涉理论（interference theory）来解释。根据衰退理论，记忆痕迹的强度随着时间的推移而递减，遗忘就是由于记忆痕迹的强度很低而引起的。根据干涉理论，遗忘是在信息的保持中被其他信息干涉而发生的。这种干涉有两种：一种是长期保持的信息阻碍了最近保持信息的提取，这种干涉叫顺行干涉；另一种是最近保持的信息阻碍了长期保持信息的提取，这种干涉叫逆行干涉。

四、遗忘及其影响因素

记忆和遗忘是相互对立又相互统一、相互影响的，人们记忆得越多，遗忘得就越少。遗忘是对识记过的内容不能再认和回忆，或者表现为错误的再认和回忆。从信息加工的角度看，遗忘就是信息提取不出来，或提取出现错误。

最早对遗忘现象进行实验研究的是德国心理学家艾宾浩斯（H. Ebbinghaus），艾宾浩斯以自己为被试对象，以无意义音节作为记忆材料，用时间节省法计算识记效果。实验结果见表6-1。用表6-1数字制成的曲线被称为艾宾浩斯遗忘曲线，如图6-2所示。该曲线表明了遗忘变量与时间变量之间的关系：遗忘进程不是均衡的，在识记的最初一段时间遗忘很快，以后逐渐缓慢，过了一段时间后，几乎不再遗忘。可以说，遗忘的发展历程是先快后慢，呈负加速型。

表6-1 不同时间间隔后的记忆

时 间 间 隔	重学时节省诵读时间的百分数（%）
20 分钟	58.2
1 小时	44.2
8—9 小时	35.8
1 日	33.7
2 日	27.8
6 日	25.4
31 日	21.1

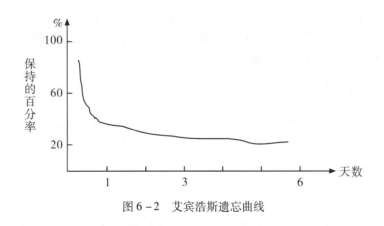

图6-2 艾宾浩斯遗忘曲线

除了时间以外，识记材料对消费者的意义、识记材料的性质、识记材料的数量、学习程度、学习时的情绪等，均会对遗忘产生影响。

（一）识记材料对消费者的意义与作用

凡不能引起消费者兴趣、不符合消费者需要、对消费者购买活动没有太多价值的材料或信息，往往遗忘得快；相反，则遗忘得较慢。同是看有关计算机的宣传材料，对于准备购置计算机的消费者与从未想到要购置的消费者，两者对所记信息的保持时间将存在明显差别。

（二）识记材料的性质

一般来说，熟练的动作遗忘得最慢。贝尔（Bell）发现，一项技能在一年后只遗忘了29%，而且稍加练习即能恢复。同时，有意义的材料较无意义的材料，形象和突出的材料较平淡、缺乏形象性的材料遗忘得慢。莱斯托夫效应（Restoff Effect）实际上从一个侧面反映了学习材料的独特性对记忆和遗忘的影响。所谓莱斯托夫效应，就是指在一系列类似或具有同质性的学习项目中，最具有独特性的项目最易获得保持和被记住。对于广告主来说，要使广告内容被消费者记住，并长期保持，广告主题、情境、图像等应当具有独特性或显著性，否则，广告内容可能很快被遗忘。广告中经常运用对比、新异性、新奇性、色彩变化、特殊规模等表现手法，目的就是为了突出宣传材料的显著性。

（三）识记材料的数量

识记材料数量越大，识记后遗忘得就越多。试验表明，识记5个材料的能保持100%，10个材料的保持率为70%，100个材料的保持率为25%。

（四）识记材料的系列位置

一般而言，系列性材料开始部分最容易记住，其次是末尾部分，中间偏后的内容则容易遗忘。之所以如此，是因为前后学习材料在相互干扰，前面学习的材料受后面学习材料的干扰，后面学习的材料受前面材料的干扰，中间材料受前、后两部分学习材料的干扰，所以更难记住，也更容易遗忘。

（五）学习程度

一般来说，学习强度越高，遗忘越少。过度学习时，记忆效果最佳。低于或超过这个限度，记忆的效果都将下降。所谓过度学习，是指一种学习材料在达到恰好能背诵时仍继续学习的状况。

（六）学习时的情绪

心情愉快之时习得的材料，保持时间更长，而焦虑、沮丧、紧张时所学习的内容更易于遗忘。美国学者斯鲁尔（T. Stull）通过将被试置于过去的某些经历中，激起了三种情绪状态，即积极的情绪、消极的情绪和中性的情绪。然后，向被试呈现一则关于"马自达"跑车的印刷广告，并要求被试在阅读该广告时形成对该跑车的整体印象。48

小时后，这些被试被要求对这种跑车作出评价，结果发现，阅读广告时处于积极情绪状态的被试对该跑车的评价最高，其次是处于中性情绪状态的被试，而处于消极情绪状态的被试对该跑车的评价最低。由此说明，信息获取时的情绪状态，对信息如何编码具有直接影响。戈德伯格（M. Gold）和戈恩（G. Gorn）所做的一项试验中，一些被试看喜剧类电视片，另一些被试看悲剧类电视片，两则电视片中均插播同一内容的广告。结果发现，看喜剧片的被试较看悲剧片的被试能更多地回忆起广告的内容。这一结果的一种可能解释是，积极的情绪状态会使消费者从记忆中提取出更为广泛和更加完整的各类知识，从而有助于对当前输入信息的编码。

情绪与记忆之间的上述关系，对企业具有重要启示意义。企业营销人员应努力营造一种气氛，使消费者在接触或接收有关企业产品与服务的信息时，产生一种愉快的或积极的情绪。例如，可以在广告中使用幽默手段，或在向客户推销产品时给客户一些小的礼品，以便尽可能使受众或目标顾客产生积极愉快的情绪。

五、遗忘的原因

对于遗忘的原因，有多种解释，其中影响较大的有痕迹衰退说、干扰抑制说和压抑说。

（一）痕迹衰退说

痕迹衰退说认为，遗忘是由于记忆痕迹得不到强化而逐渐减弱，以致最后消退而造成的。20 世纪 20 年代，完形心理学派的学者们最初提出记忆痕迹的概念。他们认为，学习时的神经活动会在大脑中留下各种痕迹，即记忆痕迹。如果学习后一直保持练习，已有的记忆痕迹将得到强化，反之，如果学习后长期不再练习，既有记忆痕迹将随时间的流逝而衰退。痕迹衰退说强调的是生理机制对记忆痕迹的影响，这一解释虽然合乎一般常识，而且能说明很多遗忘现象，但未必符合所有事实和进行普遍推广。因为人的有些经历，即使是在几十年以后，仍然历历在目，并不随时间流逝而淡忘。

（二）干扰抑制说

干扰抑制说认为，遗忘是由于记忆材料之间的干扰，产生相互抑制，使所需要的材料不能提取。为这一学说提供有力支持证据的是前摄抑制和倒摄抑制。所谓前摄抑制，是指先学习的材料对后学习的材料所产生的干扰作用。安德武德（Underwood）发现，在学习字表以前有过大量练习的人，24 小时后所学会的字表只记住 25%；以前没有做这种练习的人，能记住同一字表的 70%，由此说明前摄抑制的存在。所谓倒摄抑制，是指新学习的材料对原来学习的材料的提取所产生的干扰与抑制作用。1990 年，德国学者穆勒（Muller）和皮尔杜克（Pilzecker）首先发现倒摄抑制。他们的观察发现，被试在识记无意义音节之后，经过 6 分钟休息，可以回忆起 50% 的音节；如在间隔时间内从事其他活动，只能回忆起 26%。伯克（R. Burke）和斯鲁尔（T. Srull）在 1988 年做了一系列关于广告之间相互干扰作用的调查。在这些研究中，他们给被试呈现多则印刷品广告。研究发现，竞争品广告以及由同一公司提供的其他产品广告，均会对试验中的品牌及其信息的记忆产生抑制作用，而且，竞争品信息与试验中的品牌信息越接近，干扰和抑制作用也越大。所以企业在设计广告主题和决定广告内容时，一定要体现独特性原则，力求避免与竞争广告雷同。

（三）压抑说

压抑说认为，遗忘既不是由痕迹的消退所造成的，也不是记忆材料之间的干扰所造成的，而是由于人们对某些经验的压抑使然。压抑引起的遗忘，是由某种动机所引起的，故此又称其为动机性遗忘。这一理论，出自于弗洛伊德的精神分析说。弗洛伊德认为，回忆痛苦经验将使人回到不愉快的过去，为避免痛苦感受在记忆中复现，人们常常对这些感受和经验加以压抑，使之不出现在意识之中，由此引起遗忘。

六、记忆对营销活动的意义

消费者的记忆与消费者收集商品信息并作出购买决策有十分密切的关系，消费者往往对所记住的商品产生较多的购买行为。因此，企业要想更多地销售自己的商品，必须让消费者知道并记住企业的商品。

企业在传达信息时，首先考虑的必须是消费者接受各种信息的识记极限问题。在消费者的瞬时记忆中，一般只能记住7～8个单位的信息，超出这个范围的信息则容易被遗忘。比如"钻石恒久远，一颗永流传"、"维维豆奶，欢乐开怀"、"要想皮肤好，早晚用大宝"等广告语简短且押韵上口，很容易被消费者记住。

从记忆的效果看，消费者的记忆容易受情绪与情感因素的影响。当消费者处于兴奋、激动、高兴的情绪时，对商品及有关信息会形成良好的记忆，而且记忆保持的时间也较长，消费者也愿意经常回忆这种愉快的体验。此外，气愤、屈辱的情绪也能加强消费者记忆的印象，当消费者在商店里受了气，对于营业员和商店环境的恶劣记忆也是难以忘怀的，并且会长期避免与这样的营业员和商店打交道。

要使消费者记忆保持较长时间，重复信息是很有效的手段。研究表明，记忆保持和重复信息会同步增加，尤其是对广告来讲，重复是非常必要的。国外一些学者调查了两种新产品刊登广告的情况，其中研究了广告刊登4周、8周和20周对产品知名度的影响。研究发现，这两种产品刊登广告后，知名度迅速上升，特别是广告连续刊登20周，知名度能够达到75%。需要指出的是，重复的积极作用也存在一个限度，超过了这个限度，重复就会变得单调，就会导致消费者产生疲倦、习惯化，甚至感到厌恶，因此在销售宣传上，重复的多样性也不可缺少。

本章小结

学习和记忆是影响消费者购买行为的一个重要因素。学习是指人在生活过程中因经验而产生的行为或行为潜能的比较持久的变化。有关学习的理论很多，与消费者行为分析联系特别密切的两种理论是经典性条件反射理论和操作性条件反射理论。有很多因素影响消费者学习，最主要的有：被学习事物的重要性、强化的水平和程度、重复的水平、产品或商标的表象。刺激的泛化和辨别作为学习特性在营销活动中有广泛的运用，前者是指消费者在某一情境中学到了某一反应后，一旦出现类似的刺激，就会作出同样或类似的反应；后者是指消费者对类似的刺激予以不同反应的过程。

消费者的学习离不开记忆。记忆是过去经验在人脑中的反映。记忆系统包括三个相互联系的子系统，即感觉记忆、短时记忆和长时记忆。每一种类型的记忆对从外部获得的信息的保留与处理都起着一定作用。与记忆相对应的一个概念是遗忘，它是消费者对识记过的内容不能再认或回忆，或者表现为错误的再认或回忆。识记材料的性质及数量、识记材料的系列位置、识记材料对消费者的意义以及学习程度等，均会对遗忘进程产生影响。

关键概念

学习　经典性条件反射理论　操作性条件反射理论　学习曲线

思考题

(1) 简述学习的相关理论。
(2) 记忆在消费者购买过程中有何作用？
(3) 试述遗忘及其影响因素。

案例　快速消费品品牌制造的"收藏品"植入消费者的生活记忆

赵力（化名）这次的欧洲行，收获不少。除了带给朋友的名牌化妆品、女包之外，她的行李箱里还有一件特殊的礼物：一个可口可乐的瓶子。这款在中国未发售的瓶子，花费了她19欧元。一个空饮料瓶子，值19欧元吗？可作为收藏品，价值却因人而异。当赵力郑重其事地把这个特殊的瓶子交给她的朋友时，这个瓶子的价值甚至超过了一只名牌皮包。

有报道称，2007年，北京奥运会相关产品"祝贺申奥成功可乐纪念罐"，在香港市场上的身价已达到1000港元，是其定价的300多倍。事实上，当品牌拥有了自己的忠实粉丝，任何和该品牌相关的事物都可能身价倍增。这一境界或许是快消品品牌们的终极追求。

让产品升值蜕变

一个物品和情感诉求产生了联系，那么其价值就不再适用于平常的估价。迈势中国区董事总裁萧静萍指出，品牌所代表的生活态度与主张如果能打动消费者，那么品牌代表的就不仅仅是商品，与此同时，消费者与该品牌的黏度也随之提升。

2010年年底，李冰（化名）又收到矿泉水品牌依云送来的一瓶矿泉水。给业务伙伴送限量版矿泉水已经成了依云的惯例。水不是收藏的主体，如何让水变得与众不同？答案就是瓶子。

从1995年开始，依云每年都会推出一款纪念版玻璃瓶。依云的目标很明确，成为一个立于时尚之巅的矿泉水品牌。因为一旦成为一个时尚品牌，其所代表的价值就不仅仅是阿尔卑斯雪山上的那些水。与此同时，时尚可以吸引更多粉丝。于是，每年依云都会请全球顶级设计师设计瓶子，这些限量版不仅仅用于出售，也用于回馈渠道客户和

VIP 消费者以及做市场活动。所有这些投入和设计导向的结果使普通的水得到了提升，"时尚"终于如愿以偿地融入了依云品牌。于是，粉丝便开始凝聚在了品牌周围。

依云不是唯一有这样思路的品牌。

从一开始，星巴克所期望看到的就是品牌超越咖啡这个产品，能成为现代的生活方式和积极乐观的人生态度的代表。因此，这家咖啡巨头不仅仅把心思花在咖啡上。每一家星巴克门店都有一面商品墙，上面摆放了所有星巴克当季商品和常规商品。包括城市杯、季节性的马克杯、随行杯、星巴克熊以及法式压滤壶和滴滤杯等。公司不定期地推出相关促销活动。这些小商品并不是简单的品牌补充，而是品牌内涵的一部分。星巴克将这些产品视作加深与顾客情感的纽带。咖啡会很快凉却，体验是虚无缥缈的，那么消费者能切实带走的只有杯子。为此，星巴克建立自己的设计团队负责商品的设计，同时鼓励顾客购买并收集星巴克商品。这家咖啡巨头会在不同的国家、地区的不同城市推出相应的节日纪念杯以及城市杯。在星巴克看来，顾客购买了这些商品，可以将星巴克的体验带到门店以外。星巴克表示，咖啡、服务、环境以及各种星巴克商品"构成了独一无二的星巴克体验"。

生活的回忆

商业世界的品牌，每天都直面残酷的竞争，游走于生死之间。成功的品牌非但要在某一战役中击败对手，而且要长期领先。这意味着品牌非但要在竞争中存活，还需要活出特色。萧静萍指出，当品牌确定了其所代表的精神之后，需要持之以恒地去推动，并做好每一个细节，直到将其主张变为一种风格。长时间的培养和努力，能使品牌形成自己的文化。若能达到此，即便没有顶级设计师的手笔，一个普通的包装或者海报也能成为消费者收藏的对象。

中国肯德基为了庆祝 20 周年生日曾经在中国 16 个城市举办了巡展，并向消费者征集了各种与肯德基相关的纪念品。笑天是众多粉丝中相当突出的一位。当年，13 岁的他在爸妈和姐姐的带领下，第一次进入肯德基。那时吃肯德基还是一个奢侈的选择，当小笑天依依不舍离开时，身穿红马甲的接待员姐姐送给了他一份小礼物。而正是这份不起眼的免费赠品彻底"征服"了孩子的心。15 年后，28 岁的笑天已经是一位职业导游，但是他的业余爱好是收集所有跟肯德基有关的"藏品"："餐盘垫纸 86 种，优惠券 59 种，玩具 283 件，不同时期的外带全家桶 32 只。"肯德基 20 周年巡展之际，一个专门的展示柜里就展示了他的"收藏"。

与此同时，当品牌具有相当文化积淀时，打动的不仅仅是消费者，还有自己的员工。而被感动的员工也是最忠诚的员工。

沈祖尧是可口可乐在中国最资深的员工。20 世纪 80 年代，沈祖尧进入可口可乐公司。在 1988 年汉城奥运会的一次剪彩仪式中，刚进公司不久的沈祖尧看到美国大老板胸前别有一枚可口可乐的徽章，一下子被吸引住了。随后，他用自己的毛主席纪念章从老板手中换回了这枚徽章，并拉开了他长达 20 年的有关可口可乐的收藏史。很快，所有和可口可乐相关的物品都成了沈祖尧的收藏品。如今，可口可乐新员工培训中便有一项，参观沈祖尧的办公室，看他的个人收藏，听他讲可口可乐进入中国的历史。与此同时，他还在北京创立了"可口可乐中国收藏俱乐部"。目前，在全国各大城市和地区都有分支机构。

和依云、星巴克不同，作为普通的大众消费品，无论是可口可乐还是肯德基，都表示并没有刻意去培养和笼络粉丝群体。

可口可乐方面表示，粉丝的形成是自发的，公司没有刻意推动，"但是当粉丝积累到一定程度，公司还是会有意识地与粉丝进行互动，并通过粉丝了解市场需求"。尽管粉丝的出现最初是源于自发，但是这并不等于守株待兔。事实上，作为大众品牌，可口可乐和肯德基背后都有强大的策划和执行团队。很多志在赶超的本土品牌，看到了结果，却往往忽视了过程：只有多年的市场累积和苦心经营，才能让品牌最终融入消费者的生活。"营销的基础是一个好的产品，只有当品牌和产品具有一定消费者基础的时候才能强化情感因素，这是一个无法跨越的过程。"萧静萍指出，和这些成功的跨国品牌相比，国内不少品牌显然是有些急躁。萧静萍说道："无论是可口可乐，还是时下热销的 iPhone，在推销自己品牌的时候，都会把每一个细节都做到位。"事实上，正是一个又一个细节最终积淀成这些品牌的文化魅力，并打动了消费者。

资料来源：《第一财经日报》，2011年1月25日。

链接思考

（1）在上述快速消费品企业中，哪些做法体现了"消费者记忆"理论的运用，有什么特点？

（2）在上述案例中，国内一些快速消费品行业营销方面可借鉴的地方有哪些？

第七章 消费者态度对消费者行为的影响

本章学习目标

通过本章的学习，应掌握以下内容：①了解态度是可以通过行为学习或认知学习形成的，消费者态度具体的形成过程则依赖于产品的性质和消费者个体的特征；②了解消费者对产品或品牌的态度与特定购买行为态度的差异性，并理解如何对消费者的态度及其购买行为产生影响。

第一节 消费者态度概述

一、消费者态度的概念

态度（attitude）一词源于拉丁语，含有"合适"或"适合"（fitness）的意思。18世纪末，生物学家达尔文在生物学意义上使用这一单词，并赋予它"在身体上表达情感"或"情感的外部表露"之类的意思。实际上，即使到了20世纪，仍有很多学者主张将态度与趋势或回避某一事物的身体或生理倾向相联系。

学术界迄今对态度的理解，大致有三种不同的看法：第一种看法认为，态度主要是情感的表现或反映的是人们的一种好恶观。瑟斯顿（Thurstone）认为态度是一个人对一件物品喜欢和厌恶的程度大小。第二种看法认为，态度是情感和认知的同义词。美国学者罗森伯格（M. Roseburg）写道："对于态度客体的情感反应，是以对客体进行评价所持的信念或知识为依据的，所以，态度既有情感成分又有认知成分。"第三种看法则将态度视为由情感、认知和行为构成的综合体。

对人、对事物的看法、评价可能带有很多的情感因素。例如，当我们的需要由于某人或某物的阻碍而不能满足时，我们就会有情绪，讨厌这种障碍物。在这个事件中，情感因素在态度形成过程中也许是起了决定性作用，但由此认为态度单一地由情感成分构成则显得证据不足。消费者对某个公司有好感，这种好感可能建立在该公司产品卓越的品质、良好的售后服务或者能为消费者带来良好收益的基础之上，也可能建立在该公司不断创新、造福社会、对公益事业作出的卓越贡献上。从这个意义上讲，态度又总是与一定的认知成分相联系。当消费者对公司或其产品形成好感，他就可能产生要选择、购买该公司产品的行为倾向。所以将态度理解为由情感、认知和行为所构成的持久系统，可能更能反映态度的本质。基于此，我们把消费者态度定义为：消费者对某一事物或观念所持有的正面或反面的认识上的评价、情感上的感受和行动上的倾向。

消费者态度的上述三种成分一般是协调一致的，例如，消费者在选购商品时，对商品有了一定的认识，如果比较满意，就会产生欢喜或愉快的情感，从而积极地进行心理活动，做购买准备。态度三种成分的一致性，对于我们研究消费者态度及其与行为的关系是至关重要的。通常我们只要改变了态度中的某一成分，其他成分也会随之改变，就可以有效地通过影响消费者对产品的信念或感觉来影响其行为方式。

二、消费者态度的构成

对消费者态度的构成有两种观点：一是一元论，认为态度由感情（affect）要素构成，即把态度仅理解为一种感情或情感；二是三元论，认为态度由认知、感情和意向三个要素构成。

（一）一元论的态度构成

一元论的观点从态度的概念中分离出认知要素和意向要素，并把认知要素看成信念，把意向要素看成行为意向，因此态度便是由感情要素所构成的。也就是说，感情是态度的本质方面，认知和意向则起着支持的作用。在这里，感情概念意指消费者对客体的喜欢或不喜欢的程度。感情又分为在认知要素的评价中形成的效用性感知（评价）和由对客体的独特情感所形成的享乐性感知。态度就是对客体的评价和情感之和。

评价与效用性的动机相联系，情感与享乐性的动机相联系。消费者既可以基于评价形成态度，也可以基于情感反应形成态度。例如，某个消费者认为格力空调耗电小并且噪音低，所以他喜欢格力空调。这就是消费者对格力空调的评价性态度。如果因为该消费者经常接触格力空调，或者因为对生产格力空调的企业比较认可，或者由于喜欢格力空调广告中的模特，所以喜欢格力空调。在这种情况下，消费者虽然不能明确说出格力空调的优点，但认为格力空调能带来自我表现或快乐（享乐性动机），从而形成对格力空调的积极态度。

（二）三元论的态度构成

三元论假设消费者是理性的决策者，认为消费者总是在充分思考之后才会采取行动。从三元论的观点来看，态度是关于特定客体的信念、情感和行为倾向的一个复合概念。所以，在三元论者看来，态度由认知要素、感情要素和意向要素所构成。

1. 认知要素

认知要素是指对态度对象的解释以及由此所产生的知识、信念和意义。对消费者来说，有关产品属性、使用结果和价值的认知是特别重要的。因此，消费者要对某种产品或服务产生态度，必须获得最低限度的信息。由于消费者每天都处在各种商业信息的包围之中，可以接触数以千计的品牌和各式各样的广告，但不可能全部记住，绝大多数如过眼云烟，不会在记忆中留下任何痕迹。所以，态度中的认知要素或者信息从来都是不完全的，也可能是不正确，或者二者兼而有之。

2. 感情要素

感情要素是指消费者对态度对象所产生的情感体验。它表现为消费者对有关商品质量、品牌、信誉等产生的喜欢或不喜欢、欣赏或反感等感情反应。这种情感体验一方面依赖于消费者建立在认知基础上的评价，另一方面也依赖于消费者对产品或服务的直接体验。如果产品或服务与个体的价值观一致，消费者就会给予积极的评价，并因此喜欢上它；反之，消费者则不会喜欢它。如果消费者在接触某种产品或服务时的体验是令人满意和愉快的，则可能对这种产品或服务产生好感；但如果体验令人失望和不愉快，甚至是痛苦的，则对这种产品就不会有好感。如果说认知以消费者的理性为前提，那么感情则带有非理性倾向，它往往更多地受消费者生理本能以及个性、气质等心理素质的影响。感情对于消费者态度的形成具有特殊作用。在态度的基本倾向已定的情况下，感情决定消费者态度的持久性和强度，伴随着消费者购买活动的整个过程。

3. 意向要素

意向要素是指消费者对态度对象意欲采取行为的倾向。在消费者研究中，意向要素通常是指消费者的购买意向。决定消费者购买意向的因素很多，其中最重要的因素包括态度对象与个体目的的关联性，自我的价值观念以及其他的整体性的态度。如果某种购买行为与消费者所欲达到的重要目标密切相关，则他们越有可能实施该项购买行为。如果态度所基于的价值观念处于消费者价值体系的中心位置，即这种价值观念属于一种核心价值观（而不是次要价值观），则他们越可能付诸行动。如果某种正在形成的态度与消费者的其他已有的重要态度密切相关，则他们越有可能采取行动。

一种态度的形成，就是消费者获取足够的信息，对客体产生好感，并强烈感到需要采取行动的过程。一般来说，态度中的三个要素需要协调一致。但三个要素之间也有可能出现不一致，当这种情况出现时，感情要素（特别是情绪和情感）将起主导作用。因为认知、感情、意向三要素之间的关联性不一样，感情与意向的关联性高于认知与意向、感情与认知之间的关联性。消费者常常表现出明明知道该怎样做，却就是不这样做；或者明明知道某人不错，而且有可取之处，但仍是无法喜欢他或她，这些都是很好的例证。

一般来说，一种态度的形成，是认知、情感和意向三要素的共同作用，三个要素都很重要，但是由于消费者对态度对象的动机水平不同，因此态度的三要素的重要性程度也不同。学术界提出了影响层级（hierarchy of effects）的概念来解释态度三要素的相对影响，每一层级都规定了态度形成步骤（如图7-1所示）。

（1）标准学习层级。大多数消费者的态度都是通过如下这个过程形成的：首先，根据日常生活对某件商品的生活常识的积累形成一个基本的认识；其次，对这些认识进行评估，进而产生自己对商品的感情；最后，根据这些评价采取相应的行为。由此可以看出，标准学习层级理论的基本前提假设是：消费者高度卷入商品消费决策中。

（2）低介入层级。在这个层级中，消费者不需要先对某种产品产生偏好，但是他们会根据有限的信息采取行动，在行动之后才会形成相应的评估。这种态度是基于学习过程而形成的。在这个过程中，消费者并不十分在意消费决策，对于此类消费者而言，前期的信息加工很大程度是一种时间上的浪费。有的消费者甚至根本不会去考虑这个事情，他们的行为模式属于"刺激—行为"型，即看到了某件产品时，他们就可能直接购买下来。

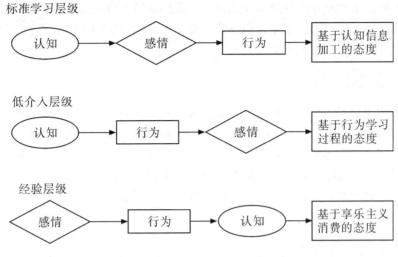

图 7-1 影响层级规定了态度形成

（3）经验层级。一元论和三元论总体上都强调情感是态度的核心。根据影响的经验层级，消费者是依据情感反应来采取行动的。这种观点认为，态度会受到难以捉摸的因素的影响。消费者的享乐性动机会影响其态度，如商品带来何种感受，能提供何种快乐等。如果对消费者而言时装是情绪性而非理性产品的话，那么时装就被归属到经验层级商品中。事实上，消费者往往并不必然按照结构化路径发现自己所喜欢的时装。

三、消费者态度的特点

（一）态度的对象性

态度是针对具体的观点和事物所形成的，这种对象可以是具体的事物，也可以是某种状态。态度是主体对客体的一种反映。谈到态度必然要谈到态度的对象，如对某种产品的印象如何，必然涉及产品的质量、服务等一系列具体的条件，可以说，没有对象的态度是不存在的。

（二）态度的持续性

消费者的态度一旦形成，在一定的时间内就会保持相对的稳定，如消费者购买并使用了某种产品，如果感觉很好就会形成对这个品牌的商品的肯定态度，当他以后需要类似商品时可能还会重复购买。此外，态度持续时间的长短也和态度形成时的外界作用的强度有关。外界刺激越强烈，态度越鲜明，持续时间也较长，否则就较短。

（三）态度的调整性

态度的一个重要特点就是它的调整功能。在购买活动中最常见的是人们根据他人或社会的奖惩来调整或改变其态度。例如，一个消费者购买了一件她自认为很漂亮的时装，如果其同事或朋友表示出不同看法时，她很可能由喜欢转为讨厌，发生态度的转变。实践证明，来自外界的评价对于消费者态度的调整十分有效。在许多情况下，消费者对一些商品并没有积极的态度，但在附送赠品或有奖销售的促销方式下，使消费者对商品产生积极态度，并踊跃购买。

（四）态度的知识性

态度的知识性最常见于消费者对商品和劳务的评价，如"联想电脑的质量好"、"北京饭店档次高"等。态度的知识功能对于指导消费者购买行为十分重要。企业的营销就在于帮助消费者加强对企业产品及服务的有益体验，以使消费者确立对商品的积极态度。研究表明，态度的知识功能也会影响消费者购买商品的方式与途径，如购买大型或贵重商品，到大型的百货商店或知名的购物中心购买是首选，这是因为对大型商场的经营管理正规、可信度高的认识。

（五）态度的价值性

态度的价值性是指态度对象对人意义的大小。消费者对事物的态度主要反映了该事物对人的意义与价值，这种价值包括很多方面，如实用价值、理论价值、道德价值及社会价值等。事物对人价值的大小，一方面取决于事物本身；另一方面，也受人的需要、兴趣、爱好、信念、理想等因素的制约。人们的价值观不同，对同一事物也可能形成不同的态度，价值观念对人们态度的形成起到一种基本的综合作用。

（六）态度的社会性

态度虽然是人们的一种心理倾向，但它不是先天就有的，而是在人们的社会实践活动中形成的，例如，消费者对一件商品的态度，或是根据他自己观察得来；或是根据广告宣传，其他消费者的看法、意见等形成的。这说明，态度是适应环境的产物，离开了社会实践活动，也就无所谓人的态度。

四、消费者态度的功能

消费者对产品、服务或企业形成某种态度，并将其贮存在记忆中，一旦需要时就会将其从记忆中提取出来，应付或帮助解决当前面临的问题。通过这种方式，态度有助于消费者更加有效地适应环境，使之不必对每一新事物或新的产品、新的营销手段都以新的方式作出解释和反应。学术界被广泛注意的卡茨（Katz）四功能说，认为消费者态度有适应功能、自我防御功能、知识或认识功能和价值表达功能。

（一）适应功能

适应功能又称实利功能或功利功能。它是指态度能使人更好地适应环境和趋利避害。人是社会性动物，他人和社会群体对人的生存、发展具有重要的作用。只有形成适当的态度，才能从某些重要的人物或群体那里获得赞同、奖赏或与其打成一片。例如，售货员如对购买者的购买行为表示赞美，进而使顾客形成正面的态度和好感，销售则会比较容易；而且消费者在下次遇到这些产品或服务也会作出一致的反应，从而节省了在购买决策上的时间。

（二）自我防御功能

自我防御功能是指形成关于某些事物的态度，能够帮助个体回避或忘却那些严峻环境或难以正视的现实，从而保护个体的现有人格和保持心理健康。在消费过程中，我们经常可以看到一些收入水平并不高的消费者也会不时购买一些高级美容品、抗衰老产品或者对这种行为持积极的态度，实际上也是出于自我防御的目的，有意识或无意识地防御由于身体衰老或自感容貌平平所滋生的不安情感。

（三）知识或认识功能

知识或认识功能是指形成某种态度，更有利于对事物的认识和理解。事实上，态度可以作为帮助人们理解世界的一种标准或参照物，有助于人们赋予变幻不定的外部世界以某些意义。例如，消费者对某种类型的销售人员形成了一种印象或态度，这种态度可能是正面的，也可能是负面的，那么，在下次再遇到该种类型的销售员时，消费者根本就不用细听销售人员说些什么，而是根据以前所形成的态度决定是趋近还是回避该销售员。通过这种方式，可以使外部环境简单化，从而使消费者集中精力关注那些更为重要的事件。态度的知识功能，也有助于部分地解释品牌忠诚度的影响。对某一品牌形成好感和忠诚，能够减少信息搜集时间，简化决策程序，并使消费者的生活更为稳定。

（四）价值表达功能

价值表达功能是指形成某种态度，能够向别人表达自己的核心价值观念。例如在20世纪70年代末80年代初，一些年轻人以花格衬衫和喇叭裤为时尚，而很多中老年人对这种装束颇有微词。这实际反映了在刚改革开放时两代人在接受外来文化上的不同价值观念。

此外，以伯恩、克劳雷和斯台茨为代表的理论认为，消费者态度的形成是通过条件反射，通过"刺激-反应"的学习过程完成的。例如，顾客通过各种商品、劳务及广告、推销行为的刺激，作出相应的反应，掌握商品的有关信息，作出相应的价值判断，并引起情绪反应，综合组成一定的行为倾向。在这一学习过程中，强化、模仿等因素发挥着重要的作用。

五、消费者态度的形成及改变的理论

西方学者对态度的形成及改变提出了许多理论解释，大多数解释是基于这样的，即消费者态度的形成过程具有内在一致性的要求，他们注重自己的认知、情感和行为的和谐，如果出现不一致和矛盾，便会产生一种压力感和紧张感。例如，没有消费者会有这样的态度：百事可乐是我最喜欢的饮料，或百事可乐的味道一塌糊涂。因为这种不一致会使消费者面临矛盾和冲突，并因此承受一定的心理压力。这表明，为了获得一致，消费者会在必要时改变他们的认知、情感或行为。在这种一致性原则下，研究人员对态度形成所作的不同解释虽然各有侧重，但它们并不矛盾，而是相互兼容和互补的。

(一) 认知失调理论

认知失调理论是由费斯廷格（L. Festinger）于 1957 年提出的。费斯廷格认为，任何人都有许多认知因素，如有关自我、他人及其行为以及环境方面的信念和看法。这些认知因素之间存在三种情况：①相互一致；②相互冲突和不协调；③相互无关。当两个认知因素处于第二种情况，即处于认知失调状态时，消费者就会不由自主地通过调整认知减少这种矛盾和冲突，力求恢复和保持认知因素之间的相对平衡和一致性。

为了证明认知失调状态能引起态度改变，费斯廷格等人于 1959 年曾做过一个试验。该试验邀请一些大学生作为被试，被试被分成三个小组：控制组、高奖赏组、低奖赏组。试验中，所有被试被要求做一个小时单调乏味的工作。除控制组外，其他被试被要求在完成试验后对门口的一位女性研究助理撒谎，说这项工作非常有趣、令人愉快。作为撒谎的回报，高奖赏组每人可以得到 20 美元，低奖赏组每人得到 1 美元。最后，所有被试被要求在一个 10 个等级的量表上表明他们到底在多大程度上真正喜爱这项工作。结果发现，高奖赏组和控制组的被试大多认为这项工作枯燥无味，不大喜欢，这两组平均得分值都比较低，且无明显差异；而低奖赏组则认为此项工作是有趣的、愉快的，其态度平均得分值比较高。

研究者认为，控制组没有被要求撒谎，内心无认知冲突，能表达其真实认知与态度；两个奖赏组的被试都出现了认知失调。高奖赏组被试由于高奖赏这一外力的影响，就会在两个认知之间插入一个辩解性理由，如"得到一笔可观的奖赏，撒个小谎是值得的"。于是，不仅维持对工作十分单调的认知和不喜爱的态度，而且对自己的撒谎行为心安理得。而低奖赏组的被试，由于找不到充足的外在理由为其撒谎行为进行辩解，只能从内部寻找理由对自己行为予以支持，因而朝着"说的不是谎言"并相信"工作是有趣的"的方向变化，即改变了对工作的认知与态度。

(二) 平衡理论

平衡理论由海德（F. Heider）于 1958 年提出，考察的是构成态度的一个三维关系，其涉及三个要素（如图 7-2a 所示）：①某人（如一位名叫马丽的女孩子）；②某个态度对象（如一位名叫张山的男孩子）；③与该态度对象有关联的其他事物（如张山喜欢佩戴的耳环）。消费者对某个态度对象及其相关联事物的看法既可能是肯定的，也可能是否定的。三个要素之间以两种方式发生联系：一种是归属关系，即一个要素归属于另一个要素，如耳环与张山之间的关系；另一种是情感关系，即两个要素发生联系是因为其中一个要素对另一个要素有偏爱或厌恶的感情，如约会的情侣之间可以被视为有积极的情感关系。当然，情感关系可以是积极的，也可以是消极的。该理论强调，人们将试图保持三维关系的和谐或平衡，如果出现不平衡，紧张状态就会产生，一直到人们改变看法并重新恢复平衡为止。

在图 7-2a 中，假设马丽喜欢上了张山，希望能与他约会，这表明马丽对张山有了积极的情感关系（用"+"号表示）。但是，马丽却不喜欢男孩子戴耳环，表明马丽对男式耳环有一种消极的情感关系（用"-"号表示）。同时，我们仍然假设张山总是戴着耳环，即耳环与张山之间存在归属关系（用"＋"号表示）。在这种情况下，三维关系便出现了不平衡。如果这种不平衡产生的紧张和压力足够大，那么马丽就会调整自己的心态，使三维关系趋于平衡。她可能有四种选择：①劝说张山不要再戴耳环了，使耳环与张山之间的归属关系不复存在；②因为喜欢张山，而改变对男人戴耳环的看法，即对男式耳环建立一种积极的情感关系；③给自己"阿Q"式的安慰或自欺欺人，假设耳环与张山之间没有内在的归属关系，如设想张山戴耳环只是为了赢得朋友们的认可，而他本人并不是愿意戴耳环的；④如果第①、③种办法都不能成功的话，马丽就放弃张山，不再喜欢他了。

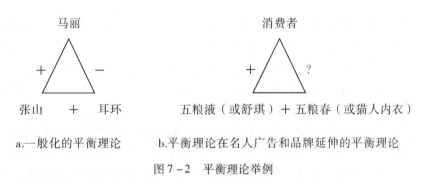

a.一般化的平衡理论　　　b.平衡理论在名人广告和品牌延伸的平衡理论

图7－2　平衡理论举例

该理论并未指出马丽最终会采取哪种方式进行调整，只是指出为了达到平衡，马丽的一种或多种看法可能发生改变。实际上，该理论并未考虑三维关系的强度，因而不能说明马丽在不平衡状态时，何以会对其中的一方而不是另一方改变态度以恢复平衡状态。但是，平衡理论却提醒我们，当各种相关的看法之间达到平衡或一致时，态度最稳固；另一方面，当出现不平衡时，态度就可能发生变化。平衡理论也解释了为什么人们喜欢与那些能得到肯定评价的事物发生联系。例如，与某种流行产品（如一件名牌服装、一款受很多人喜爱的汽车）间形成归属关系，将有助于赢得他人的认可并与之建立积极的情感关系。

平衡理论对于名人广告和品牌延伸的决策是很有用的。例如，当企业推出一种新产品或者消费者对某个品牌还未形成明确的态度时，企业可以在广告中宣传目标顾客所喜爱的某个名人（如舒琪）拥有该产品（猫人内衣），来帮助消费者建立与产品之间正面的情感关系。品牌延伸的用意亦在于将消费者对知名品牌（如五粮液）的积极情感，通过三维关系传递到被延伸的产品（如五粮春）上（如图7－2b所示）。

但是，不管是名人广告，还是品牌延伸，都需要满足两个基本条件：①目标顾客已发展出对名人或知名品牌积极的情感关系。如果名人是臭名昭著的名人，或者名牌缺乏美誉度，其广告或品牌延伸不仅难以建立积极的情感关系，反而会适得其反。②所宣传或延伸的产品与名人或母品牌具有归属关系。如果归属关系不存在或受到消费者的怀疑，名人广告或品牌延伸的效果也会受到限制甚至是伤害。例如，在一则补钙产品的广告中，"巩俐阿姨"声称曾向希望小学的小朋友赠送该产品，后经媒体质疑和曝光之后，不仅该品牌的形象受损，而且对巩俐自身的声誉也不无负面影响。类似地，由于归属关系不存在，如果将"活力28"品牌的洗衣粉延伸到纯净水产品上，其效果的不好也就可想而知了。

在品牌延伸中，还必须注意防止因为新产品的失败，而给母品牌的形象所造成的伤害。如果消费者不能认同和喜爱新产品，即消费者对新产品建立的是一种消极的情感关系，为求平衡，消费者对母品牌的积极情感关系就有可能由好变坏。此外，当高端定位的品牌被延伸到低端产品时，由于品牌的大众化，该品牌对于高端市场的顾客而言，它的象征价值和个性会逐渐丧失或被破坏，高端顾客对品牌的评价也可能因此而恶化。

(三) 学习理论

学习理论又称条件作用理论，其代表人物是耶鲁大学的霍夫兰德（C. Hovland）。霍夫兰德认为，人的态度同人的其他习惯一样，是后天习得的。人们在获得信息和事实的同时，也认识到与这些事实相联系的情感与价值。儿童认识了狗这一动物，通过观察，他发现狗能和家里的人友好相处，并且具有很多好的品性。于是，他学会了对狗的好感，即通过学习获得对狗的肯定情绪与态度。

人的态度主要是通过联想、强化和模仿三种学习方式而逐步获得和得到发展的。联想是两个或多个概念或知识之间的联结。按照斯塔茨（A. W. Staats）的说法，态度的形成是一个中性概念与一个带有积极或消极社会含义的概念重复匹配的结果。例如，消费者将"××学习机"与"音质很差"这两个概念联系起来，就是一种联想；如果消费者将该学习机与大量与其有关的负面的信念联系在一起，就会对×××学习机形成消极的态度。

强化来自外部的刺激及其产生的内在体验或认知。如果消费者购买某个品牌的产品后，产生一种满意的感觉，或者从中获得了"物有所值"的体验，那么，他的这一行动就会得到强化。在下一轮购买中，他更有可能重复选择该品牌。如果选择某个品牌的产品得到同事和朋友"肯定"的强化，他就可能对这种产品形成积极的态度。经常光顾某家商店的顾客，如果能够得到店主和营业员热情、细致、耐心的服务，并且能享有更多的价格优惠，他也会对这个商店形成积极、肯定的态度，甚至发展成对这家商店的忠诚。

模仿一般是对榜样的模仿。人们不仅模仿榜样所持态度的外部特征如言谈、举止，而且也吸取着榜样所持态度的内涵，如思想、情感、价值观念等。如果榜样是强有力的、重要的或亲近的人物，模仿发挥的作用会更大。在消费生活中，消费者会通过对名人和重要参照群体的模仿，形成与后者相一致的对人、对事和对生活的态度，并通过其消费方式与活动表现出来。例如，第一汽车制造厂推出的新式"红旗"轿车，曾经在市场中较受欢迎，或许能从一个侧面反映出普通民众出于模仿欲望而对这种过去的"首长用车"所产生的特殊情感与态度。

态度的形成和变化一般要经历三个阶段：第一阶段是顺从。这时没有太多的情感成分，也没有多少深刻的认知，个体的行为受奖惩原则的支配，一旦外部强化或刺激因素消失，行为就可能会终止，因此这种态度是暂时的、易变的。第二阶段是认同。这是指由于喜欢某人、某事，乐于与其保持一致或采取与其相同的表现。这个层次的态度虽然不以深刻的认知为基础，但与顺从阶段相比，已有了较多的情绪和情感成分。第三阶段是内部化。即个体把情感认同的事物与自己的价值观、信念等联系起来，使之融为一体，对情感、态度给予理性上的支持。此时，态度以认知成分占主导，同时伴随有强烈的感情成分，因而比较持久和不易改变。上述三阶段，从某种意义上，可以看作学习过程中个体态度所处的三种层次或水平，对我们理解个体如何经由学习形成其态度是颇有启发的。

（四）自我知觉理论

自我知觉理论是指对消费者态度的形成提出的另外一种解释。它假定人们知觉或审视自己的行为，来判断自己到底持什么态度，就像观察他人的行为来判断其所持态度一样。这种理论仍然强调一致性，假设所做的选择是独立的，消费者根据其购买或消费行为推断自己对于对象的态度。某消费者可能会说："我是喜欢长城葡萄酒的，因为我在餐馆吃饭时总是喝长城葡萄酒。"

这种态度形成与低水平的参与有关，因为它涉及的是这样一种情形，即消费者在最初采取某种购买行为时，并不具有强烈的内在态度。事后，态度的认知和情感要素才得以统一。这就是说，习惯性的购买行为可能会在事后产生积极的态度，既然我决定买下它，想必我是喜欢它的。这就给营销人员一种启示，通过劝说消费者试用并养成购买习惯，进而培养其积极、稳定的态度，对于那些低参与水平的商品来说，不仅是可能的，而且也是有效的。

自我知觉理论可以解释一种叫作"踏脚进门的技巧"的推销技术。该技术产生于挨家挨户的上门推销活动，推销员在敲开门后，赶紧把脚踏进门里去，以免顾客呼地一下把门关上。一个好的推销员知道，只要他能说服顾客把门打开并开始交谈，消费者也许就会买点什么。因为顾客既然允许推销员进门，并且愿意交谈，就表明顾客对推销员及其推销的产品或许已有了一定的兴趣和相对积极的态度。此外，在劝导人们回答调查问卷或捐钱给慈善机构时，这种技巧也特别有效，其成败在于相关人员能否抓住机会，得寸进尺。

（五）社会判断理论

社会判断理论是指人们对于有关态度对象的信息会加以同化，即以已有的态度作为参照标准，将新信息进行归类和处理。根据这一理论，人们的现有态度会对新态度的形成产生影响和制约。这就像我们总是根据以前搬箱子的经验来判断一个箱子的轻重一样，我们在对态度对象形成判断时也会采用一套主观的标准（可以称之为态度标准）。人们常说的"先入为主"就是这个意思。

该理论强调，某个刺激或信息是否被接受，总是因人而异。人们根据态度标准会形成一系列的接受圈和否定圈。符合现有态度标准，即落在接受圈内的观念和事物就会得到承认；否则，就会被否定或拒绝。如果落在接受圈内的信息本身并不完全一致，那么，人们就会对其进行协调或调整，使之趋于一致与和谐，这个过程就称为同化作用。如果落在否定圈内的信息可能遭受比客观的不一致性更强烈的排斥，就产生了排斥作用。

人们对某个态度对象的偏好越强烈，他们的接受圈就会越小。在这种情况下，消费者能够接受的事物就越少,而且会排斥哪怕是与主观标准只有细微偏差的事物。这就解释了为什么一些企业很难改变消费者对自己业已形成的根深蒂固的看法,或者忠诚的消费者很少对竞争者品牌或新品牌有积极性和兴趣的原因。

大众汽车在美国市场的销售很能说明这个问题。大众的小型金龟车在20世纪70年代曾经赢得大多数美国人的喜爱。但是,1980年之后大众汽车不但未能在大型昂贵汽车市场中有所作为,甚至很快退出了可能因第二次石油危机而高速增长的小型经济车市场,将其拱手让给了日本汽车。一个重要的原因就在于:大众汽车公司将小型车改由巴西工厂组装,虽然重要的零部件仍由德国人制造,但是美国经销商对巴西制造的品质没有信心,而且消费者也有所顾虑,从而不能接受非原产德国的小型车。同时,由于过去小型车的广告做得太成功(消费者甚至相信大众汽车公司只生产优质小型车),致使大众汽车公司新推出的大型昂贵汽车,如高尔夫、捷达等,均未能被消费者认可,购买者并不积极和踊跃。

(六) 和谐理论

和谐理论与平衡理论类似,也强调认知、情感和谐的一致性。该理论认为,如果一个评价为负的要素(如形象差的品牌)与一个评价为正的要素(如形象好的品牌)发生联系,前者的评价将会有所改善,后者的评价则会有所下降。但是,两个要素所得到评价的变化并不成比例。变化与态度极端化程度成反比。换言之,人们对其中一个要素或对象的态度越极端,当它与另一个要素发生联系时其态度受到的影响就越小;反之,则越大。为便于理解,假设一个臭名昭著的人(如恐怖头子本·拉登)公开宣称《阁楼》(一本拥有大量读者的杂志)是他最喜欢的读物,那么,《阁楼》因此而受到的损失比本·拉登个人形象要大得多。态度与评价的关系见图7-3。

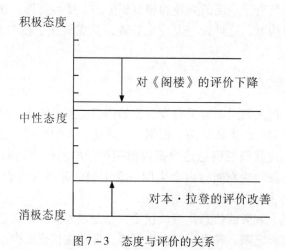

图7-3 态度与评价的关系

和谐理论表明,企业或品牌在与任何事物发生联系时都要承担一定的风险。这意味着,形象代言人的选择、"捆绑促销"或者"捆绑销售"、通路的选择、零售店的商品组合、媒体对广告主或品牌的选择、品牌广告的媒体、所插播节目的决策以及公司领导层的言行等，都必须保持谨慎。例如，高品位的 Miravella 杂志拒绝为泛滥于市场的美宝莲、雅芳等化妆品刊登广告。该杂志的出版商解释说，我们"希望被看成一家'百货公司'式的杂志"，我们谈论的是一些高档品牌，而不是摆设在你家里的大路货。

该理论也解释了人们普遍存在的攀附心理，即总愿意与那些得到非常积极评价的事物或比自己身份地位高的人建立某种联系。例如，美国亚利桑那大学的一项研究表明，当该大学的球队在周末比赛中取得好成绩时，佩戴与学校有关标志或饰品的人数就会增多，而且球队得分越多，研究人员在星期一看到的亚利桑那大学的校徽就越多。这种攀附心理创造了许多营销机会。在美国，校园商店每年销售带有校名或校徽的商品达到4亿美元以上，而使用学校注册商标的商品市场规模达7.5亿美元，仅加利福尼亚大学洛杉矶分校书店因出售与熊（校徽）有关的物品，每年就获得500万美元的收入。由于人们希望与成功的体育运动队发生联系，所以密歇根州、俄亥俄州、宾夕法尼亚州、得克萨斯州、佛罗里达州、印第安纳州、华盛顿州等州立名牌大学都拥有响当当的体育运动队，也就并不奇怪了。

第二节　消费者态度的改变

通过调整营销组合等方法，可以改变消费者已形成的对产品或品牌的态度。消费者态度的改变包括两层含义：①态度强度的改变；②态度方向的改变。消费者由原来有点喜欢某种产品到现在非常喜欢该种产品，这涉及态度强度的变化；由原来不喜欢某种产品到现在喜欢该产品，则涉及态度方向的改变。强度的变化存在着引起方向性改变的可能，而方向性改变中又包含着强度的变化，因此，两者是彼此关联和相互影响的。消费者态度的改变，一般是在某一信息或意见的影响下发生的，从企业角度，又总是伴随着宣传、说服和劝导，从这一意义上，态度改变的过程也就是劝说或说服的过程。积极肯定的态度会推动消费者完成购买活动，而消极否定的态度则会阻碍消费者的购买活动。

如果态度的三个成分（认知、情感和意志）处于平衡，态度因为已经稳定而很难改变。当新的刺激出现时，态度的三个成分之间就会发生不协调，于是新的信息可能影响认知或意向的成分，或者一个不好的经历可能改变情感的侧面。当三个成分之间的不协调超过一个特殊的承受水平时，个人就会被迫采取某种精神调节来重新达到稳定。在营销活动中，企业的营销策略都是针对改变原有态度强度一步步进行的，即让消费者由对产品的漠不关心转变为对产品的接受，或由对产品的接受转变为对产品的偏爱乃至忠诚。

一、态度形成与改变的过程

心理学家凯尔曼研究了态度形成与改变的过程，在1961年提出了态度改变过程的三阶段论。这三个阶段及变化次序是"服从→同化→内化"。

（一）服从是态度改变的第一阶段

服从是指在一定条件下，使个人的行为与社会要求和群体规范或别人的意志相适应。其突出特征是，服从并非是自己真心愿意的行为，而是受外界的压力而被迫发生的。例如，人们为了获得物质利益、金钱、他人尊重、承认、赞许或是为了避免惩罚而采取服从行为，但这种变化是受外因驱动的、一时的、局部的、不牢固的。一旦条件变化，这种行为也就不再发生。

（二）同化是态度改变的第二阶段

同化是个体从感情上自愿接受他人或群体的观点、信念、行为，并使自己与别人或群体的要求一致，其特征是由被迫转入自觉接受、自愿服从。同化能否顺利实现，他人或群体的影响力非常重要。一般来说，个体对群体越有依附感，在群体中所处的地位越重要，同化越彻底。

（三）内化是态度改变的最后阶段

内化是指个体已把情感认同的态度纳入自己的价值体系，成为自己态度体系中的有机组成部分，彻底形成了新态度，其特征是比较稳固、持久、不易改变。态度的形成与改变是一个复杂的过程，并非所有人对所有事物的态度都必然经历上述过程，有时仅停留在第一或第二阶段。所以，稳固、持久的态度的形成十分困难。在商业经营活动中，应注意顾客态度的形成与转化，设法进行消费引导、消费教育，促进态度的内化。

二、消费者态度改变的特点

（一）信念比追求利益更容易转变

广告心理学研究认为，可以通过寻求转变消费者对某一品牌的信念，进而实现转变消费行为，也可以通过转变消费者对品牌的价值观来转变消费者对产品的追求利益。然而消费者追求利益比信念更持久、更根深蒂固和更内在化，因为它们与消费者的价值观更为紧密。例如，一家止痛剂生产厂商生产了一种被消费者认为药效更强、见效更快的品牌，然而，消费者更看重的是得到医生首肯的产品温和性和安全性。一方面，该生产厂家可以试图使消费者相信，该止痛剂是一种非处方药品，无需得到医生推荐，其安全性也无需考虑，并且它是一种药效更强的药品，完全可以被人们接受。另一方面，该生产厂家也可调整其广告宣传重点，在继续强调见效快的同时，指出其完全符合 FDA 标准的安全性。后一种策略将会比前者更有效，因为广告说服是在消费者现有价值体系下来转变其对该品牌的信念。

（二）品牌信念比品牌态度更容易转变

消费者对产品的认知程度（信念）要比情感（态度）更容易转变。消费者心理学研究表明：消费者在高介入（参与）的情况下，信念变化要先于品牌态度的变化。如果消费者对产品的信念抑制了其购买行为，广告策划就要试图在不转变其信念的情况下转变他们的态度。

(三) 对享受性产品，态度转变比信念转变更重要

当消费者基于情感购买某一产品时，他们依靠的是情感（态度）而不是认知（信念），对享受性产品来说这一点更为重要。例如，沃尔沃试图将其冷酷、可靠的产品形象转变成一种欢乐与幻想结合在一起的形象，但其获得的成功相当有限。沃尔沃为了达到目的，不得不求助于态度转变策略，而非转变信念。其相当有限的成功驱使沃尔沃回到更为注重实际的、并强化消费者原有信念的主题上去。

(四) 消费者对产品参与程度不高时态度更容易转变

对于非参与产品的态度更容易转变，因为消费者对这种品牌并不关心。当产品的个性色彩不浓，对产品没有什么感情，产品没有什么象征意义时，消费者的态度更容易转变。社会评判理论支持这一观点。当消费者产品参与程度高时，他们只有在信息与其信念相一致时才会接受该信息。当参与程度低时，即使该信息与其先前信念不同，消费者也更有可能接受这一信息。

(五) 弱态度比强态度更容易转变

如果消费者对品牌的态度不那么坚定，营销人员就能够更容易地建立起与产品的新联系。如某一种护肤品，在非用户当中形成了一种稠密、油腻的印象，非用户更多地把它看作治疗严重皮肤病的药品，而不是普通的化妆品。营销人员深知，要扩大该品牌的销路，就必须转变非用户的态度。该公司开始在广告中将其产品宣传成一种柔润皮肤的日常用品，并把尽可能多的免费样品抹在潜在用户手上以表明该产品并不油腻。非用户之所以认可这场宣传活动，就是因为他们对该产品态度的形成并非建立在直接使用经验基础上，而只是一种微弱的印象。但是，这种微弱态度也会使竞争者更容易地将用户吸引过去。如果对公司或产品的态度很牢固，要想改变这种态度就要难得多了。

(六) 当消费者对品牌的评价缺乏信心时，其态度更容易转变

对品牌评价缺乏自信的消费者更容易接受广告内容中的有关信息，其态度也更易转变。消费者在评价某一品牌时对所应采用的标准产生迷惑，将使消费者在作出决策时缺乏自信。许多年以前，地毯协会雇佣了一家调研公司要求对垫子和地毯类制品的购买过程进行研究，得出的结论是：人们对毯类制品的特性或特色认识存在着许多混乱和误解。在这种情况下，消费者将会接受那些能提供一些关键属性的信息产品。广告策略也应是转变消费者对产品的信念。

消费者的态度组成结构中有认知成分。不同的消费者的认识能力是不同的。针对知识水平较高、理解判断能力较强的消费者，采用双向式呈递较好。双向式呈递是把商品的优劣两方面都告诉消费者，让他们感到广告的客观公正，结论由他们自己推出。因为这个层次的消费者普遍对自己的判断能力非常确信，不喜欢别人替自己做判断。如果广告武断地左右他们的态度，会适得其反地引起逆反现象，从而拒绝接受广告内容。但对判断力较差、知识狭窄、依赖性较强的消费者，采用单向式呈递信息的方式较适宜。这

个层次的消费者喜欢听信别人，自信心较差。针对这些特点，广告应明确指出商品的优势，它能给使用者带来什么好处，直接劝告他们应该购买此物，效果更明显。当然，选用哪种方式呈递信息，首要问题是认清广告对象是哪一层次的消费群体。

（七）以情动人的呈递方式

在消费者态度的三种成分中，情感成分在态度的改变上起主要的作用。消费者购买某一产品，往往并不一定都是从认识上先了解它的功能特性，而是从感情上对它有好感，看着它顺眼，有愉快的体验。广告如果能从消费者的感情入手，往往能取得意想不到的效果。前几年有一则电视广告：画面上妈妈在溪边用手洗衣服，白发飘乱；镜头转换，是我给妈妈带来的威力洗衣机，急切的神情；接下去是妈妈的笑脸。画外音是："妈妈，我又梦见了村边的小溪，梦见了奶奶，梦见了您。妈妈，我给您捎去了一个好东西——威力洗衣机。献给母亲的爱！"画面与语言的配合，烘托出一个感人的主题：献给母亲的爱。虽然整个广告只字未提洗衣机的优点，但却给人以强烈的情感体验。谁能不爱自己的母亲呢！这个广告巧妙地把对母亲的爱与洗衣机相连，诱发了消费者爱的需要，产生了感情上的共鸣，在心中留下深刻美好的印象，对此洗衣机有了肯定接纳的态度。因此，在广告有限的时空中以理服人地呈递信息，固然显得公正客观，但以情动人的方式更容易感染消费者，打动他们的心。

（八）奖励式的呈递

在广告中增加一些额外的奖励信息，使消费者在接受广告的同时，可获得一些与广告无关的东西，如小礼品或其他信息等。奖励是一种外在的正强化刺激。行为主义理论认为，这种正强化刺激可以增加消费者对广告及广告宣传的产品的好感。心理学研究中的可口可乐效应就证明了这一点。把被试者分成两组，让他们看某个广告传单，其中一组在发给广告传单时每人赠送一瓶可口可乐饮料，此组为实验组，而另一组则无任何奖励，称为控制组。之后让被试者说明自己对广告及广告宣传产品的评价。研究表明，实验组的评价普遍高于控制组。这说明可口可乐的实物奖励起了积极的作用，它帮助消费者接受了广告。这种奖励式呈递在应用时应格外注意，所强调的奖励一定要能兑现，否则将适得其反。

总之，广告说服策略不仅具有科学性，更具有独特的艺术性。无论广告信息呈递的方式如何，其基本原则是要在对消费者心理变化认知的基础上，找到广告对象的态度变化新特点。这样才能有的放矢地选准诉求点，制定有效的广告说服策略。

三、影响消费者态度改变的因素

影响态度改变因素可以归纳为两个方面，即态度形成特征的影响和外界因素的影响。

（一）态度形成特征与态度转化

1. 形成态度的强度直接影响态度的转变

消费者对不同程度的刺激会产生不同的心理反应，因此，形成态度的强度也会有很大的区别,这直接关系到态度的转变。一般来说,消费者所受的刺激越强烈、越深刻,形成的态度越不易改变。例如,消费者购买了一台价值较高的电脑,商品的质量如果没有期望值高、售后服务又不到位,就会导致消费者对商品乃至企业形成强烈的不满。这种态度一经形成则很难改变。

2. 形成态度的因素越复杂,则态度的改变越困难

如果消费者的态度的形成只是依赖于一个事实,那么只要证明这一事实是假的或错误的,态度就会改变。但是,如果态度的形成是建立在许多事实的基础上,则态度的改变就十分困难。

3. 消费者的态度一经形成,持续的时间越长则越难以改变

这种情况就像许多上年纪的人每当回忆起家乡的风味产品总是赞不绝口,不胜感慨,喜爱备至。国外企业都非常注重消费者态度的调查,了解企业产品在消费者心目中的形象,一旦发现问题立刻着手解决,以防不利印象固定化。

4. 态度的中心性直接影响态度的转变

态度的中心性是指形成态度基础的价值观与该态度相联系的程度。生活在社会中的每一个人都有他的价值观,并通过自己对事物的各种态度反映出来。而绝大多数商品或服务都象征性的代表一种特别的形象,当它与消费者所持的价值观相吻合时,就会形成对该产品的良好印象,并难以改变。

(二) 外界因素影响与态度转化

1. 信息的作用

信息是主体同外部客体之间有关情况的消息。客观世界到处都存在着信息。消费者对信息传达者或输送渠道越信任,所产生的态度变化就越大。在广告药品中,采用一位医生介绍的作用同一位喜剧演员介绍相比,前者会有更大的说服力。信息传达者不仅要内行,具有权威性,传达的形式还要恰当、中肯,以获得信息接受者的认可;否则,消费者怀疑信息的可靠性或不喜欢信息传达者,宣传效果会大打折扣。

2. 个体之间态度的相互影响

态度具有相互影响的特点。在个人态度受外界影响的因素中,他人的意见是很重要的因素。许多心理测试证明,当一个人首先表示他对某事的意见后,在场的其他人很容易附和;当另一种意见更有说服力时,人们又可能转变认识。这说明人们对事物的看法、见解很容易相互影响。这种相互影响的原因比较复杂,比较可信的解释就是从众心理的作用,随大流会使人感到很安全。另外,人们不愿表现出无知,附和他人意见也是一种比较好的掩饰。

3. 自我知觉理论

改变消费者的行为也可改变其态度。因为人们以某种方式去行动时,实际上已经作出了承诺。这种承诺会产生态度的改变,这就是自我知觉理论。其核心是在消费者行为中,存在着一些行为模式,这些模式作用的结果能使态度有不同程度的改变,而行为能导致态度改变的关键是他们所包含的承诺程度。例如,消费者用减价优惠券购买某种产品,说明有了一定承诺;而没有任何理由就购买某个产品,这说明有了更高程度的承诺；而重复地购买使用，承诺的程度是最高的，说明消费者对产品已产生了积极态度。

4. 团体的压力

消费者的态度通常是与消费者个人所属团体的期望和要求相一致的。团体的规范和习惯力量会在无形之中形成一种压力，影响着团体内成员的态度。团体中的个体也愿意使自己的态度和行为与团体中的大多数成员相一致，以求得到团体的认可。人是社会的动物，有和团体在一起的强烈愿望。在多数情况下，人们是与团体中的其他成员进行比较来评估自己的。如果个体与团体的意见不一致，通常人们会认为是个体错了。个体对团体的依赖，同样可以用来防止其受到来自外部的交流信息的影响。更值得强调的是，当消费者改变了个体所处的团体时，其态度又会同新的团体规范相适应。

四、消费者态度测量分析

影响消费者购买的诸因素中，态度具有十分重要的作用。消费者在购买活动中，之所以作出这样或那样不同的购买决策，采取迥异的行为方式，无不与其所持态度密切相关。在一定意义上讲，消费者具有某种态度将直接决定购买决策与购买行为的实现程度。深入分析消费者的心态及特殊心理，对于企业营销具有十分重要的意义。正因为态度是难以改变的，企业应使自己的产品适应消费者现有的态度，而不要勉强去改变消费者的态度。

态度的测量作为传统的研究项目，市场营销研究做了大量的工作，态度的测量在对消费者的研究中占有重要的地位。下面讨论的这几种典型的态度测量方法在市场研究及与之相关的行为研究领域中得到了广泛的运用。

（一）李克特量表法

李克特量表法，又叫总和等级评定法，是由李克特（R. Liker）于1932年提出来的。李克特量表法采用肯定或否定两种陈述，并要求参加态度测试的被试对各项陈述意见表明赞同或不赞同的程度。例如，采用李克特量表测量时，被试的长虹电视机可以就"长虹精显背投的清晰度很高"、"长虹精显背投价格太高"、"长虹精显背投无辐射"之类的观点，在一个5点量表或7点量表上表明其赞同程度。

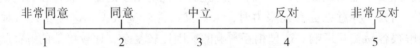

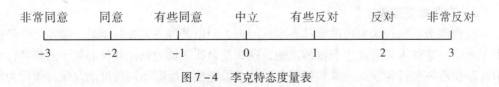

图 7-4 李克特态度量表

图 7-4 就是在态度调查中采用的 5 级和 7 级李克特态度量表。量表上取的分值越

低，表明对陈述意见赞同的程度越高；反之，则越低。当然，也可以规定量表值越低，赞同程度越低，这种规定完全是人为的，并且量表值可以是绝对数（如图7-4中的5点量表），也可以是相对数（如图7-3中的7点量表）。由于每个态度对象都可以从多个侧面进行测量，所以各个侧面的测量还需要以一定的计算方式加以汇总，以得出个体或群体对于特定态度对象的总体态度。前述菲什拜因模型实际上就是一种汇总的计算公式。

在运用李克特量表测量时，经常遇到的一个问题是，如何确定适当的、能够反映态度的陈述语句。对于这一问题，迄今没有找到十全十美的解决办法。但在实际中，可以通过计算在某一项目或陈述意见上得分居前的25%的被试的平均得分和在该项目上得分居末的25%的被试的平均得分，并对这两部分被试的平均得分进行比较，以平均得分的差异作为决定该陈述意见是否合适、是否应保留或删除的判别指标。前述两组被试在某一项目上平均得分的差异越大，表明该项目越能反映人们在某一方面的态度，因而适合于作为量表项目；否则，对于揭示消费者态度的帮助不大，不宜作为量表项目。

李克特量表操作简便，采用李克特量表的工作量只有瑟斯顿量表的几分之一到几十分之一，而用李克特量表所测得的结果与用瑟斯顿量表所测得的结果的相关度达0.80，由此不难解释该量表受到普遍欢迎的原因。当然，李克特量表并不完美。由于采用自我报告法，加之它具有一种将问题简化处理的倾向，运用李克特量表测量较复杂的态度问题时，效果并不十分理想。此外，李克特量表通过直接询问被试对态度对象的评价来获取数据，所以在一些敏感问题上，被试可能心存顾虑而加以掩饰，由此会影响测量结果的真实性。

（二）瑟斯顿等距量表

瑟斯顿（L. L. Thurstone）和蔡夫（F. J. Chave）在其1929年出版的《态度的测量》一书中，提出了态度测量的等距量表法。这一方法的具体测定程序比较复杂，测定方法如下：

（1）通过对消费者的初步访谈和文献分析，尽可能多地搜集人们对某一态度对象的各种意见。这些意见一般由一个个陈述语句来表述，其中，既有善意的意见，也有恶意的意见，既有肯定的，也有否定的。比如，制定消费者对某种鲜花的态度量表时，可以包括"该种鲜花很美"、"香气很浓郁"、"这种鲜花使我想起春天"、"葬礼上有这种鲜花会使人感到更加肃穆和悲哀"等等。这样的陈述意见可多达100条以上。

（2）将上述陈述意见归类，将其分为7、9或11组，具体归类可邀请若干评判人员完成。评判者审视这些意见，看是否体现了对于态度对象的肯定或否定的态度。然后，根据自己的判断，把这些意见分为A，B，C，D，E，F，G 7个组，以A表示极端肯定，B，C表示中度肯定，D表示中立陈述，E，F表示中度否定，G表示极度否定。分类任务完成以后，可以根据每种意见分类的分布情况，计算出该种意见的量表值。

表7-1是由彼得森（R. C. Peterson）编制的瑟斯顿"战争态度量表"中的部分陈述意见及其量表分值。该量表是采用组分类得出来的。

表 7-1 战争态度量表部分项目及其分值

题 序	项 目	分 值
1	在某些情况下,为了维持正义,战争是必要的	7.5
4	战争是没有道理的	0.2
6	战争通常是维护国家荣誉的唯一手段	8.7
9	战争徒劳无功,甚至导致自我毁灭	1.4
14	国际纠纷不应以战争方式解决	3.7
18	无战争即无进步	10.1

(3) 由评判人员对各陈述意见作进一步筛选,形成 20 条左右意义明确的陈述,并使之沿着极端否定到极端肯定的连续系统分布开。

(4) 要求被试对这 20 条左右的陈述意见或其中的一部分进行判断,赞成某一陈述意见者在该意见下打"√",不赞成时在该意见下打"×"。由于每一陈述意见已被赋予一个量表值,这样,通过计算应答者同意项数的平均量表值或这些项数的中项分值,就可得出他在这一问题上的态度分数。在前述彼得森战争态度量表测试中,被试平均得分越高,表明他越赞成或拥护进行战争。

运用瑟斯顿量表测试消费的态度,要求被试给予积极、诚实的回答和合作,否则,调查结果会出现偏差。同时,它需要许多评审者对数目众多的陈述意见进行筛选,并分别计算每一陈述意见的量表分值。这是一项极为费时、费力的工作,由此也极大地限制了这一方法在实际中的运用。

(三) 行为反应测量

行为反应测量是指观察和测量被试对于有关事物的实际行为反应,以此作为态度测量的客观指标。常用的行为反应测量方法有距离测量法、生理反应测量法和任务完成法。

1. 距离测量法

这一方法是通过观察人与人之间交往时的身体接近程度和亲切表现来研究人的态度。如果某人与另一人交往时,保持较远的距离,目光较少接触,而且身躯后倾,则表明他对后者持一种否定的态度,相反情况下则表明对后者持肯定的态度。

人对事物尤其是人对人的态度除了可以从前面所说的这种物理距离反映出来以外,也可以通过人与物、人与人之间的心理距离反映出来,博葛达斯(E. S. Bogardus)编制的"社会距离测量表"(表 7-2),就是根据人与人之间的心理距离制定的。它虽然最初是为分析种族之间的隔阂和距离而设计的,但对测定人与人之间的亲疏关系同样是适用的。表 7-2 中的分值是表示心理距离的远近。被试者在量表上做挑选后,如果得分值越大,表示社会距离越大,在种族问题上越怀有偏见;反之,则表示社会距离小,没有或较少有种族偏见。

表7-2 社会距离测量表

陈 述 句	分 值
可以结亲	1
可以作为朋友	2
可以作为邻居	3
可以在同一行业共事	4
只能作为国民共处	5
只能作为外国移民	6
应被驱逐出境	7

2. 生理反应测量

生理反应测量是指通过测定瞳孔的扩张、心律速度、血压变化、皮电反应等确定人的态度。例如,确定消费者对某则广告的态度时,可以在他看了该则广告后立即对其做心律变动或皮电反应测试。当然,心理反应测量也存在局限:一是它只能探测极端反应,二是它对所测态度的类型不一定能辨别清楚,如恐惧和愤怒的生理反应几乎相同,难以区分。

3. 任务完成法

任务完成法是指通过观察任务完成质量来确定其对这件事的态度。根据琼斯的研究,态度对学习具有过滤作用,因此,如果让被试阅读几种不同倾向的材料并要求尽可能地予以回忆的话,他一般会对与自己态度相吻合的材料记得更多、更好。所以,若他对带有某一倾向的材料比另外的材料记得更多、更好,则表明他更倾向于这种态度。当然,对材料记忆的好坏还涉及材料的难度、排列次序等其他因素,在运用任务完成法探测消费者态度时,应设法对这些因素予以控制。

(四)奥斯古德语义区别法

该方法是设计一对对反义形容词并分置两端,中间分为几个部分,要求被试者对某一物品的形容词的两极描述作出选择,在相应的位置上打"√"。该方法列出目标市场对品牌的态度可能涉及不同的属性和特点,这些属性可以通过集中小组(如5~12名消费者的深度访谈)、投影技术等来发现。每种属性用其可能有的相互对应的两极,如大与小、亮与暗、快与慢来表示。在两个极端之间划分为5或7个层次,消费者要求在恰当的地方对所评价的事物标准注"×"符号,在最两端表示"极为",最靠近两端的位置表示"很",再向里的一对位置表示"有一点",最中间的位置表示"既不,也不"。

使用奥斯古德语义区别法,可使市场研究者发现不同消费群体或同一消费群体对不同商品的态度差异。通过测量消费者对整体品牌的喜好或感情,可以相当准确地预测该消费者对这一品牌的购买和使用情况（如图 7-5 所示）。然而，由于态度的各个成分往往是某一营销策略的有机组成部分，我们有必要对每一态度成分加以测量。

图 7-5 使用奥斯古德语义区别法测量消费者对 GAP 时装的态度

五、消费者态度与行为

（一）消费者态度对购买行为的影响

传统上，很多学者认为，消费者一般是先形成关于产品的某些信念或对产品形成某种态度，然后受信念和态度的影响，再决定是否购买该产品。现在很多人则认为，购买行为并不必然受信念或态度的直接支配，在有些情况下，消费者可能是受环境或情境的影响，如在朋友的压力下、在促销的引诱下，先采取购买行动，然后再形成关于产品或服务的态度。总之，消费者态度与购买行为之间并不必然是一种指示和被指示的关系。

20 世纪 30 年代，美国社会心理学家拉皮尔（R. T. Lapiere）做过一项试验。拉皮尔偕同一对年轻的中国留学生夫妇在美国西海岸旅行，住宿了旅社，在 184 家餐馆用餐，并受到很好的接待。当时，美国普遍存在对黑人和亚洲人的歧视，拉皮尔的此次旅行使这对中国留学生夫妇颇感意外。6 个月后，拉皮尔将上述光顾过的餐馆、旅店作为试验组，将未光顾过的一些餐馆、旅店作为控制组，分别向它们寄送内容类似的调查问卷，以了解它们是否愿意接待华人顾客。结果，在光顾过的 250 家餐馆、旅馆中收回了 128 份答卷，其中回答不愿接待的有 118 家，占总数的 93.4%，而且这一结果与对照组的结果没有显著差别。由此说明，行为与态度之间的关系并不像人们通常想象的那样简单。虽然如此，态度与行为之间确实又存在密切的联系。在西方的政府选举中，民意测验往往成为某个政党候选人能否当选的有效预示器，而且民意测验日与选举日越接近，民意测验的预示效果越准确。所以，通过态度测量了解人心向背，在不少情况下对预示行为具有特殊的价值。

一般而言，消费者态度对购买行为的影响，主要通过以下三个方面体现出来。

1. 消费者态度将影响其对产品、商标的判断与评价

哈斯托夫（A. H. Hastorf）和坎特里尔（H. Cantril）将普林斯顿大学和达特茅斯大学两校校队足球赛录像分别放给两校学生看，结果，普林斯顿大学的学生发现达特茅斯球队犯规次数比裁判实际判处的多两倍,达特茅斯大学的学生则恰好相反,更多地指出普林斯顿球队犯规而未遭处罚的次数。显然,这是两校学生维护各自学校荣誉的立场和期望本校球队获胜的积极态度造成的认识判断上的偏差。这种现象,在消费者选择、购买产品时也会经常出现。例如,现在一些国产电视机、电话机品质本不比外国产品差,但一些消费者长期形成了进口电器产品尤其是日本产电器产品质量最好的信念和态度,由此在一部分人中形成了宁愿多花钱选择进口产品的崇洋倾向。

2. 态度影响消费者的学习兴趣与学习效果

琼斯(E. E. Jones)等人做过一个试验。他们选择对"白人与黑人分校学习"有不同态度的两组大学生作为被试者,第一组为反对分校者,第二组为赞成分校者。两组被试者被要求分别阅读一篇关于"反对黑人与白人分校学习"的文章,然后要求被试者将所阅读的文章内容尽量完整地写出来。结果发现,第一组被试者所记忆的材料数量远多于第二组,也就是说与读者态度相吻合的材料,易被吸收、储存和提取,而与读者态度不一致的材料,则更容易被忽视、曲解。显然,态度在学习过程中起着过滤器的作用。同样,消费者在接触各种来源的产品信息时,也会因对企业、产品的不同态度,产生先入为主的见解,从而影响他对这些信息的注意和理解。

3. 态度通过影响消费者购买意向、进而影响购买行为

佩里(M. Perry)曾研究过可否根据消费者对商品的态度来预测购买意图与购买行为的问题。他的研究发现,态度与消费者购买意图存在直接联系:抱有最善意态度的被试怀有明确的购买意图,抱有最恶意态度的被试完全没有购买意图,漠不关心的消费者则对将来是否购买持观望和不确定状态。由此得出的结论是:意图是态度的直接函数,即态度能够在很大程度上预测意图。费希本(M. Fishbein)和阿杰恩(I. Ajzen)认为,消费者是否对某一对象采取特定的行动,不能根据他对这一对象的态度来预测,因为特定的行动是由采取行动的人的意图所决定的。要预测消费者行为,必须了解消费者的意图,而消费者态度只不过是决定其意图的因素之一。在稍后介绍的费希本合理行动模型或行为意向模型里,态度、意图和行为之间的关系将得到进一步说明。

(二)客体态度模型

客体态度模型,又叫费希本模型(Fishbein model),是一个预测消费者态度的多属性模型。这一模型在消费者行为和市场营销研究领域受到广泛关注,我们后面要介绍的费希本行为意向模型也是建立在此模型基础上的,故此,拟对该模型作一简要介绍。

客体态度模型认为,预测或决定消费者态度的因素主要有三个:一是消费者对客体的突出信念,这类信念主要是指客体所具的、对消费者很重要或消费者很关心的客体属性;二是上述信念的强度;三是对前述每一重要的客体属性的评价。如果以 A_O 表示主体对客体 O 的整体态度,i 表示客体所具有的第 i 个重要属性,n 表示客体具有的重要属性的个数,b_i 表示消费者对客体具有属性 i 的信念强度,e_i 表示对属性 i 的好恶程度,则客体态度模型可以表述为以下公式:

$$A_O = \sum_{i=1}^{n} b_i e_i$$

上述公式中的 b_i，即客体—属性信念强度一般可以通过询问消费者来作出估计。询问时，通常采用的问题方式是"客体 X 多大程度上具有属性 Y?"例如，若要确定消费者对"长虹彩色电视机具有很高的清晰度"这一信念的强度，可以询问消费者在多大程度上认为"长虹彩电具有高清晰度"，并要求他在一个分值由 1 到 10 的量表上标明其确信度。量表上的 1 表示极不可能，10 表示可能性极大。

同样，e_i 即消费者对属性的好恶评价亦可以通过类似方式作出估计。例如，可以询问消费者"电视机具有高清晰度"是一件极好的事情，还是一件极坏的事情，并要求其在一个从 -3 到 +3 的七级量表上对上述属性的好坏作出评价。在这里，"-3"表示"极坏的事情"，"+3"表示"极好的事情"。如此，就可获得消费者关于 e_i 的评价值。

（三）费希本行为意向模型

行为意向模型，也称合理行动理论，是由费希本和他的同事们在客体态度模型的基础上发展起来的（见图 7-6）。这一模型在很多方面对客体态度模型进行了扩展和改进。

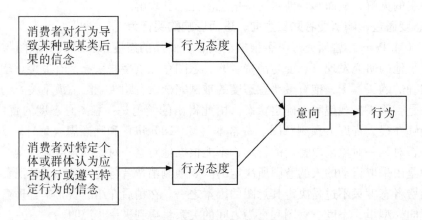

图 7-6 费希本行为意向模型

首先，该模型提出，行为是某种特定购买意向的结果，态度本身并不能用来直接预测行为，而是用来预测行为意向。

其次，行为意向模型增加了主观规范这一决定行为意向的变量。所谓主观规范，是指行动者对别的消费者认为在此情此境下他应采取何种行动的主观评价。例如，某家庭主妇得了一笔奖金，是用这笔钱为自己购置一套时装，还是为孩子添置一架电子琴，抑或为丈夫买一套入时的西服，这很大程度上取决于她此时认定她的朋友、同事或其他接触的相关群体期望她采取何种行动。如果她认为在此情形下，她的朋友或同事更倾向于把钱用在孩子的智力投资上，那么，她很可能形成购买一架电子琴的行动意向。实际上，主观规范的引进，将相关群体对行为的巨大影响引入了模型，使得模型更接近于反映现实。

最后，该模型不是要求消费者直接对产品或商标表达态度，而是要求他对购买该产品或该商标的行为表达态度和看法。态度评价上的这一差别，使消费者更多地集中考虑购买行为所带来的后果。当更多地考虑购买后果而不是产品具有哪些属性和对这些属性进行评价时，消费者将把与购买有关的更多的因素，如是否与其他购买相冲突、财务上是否存在困难、是否有更好的选择品等纳入考虑范围，这样，可以大大提高模型预测购买意向的能力。

行为意向模型也可以用代数公式加以表达。如果用 B 表示行为，BI 表示行为意向，A_B 表示对行为 B 的态度，SN 表示主观规范，W_1 表示态度对行为意向的表示影响权重，W_2 表示主观规范对形成行为意向的影响权重，则模型可表示为：

$$B \approx BI = W_1 \cdot A_B + W_2 \cdot SN$$

式中，$B \approx BI$ 表示行为接近行为意向，但并不一定完全吻合，原因是还存在着意外事件或其他一些影响因素，使行为意向与实际行为不相一致。W_1 和 W_2 可以通过经验性的回归分析获得，A_B 和 SN 可以经由消费者问卷调查获得。

实际上，A_B 可由以下公式估计：

$$A_B = \sum_{i=1}^{n} b_i e_i$$

此公式与前面介绍的客体态度模型中的表达式在形式上完全一致。不同之处是，在本模型中，b_i 表示消费者对履行某种行为将导致结果 i 的信念，e_i 表示消费者对结果 i 的主观评价。换句话说，在行为意向模型中，消费者所评价的不是关于客体具有某种属性的信念，而是关于采取某种行动将导致特定后果的信念。

主观规范可以用以下公式估计：

$$SN = \sum_{i=1}^{n} (NB_j)(MC_j)$$

SN 表示主观规范，NB_j 表示个体或参照群体 j 认为某消费者应当或不应当采取某种行动的信念，MC_j 表示消费者接受参照群体 j 的影响或服从于参照群体的行为规范的动机，表示相关群体或个体的数目。

迄今为止，不少学者对行为意向模型作了经验检验，就总体而言，该模型确实显示了其优越性。然而，也有一些学者认为，该模型并不如它所表明的那样准确，尤其是对主观规范变量的作用和地位，一些人已经提出了质疑。辛普（T. Shimp）等人的研究显示，购买行为在更大程度上受模型中的态度成分，而不是受主观规范成分的影响。

（四）购买行为与态度不一致的影响因素

前面业已指出，消费者态度一般要透过购买意向这一中间变量来影响消费者购买行为，态度与行为之间在很多情况下并不一致。造成不一致的原因，除了前面已经提及的主观规范、意外事件以外，还有很多其他的因素。下面对这些影响因素作一简单讨论。

1. 购买动机

即使消费者对某一企业或某一产品持有积极态度和好感，但如果缺乏购买动机，消费者也不一定会采取购买行动。例如，一些消费者可能对 IBM 生产的计算机怀有好感，认为品质超群，但这些消费者可能并没有意识到需要拥有一台计算机，由此造成态度与行为之间的不一致。

2. 购买能力

消费者可能对某种产品特别推崇,但由于经济能力的限制,只能选择价格低一些的同类其他牌号的产品。很多消费者对"奔驰"汽车评价很高,但真正做购买决定时,可能选择的是其他牌号的汽车,原因就在于"奔驰"的高品质同时也意味着消费者需支付更高的价格。

3. 情境因素

情境因素如节假日、时间的缺乏、生病等等,都可能导致购买态度与购买行为的不一致。当时间比较宽裕时,消费者可以按照自己的偏好和态度选择某种牌号的产品;但当时间非常紧张,如要赶飞机、要很快离开某个城市时,消费者实际选择的产品与他对该产品的态度就不一定有太多的内在联系。

4. 测度上的问题

行为与态度之间的不一致,有时可能是由于对态度的测量存在偏误。例如,只测量了消费者对某种产品的态度,而没有测量消费者对同类其他竞争品的态度;只测量了家庭中某一成员的态度,而没有测量家庭其他成员的态度;或者离开了具体情境进行测度,而没有测量态度所涉及的其他方面;等等。

5. 态度测量与行动之间的延滞

态度测量与行动之间总存在一定的时间间隔。在此时间内,新产品的出现、竞争品的新的促销手段的采用,以及很多其他的因素,都可能引起消费者态度的变化,进而影响其购买意向与行为。时间间隔越长,态度与行动之间的偏差或不一致就会越大。

本章小结

消费者态度是影响消费者购买行为的一个重要因素。态度是指个体通过学习对一定客体所产生的相对稳定的心理反应倾向,它可以看作一种行为准备。在态度的构成上有两种观点:一种是一元论,认为态度由感情要素构成,即把态度仅理解为一种感情或情感;另一种是三元论,认为态度由认知、感情和意向三个要素构成。总体来看,感情是态度的核心,但是,要综合性地把握消费者的态度,就有必要同时把握消费者的感情和认知两个层面。

测量消费者态度的方法很多,主要有瑟斯顿等距量表、李克特量表、奥斯古德语义区别法和行为反应测量法。这些方法虽在实际中得到了较为广泛的运用,但各自都有其不足与局限,需要进一步改进和完善。

西方学者对态度的形成提出了许多理论解释,大多数解释采用了一致性的原则。这些理论包括认知失调理论、平衡理论、学习理论、自我知觉理论、社会判断理论与和谐理论等。虽然这些理论的解释各有侧重,但它们并不矛盾,而是相互兼容和互补的。

关键概念

消费者态度　学习理论　认知失调理论　三元论　瑟斯顿等距量表　奥斯古德语义区别法

思考题

（1）什么是态度？态度有哪些特点？

（2）试述认知失调理论、平衡理论、学习理论、自我知觉理论、社会判断理论与和谐理论及其对营销的启示。

（3）试述信息源对消费者态度的影响。

（4）试述情景对消费者态度的影响。

案例　美洲虎公司如何重建消费者的态度

20世纪80年代初期，美洲虎公司几乎陷入绝境：销售量急剧下降，产品质量很糟糕，消费者对公司、产品和经销商的态度变得越来越差。几乎是在最后一刻，美洲虎公司（以下简称美洲虎）将自己从灾难的边缘拯救了出来。

美洲虎的问题并不是轿车本身令人乏味或缺乏吸引力，相反，很少有汽车像美洲虎这样能点燃如此之多顾客的激情。但是，在20世纪80年代初，这些激情大多是消极的，该车的拥有者（也许还有一些非拥有者）对产品质量和可靠性缺乏信任。关于美洲虎有许多笑话，比如"美洲虎不久将成双销售它的轿车，所以你可以驾驶一辆，而将另一辆放在维修厂里"。不幸的是，美洲虎消费者的态度却真实地反映了当时的情况——轿车质量和经销商存在严重问题。

美洲虎的管理层、员工和经销商不得不采取一系列措施来提高产品质量，改进它的售后服务。公司把汽车保修期延长到两年，这是原来保修期的两倍。顾客的信任和态度开始有了改变，销售量也迅速地得以改善。为了了解消费者对轿车的评价，美洲虎的管理人员开始跟踪顾客对轿车、经销商以及公司的态度，并且专门聘请一家研究公司负责每月调查数百名购买者，通过调查他们在购车后1个月、8个月和18个月后的反应，来跟踪和掌握顾客的态度。

最初的结果显示，顾客相信汽车质量得到了改进，但是，经销商的服务还是不能令人满意。因此，美洲虎淘汰了大约20%的最糟糕的经销商。随着产品质量、销售服务等各方面的不断改进和提高，到1985年，在美国消费者欢迎程度的评比中，美洲虎荣获第五名，仅次于本田而领先于马自达。在高档小车市场只有奔驰领先于它。当然，并不是每一个美洲虎的消费者都十分满意，但消费者对美洲虎的评价总体上是满意的。

在20世纪90年代初期，一次严重的销售量下降给高档轿车带来了沉痛的打击，尤其是对美洲虎，消费者的态度又变得消极起来。即使是美洲虎的产品质量得到了改进，减少了80%的缺陷，但与同类高档小汽车相比，仍被看作质量较低的产品。公司开展了一系列的广告宣传，致力于改善顾客与美洲虎汽车的关系。在其中的一则广告里，一位妇女讲述着她的计划——到40岁时拥有一辆美洲虎，并表达了她对美洲虎的钟爱之情。为了刺激疲软的销售，美洲虎实施了降价销售策略，把XJS型车降价1万美元（约降价18%）出售，同时将V-12型车改造成6缸汽车。销售量在1993—1994年度确实有所增长，但消费者的不信任态度仍然存在。正如美洲虎的总裁所说："我们销售的最大挑战就是克服消费者的恐惧心理。"美洲虎采取措施，再次扭转消费者态度的时候到了。

链接思考

（1）20世纪80年代初，使消费者产生消极态度的原因是什么？美洲虎为什么能够成功改变消费者的态度？

（2）20世纪90年代初，使消费者产生消极态度的原因是什么？与前一次有什么不同？如何再次说服消费者改变态度？

参考文献

[1] 王长征. 消费者行为学 [M]. 武汉：武汉大学出版社，2003
[2] 荣晓华. 消费者行为学 [M]. 大连：东北财经大学出版社，2006
[3] 冯丽云，孟繁荣，姬秀菊. 消费者行为学 [M]，北京：经济管理出版社，2004
[4] 龚振. 消费者行为学 [M]. 广州：广东高等教育出版社，2004
[5] 王财玉. 消费者态度满意研究的取向及整合：认知与情感 [J]. 山东工商学院学报，2013（6）
[6] 王嫣然，李堂. 探讨企业善因营销对消费者态度的影响 [J]. 中国外资，2013（23）
[7] 杜岩，徐光营. 口碑传播对网络购物消费者态度的影响 [J]. 企业技术开发，2013（5）
[8] 王秀村，吕平平. 周晋低碳消费行为影响因素与作用路径的实证研究 [J]. 中国人口资源与环境，2012（2）
[9] 林红焱，周星. 基于允许的 SMS 广告价值分析：消费者感知视角 [J]. 现代广告，2014（7）

第八章　社会群体因素对消费者行为的影响

本章学习目标

通过本章的学习，应掌握以下内容：①了解社会群体的概念、分类及其对消费者行为的影响，理解如何在营销活动中更好地发挥社会群体的作用；②了解社会阶层的概念、划分方法及其对消费者行为的影响，掌握如何在营销活动中根据目标市场消费者的阶层特点制定营销战略和策略；③了解家庭对消费者行为的影响及家庭生命周期不同阶段消费的特点。

第一节　社会群体的影响

一、社会群体的概念与特征

社会群体是指通过一定的社会关系结合起来进行共同活动而产生相互作用的集体。群体规模可以比较大，如几十人组成的班集体；也可以比较小，如经常一起上街购物的两位邻居。群体人员之间一般有经常的接触和互动，从而能够相互影响其行为。

社会成员构成一个群体，应具备以下基本特征：

（1）群体成员需以一定纽带联系起来。如以血缘为纽带组成了氏族和家庭，以地缘为纽带组成了邻里群体，以业缘为纽带组成了职业群体。

（2）成员之间有共同目标和持续的相互交往。公共汽车里的乘客、电影院里的观众不能称为群体，因为他们是偶然和临时性地聚集在一起的，缺乏持续的相互交往。

（3）群体成员有共同的群体意识和规范。从消费者行为分析角度，研究群体影响至关重要。首先，群体成员在接触和互动过程中，通过心理和行为的相互影响与学习，会产生一些共同的信念、态度和规范，它们对消费者的行为将产生潜移默化的影响。其次，群体规范和压力会促使消费者自觉或不自觉地与群体的期待保持一致。即使是那些个人主义色彩很重、独立性很强的人，也无法摆脱群体的影响。最后，很多产品的购买和消费是与群体的存在和发展密不可分的。例如，加入某一球迷俱乐部，不仅要参加该俱乐部的活动，而且还要购买与该俱乐部的形象相一致的产品，如印有某种标志或某个球星头像的球衣、球帽、旗帜等。

二、社会群体分类

（一）社会群体的类型

1. 正式群体与非正式群体

正式群体是指有明确的组织目标、正式的组织结构，成员有着具体的角色规定的群体。一个单位的基层党组织，大学里的教研室，工厂里的新产品开发小组均属于正式群体。非正式群体是指人们在交往过程中，由于共同的兴趣、爱好和看法而自发形成的群体。非正式群体可以是在正式群体之内，也可以是在正式群体之外，或是跨几个群体，其成员的联系和交往比较松散、自由。

2. 主要群体与次要群体

主要群体是指成员之间具有经常性面对面接触和交往，形成亲密人际关系的群体。这类群体主要包括家庭、邻里、儿童游戏群体等。次要群体指的是人类有目的、有组织地按照一定社会契约建立起来的社会群体。次要群体规模一般比较大，人数比较多，群体成员不能完全接触或接触比较少。在主要群体中，成员之间不仅有频繁的接触，而且有强烈的情感联系，正因为如此，像家庭、朋友等关系密切的主要群体，对个体来说是不可或缺的。

3. 隶属群体与参照群体

隶属群体是指消费者实际参加或隶属的群体，如家庭、学校等。参照群体是指这样一个群体，该群体的看法和价值观被个体作为他或她当前行为的基础。因此，参照群体是个体在某种特定情境下作为行为指南而使用的群体。美国社会学家 H. 海曼于 1942 年最先使用参照群体这一概念，用以表示在确定自己的地位时与之进行对比的人类群体。当消费者积极参加某一群体的活动时，该群体通常会作为他的参照群体。也有一些消费者，虽然参加了某一群体，但这一群体可能并不符合其理想标准，此时，他可能会以其他群体作为参照群体。

4. 长期群体与临时群体

根据消费者与群体联系的时间长短，消费者群体可分为长期群体与临时群体。长期群体是指消费者加入时间较长久的群体。长期群体的规范准则对消费者行为具有重大且稳定的影响作用，甚至可能导致群体成员形成一定的消费习惯。而临时群体只是消费者暂时参与其中的群体，临时群体对消费者行为的影响也是暂时性的，但影响力可能很大。例如，参与某企业有奖销售的消费者群体，多数成员的参与热情会激发更多人的购买欲望。

5. 实际群体与假设群体

根据消费群体的真实存在性与否，消费者群体可分为实际群体与假设群体。实际群体是指现实生活中客观存在的群体，成员之间具有实际交往与相互间的影响与制约。假设群体也称作统计群体，特指具有某些共同特点的消费者群体，而成员之间并没有现实的联系，也没有任何的组织形式，只是具有统计意义或研究意义的群体。例如，不同年龄、不同性别、不同文化水平、不同家庭规模、不同所属文化、不同宗教信仰、不同居住地区的消费者群体均属于假设群体。

(二) 与消费者密切相关的社会群体

为了更全面、深入地理解具体的社会群体对消费者产生的影响，下面对与消费者密切相关的六种基本社会群体进行简要介绍。

1. 家庭

人的一生，大部分时间是在家庭里度过的。家庭成员之间的频繁互动使其对个体行为产生广泛而深远的影响。个体的价值观、信念、态度和言谈举止无不打上家庭影响的烙印。不仅如此，家庭还是一个购买决策单位，家庭购买决策既制约和影响家庭成员的购买行为，反过来，家庭成员又对家庭购买决策施加影响。

2. 朋友

朋友构成的群体是一种非正式群体，它对消费者的影响仅次于家庭。追求和维持与朋友的友谊，对大多数消费者来说是非常重要的。个体可以从朋友那里获得友谊、安全，还可以与朋友互诉衷肠，与朋友讨论那些不愿和家人倾诉的问题，总之，它可以满足人的很多需要。不仅如此，结交朋友还是一种独立、成熟的标志，因为与朋友交往意味着个体与外部世界建立联系，同时也标志着个体开始摆脱家庭的单一影响。

3. 正式的社会群体

像学术研究会、学校校友会、业余摄影爱好者协会等组织均属于正式的社会群体。消费者加入这类群体，可能基于各种各样的目的。有的是为了见识新的朋友、新的重要人物，有的是为了获取知识、开拓视野，还有的是为了追求个人的兴趣与爱好。虽然正式群体内各成员不像家庭成员和朋友那么亲密，但彼此之间也有讨论和交流的机会。群体内那些受尊敬和仰慕的成员的消费行为，可能会被其他成员谈论或模仿。正式群体的成员还会消费一些共同的产品，或一起消费某些产品。例如，滑雪俱乐部的成员要购买滑雪服、滑雪鞋和很多其他滑雪用品。

4. 购物群体

为了消磨时间或为了购买某一具体的产品而一起上街的几位消费者，就构成了一个购物群体。购物群体内的成员，通常是有空余时间的家庭成员或朋友。人们一般喜欢邀请乐于参谋且对特定购买问题有知识和经验的人一起上街购物。与他人一起采购，不仅会降低购买决策的风险性，而且会增加购物过程的乐趣。在大家对所购产品均不熟悉的情况下，购物群体很容易形成，因为此时消费者可以依赖群体智慧，从而对购买决策更具信心。

5. 消费者行动群体

在西方消费者保护运动中，涌现出一种特别的社会群体，即消费者行动群体（Consumer-Action Groups）。它可大致分为两种类型，一种是为纠正某个具体的有损消费者利益的行为或事件而成立的临时性团体，另一种是针对某些广泛的消费者问题而成立的相对持久的消费者组织。学生家长临时组织起来，对学校的办学方针和政策提出质询，要求学校领导纠正某些损害学生利益的做法，就属于前一种类型的消费者行动群体。针对青少年吸烟、吸毒而成立的反吸烟或反吸毒组织就属于后一类型的消费者行动群体。大多数消费者行动群体的目标是唤醒社会对有关消费者问题的关注，对有关企业施加压力和促使它们采取措施矫正那些损害消费者利益的行为。

6．工作群体

工作群体也可以分为两种类型：一种是正式的工作群体，即由一个工作小组里的成员组成的群体，如同一个办公室里的同事、同一条生产线上的装配工人等等。另一种是非正式工作群体，即由在同一个单位但不一定在同一个工作小组里工作，且形成了较密切关系的一些朋友组成。由于在休息时间或下班时间，成员之间有较多的接触，所以非正式工作群体同正式工作群体一样，会对所属成员的消费行为产生重要影响。

三、参照群体对消费者行为的影响

（一）参照群体的概念

参照群体是指个体在形成其购买或消费决策时，用以作为参照、比较的个人或群体。如同从行为科学里借用的其他概念一样，参照群体的含义也在随着时代的变化而变化。参照群体最初是指家庭、朋友等个体与之具有直接互动的群体，但现在它不仅包括这些具有互动基础的群体，而且也涵盖了与个体没有直接面对面接触但对个体行为产生影响的个人和群体。

参照群体具有规范和比较两大功能。前一功能在于建立一定的行为标准并使个体遵从这一标准，比如受父母的影响，子女在食品的营养标准、如何穿着打扮、到哪些地方购物等方面形成了某些观念和态度。个体在这些方面所受的影响对行为具有规范作用。后一功能即比较功能，是指个体把参照群体作为评价自己或别人的比较标准和出发点。如个体在布置、装修自己的住宅时，可能以邻居或仰慕的某位熟人的家居布置作为参照和仿效对象。

根据个体的成员资格和群体对个体行为和态度的影响差异，参照群体可划分为四种类型：①接触群体。即消费者具有成员资格，其态度、价值观和行为标准被该消费者认同的群体。②渴望群体。即消费者不具有成员资格，但却希望加入的群体。③否认或背离群体。即消费者具有成员资格，但对其行为标准、态度和价值观持否定或反对态度的群体。④避免群体。即消费者力图避免加入或对其持否定态度的群体。对于接触和仰慕群体，消费者会模仿该群体成员的行为举止，反之，对于背离和避免群体，消费者则会对该群体行为方式和价值观持厌恶或否定态度。

（二）参照群体的影响方式

人们总希望自己富有个性和与众不同，然而群体的影响又无处不在。不管是否愿意承认，每个人都有与各种群体保持一致的倾向。看一看班上的同学，你会惊奇地发现，除了男女性别及其在穿着上的差异外，大部分人衣着十分相似。事实上，如果一个同学穿着正规的衣服来上课，大家通常会问他是不是要去应聘工作，因为人们认为这是他穿着正式的原因。

参照群体对消费者的影响，通常表现为行为规范性影响、信息性影响、群体内部沟通的影响、价值表现上的影响和消费流行的影响等方面。

1. 规范性影响

规范性影响是指由于群体规范的作用而对消费者的行为产生影响。规范是指在一定社会背景下，群体对其所属成员行为合适性的期待，它是群体为其成员确定的行为标准。无论何时，只要有群体存在，无须经过任何语言沟通和直接思考，规范就会迅即发挥作用。规范性影响之所以发生和起作用，是由于奖励和惩罚的存在。为了获得赞赏和避免惩罚，消费者个体会按群体的期待行事，如广告商声称，如果使用某种商品，就能得到社会的接受和赞许，利用的就是群体对个体的规范性影响。同样，宣称不使用某种产品就得不到群体的认可，也是运用规范性影响。

2. 信息性影响

指参照群体成员的行为、观念、意见被个体作为有用的信息予以参考，由此在其行为上产生影响。当消费者对所购产品缺乏了解，凭眼看手摸又难以对产品品质作出判断时，别人的使用和推荐将被视为非常有用的证据。群体在这一方面对个体的影响，取决于被影响者与群体成员的相似性，以及施加影响的群体成员的专长性。例如，某女士发现好几位朋友都在使用某种品牌的护肤品，于是她决定试用一下，因为这么多朋友使用它，意味着该品牌一定有其优点和特色。

3. 群体内部沟通的影响

消费者将获取的商品信息，以及购买、使用商品后的评价及心理感受，向群体内的其他成员传播和倾诉，以求得其他成员的了解和认同，这一过程便是消费者群体的内部沟通。有效的沟通对消费者个人的行为以及群体的共同行为都有着重要的影响，消费者群体内部沟通既包括积极的沟通，也包括抱怨、投诉、传话等消极的沟通，故其对消费者行为的影响也表现在积极和消极两方面。

积极影响体现在群体内部成员之间的积极沟通，彼此分享愉快的购物经历，获得了满意的购物体验，可以极大地提高消费者的再次购买率以及群体内部其他成员的购买欲望，对于提高企业知名度、美誉度以及市场占有率具有重要作用。而消极的沟通则会是消费者将不满的消费情绪予以宣泄的强烈意愿和冲动，既阻碍了消费者自身的重复购买行为，也势必对其他群体成员的消费行为造成严重影响。显然，对企业而言，群体内部消极沟通的传话效应是十分不利的。

4. 价值表现上的影响

价值表现上的影响是指个体自觉遵循或内化参照群体所具有的信念和价值观，从而在行为上与之保持一致。例如，某位消费者感到那些有艺术气质和素养的人，通常是留长发、蓄络腮胡、不修边幅的，于是他也留起了长发，穿着打扮也不拘一格，以反映他所理解的那种艺术家的形象。此时，该消费者就是在价值表现上受到参照群体的影响。个体之所以在无须外在奖惩的情况下自觉依群体的规范和信念行事，主要是基于两方面力量的驱动。一方面，个体可能利用参照群体来表现自我，提升自我形象。另一方面，个体可能特别喜欢该参照群体，或对该群体非常忠诚，并希望与之建立和保持长期的关系，从而视群体价值观为自身的价值观。

5. 消费流行的影响

消费时尚和流行与产品生命周期类似，也遵循着"兴起期—热潮期—衰退期"三个阶段。流行商品在导入市场初期展示出的鲜明特色和优越性会吸引到消费群体内有名望、有社会地位的顾客或者具有创新消费心理的消费者，他们对流行商品的使用会在群体内产生强烈的示范效应。例如，某些明星等知名人物对某种流行商品的追捧会在极短的时间内形成群体其他成员的纷纷模仿，甚至形成抢购热潮。在这种流行冲击下，消费者行为会发生以下一些微妙的变化：①认知态度的变化。消费流行的出现，会导致群体内其他成员在意见领袖的带领下取消对新产品或新事物的怀疑态度，强化肯定倾向和购买欲望。②驱动力的变化。正常情况下人们购买是出于消费需求，购买动机比较稳定。而在消费流行的驱使下，购买动力会产生变化，如求新、求美、求名和从众等。③价值观念的变化。在消费时尚和流行浪潮冲击下，消费者会放弃购买经济合算、价廉物美的产品原则，某种程度上明知价格被抬高仍乐意购买，甚至以买高价格的商品为荣。

（三）决定参照群体影响强度的因素

许多企业都在试图运用参照群体去影响消费者行为，但是并非所有企业都适合运用参照群体，究竟适不适合运用参照群体来影响消费者的行为，取决于参照群体对消费者的影响程度。参照群体对其成员的影响程度取决于以下六个方面的因素。

1. 产品使用时的可见性

一般而言，产品或品牌的使用可见性越高，群体影响力越大，反之则越小。最初的研究发现，商品的"炫耀性"是决定群体影响强度的一个重要因素。后来的一些研究探索了不同产品领域参照群体对产品与品牌选择所产生的影响。

2. 产品的必需程度

对于食品、日常用品等生活必需品，消费者比较熟悉，而且很多情况下已形成了习惯性购买，此时参照群体的影响相对较小。相反，对于奢侈品或非必需品，如高档汽车、时装、游艇等产品，购买时受参照群体的影响较大。

3. 产品与群体的相关性

某种活动与群体功能的实现关系越密切，个体在该活动中遵守群体规范的压力就越大。例如，对于经常出入豪华餐厅和星级宾馆等高级场所的群体成员来说，着装是非常重要的；而对于只是在一般酒吧喝喝啤酒或在一个星期中的某一天打一场篮球的群体成员来说，服装的重要性就小得多。

4. 产品的生命周期

当产品处于导入期时，消费者的产品购买决策受群体影响很大，但品牌决策受群体影响较小。在产品成长期，参照群体对产品及品牌选择的影响都很大。在产品成熟期，群体影响在品牌选择上大而在产品选择上小。在产品的衰退期，群体影响在产品和品牌选择上都比较小。

5. 个体对群体的忠诚程度

个人对群体越忠诚，他就越可能遵守群体规范。当参加一个渴望群体的晚宴时，在衣服选择上，我们可能更多地考虑群体的期望，而参加无关紧要的群体晚宴时，这种考虑可能就少得多。

6. 个体在购买中的自信程度

研究表明，个人在购买彩电、汽车、家用空调、保险、冰箱、媒体服务、杂志书籍、衣服和家具时，最易受参照群体影响。这些产品，如保险和媒体服务的消费，既非可见又同群体功能没有太大关系，但是它们对于个人很重要，而大多数人对它们又只拥有有限的知识与信息。这时，群体的影响力就由于个人在购买这些产品时信心不足而强大起来。除了购买中的自信心，有证据表明，不同个体受群体影响的程度也是不同的。

自信程度并不一定与产品知识成正比。研究发现，知识丰富的汽车购买者比那些购买新手，更容易在信息层面受到群体的影响，并喜欢和同样有知识的伙伴交换信息和意见。新手则对汽车没有太大兴趣，也不喜欢收集产品信息，他们更容易受到广告和推销人员的影响。

（四）参照群体概念在营销中的运用

1. 名人效应

名人或公众人物如影视明星、歌星、体育明星，作为参照群体对公众尤其是对崇拜他们的受众具有巨大的影响力和感召力。对很多人来说，名人代表了一种理想化的生活模式，正因为如此，企业愿意花巨额费用聘请名人来促销其产品。研究发现，用名人作支持的广告较不用名人的广告评价更正面和积极，这一点在青少年群体上体现得更为明显。但是，名人广告也面临着较大的风险：首先，并非所有的名人都适合为企业做广告，名人的声誉和形象应与广告产品或服务的形象定位相一致；其次，名人的可信度直接影响到广告效应，消费者若认为名人对广告产品并不熟悉也没有使用体验，或者认为名人是受金钱驱使而为企业做广告，名人广告的效果就会明显下降；最后，名人往往是媒体关注的焦点，一旦卷入某些不光彩事件或丑闻，则不可避免地会对名人所代言的品牌或企业带来负面的影响。

运用名人效应的方式多种多样。如可以用名人作为产品或公司代言人，即将名人与产品或公司联系起来，使其在媒体上频频亮相；可以用名人作证词广告，即在广告中引述广告产品或服务的优点和长处，或介绍其使用该产品或服务的体验；可以采用将名人的名字使用于产品或包装上等做法。

2. 专家效应

专家是指在某一专业领域受过专门训练、具有专门知识、经验和特长的人。医生、律师、营养学家等均是各自领域的专家。专家所具有的丰富知识和经验，使其在介绍、推荐产品与服务时较一般人更具权威性，从而产生专家所特有的公信力和影响力。尤其是那些与消费者身心健康密切相关的产品或服务，如食物、药品等产品；或社会经济风险较大，且又需要专业知识和经验的产品或服务，如医疗、法律等专业服务，利用专家为广告代言人则会产生明显的说服效应。当然，在运用专家效应时，一方面应注意法律的限制，如有的国家不允许医生为药品作证词广告；另一方面，应避免公众对专家的公正性、客观性产生质疑。

3. 普通消费者效应

运用满意顾客的证词证言来宣传企业的产品或服务,是广告中常用的方法之一。由于出现在荧屏上或画面上的证人或代言人是和潜在顾客一样的普通消费者,这会使受众感到亲近,从而使广告诉求更容易引起共鸣、获得认同。如今,越来越多的企业在电视广告中展示普通消费者或普通家庭如何用广告中的产品解决其遇到的问题并获得满意的效果,如何从产品的消费中获得乐趣,等等。由于这类广告贴近消费者,反映了普通消费者的消费感受,因此,它们可能更容易获得认可。

4. 经理型代言人

近年来,以公司经理或总裁作为广告代言人的做法渐趋流行。公司的总裁或总经理,尤其是大公司的首席执行官,一直是社会关注的焦点,传奇的经历和成功的业绩使他们备受公众的仰慕或崇拜,以他们作为广告代言人,无疑能够吸引更多的受众和提高广告的可信度。同时,以他们作为广告代言人,也向社会公众传递这样一种信息,即公司高层关注消费者的利益,进而可能激起消费者对公司产品或服务的信心。

四、群体压力与从众

从众是指消费者个体在群体的压力下改变个人意见而与多数人取得一致认识的行为倾向。从众行为是一种常见的社会生活现象,在消费领域中表现为消费者自觉或不自觉地跟从大多数消费者的消费行为,以保护自身行为与多数人行为的一致性,从而避免个人心理上矛盾和冲突,这种个人因群体影响而遵照多数人消费行为的方式,就是从众消费行为。

影响消费者个体从众行为的因素来源于群体特征和消费者特征两个方面。

(一)影响消费者从众行为的群体特征

影响消费者从众行为的群体特征主要有群体的一致性、群体的规模和群体的权威性。

1. 群体的一致性

群体一致性是指群体内部信念、态度或行为保持一致的程度。群体内部的一致性越高,个体消费者感受到的群体压力就越大,从众的可能性也会随之相应地增加。例如,群体中若仅有一人持不同意见,他要承受很大的从众压力;如果有人出来附合,就会大大缓解他的从众压力。

2. 群体的规模

一般来说,群体的规模越大,持一致意见的人数就会越多,消费者个体所承受的从众压力就会越大。

3. 群体的权威性

群体在产品知识和购买经验等方面越有专长或越有权威,消费者个体在购买决策上受群体的影响越大,从众的可能性也就越高。

(二)影响消费者从众行为的个体特征

影响消费者从众行为的个体特征主要有个体的知识经验、个性心理特征以及对群体的忠诚程度等。

1. 个体所具有的知识经验

个体消费者对所要购买的产品或服务越是了解，掌握的购买信息越多，就越不容易从众。相反地，如果购物风险越大，消费者产品知识和购买经验不足，群体的影响就会相应加大，从众的可能性随之增加。

2. 个体的个性心理特征

个体消费者的智力、自信心和社会赞誉要求等个性心理特征直接影响从众的可能。智商水平高的消费者，思维活跃，学习能力强，掌握的购买信息较多，自信心较强，不太容易发生从众行为；社会赞誉要求高的消费者，重视别人对自己的评价，期望通过从众行为来获取他人的肯定和称赞；性格较为软弱的消费者，行事决策不够果断，自信心不强，较多地表现出从众倾向。

3. 个体对群体的忠诚程度

当群体对个体具有较大的吸引力，或者个体强烈期望成为群体成员，或者个体高度认同群体的信念、规范或价值观时，就会努力与群体保持高度的一致性；反之，随着个体消费者对群体忠诚度的下降，从众的压力也相应降低。

五、群体与角色

（一）角色概述

每一个人都在社会或群体中占据一定的位置，围绕这个位置，社会或群体对个体会有一定的要求或期待，当消费者个体依照社会或群体的期待去履行义务、行使权利时，就是在扮演一定的角色。在现实生活中，消费者需要扮演各种各样的角色。具体来说，角色就是消费者个体在特定社会或群体中占有的位置和被社会或群体所规定的行为模式。因此，要了解消费者行为，就必须了解消费者所扮演的角色。要完整了解角色，可以从了解以下几个和角色相关的概念着手，它们分别是：角色形态、角色全貌、角色超载、角色冲突、角色转变。

1. 角色形态

角色形态是指消费者个体在担任某种角色时，所表现出来的种种构面或变量。例如，一位警察的角色形态可以由认认真真、秉公执法、保护大众、全心全意为人民、惩治坏人等构面和变量组成。

2. 角色全貌

角色全貌是指消费者个体所扮演的全部角色。例如，某个消费者在公司中是一位老总，在家中是位父亲，在一个协会中是一位会长，在某个俱乐部中是一位会员，这位消费者所扮演的全部角色便构成了角色全貌。

3. 角色超载

角色超载是指消费者个体所扮演的角色数量过多，从而超过了其个人在精力和能力上所能容许和负荷的范围时，便出现了角色超载。例如，这些年来，在上班族中出现了许多"过劳死"的案例，不少的情形便是由于角色超载。

4. 角色冲突

角色冲突是指消费者个体同时扮演很多角色，而这些角色的期望行为刚好彼此冲突，此时便会产生角色冲突。例如，许多上班族因为工作忙碌而不能兼顾家庭便是一种典型的角色冲突，因为公司的角色（尽职员工）和家庭的角色（称职的父亲和丈夫）产生了冲突。

5. 角色转变

角色转变是指消费者个体会随着时间的推移，不断获取某些新的角色并抛弃过去的某些角色。例如，当某位消费者通过自身的努力由一名业务员晋升为业务经理，或是某位消费者从结婚到生子，她就获取了母亲这一新的角色。这些都属于角色转变。

（二）角色与消费者购买行为

1. 角色关联产品集

角色关联产品集是指承担某一角色所需要的一系列产品。这些产品或者有助于角色扮演，或者具有重要的象征意义。角色关联产品集规定了哪些产品适合某一角色，哪些产品不适合某一角色。在营销活动中，要让消费者产生对某一产品的购买行为，必须让产品进入消费者的角色关联产品集。要使产品顺利进入消费者的角色关联产品集首先必须让消费者意识到其承担这类角色，其次要想方设法确保其产品能够很好地帮助消费者扮演好角色或具有重要的象征意义，从而使消费者认为该产品适用于该角色。

2. 角色超载和角色冲突

如今越来越多的消费者会遇到角色超载和角色冲突的问题。例如，一位教师既面临教学、科研、家务的多重压力，同时又担任很多的社会职务或在外兼职，此时，由于其角色集过于庞大，他会感到顾此失彼和出现角色超载。角色超载的直接后果是个体的紧张、压力和角色扮演的不称职。角色冲突有两种基本类型，一种是角色间的冲突，一种是角色内的冲突。很多现代女性所体验到的那种既要成为事业上的强者又要当贤妻良母的冲突，就是角色间的冲突。

每位消费者都不希望在这种由于角色超载和角色冲突而带来的紧张状态下生活。因此，这种角色超载和角色冲突会导致消费者产生新的需求并引发新的商机。

3. 角色演化

角色演化是指人们对某种角色行为的期待随着时代和社会的发展而发生变化。随着越来越多的女性参加工作和女性在家庭中地位的上升，传统的男、女角色行为已经或正在发生改变。在我国的很多家庭尤其是城市家庭，洗衣做饭、照看小孩、家庭清洁、上街购物等各种家务活动，越来越多地由夫妻共同分担，在有些家庭甚至更多地由丈夫分担。

角色演化既给营销者带来机会也提出挑战。例如，妇女角色的转变，使她们同男性一样可以从事剧烈运动，许多公司因此向妇女提供各种运动用品和运动器材；职业女性人数的日益增多，使得方便女性携带和存放衣物的衣袋应运而生；妇女在职业领域的广泛参与，改变了她们的购物方式，许多零售商也因此调整其地理位置和营业时间，以适应这种变化。研究发现，全职家庭主妇视购物为主妇角色的重要组成部分，而承担大部分家庭购物活动的职业女性对此并不认同。显然，在宣传产品和对产品定位的过程中，零售商需要认识到基于角色认同而产生的购物动机上的差别。

4. 角色获取与转变

在人的一生中，个人所承担的角色并不是固定不变的。随着生活的变迁和环境的变化，个体会放弃原有的一些角色、获得新的角色和学会从一种角色转换成另外的角色。在此过程中，个体的角色集相应地发生了改变，由此也会引起他对与角色相关的行为和产品需求的变化。

当你大学毕业，走上工作岗位，你会发现很多原来非常适合你的产品如服装、手表、提包等，很可能需要重新购置。新的角色会在穿着打扮、行为举止等多个方面对你提出新的要求，从而使你感到适合学生角色的那些产品，很多不适应于新的角色。这无疑为企业提供了很好的营销机会。

第二节 社会阶层对消费行为的影响

一、社会阶层的概念与特征

（一）社会阶层的概念

社会阶层是指由具有相同或类似社会地位的社会成员组成的相对持久的群体。每一消费者个体都会在社会中占据一定的位置，有的人占据非常显赫的位置，有的人则占据一般的或较低的位置。这种社会地位的差别，使社会成员分成高低有序的层次或阶层。

产生社会阶层的最直接的原因是个体获取社会资源的能力和机会的差别。所谓社会资源，是指人们所能占有的经济利益、政治权力、职业声望、生活质量、知识技能以及各种能够发挥能力的机会和可能性，也就是能够帮助人们满足社会需求、获取社会利益的各种社会条件。导致社会阶层产生的终极原因是社会分工和财产的个人所有的不同。社会分工形成了不同的行业和职业，并且在同一行业和职业内形成领导和被领导、管理和被管理等错综复杂的关系。当这类关系与个人的所得、声望和权力联系起来时，就会在社会水平分化的基础上形成垂直分化，从而造成社会分层。

社会分层表现为人们在社会地位上存在差异。社会地位是人们在社会关系中的位置，以及围绕这一位置所形成的权力义务关系。社会成员通过各种途径，如出生、继承、社会化、就业、创造性活动等占据不同的社会地位。在奴隶社会和封建社会，社会地位主要靠世袭、继承和等级制的安排所决定。在现代社会，个体的社会地位更多地取决于社会化、职业、个人对社会的贡献大小等方面，但家庭和社会制度方面的因素对个体的社会地位仍具有重要影响。

社会阶层是一种普遍存在的社会现象，不论是发达国家还是发展中国家，不论是社会主义国家还是资本主义国家，均存在不同的社会阶层。消费者行为学中讨论社会阶层，一方面是为了了解不同阶层的消费者在购买、消费、沟通、个人偏好等方面具有哪些独特性,另一方面是了解哪些行为基本上被排除在某一特定阶层的行为领域之外,哪些行为是各社会阶层成员所共同的。而了解消费者所归属的社会阶层的特点将有利于企业市场细分和目标市场营销的实施。因为,同一社会阶层的消费者往往表现出高度的同质性,他们通常拥有共同的价值观念、喜欢同样的生活方式、呈现相似的媒体偏好、选择同类的产品或服务,光顾同一类型的商店,等等。

(二) 社会阶层的特征

1. 社会阶层展示一定的社会地位

一个人的社会阶层是和他的特定的社会地位相联系的。处于较高社会阶层的人,必定是拥有较多的社会资源,在社会生活中具有较高社会地位的人。他们通常会通过各种方式,展现其与社会其他成员相异的方面。社会学家凡勃仑所阐释的炫耀性消费,实际上反映的就是人们显示其较高社会地位的需要与动机。

由于决定社会地位的很多因素如收入、财富不一定是可见的,因此人们需要通过一定的符号将这些不可见的成分有形化。按照凡勃仑的说法,每一社会阶层都会有一些人试图通过炫耀性消费告诉别人他们是谁、处于哪一社会层次。研究发现,即使在今天,物质产品所蕴含、传递的地位意识在很多文化下仍非常普遍。

传统上,人们通过购买珠宝、名牌服装、高档电器等奢侈品或出入星级宾馆酒店显示自己的财富和地位。今天,这一类显示地位的手段或符号仍然被很多人运用。然而,应当注意的是,随着社会的变迁和主流价值观的变化,它们的表现方式、作用都在发生变化。例如,随着收入水平的提高,很多过去只有上层社会才消费得起的产品、服务已经或正在开始进入大众消费领域,这些产品作为"地位符号"的基础开始动摇。另一方面,越来越多上层社会的消费者对通过消费显示其财富和地位感到厌倦。真正的富翁具有"普通人"的消费习惯,他们将大多数奢侈品视为那些财务上并不特别成功的人的选择。

2. 社会阶层的多维性

社会阶层并不是单纯由某一个变量如收入或职业所决定,而是由包括这些变量在内的多个因素共同决定。在众多的决定因素中,其中某些因素较另外一些因素起更大的作用。收入常被认为是决定个体处于某一社会阶层的重要变量,但很多情况下它可能具有误导性。例如,年均收入一样的三位社会成员,其中一位是大学教师,另外一位是业务员,最后一位是出租车司机,我们是很难将他们划归同一社会阶层的。除了收入,职业和住所亦是决定社会阶层的重要变量。一些人甚至认为,职业是表明一个人所处社会阶层的最重要的指标,原因是从事不同职业的社会成员受到社会尊重的程度也不一样。除了收入和职业变量以外,决定社会阶层的因素还包括政治变量(如权力、价值取向或阶层意识等)和社会变量(如个人声望或人际关系等)。社会阶层的多维性决定了社会阶层划分的复杂性,也决定了特定的产品或服务作为社会阶层象征的多重性。价格昂贵的产品或服务虽然将收入较低的消费者挡在门外,但并不能保证其顾客的高层次。如有些产品或服务虽然被标出天价,但他们往往将购买者视为暴发户,上层消费者即使买得起,也是不愿问津的。

3. 社会阶层的层级性

从最低的地位到最高的地位，社会形成一个地位连续体。不管愿意与否，社会中的每一成员，实际上都处于这一连续体的某一位置上。那些处于较高位置上的人被归入较高层级，反之则被归入较低层级，由此形成高低有序的社会层级结构。社会阶层的这种层级性在封闭的社会里表现得更为明显。我们可以从消费者个体所从事的职业、所受的教育程度、所热衷的社交圈子或者所购买的产品或服务等能够体现其身份和地位的活动中清晰地分辨出其阶层归属。

层级性这一点对营销者十分重要。因为社会阶层的层级性会促使消费者在购买活动中注重产品或服务的阶层象征，他们往往会购买与自己身份或地位相符的产品或服务，选择与自己同层次或更高层次社会成员经常光顾的商店，接触反映自己阶层归属的媒体。

4. 社会阶层对行为的限定性

大多数人在和自己处于类似水平和层次的人交往时会感到很自在，而在与自己处于不同层次的人交往时会感到拘谨甚至不安。这样，社会交往较多地发生在同一社会阶层之内，而不是不同阶层之间。一方面，同一阶层内社会成员的更多的互动，会强化共有的规范与价值观，从而使阶层内成员间的相互影响增强；另一方面，不同阶层之间较少互动，会限制产品、广告和其他营销信息在不同阶层消费者间的流动，使得彼此的行为呈现更多的差异性。

5. 社会阶层的同质性

社会阶层的同质性是指同一阶层的社会成员在价值观和行为模式上具有共同点和类似性。这种同质性很大程度上是由他们共同的社会经济地位所决定的，同时也和他们彼此之间更频繁的互动有关。对营销者来说，同质性意味着处于同一社会阶层的消费者往往拥有同样的消费观念或生活方式，他们会表现出相同的媒体偏好、产品选择标准和购物习惯，常去同一类型的商店购物和喜欢同样的休闲活动，这为企业根据社会阶层进行市场细分提供了依据和基础。

6. 社会阶层的动态性

社会阶层的动态性是指随着时间的推移，同一个体所处的社会阶层会发生变化。这种变化可以朝着两个方向进行：①从原来所处的阶层跃升到更高的阶层；②从原来所处阶层跌入较低的阶层。越是开放的社会，社会阶层的动态性表现得越明显；越是封闭的社会，社会成员从一个阶层进入另一个阶层的机会就越小。社会成员在不同阶层之间的流动，主要由两方面促成：一是个人的原因。如个人通过勤奋学习和努力工作，赢得社会的认可和尊重，从而获得更多的社会资源和实现从较低到较高社会阶层的迈进。二是社会条件的变化。如在我国"文化大革命"时期，知识分子被斥为"臭老九"，社会地位很低，但改革开放以来，随着社会对知识的重视，知识分子的地位不断提高，作为一个群体从较低的社会阶层跃升到较高的社会阶层。

二、社会阶层的决定因素

吉尔伯特（Jilbert）和卡尔（Kahl）将决定社会阶层的因素分为经济变量、社会互动变量和政治变量三类。经济变量包括职业、收入和财富，社会互动变量包括个人声望、社会联系和社会化，政治变量则包括权力、阶层意识和流动性。

决定消费者社会阶层的主要因素有以下方面。

（一）职业

在大多数消费者研究中，职业被视为表明一个人所处社会阶层的最重要的单一性指标。当首次与某人谋面时，我们大多会询问他在哪里高就和从事何种工作。一个人的工作会极大地影响他的生活方式，并赋予他相应的声望和荣誉，因此职业提供了个体所处社会阶层的很多线索。不同的职业，消费差异是很大的。例如，蓝领工人的食物支出占收入的比重较大，而经理、医生、律师等专业人员则将收入的较大部分用于在外用餐、购置衣服和接受各种服务。在大多数国家，医生、企业家、银行家和科学家是倍受尊重的职业，近些年，随着信息产业的迅速发展，与信息技术相关的职业如电脑工程师、电脑程序员、后勤管理经理等职业日益受到社会青睐。

（二）个人业绩

一个人的社会地位与他的个人成就密切相关。同是大学教授，如果你比别人干得更出色，你就会获得更多的荣誉和尊重。平时我们说"某某教授正在做一项非常重要的研究"、"某某是这个医院里最好的神经科医生"，均是对个人业绩所作的评价。虽然收入不是表明社会阶层的一项好的指标，但它在衡量个人业绩方面却是很有用的。一般来说，在同一职业内，收入居前25%的人，很可能是该领域最受尊重和最有能力的人。个人业绩或表现也涉及非工作方面的活动。也许某人的职业地位并不高，但他或其家庭仍可通过热心社区事务、关心他人、诚实善良等行为品性赢得社会的尊重，从而取得较高的社会地位。

（三）社会互动

大多数人习惯于与具有类似价值观和行为的人交往。在社会学里，强调社会互动的分析思路被称为"谁邀请谁进餐"学派。这一派的学者认为，群体资格和群体成员的相互作用是决定一个人所处社会阶层的基本力量。

社会互动变量包括声望、联系和社会化。声望表明群体其他成员对某人是否尊重，尊重程度如何。联系涉及个体与其他成员的日常交往，他与哪些人在一起，与哪些人相处得好。社会化则是个体习得技能、态度和习惯的过程。家庭、学校、朋友对个体的社会化具有决定性影响。到青春期，一个人与社会阶层相联系的价值观与行为已清晰可见。虽然社会互动是决定一个人所处社会阶层的非常有效的变量，但在消费者研究中用得比较少，因为这类变量测量起来比较困难而且费用昂贵。

（四）拥有的财物

财物是一种社会标记，它向人们传递有关其所有者处于何种社会阶层的信息。拥有财物的多寡、财物的性质决定同时也反映了一个人的社会地位。对财物应作广义的理解，它不仅指汽车、土地、股票、银行存款等我们通常所理解的财物，也包括受过何种教育、在何处受教育、在哪里居住等"软性"的财物。例如，名牌大学的文凭、名车、豪宅、时尚服饰，无疑是显示身份和地位的标记。然而，正如前面所指出的，对它们特别有兴趣的恰恰是缺乏这些财物或对其缺乏了解的人。

（五）价值取向

个体的价值观或个体关于应如何处事待人的信念是表明他属于哪一社会阶层的又一重要指标。由于同一阶层内的成员互动更频繁，他们会发展起类似和共同的价值观。这些共同的或阶层所属的价值观一经形成，反过来成为衡量某一个体是否属于此一阶层的一项标准。不同社会阶层的人对艺术、对抽象事物的理解、对金钱和生活的看法所存在的不同看法，实际折射的就是价值取向上的差异。

（六）阶层意识

阶层意识是指某一社会阶层的人，意识到自己属于一个具有共同的政治和经济利益的独特群体的程度。人们越具有阶层或群体意识，就越可能组织政治团体、工会来推进和维护其利益。从某种意义上说，一个人所处的社会阶层是与他在多大程度上认为他属于此一阶层所决定的。

一般而言，处于较低阶层的消费者个体会意识到社会阶层的现实，但对于具体的阶层差别并不十分敏感。例如，低收入旅游者可能意识到星级宾馆是上层社会成员出入的地方，但如果因五折酬宾而偶然住进这样的宾馆，他或她对出入身边的人在穿着打扮、行为举止等方面与自己存在的差别可能并不特别在意。在他们眼里，星级宾馆不过是设施和服务更好、收费更高的"旅店"而已，地位和阶层的联系在他们的心目中如果有的话也是比较脆弱的。相反，经常出入高级宾馆的游客，由于其较强的地位与阶层意识，对于星级宾馆这种"来者不拒"的政策可能会颇有微辞。

三、社会阶层的划分

根据不同的目标和标准，社会阶层的划分可以使用不同的方法。

（一）单一指标法

单一指标法是指使用某个特定的社会或经济变量来评估与测定消费者的社会阶层。消费者的社会阶层归属受到众多社会文化和经济因素的影响，依据单一的变量来衡量或判断消费者个体的社会阶层难免出现偏差，但选择某个最具影响力的指标来衡量或判断，仍可以较为真实地反映消费者的社会阶层归属，而且评价过程也相对简单。职业、教育和收入这三个变量是最常用的衡量或判断社会阶层的单项指标。

1. 职业

职业是评判消费者社会阶层的最重要的单项指标。在日常生活中，消费者初次见面往往询问的是彼此的职业，这是因为职业直接反映一个人的社会地位。在消费者行为学的研究中，职业是社会阶层划分和市场细分过程中应用最广的指标之一。消费者所从事的职业往往决定了其收入水平，反映其受教育程度，进而在很大程度上决定了其社会阶层的归属。消费者所从事的职业直接影响其价值观、生活方式和消费模式，因而也是企业细分消费市场和实施目标市场营销的重要依据。例如，"奔驰"轿车和"劳力士"手表等奢侈品瞄准的是私人企业主和外资企业的高管等富裕阶层，而中低档服装瞄准的则主要是那些蓝领工人。

2. 教育

教育也是评判消费者社会阶层的单项重要指标。在许多国家和地区，一个人所受的教育程度越高，社会地位也就越高。市场调研表明，消费者受教育程度与收入水平密切相关，受教育程度越高，所获得的社会回报也就越高。在现代社会中，消费者所接受的教育程度还直接影响到职业的选择，许多社会职业对从业人员接受教育的程度提出相应的要求。在消费者行为学的研究中，消费者受教育程度直接影响其价值观念、品位格调和生活方式，进而影响媒体偏好、消费模式和购买决策过程。例如，受教育程度越高，看电视的时间越少，电视媒体对他们的影响力相应越低。同样，受教育程度也会影响到消费者对购物方式的选择，消费者受教育程度越高，网络购物、电话购物或邮购的比率也会越高。

3. 收入

收入是评判消费者社会阶层的另一项重要指标。一个人收入水平的高低是维持一定生活方式的前提条件，也是呈现和保持相应社会地位和身份的物质基础。收入水平的高低，不仅制约着消费者对商品或服务的需求和购买能力，而且也直接影响消费者的消费观念、消费结构和消费方式。例如，收入水平越高的人看电视的时间就越少，而选择网络购物、电话购物或邮购等非传统购物方式的可能性也就越高。但是，收入作为衡量社会阶层的单一性指标也存在相应的局限性：一是同等收入的消费者可能会分属不同的社会阶层，进而表现出不同的消费观念和品牌偏好；二是拥有相同收入但处于不同社会阶层的消费者也有可能表现出趋同的消费行为。

（二）综合指标法

从市场营销的角度来看，划分社会阶层的目的在于为细分市场提供一个基础，并且更好地理解目标市场的需求和消费模式。由于社会阶层客观上是由多种因素所决定的，社会阶层对消费者行为的影响依赖于诸如职业、收入和受教育程度等多种社会经济变量，所以我们更倾向于在营销研究和决策中采用综合指标的测定方法划分和评价消费者的社会阶层。

综合指标法是指运用多个社会或经济变量来衡量与判断消费者的社会阶层，下面我们将重点介绍应用较广泛的沃纳地位特征指数法和科尔曼地位指数法。

1. 沃纳地位特征指数法

应用最广泛的测定方法是沃纳（W. L. Warner）的地位特征指数法（Index of Status Characteristics，简称ISC）。沃纳在20世纪40年代的早期对美国中西部社会阶层的研究中得出了这一指数（见表8-1）。沃纳地位特征指数法采用的社会经济变量及各变量在决定社会阶层中的权重分别为：①职业，从非熟练产业工人到专业人士，加权值为4；

②收入来源，从公共救济到继承财产，加权值为3；③住房类型，从破旧到豪华，加权值为3；④居住地区，从贫民区到豪宅区，加权值为2。在这四个人口统计特征变量的基础上，沃纳区分了七个社会阶层。将消费者个体在各变量上的得分乘以加权值，然后相加，就可以得出该消费者的社会阶层分数，分数越低，他所属的社会阶层就越高。

表8-1 沃纳的地位特征指数

得分	职 业 （加权值4）	收 入 （加权值3）	住房类型 （加权值3）	居住地区 （加权值2）
1	专业人员、大企业股东	大半继承财产	非常豪华的住宅	非常好
2	大企业干部	有投资或储蓄	很好的住宅	良好：高级公寓、郊外高级住宅区
3	职员	事业收入	好的住宅	平均之上：条件好的公寓
4	工头（熟练工人）	月工资	新建住宅	平均：没有恶化的居住环境
5	月薪工人	计时工资	旧式住宅	平均之下：开始恶化的居住环境
6	非熟练工人	经济援助	破旧住宅	不好：相当不好的居住环境
7	临时工人	生活补助	贫民窟	非常不好：贫民区

2．科尔曼地位指数法

这一方法由社会研究公司（Social Research, Inc.）于20世纪60年代提出，并在消费者研究中得到广泛运用。该方法从受教育程度、职业、居住区域、家庭年收入四个方面综合评估消费者所处的社会阶层。表8-2列出了运用该方法时常用的问题和格式。在计算总分时，职业分被双倍计入，这样，一个消费者的最高得分可以达到53分。另外，如果被访者尚未成家，在计算他的总分时，教育和职业两项得分均双倍计入总分。对于户主在35～64岁之间、以男性为主导的已婚家庭，其综合得分在37～53分之间则为上等阶层，得分在24～36分之间为中等阶层，得分在13～23分之间为劳动阶层，得分在4～12分之间为下等阶层。

表8-2 科尔曼地位指数法中的变量及评分标准

指 数 变 量	被访者	被访者配偶
受教育程度		
8年（含8年）以下初等教育	1	1
高中肄业（9～10年）	2	2
高中毕业（12年）	3	3
1年高中后学习	4	4
2年或3年制大专	5	5
4年制本科毕业	6	6
硕士毕业或5年制大学	7	7

续表8-2

指 数 变 量				被访者	被访者配偶
博士毕业或6～7年制专业学位				8	8
户主的职业（如果被访者已退休，则询问退休前的职业）					
长期失业者（以失业救济金维生者，不熟练的零工）				0	
半熟练工，保管员，领取最低工资的工厂帮工和服务人员				1	
掌握一般技术的装配工，卡车与公共汽车司机，警察与消防员，配送工				2	
熟练工匠，小承包商，工头，低薪销售职员，办公室工人，邮局职员				3	
员工在2～4人之间的小业主，技术员，销售人员，办公室职员，一般薪水的公务员				4	
中层管理人员，教师，社会工作者，成就一般的专业人员				5	
中小公司的高层管理人员，雇员在10～20人之间的业主，中度成功的专业人员如牙医				7	
大公司的高层管理人员，获得巨大成功的专业人员如名医、名律师，富有的企业业主				9	
居住区域					
平民区（社会救济者和下层体力劳动者杂居）				1	
清一色劳动阶层居住，虽非平民区但房子较破败				2	
主要是蓝领但也居住着一些办公室职员				3	
大部分是白领也居住着一些收入较高的蓝领				4	
较好的白领区（虽没有很多经理人员入住，但几乎没有蓝领居住）				5	
专业人员和经理人员居住区				7	
富豪区				9	
家庭年收入					
5000美元以下	1	20000～24999美元		5	
5000～9999美元	2	25000～34999美元		6	
10000～14999美元	3	35000～49999美元		7	
15000～19999美元	4	50000美元以上		8	
总分：		估计的社会地位：			

资料来源：Richard P. Coleman. The Continuing Significance of Social Class to Marketing. *Journal of Consumer Research* 10（December 1983），pp. 265～280.

我国学者陆学艺主编的《当代中国社会阶层研究报告》对中国当今社会进行了以下的划分：①国家与社会管理者阶层；②经理人员阶层；③私营企业主阶层；④专业技术人员阶层；⑤办事人员阶层；⑥个体工商户阶层；⑦商业服务人员阶层；⑧产业服务人员阶层；⑨农业劳动者阶层；⑩城市无业、失业和半失业人员阶层。

四、社会阶层与消费者行为

（一）不同社会阶层消费者行为的差异

1. 产品或服务选择上的差异

社会阶层的差异对消费者产品或服务的购买选择产生直接的影响。不同社会阶层的消费者，不仅选购或喜好的产品或服务不一样，而且在购买同样产品或服务时也表现出明显的差异。有的产品如股票、到国外度假更多地被上层消费者购买，而另外一些产品如廉价服装与葡萄酒则更多地被下层消费者购买。科曼发现，特别富裕的中层美国人将其大部分支出用于购买摩托艇、野营器具、大马力割草机、雪橇、后院游泳池、临湖住宅、豪华汽车或跑车等产品上；而收入水平与之差不多的上层美国人则花更多的时间和金钱于私人俱乐部、孩子的独特教育、古董、字画和各种文化事件与活动上。

在住宅、服装和家具等能显示地位与身份的产品的购买上，不同阶层的消费者差别比较明显。例如，在美国，上层消费者的住宅区环境优雅，室内装修豪华，购买的家具和服装档次都很高；中层消费者一般有很多存款，住宅也相当好，但他们中的很大一部分人对内部装修不是特别讲究，服装、家具不少但高档的不多；下层消费者住宅周围环境较差，在衣服与家具上投资较少。与人们的预料相反，下层消费者中的一些人员对生产食品、日常用品和某些耐用品的企业仍是颇有吸引力的。研究发现，这一阶层的很多家庭是大屏幕彩电、新款汽车、高档炊具的购买者。虽然这一阶层的收入比中等偏下阶层（劳动阶层）平均要低30%，但他们所拥有的汽车、彩电和基本家庭器具的价值比后者平均高20%。下层消费者的支出行为从某种意义上带有"补偿"性质。一方面，由于缺乏自信和对未来并不乐观，他们十分看重眼前的消费；另一方面，低的教育水平使他们容易产生冲动性购买行为。

此外，消费者的服务支出会随着社会地位的升高而增加。例如，同属于中层社会的中产阶级（Middle Class）和劳动阶级（Working Class）虽在有形商品的消费上相差无几，但在服务的消费上后者明显低于前者。其原因可能在于劳动阶级更倾向于自己动手，对于服务体验的质量相对没有中产阶级高。

2. 休闲活动选择上的差异

社会阶层从很多方面影响个体的休闲活动。一个人所偏爱的休闲活动通常是同一阶层或临近阶层的其他个体所从事的某类活动，其采用新的休闲活动往往也是受到同一阶层或较高阶层成员的影响。虽然在不同阶层之间，用于休闲的支出占家庭总支出的比重相差无几，但休闲活动的类型却差别颇大。上层社会成员所从事的职业，一般很少身体活动，作为补偿，多会从事要求臂、腿快速移动的运动如慢跑、游泳、打网球等等。同时，这类活动较下层社会成员所喜欢的活动较少耗费时间，因此受到上层社会的欢迎。下层社会成员倾向于从事团体或团队性体育活动，而上层社会成员多喜欢个人性或双人性活动。中层消费者是商业性休闲和诸如公共游泳池、公园、博物馆等公共设施的主要使用者，因为上层消费者一般自己拥有这一类设施，而低层消费者又没有兴趣或无经济能力来从事这类消费。

3. 信息接收和处理上的差异

社会阶层的存在直接影响到消费者对信息来源、信息载体以及信息内容的接受程度。信息搜集的类型和数量也随社会阶层的不同而存在差异。处于最底层的消费者通常信息来源有限，对误导和欺骗性信息缺乏甄别力。出于补偿的目的，他们在购买决策过程中可能更多地依赖亲戚、朋友提供的信息。中层消费者比较多地从媒体上获得各种信息，而且会更主动地从事外部信息搜集。随着社会阶层的上升，消费者获得信息的渠道会日益增多。不仅如此，特定媒体和信息对不同阶层消费者的吸引力和影响力也有很大的不同。例如，越是高层的消费者，看电视的时间越少，因此电视媒体对他们的影响相对要小；相反，高层消费者订阅的报纸、杂志远较低层消费者多，所以，印刷媒体信息更容易到达高层消费者。

不同社会阶层的消费者对营销信息的内容也会作出不同的反应。首先是信息内容的双面性。研究表明，双面信息更容易引起中层、上层消费者的注意，而低层消费者则更倾向于接受单面信息。其次，名人广告的效应对中层、上层消费者的影响力明显要低于低层消费者，中层、上层消费者往往会质疑名人所传递信息的真实性。最后就是信息内容的语言风格，一般而言，越是上层消费者，使用的语言越抽象；越是下层消费者，使用的语言越具体，而且更多地伴有俚语和街头用语。西方的很多高档车广告，因为主要面向上层社会，因此使用的语句稍长，语言较抽象，画面或材料充满想象力。相反，那些面向中层、下层社会的汽车广告，则更多的是宣传其功能属性，强调图画而不是文字的运用，语言上更加通俗和大众化。

4. 购物方式上的差异

社会阶层的差异同样会反映在消费者对购物商店、营业推广方式和货款支付手段等购物方式的选择上。首先，不同社会阶层的消费者往往选择不同的购物商店，消费者在购物活动中业已形成对不同商店定位的认识，倾向于选择与自己社会定位相适应的商场购物。其次，不同社会阶层的消费者会表现出迥然不同的购物环境偏好。上层消费者对自己的购买能力往往拥有充分的自信，喜欢单独购物，偏向于选择环境优雅、服务周到或名气显赫的商店。中层消费者虽然对购物环境有较高的要求，但也对自己的产品知识和购买经验颇为自信，乐于冒险，喜欢到一些新开张的商店购物。下层消费者受到购买能力的限制，往往对价格较为敏感，不愿到购物环境陌生的商店，多到社区小店购物，并喜欢结伴逛商店。最后，不同社会阶层的消费者喜好不同的购物方式和支付手段。一般来说，消费者的收入水平和受教育程度越高，邮购、电话购物或网上购物的比例也就越大。在支付手段上，越是上层的消费者越是倾向于用信用卡付款。

（二）社会阶层与市场营销战略和策略

不同社会阶层消费者的消费行为差异为企业市场营销战略和策略的制定提供了依据。

首先，可以根据社会阶层的变量确定企业市场细分的标准。即通过对消费者购买决策过程的分析，发现影响消费者消费行为的社会阶层变量，区别这些变量的影响方向、力度和相互关联，确定可用于企业进行市场细分的关键变量。

其次，选择特定社会阶层的消费者作为企业的目标市场。即运用社会阶层变量对消费者群体进行细分，从中挑选出可作为企业产品目标市场的特定社会阶层，确定阶层划分的界限以及目标消费者的特征。要确定对目标消费者阶层的选择：一是要确定该社会阶层或消费群体的规模及其发展潜力；二是要符合企业的经营目标和资源条件；三是要考虑竞争对手的营销策略以及可能的反应。

再次，发展产品在目标阶层消费群体中的定位。这就要求以目标阶层消费群体为对象展开市场调研，了解目标消费者的价值观念、个性特征和生活方式，掌握他们的购买动机、媒体偏好和购物方式，再根据企业的经营目标、资源条件和产品特色，确定企业产品在目标消费者当中的定位。

最后，确定营销组合策略。在产品定位确定之后，则要根据定位目标和消费者行为特征，相应地确定产品、定价、分销和促销营销组合，整合企业的营销资源，满足目标消费群体的需求和欲望，实现企业的营销目标。

第三节　家庭对消费者消费行为的影响

社会是由一个个的家庭构成的，一个消费者的一生也基本上是在家庭中度过的。据统计，大约80%的购买决策与购买行为是由家庭控制和实施的。家庭不仅对家庭成员的性格、价值观、生活方式和生活习惯等有重要影响，而且直接制约着消费支出的方向、购买决策的制定与实施。因此，家庭和消费者行为具有极为密切的关系。

一、家庭概述

人的一生绝大部分时间是在家庭中度过的，每个人的一生都离不开家庭，家庭是构成人类社会的基本单位。由于家庭是购买、消费和处置各种产品或服务的主体，同时也是影响消费者个体行为的一个重要社会因素。因此，它是消费者行为研究中不可缺少的一个环节。

一般认为，家庭是建立在婚姻、血缘或收养关系基础上的一种社会生活组织形式或社会单位。在我国，绝大部分家庭建立的基础是婚姻和血缘关系，建立在收养关系基础上的家庭相对较少。家庭按其构成可以分为以下四种类型：①配偶家庭。即只有一对夫妇且没有子女的家庭。②核心家庭。即由夫妻双方或其中一方和未婚子女所构成的家庭。③联合家庭。即由夫妻双方或其中一方同多对已婚子女所构成的家庭，或兄弟姐妹结婚后仍不分家的家庭。④其他类型的家庭。如未婚兄弟姐妹所构成的家庭。

家庭对消费者行为有着重要的意义。首先，家庭是大部分商品或服务的主要目标市场。家庭消费不同于个体消费，无论是在消费数量上还是在消费种类上，家庭消费都远远多于个人消费。许多商品或服务都是以家庭为单位进行购买和消费的，因此家庭是许多企业的目标市场。其次，家庭决定家庭成员的消费方式。当青年男女组建家庭以后，他们都会调整或改变自己的消费行为，寻找能为双方接受、认可的消费方式。最后，家庭对于子女未来的消费方式有着潜移默化的影响。子女对于消费行为的学习、理解、把握,是从他们观察父母的消费开始的,父母的消费观念、消费行为、消费文化,会通过他们的言传身教一代代地继承下来,如父母的仪表、品位、穿戴习惯会直接影响子女的着装观念;父母惯于勤俭持家、精打细算,其子女也会养成计划开支、不乱花钱的习惯。

和家庭相比,住户则是一个范围更广泛的社会群体或购买决策单位。住户是指居住生活在同一住宅单元或同一屋檐下的人所组成的群体。家庭和住户经常被交替使用,但二者既有联系又有区别:一方面,住户包括了家庭;另一方面,住户强调的是其成员居住生活在同一起居空间,而不注重婚姻、血缘或收养关系。住户可以分成家庭住户和非家庭住户;当住户中的成员有婚姻、血缘或收养关系时,就称其为家庭住户。当住户中的成员没有婚姻、血缘或收养关系时,就称其为非家庭住户。在我国,现阶段家庭和住户基本上是一致的,绝大多数的住户属于家庭住户。但是,随着社会的变迁,我国的非家庭住户正呈现日益增长的趋势,如现在很多刚毕业的大学生在就业时,几个人合租一套商品房,这就属于典型的非家庭住户。

二、家庭的组成与消费者行为

家庭的组成体系和消费者行为密切相关,其中主要包括人口组成、年龄组成和教育组成。

(一) 人口组成

人口组成主要是指家庭人口的多少,家庭人口的多少会从以下四个方面影响家庭的消费。首先,家庭人口影响商品或服务的消费数量。一般而言,家庭人口的多少与商品或服务的消费数量成正比关系,家庭人口越多,商品或服务的绝对消费量就越大;反之则越小。其次,影响以家庭为单位所消费商品或服务的数量。家庭的数量越多,以家庭为单位而购买的商品或服务的数量就会越多。再次,影响消费行为的决策过程。家庭人口越多,家庭中的每一位成员都是各种商品或服务信息的提供者,他们会对家庭的购买决策提出自己的观点,从而使家庭的购买决策变得相对复杂。最后,影响家庭的消费水平和消费质量。在家庭收入不变的情况下,家庭人口数量越多,人均消费水平就会越低,从而导致家庭消费质量的下降;相反,家庭成员越少,家庭成员的人均消费水平和消费质量就会相应地得到提高。

(二) 年龄组成

家庭成员的年龄对家庭消费行为的影响是显而易见的,一方面,不同年龄的家庭成员对商品或服务有着不同的需求,从而直接导致消费支出模式的差别。另一方面,在家庭的购买决策中,随着孩子年龄的增长、社会阅历的丰富,他对购买决策的影响也会越来越大。

(三) 教育组成

对每一位家庭成员而言,受教育程度越高,他的购买行为就会越科学和理智。因为他们会在商品信息搜集、品牌比较、价格分析等方面投入更多的精力，甚至在一些特殊商品的购买上，他们还会去向专业技术人员请教，以使自身的购买行为避免盲目性及降低风险，而受教育水平低的人，在这些方面的表现就会低些。

三、家庭的生命周期与消费者行为

（一）家庭的生命周期与消费者行为

大多数家庭都要经历结婚成家、生儿育女、儿女成人、自立门户、夫妻退休、丧偶等变化，家庭发展过程中所经历的这一系列不同阶段被称为家庭生命周期。根据家庭的婚姻状况、家庭成员的年龄、家庭子女的情况和家庭成员的工作情况，可以把家庭生命周期分为八个阶段。在家庭生命周期的不同阶段里，一方面，由于家庭成员的生理状况和心理状况各不一样，因此家庭消费的模式也不一样；另一方面，在购买决策过程中，不同家庭成员所扮演的角色不一样，对决策也会产生不同的影响。

1. 单身阶段

单身阶段主要是指离开父母独立生活到结婚组建家庭为止的阶段。处于单身阶段的消费者一般比较年轻，收入并不高，但是几乎没有经济负担，所以有着较高的可随意支配收入。除了房租、家用器具和个人生活必需品之外，他们收入的绝大部分花费在交通、度假、娱乐和服饰等方面。这一阶段的消费者的消费观念紧跟潮流，注重休闲和娱乐，常常成为住宅、旅游、运动和休闲等产品或服务企业的目标市场。

2. 新婚阶段

新婚阶段主要是指已经结婚到他们的第一个孩子出生为止的阶段。由于夫妻双方都参加工作，又没有孩子的负担，因此，该阶段的经济状况较好，具有比较大的需求量和比较强的购买力，耐用消费品的购买量高于处于家庭生命周期其他阶段的消费者。

3. 满巢Ⅰ期

满巢Ⅰ期主要是指家里最小的孩子在6岁以下的家庭。处于这一阶段的家庭由于增加了新的成员，负担增加，常常感到购买力不足，在孩子的服装、食品和玩具等方面的支出较大。需要指出的是，这一阶段家庭的消费行为除了受购买力的影响之外，因为这一时期孩子需要专人照看，消费行为还会受到时间因素的影响。

4. 满巢Ⅱ期

满巢Ⅱ期主要是指最小的孩子在6岁以上的家庭。在我国，由于教育费用的提高，处于这一阶段的家庭主要是以孩子的教育支出为主，除了承担孩子学校教育的费用外，还需要承担孩子的兴趣培养和素质提高等方面的支出，因此这期间家庭各方面消费都比较节俭，会尽可能压缩其他各种消费。

5. 满巢Ⅲ期

满巢Ⅲ期是指年纪较大的夫妇和尚未完全独立的子女所构成的家庭。处于这一阶段的家庭，由于收入随着工龄的提高而增加，孩子的负担又减少了，经济状况得到明显改善，因此会增加对耐用消费品、体育锻炼、医疗保健、娱乐休闲或旅游度假等方面的开支。

6. 空巢Ⅰ期

空巢Ⅰ期是指子女已经成年并且独立生活，但是父母还在工作的家庭。处于这一阶段的消费者经济状况最好，因为孩子已经完全独立，不需要父母的支持，而且父母还在继续工作，因此可能购买娱乐品和奢侈品。另外，这一阶段的消费者空闲时间增多，由于没有孩子在时间上的拖累，夫妻拥有更多的可自由处置时间，可以做一些他们过去想做但没有时间做的事情，如培养业余兴趣、继续接受教育或旅游度假等。

7. 空巢Ⅱ期

空巢Ⅱ期是指子女独立生活，父母也已经退休的家庭。处于这一阶段的消费者收入大幅度减少，而且随着对健康的关注，他们的消费更趋谨慎，倾向于购买有益健康的产品或服务。另外，这一阶段的消费者由于合适的娱乐活动太少，所以他们会把时间花在看电视和听广播上，因此电视和广播成了他们最主要的信息来源。

8. 鳏寡期

鳏寡期是指夫妻双方有一方已经过世。这一阶段收入很少，生活更为节俭和孤独，对于医疗产品或服务和社会关爱等特殊服务的需求大量增加。

需要指出的是，在我国由于社会的变迁，家庭生命周期出现了许多新情况：一是由于要攒足结婚的费用，平均结婚年龄有所推迟，所以导致单身阶段被延长；二是现在抚养孩子的费用大大提高，再加上工作的压力，许多新婚夫妇不愿过早地被孩子所累，就推迟了首次生育的时间，所以导致新婚阶段被延长；三是随着生活水平的提高，人均寿命延长，所以导致空巢期被延长；四是离婚率上升，所以导致单亲家庭日益增多。以上这些变化对家庭消费行为都产生了深刻的影响。

（二）家庭内部角色与消费者行为

家庭成员的消费通常以家庭为单位，家庭成员在购买决策中的作用，与个人在家庭内所处地位及担任角色有着很大关系，在购买某些具体商品的决策方面，每个家庭成员所起的作用会有所不同。

一般而言，家庭成员在购买过程中扮演的角色主要有五种：①提议者。即促使家庭中其他成员对商品发生购买兴趣的人。②影响者。即提供商品信息和购买建议，影响挑选商品的人。③决策者。即有权单独或与家庭中其他成员共同作出决策的人。④购买者。即亲自到商店从事购买活动的人。⑤使用者。即使用所购商品或服务的人。

此外，家庭购买决策采用何种方式，也受到以下多种因素的影响：

（1）家庭购买力。一般来说，家庭购买力越强，共同决策的观念越淡漠，单个成员的决策更容易为其他家庭成员所接受。反之，购买力弱的家庭，其购买决策往往由家庭成员共同参与制定。

（2）家庭的民主气氛和分工。民主气氛浓厚的家庭，成员经常共同参与决定；而在专制的家庭中，通常由父母或者其中的一人做主。

（3）所购商品的重要性。在购买价值较低的生活必需品时，一般无须进行家庭决策；但购买高档耐用消费品时，则大多需要家庭成员共同协商决策。

（4）购买时间。购买时间越急促，则多是由个人迅速作出决策，而全家共同商定购买决策需要花费较长的时间。

(5) 可觉察风险。在购买比较陌生，缺乏足够市场信息，没有充分把握的商品时，由于可察觉风险较大，家庭成员共同决策的情况较多。另外，文化知识水平、销售场所距离、家庭成员个性等都会对家庭消费决策有一定的影响。

(三) 家庭的发展趋势及其影响

随着国家政治、经济、文化和社会生活的发展变化，家庭规模的小型化、夫妻之间角色的转换、婚龄的推迟以及离异家庭的增加已经成为未来家庭发展的新趋势。这些变化也不可避免地影响到家庭的消费需求和购买行为模式。

1. 家庭规模的小型化

在我国，由于20世纪70年代起开始推行计划生育，80年代又开始强调一对夫妇只生育一个孩子，从而导致人口出生率下降，另外，单亲家庭和独身者数量增加，子女婚后不愿和父母同住，以及人口社会流动性的增加，等等，这些因素共同导致了家庭规模的缩小。

家庭规模的缩小对家庭消费行为的影响主要表现为：一方面，家庭对产品的需求向小型化方向发展。如对冰箱、洗衣机和电饭煲等的需求向小容量发展，对产品的包装也会向小容量发展。另一方面，随着家庭规模的缩小，家庭户数会增加，从而也会扩大对住宅、家具、家用电器、床上用品等产品的需求。

2. 夫妻之间角色的转换

在我国，随着社会经济的发展，"男主外、女主内"的传统家庭观念正在发生着深刻的变化。如今，家庭中越来越多的女性参加工作，丈夫洗衣、买菜和操持家务的现象已经很多。

这种夫妻之间角色的转换对家庭消费行为的影响主要表现为：一方面，更多的女性参加工作，增加了家庭收入，提高了家庭的购买力，但同时也增加了妇女的时间压力，因此，家庭的消费结构和购物方式也发生了很大的变化，如使用方便快捷的厨房家电、超市的熟食品和半熟食品、家政服务、网上购物和便利商店正越来越受到女性们的欢迎；另一方面，越来越多的男性开始分担购买、照看小孩和操持家务的工作，作为许多家庭用品和服务的购买者和使用者，从而使企业的营销活动也必须随之发生变化。

3. 婚龄的推迟以及离异家庭的增加

随着社会经济的发展，一方面，晚婚家庭，无小孩家庭和单亲家庭日益增加；另一方面，单身独居者、未婚同居者、无小孩的离婚者和鳏寡独居者等非家庭住户数量也在呈日益上升趋势。这些变化一方面会导致对产品的需求向小型化发展，同时还会导致人口数量减少从而使市场的潜量缩小；另一方面，这些家庭的增加还会增加对社会服务的需求。

4. 子女的家庭地位提升

在我国目前的核心家庭中，独生子女家庭占大部分比例。在这类家庭中，独生子女的意愿多处于中心位置。许多研究表明，孩子说话的口气越是肯定，孩子的父母越是以孩子为中心。子女在消费活动中所持的态度对家庭消费活动和购买决策有着重要影响。

一般来说，除不具备表达意见能力的婴幼儿以外，多数家庭在购买与子女有关的商品时会征求他们的意见。尤其是独生子女家庭，这一倾向更为明显。一方面，随着商品知识和购买经验的累积，子女在选购一些熟悉的商品时，往往会取代父母而成为家庭购买行为的决策者；另一方面，伴随子女年龄的增长，子女独立性和自主意识增强，希望按照自己的意愿行事，喜欢自主独立地购买所喜欢的商品，参与家庭购买决策的意识增强，对家庭购买行为起到更加重要的影响。

本章小结

本章主要介绍社会群体、社会阶层和家庭对消费者行为的影响。

社会群体是指通过一定的社会关系结合起来进行共同活动而产生相互作用的集体。从消费者行为分析角度研究群体影响至关重要。社会群体的类型分为正式群体与非正式群体、主要群体与次要群体、隶属群体与参照群体。与消费者密切相关的社会群体主要有家庭、朋友、正式的社会群体、购物群体、消费者行动群体和工作群体。参照群体实际上是个体在形成购买或消费决策时，用以作为参照、比较的个人或群体。参照群体对消费者的影响，通常表现为行为规范上的影响、信息方面的影响、价值表现上的影响。参照群体对其成员的影响程度取决于产品使用时的可见性、必需程度、产品和群体的相关性、产品的生命周期、个体对群体的忠诚程度和个体在购买中的自信程度这六个方面的因素。目前，参照群体在市场营销活动中的运用主要表现为名人效应、专家效应、"普通人"效应和经理型代言人这四个方面。在群体中有一种常见的社会现象就是从众，在消费行为中，这种从众的消费行为也是非常普遍，影响消费者从众行为的因素主要有群体因素和个体因素。

社会阶层是由具有相同或类似社会地位的社会成员组成的相对持久的群体。产生社会阶层的原因是个体获取社会资源的能力和机会的差别，以及社会分工和财产的个人所有的不同。社会阶层的划分方法主要有单一指标法和综合指标法两种。不同阶层消费者行为的差异主要表现为产品或服务选择上的差异、休闲活动选择上的差异、信息接收和处理上的差异和购物方式上的差异这四个方面。这些消费行为差异为企业市场营销战略和策略的制定提供了依据。

家庭是建立在婚姻、血缘或收养关系基础上的一种社会生活组织形式或社会单位，是大部分商品或服务的主要目标市场。家庭决定家庭成员的消费方式，并对子女未来的消费方式有着潜移默化的影响。和家庭相比，住户则是一个范围更广泛的社会群体或购买决策单位。住户是指居住生活在同一住宅单元或同一屋檐下的人所组成的群体。大多数家庭都要经历结婚成家、生儿育女、儿女成人、自立门户、夫妻退休、丧偶等变化，家庭发展过程中所经历的这一系列不同阶段被称为家庭生命周期。在家庭生命周期的不同阶段里，一方面，由于家庭成员的生理状况和心理状况各不一样，因此家庭消费的模式也不一样；另一方面，在购买决策过程中，不同家庭成员所扮演的角色不一样，对决策也会产生不同的影响。随着国家政治、经济、文化和社会生活的发展变化，家庭规模的小型化、夫妻之间角色的转换、婚龄的推迟以及离异家庭的增加等，已经成为未来家庭发展的新趋势。这些变化也不可避免地影响到家庭的消费需求和购买行为模式。

关键概念

社会群体　参照群体　名人效应　专家效应　普通人效应　经理型代言人　社会阶层　家庭　住户

思考题

（1）描述你属于其中的三个群体，并各举一个其影响消费行为的实例。
（2）参照群体对消费者行为会产生哪些方面的影响？
（3）在何种情况下，企业适合运用参照群体来影响消费者行为？
（4）不同社会阶层的消费者的消费行为差异体现在哪些方面？
（5）如何把社会阶层的知识运用到企业的营销活动中？
（6）家庭会通过哪些途径去影响消费者行为？
（7）家庭生命周期理论对企业营销有何用处？
（8）未来的家庭变化发展趋势对企业市场营销活动会带来何种影响？

案例一　"啃老族"现象

据中国老龄科研中心调查，目前我国65%以上的家庭存在"老养小"现象，有30%左右的成年人基本靠父母供养。有学者认为，随着就业压力增大，独生子女大量走向社会，"啃老族"队伍还将进一步"壮大"。本来应该赡养父母的子女，现在当起了"啃老族"，这给已经步入老年的父母带来了沉重负担。

广西民族学院学者郑维宽对"啃老族"给家庭造成的压力做了测算。按照2004年南宁市平均生活水平，一个3口之家，父母退休后全家月收入为800元，年收入9600元；如果子女正常工作，月收入按照500元计算，全家年收入超过1.5万元。除基本生活费用外，家庭每年至少会有5000～8000元的积蓄。但如果子女"啃老"，每年家里仅能存下1000～2000元。老年父母的生活受到了极大影响。郑维宽说，随着我国进入老龄化社会，这一问题如果得不到解决，其危害是不言而喻的。所以有人说，"啃老族"将成为未来中国家庭生活的"第一杀手"。

在给家庭带来经济负担的同时，"啃老"也给社会和年轻人自身的发展带来了危害。中国社会科学院人口与劳动经济研究所所长蔡昉认为，高比例的生产能力和低抚养率是中国经济保持快速增长的"人口红利"，但随着人口老年化速度上升，我国将由"人口红利"阶段转为"人口负债"阶段。在这种形势下，"啃老族"所带来的劳动力的巨大浪费，必然会对经济发展产生消极影响。同时，专家指出，年轻人不进入社会历练，他们的知识、观念、能力就会越来越与社会脱节，将来就业也会越来越困难。而长期处于社会边缘，还可能导致他们的价值观与主流价值观格格不入，给社会和谐、稳定带来隐患。

"啃老族"的出现，与近年来就业压力增大有关。劳动部《2003—2004：中国就业报告》指出，当前我国正面临自然新生劳动力的高峰期。专家统计，城镇新增劳动力中只有40%～50%能够实现就业，新成长失业青年增幅为63.2%，青年就业问题已成为劳动力市场的主要矛盾。严峻的就业形势,使得许多年轻人的就业之途变得坎坷曲折。这其中,一些人由于学历低、技能差,在就业市场上没有竞争力,很难找到就业机会,或者由于收入太低而不愿就业。即便是大学毕业生,也感到就业形势越来越严峻,一些人似乎很难找到自己想要的工作,所以干脆自愿选择失业、待业。这些不能或者不愿就业的年轻人,自然而然就变成了"啃老族"。

但专家指出,"啃老族"的出现,也与一些年轻人就业时高不成低不就,害怕吃苦,只把眼光放在"清闲、高收入、高地位"的工作上有关系。广西儒学学会副会长钱宗范教授告诉记者,这一现象提醒我们反思这些年来的独生子女教育。"啃老族"绝大部分源自最初的几代独生子女,从小就在被"捧着"、"抱着"、"举着"、"背着"、"顶着"的状态中成长,家庭应该传输给他们的勤劳、孝顺、责任感等价值观他们根本就没有得到,相反还养成了唯我独尊、不能独立、追求享受、缺乏责任感的性格。在社会就业岗位有限的情况下,他们对职位的期望值却过高,偏离自己的实际能力,因此造成就业困难。

北京大学夏学銮教授认为,对此应该进行反思的不仅有家庭教育,还有学校教育。在以升学为导向的应试教育中,在中等教育阶段,年轻人根本就得不到职业技能训练,这使得许多人在就业市场中没有优势。宁夏社会科学院副院长陈通明认为,市场经济要求青年人在各种风险中博弈,而应试教育使得年轻人思想、心理都不成熟,对社会竞争缺乏价值观的准备和心理准备,一些人由于害怕在摸爬滚打中寻找自己的位置,干脆逃避竞争,封闭自我。

专家指出,在我国即将面临"人口红利"效应衰减的情况下,"啃老族"的出现必然会降低社会竞争力,应该引起人们的高度重视,多方着手治理"啃老"。

首先,政府对此应该采取积极的措施。广西师范大学硕士生导师廖国一说:"劳动和社会保障部门应该认识到,创造就业岗位和刺激适龄青年就业是推动社会财富增长的两个翅膀,缺少任何一个都无法确保经济持续稳定发展。"他认为,在加强政策引导、帮助青年人就业的同时,各级政府、劳动社会保障部门还应尽快完善针对社会各层次人才的培养和资格认证体系,鼓励在校学生积极参与多种职业资格认证考试,让他们在参加工作之前就获取多种资质,增大就业可选择度,适应社会需求。曾多次留学日本的廖国一告诉记者,日本对"啃老族"采取了一系列措施。在2005年的年度预算中,针对不就业族和自由职业者,日本政府拨款800多亿日元,帮助年轻人提高工作积极性。与此同时,他们也采取了一些方法刺激年轻人就业,如由社区义工帮助这个群体"量身打造"就业计划和职业生涯;强迫"啃老族"接受心理培训,帮助他们摆脱依赖思想,等等。他认为,日本政府的相关做法值得我们借鉴。

专家指出,对家长来说,也要在适当的时机狠下心来给孩子"断奶"。我们的社会是一个充满竞争的社会,父母百般满足子女的需要,而不是积极培养其自主、自立意识,就会使子女丧失成长的机会,从而导致他们很难在激烈的竞争中取胜。纵容子女"啃老",到头来既害了父母,也害了子女。留学德国的教育学博士卢裕民认为,我们还应该向西方国家学习,在全社会形成一种鼓励年轻人独立的舆论氛围。年轻人自己则要增强对社会、家庭的责任感,树立"先就业、再择业"的理性择业观,勇敢面对竞争,到社会中寻找位置,实现自己的人生价值。

资料来源:何丰伦,孟昭丽,李美娟."啃老族":拒绝独立到何时[J].半月谈,2005(23)

链接思考

(1) 这种"啃老族"属于家庭生命周期中的哪一阶段?为什么?
(2) "啃老族"的出现会给家庭消费行为带来什么影响?

案例二 兰蔻——搜索精准锁定目标群体

作为全球知名的高端化妆品品牌,兰蔻涉足护肤、彩妆、香水等多个产品领域,主要针对受教育程度、收入水平较高,年龄为25~40岁的成熟女性。针对这一特征鲜明的目标人群,兰蔻为其量身定制了适合的营销模式——以聚集中国95%以上网民的百度搜索营销平台为基础,将关键字投放、品牌专区、关联广告、精准广告等不同营销形式有机地整合在一起,精准锁定了兰蔻的目标受众。在提升品牌形象的同时,也提高了广告投放转化率,拉动了实质销售。配合新产品上市,兰蔻选择了与品牌产品相关的关键字进行投放,如青春优氧、感光滋润粉底液等,迎合受众搜索需求,确保目标受众第一时间触及兰蔻的新产品信息。当你在百度网页搜索"安妮海瑟薇"(兰蔻璀璨香水代言人)、寻找圣诞礼物、在百度知道询问化妆品信息时,兰蔻的广告就会相应呈现。这就是百度关联广告的魔力——全面"围捕",覆盖更多的潜在受众。除网页搜索外,兰蔻还充分应用百度知道平台,当受众检索化妆品相关问题进入问答页面后,即可看到兰蔻的关联广告信息。

品牌专区为兰蔻打造了品牌体验官网,只要在百度网页中搜索"兰蔻",即会出现一块占首屏多达1/2的兰蔻专属区域,通过"主标题及描述+品牌logo+可编辑栏目+右侧擎天柱"的形式展现品牌迷你官网,以图文并茂的形式展现最新产品及品牌核心信息,提升兰蔻大品牌形象,同时向兰蔻网上商城导入流量,提高广告转化率,促进产品销售。借助搜索引擎和关键词技术,品牌专区打破传统的、单一的搜索结果展示形式,以兼具"大面积"和"图文并茂"的形式展现用户在百度中搜索的结果页面,为消费者展现更加详尽的产品信息,带给目标客户全方位的品牌体验。

凡走过必留下痕迹,凡寻找必有精准广告。百度精准广告最大的特点在于,能够精准锁定相关受众,按照广告主的需求,从上亿网民中挑选出广告主的目标人群,保障让广告只出现在广告主想要呈现的人面前,从而解决了媒体投放费用大部分被浪费掉的历史问题。如兰蔻"七夕情人节网上特别献礼活动"的精准广告,根据对网民搜索行为分析,即实现制投放在那些曾经搜索过"情人节、情人节礼品"等相关内容的网民面前。根据统计显示,通过整合各种广告形式,兰蔻的广告投入产出比达到1:1.2,点击率提高15%,每月贡献销售额超过50万元。

资料来源:中国公共关系网,www.17pr.com,有修改。

参考文献

[1] 黄维梁. 消费者行为学[M]. 北京:高等教育出版社,2005
[2] 王长征. 消费者行为学[M]. 武汉:武汉大学出版社,2003

［3］荣晓华. 消费者行为学［M］. 大连：东北财经大学出版社，2006
［4］符国群. 消费者行为学［M］. 北京：高等教育出版社，2002
［5］冯丽云，孟繁荣，姬秀菊. 消费者行为学［M］. 北京：经济管理出版社，2004
［6］龚振. 消费者行为学［M］. 广州：广东高等教育出版社，2004
［7］张雷军. 论满族文化规范社会群体行为的功能［J］. 满族研究，2002（2）
［8］李君甫，戚丹，柴红侠. 北京地下空间居民的社会阶层分析［J］. 人文杂志，2014（3）
［9］陈丽，于波，吴浩亮. 宁波市经营性健身俱乐部消费者阶层分析［J］. 科技信息，2008（10）
［10］吴菊华. 浙江省经营性健身俱乐部消费者阶层分析［J］. 浙江体育科学，2009（2）

第九章 社会环境因素对消费者行为的影响

本章学习目标

通过本章的学习，应掌握以下内容：①了解文化的概念、特点和内容，了解文化对消费者行为的影响；②了解政治、经济环境和变化对消费者心理行为的影响；③通过对流行、情境的分析，了解其对消费者行为的影响。

第一节 文化及其对消费者行为的影响

一、文化的概念

由于文化包括的范围和内容复杂，因而国内外对于"文化"一词还没有公认的统一定义，世界各国的出版物中关于文化的定义有160种之多。例如，文化学奠基人泰勒在《原始文化》一书中将文化定义为："包括知识、信仰、艺术、道德、法律、习惯以及其他人类作为社会的成员而获得的种种能力、习性在内的一种复合整体。""解释人类学派"的创始人克利福德·格尔茨在他的《文化的解释》一书中认为："文化是一种通过符号在历史上代代相传的意义模式，它将传承的观念表现于象征形式之中。通过文化的符号体系，人人得以相互沟通、绵延传续，并发展出对人生的知识及对生命的态度。"《美国传统词典》对文化的定义为："人类群体或民族世代相传的行为模式、艺术、宗教信仰、群体组织和其他一切人类生产活动、思维活动的本质特征的总和。"

从本学科研究内容出发，我们对文化的理解是：文化是在一定范围影响人们心理和行为的态度、价值观、规范、风俗习惯等的复合体。文化是一个综合的概念，它时刻影响着人们心理、行为和思想的每一个过程。因此，全面了解其内容对学科研究有极其重要的意义和价值。

二、文化的特征

（一）文化的可学习性

一种文化的传承是通过人们一代代的学习而获得的。学习有两种类型：①"文化继承"，即学习自己民族（或群体）的文化。正是这种学习，保持了民族（或群体）文化的延续，并且形成了独特的民族（或群体）个性。诸如中华民族由于受几千年传统儒家文化的影响，形成了以仁义、中庸、忍让、谦恭为特点的民族文化内涵。这种文化心态表现在人们的消费行为中就是随大流、讲传统、重形式等。这同西方人重视个人价值，追求个性消费的生活方式正好形成了鲜明的对比。② "文化移入"，即学习外来文化。在一个民族（或群体）的文化演进过程中，不可避免地要学习、融进其他民族（或群体）的文化内容，甚至使其成为本民族（或群体）文化的典型特征。例如，改革开放以来，西方文化逐渐传入并成为目前中国文化现象里最浓厚的一股气流。这种文化认同是以文化观念的改变为前提和条件的。当外来文化为本民族（或群体）成员普遍接受时，就自然而然地变成了本民族（或群体）世代相传的本质特征，如快餐、西装、个性发展等。一般来说，消费者在早年学来和建立的文化观念比晚年所学的要牢固得多，且不易改变；面对已经根深蒂固的、受文化影响了的消费者，营销人员制定营销计划时应准确分析这些内容。

（二）文化的可发展性

文化不是静止不变，它的一个显著特征就是变化和发展。当一个社会（或群体）面临新的问题或机会时，人们的价值观念、行为方式、生活习惯、偏好和兴趣等就可能发生适应性改变，形成新的文化内容。在文化的适应性演进过程中，新文化模式的形成或引入会受到人们感兴趣的程度和原有价值观念、行为准则的影响。有关研究表明，那些为社会最感兴趣而又与现有价值观念、行为准则决裂程度最小的新事物最容易被人们接受。20世纪初，在西方人的文化意识里，节省时间观念并不重要，追求悠闲、享乐、安逸、舒适，是大多数人的基本信念。但随着商品经济的高度发展和工业化程度的不断提高，以及"后工业时代"的逐步到来，人们越来越关心如何节省时间，以改善和提高生活质量。在节省时间和提高工作效率的新观念下，更多的人便开始接受方便、省时的产品或服务，如速溶饮料、快餐食品、快速加热设备、邮政快递等，也更愿意到时间效率较高的零售商店去购物。

（三）文化的民族性

文化是特定社会群体的大部分成员所共有的，具有鲜明的民族特点。就民族文化而言，每个民族在其繁衍和发展的过程中都会形成自己独特的语言、文字、仪式、风俗、习惯、民族性格、民族传统与生活方式。例如，英国文化的典型特征是经验的、现实主义的，由此导致英国人重视经验、保守、讲求实际的民族性格，所以英国人的时装往往给人以庄重、大方、实用、简练的鲜明印象。法国文化则是崇尚理性的，法国人更喜欢能够象征人的个性、性格，反映人精神意念的东西，所以法国人的时装则潇洒、飘逸、抽象，具有更高的艺术性。文化差异不仅体现在国家、民族之间，同时也体现在不同种族、地域、宗教、机构以及家庭等不同群体之间。

（四）文化的社会性

文化的社会性主要体现在生活习惯和模式方面，包含着促进同一文化中成员间的相互交往、相互作用的社会实践。共同的语言，对象征、符号和生活方式的共同理解，以及共同的沟通方式和信息传递方法，是某一文化区别于另一文化的重要标志。正是这些共同的语言、理解和信息传递方式,促进了同一文化中成员间的相互了解以及同一文化群体的内部和谐和群体的相对独立性。社会成员在社会交往过程中,在形成自身独特性的同时也产生了社会的共性。企业在进行营销策划时就应对这种特性和共性进行分析,在社会文化共性的基础上区分消费者个体差异,以达到营销过程既能覆盖整个社会的消费群体,同时又不失自身独特定位的特点。

(五) 文化的无形性

文化对消费者行为的影响和引导就像一只"看不见的手"。文化对人们行为的影响是自然而然的,也是自动的,因此人们根据一定文化所采取的行为通常被看作理所当然的。例如,当研究人员问消费者为什么要做某件事时,消费者通常会回答:"因为我一直这么做。"这一回答表面看来似乎是肤浅的,但它却反映了文化对人们行为的深刻影响。通常只有当我们接触具有不同文化价值观和习惯的人们的时候,才能真正感受到文化是如何影响人们的行为的。

要了解文化对人们日常生活的影响,就需要了解不同社会所具有的不同文化特征。例如,要了解有的地域消费者是以牙齿的洁白为美,而有些地域的消费者是以牙齿的黄黑为美,这样我们就知道在各个不同地域以什么样的产品和广告去满足这个市场消费者的需要。

三、消费者文化价值观

(一) 文化价值观的概念

价值观是指理想的最终状态和行为方式的持久信念。它代表着一个社会或群体对理想的最终状态和行为方式的某种共同看法,是人们用于指导其行为、态度和判断的标准。文化价值观是指为社会成员提供了关于什么是重要的、什么是正确的,以及人们应追求一个什么最终状态的共同信念。

每一社会或群体都有其居于文化核心地位的价值观。同时,文化价值观有核心价值观与次要价值观之分。文化的核心价值观,是指特定的社会或群体在一定历史时期内形成并被人们普遍认同和广泛持有的、占主导地位的价值观念。文化的次要价值观,是指特定的社会或群体在一定时期内形成和持有的次要、居于从属地位的价值观念。例如,对于中国人来说,"成家立业"是一种核心价值观,但认为应该早婚或相信"多子多福"就是一种次要的价值观。核心价值观和次要价值观之间是相辅相成的关系,二者共同构成文化的核心,但二者的地位又是不一样的。核心价值观居于主导的、核心的地位,制约着次要价值观的形成和变化;次要价值观则居于从属的、次要的地位,服从于核心价值观,并体现核心价值观的内涵。

核心价值观是某一社会或群体的人们所共同持有的某些基本价值观念,具有极强的稳定性,在相当长的历史时期通常不会改变。这些价值观念是该人类群体所共有的,即使这一群体的成员不断更新,它们也会被延续下去,并且具有较强的抵制变革惯性。核心价值观一般来自父母,并通过学校、宗教机构或其他社会组织得以强化。例如,大多数中国人恪守的"仁爱孝悌"、"精忠爱国""诚信知报"等信念，绵延数千年，迄今仍未发生多大变化。对于这些核心价值观和信念，任何企业都无法或很难改变，合理的策略选择应是努力去适应，并在其经营理念中有所折射和反映，保持企业理念与社会核心价值观念的一致。

美国人的核心价值观见表9-1。

表9-1 美国人的核心价值观

价 值 观	总 体 特 征	相关消费者行为
获得与成就	只有努力工作才有成功	你值得这么做
活动	工作紧张不利于身体	休闲时间增多
效率和实用	对那些能解决问题的事物崇拜	对性能良好、节约时间的产品的偏好
过程	人们会自我提高	期望获得更好的产品
物质丰富	生活很好	产品奢侈
个人主义	以自我为中心	获得能够表现自我的产品
自由	选择的自由	鼓励生产多种多样的产品
外部一致	一致观察，期望被接受	对他人拥有的产品感兴趣
人道主义	关心他人，尤其是失败者	赞助敢于参与竞争的公司
年轻	心理和外表都年轻	接受提供给年轻人的产品
合适和健康	关心身体健康	接受对身体有利的产品

资料来源：Leon G. Schiffman, Leslie Lazar Kanuk, Comsuner Behavior. 4th. Reprinted by permission of Prentice Hall, Englewood Cliffs, N.J., 1991（10）：424

（二）与消费者行为有关的文化价值观

德尔·L. 霍金斯把文化价值观区分为他人导向的价值观、环境导向的价值观以及自我导向的价值观三大类。对消费者行为具有重要影响的文化价值观都可以归入这三种价值观。

1. 他人导向的价值观

他人导向的价值观反映的是一个社会关于该社会中个体与群体、个体之间以及群体之间适当关系的看法。

（1）在自己与他人关系上的价值观。人们在自己与他人之间的关系上，在相对强调个人利益和自我满足，还是相对强调社会利益和满足他人方面，会表现出不同的价值取向。例如，我国改革开放以前，社会文化的"利他"倾向是比较突出和明显的。改革开放以后，随着市场经济大潮的冲击和西方文化的"东渐"，人们的文化价值观发生了一定变化，越来越多的人开始关注自我，强调个人价值的实现，从而形成了较强的自我满足倾向。

（2）在个人与集体关系上的价值观。不同的社会文化在对待个人与集体关系上会有不同的价值取向。有的社会强调的是团队协作和集体行动,并且往往把成功的荣誉和奖励归于集体而不是个人;相反,有的社会强调的是个人成就和个人价值,荣誉和奖励常常被授予个人而不是集体。

(3) 在成人与孩子关系上的价值观。家庭活动在多大程度上是围绕孩子的需要而不是成人的需要,孩子在家庭决策中扮演什么角色,以及孩子在决策中扮演的角色哪些与他自己有关,对这些问题的分析可以发现一个社会在成人与孩子关系上的价值取向。我国计划生育政策推行后的一个重要社会文化效应就是产生了明显的孩子中心倾向。

(4) 在青、老年人关系上的价值观。不同的社会文化,在对待青年人与老年人的价值取向上也可能存在差异。有的社会,荣誉、地位、重要的社会职务都是属于老年人的;在另一些社会,则可能是属于青年人的。有的社会,老年人的行为、衣着和生活方式受到其他社会成员的模仿;在另一些社会,则是青年人被模仿。

(5) 在男人与妇女关系上的价值观。在具有不同文化的社会,男人与妇女的社会地位可能存在很大差异。在我国,男女的社会地位是平等的,都有机会担任重要的社会职务,在重要的家庭购买中,通常由夫妻共同作出决定。

(6) 在竞争与协作关系上的价值观。不同的社会文化对于竞争与协作的态度会有所不同。在有的文化价值观中,人们崇尚竞争,信奉"优胜劣汰"的自然法则;在另一些文化价值观中,人们则倾向于通过协作取得成功。这方面的价值观往往能从不同的文化对待比较广告的反映中表现出来。例如,墨西哥和西班牙都禁止做比较广告,我国也是如此,但在美国,比较广告却是被容许的。

(7) 浪漫主义的价值观。在不同的社会文化背景下,人们可能会具有不同的浪漫主义特质。在许多文化中,浪漫的爱情是文学作品中的普遍主题。首先是男女巧遇,接着产生爱情,然后克服重重困难,最后幸福地生活到一起。然而,在另一些社会文化中,婚姻由父母包办,青年人没有恋爱、择偶的自由。

2. 环境导向的价值观

环境导向的价值观反映的是一个社会关于该社会与经济、技术以及自然等环境之间关系的看法。

(1) 在个人成就与出身关系上的价值观。一个社会在强调个人成就或家庭出身方面的文化差异,将导致这个社会把经济、政治和社会机会平等或不平等地给予不同的个人或集团。一方面在一个个人成就取向的社会里,机会、报酬和具有较高荣誉的社会职位会被更多地提供给那些表现和成就突出的个人。在这样的社会里,任何社会集团都不具有特权。另一方面,在一个重视家庭出身和家庭背景的社会里,个人的机会往往取决于他的家庭、家庭的社会地位及其所属的社会阶层。一个强调出身的社会文化,表现在消费者行为上,就是人们更加偏爱优质高价、具有良好品牌声誉的产品,而不是功能、物质效用虽然相同但不知名或低价的产品。

(2) 在传统与变革关系上的价值观。社会文化不同,人们对待传统和文化变革的态度就会不一样。有的社会非常重视传统,只要是祖宗遗留下来的习惯,任何人便不能冒犯;有的社会则比较容易接受变革,允许人们打破传统,建立新的模式。

(3) 在风险与安全关系上的价值观。有的社会文化具有很强的冒险精神,勇于冒险的人会受到社会的普遍尊敬；另一些文化则可能具有很强的逃避风险的倾向，把从事冒险事业的人都看作十分愚蠢。

（4）在乐观与悲观关系上的价值观。当人们遇到困难和灾难时是有信心去克服，还是听天由命、采取宿命论的态度，会集中反映一个社会所具有的是乐观或悲观的价值观。

（5）有关清洁的价值观。不同的社会文化对于清洁的重视程度可能不同。这方面的价值观在发达工业社会与落后的农业社会之间具有明显的差异。在一个重视清洁卫生和环境保护的社会，人们对清洁卫生产品或服务，如空气清新剂、除臭剂、工业污染处理设备、汽车尾气检测仪器、废物回收和处理设备等，会存在大量的需求。

（6）有关自然的价值观。不同文化背景下的人们在对待自然以及人与自然的关系上，可能会具有不同的观念和态度。一些人觉得他们受到了自然的奴役，另一些人认为他们与自然之间是和谐的，还有一些人认为他们能够征服和左右自然。中西文化的一个重要区别就是在对待人与自然关系的价值观念和态度上。中国文化比较重视人与自然的和谐统一，强调"天人合一"，而西方文化一般强调人要征服自然，改造自然，以求得人类自身的生存和发展。

3. 自我导向的价值观

自我导向的价值观：反映的是社会各成员的理想生活目标及其实现途径。

（1）在动与静上的价值观。不同的社会文化会导致人们对待各种活动的不同态度，并且形成不同的"好动"或"好静"倾向。一项关于比较美国妇女和法国妇女社会活动的调查发现，法国妇女一般认为"同朋友一起在炉边闲聊消磨夜晚是我喜欢的方式"，美国妇女则一般认为自己"喜欢有音乐和谈话的聚会"。

（2）物质与非物质主义的价值观。在不同的社会文化中，人们在对物质财富与精神财富的相对重视程度上会存在差异。有的社会奉行极端的物质主义，认为"金钱万能"，物质财富能比家族关系、知识等带来更多的社会回报。有的社会更加强调非物质的内容，例如在某些国家，宗教地位是至高无上的，当物质利益与宗教信仰发生冲突时，人们会毫不犹豫地选择坚持宗教信仰。

（3）在工作与休闲关系上的价值观。不同的社会文化在对待工作与休闲关系问题上会有不同的观念和态度。一般地，人们为了获取经济报酬而工作。但是，有的文化使人们较倾向于从工作中获得自我满足，有的文化则使人们在基本的经济需求满足后较倾向于更多地选择休闲。

（4）在现在与未来关系上的价值观。人们是为今天而活还是为明天而活，是更多地为今天着想还是更多地为明天打算，可以集中地体现一个社会在这方面的价值观。例如，"居安思危"、"量入为出"、"无债一身轻"等迄今都还是许多中国人的基本消费观念。在这种文化背景下，借助消费信贷来扩大现实的市场规模，就必然会遇到较大的文化阻力。

（5）在欲望与节制关系上的价值观。这一类价值观体现在人们的生活态度是倾向于自我放纵、无节制，还是倾向于克制自己、节制欲望等方面。

（6）在幽默与严肃关系上的价值观。社会文化的差异也体现在幽默在多大程度上被接受和欣赏,以及什么才算是幽默等方面。在一个社会文化中被看作幽默的东西,在另一个社会文化中可能被认为无任何幽默感;男人认为是幽默的东西,女人不一定认为是幽默;成人与儿童在幽默感上也会存在差异。

四、亚文化与消费者行为

同一文化中的人群根据人口特征、地理位置、政治、宗教等,又可分为若干不同的亚文化群。亚文化也称非主流文化,是指某一大文化群体下的局部文化,群体成员有着主流文化的烙印,又有着可区别的自身独特文化要素。同一亚文化群体的成员具有某些共同的信仰、价值观念、爱好和行为习惯。相比大范围文化内的消费者,属于同一亚文化群的人在态度、价值观和购买决策等方面更为相似。

亚文化群的类型见表9-2。

表9-2 亚文化群的类型

群体划分标准	亚文化群举例
年龄	儿童、少年、青年、中年、老年
宗教信仰	佛教、天主教、伊斯兰教
种族	黑人、白人、西班牙人
民族	汉族、回族、苗族
收入水平	富裕阶层、中产阶层
国籍	中国人、日本人、美国人
性别	男性、女性
家庭类型	单亲有子女家庭、双亲家庭、单身家庭
职业	经理、教授、技术工人
地理位置	中部、西北部
社区	农村、大城市、郊区

目前,国内外营销学者普遍接受的是按性别、年龄、宗教、民族、地理划分亚文化群的分类方法。

(一) 性别亚文化

虽然现代社会倾向于缩小男女性别之间的差别,但是男人和女人在许多方面仍然存在显著的差异。例如,女人与男人在处理信息的方式上就不一样,女人看起来好像"更慷慨、更有教养,不像男人那样总想占优势"。从购买动机方面看,男性的购买动机形成果断,具有较强的自信,并且动机的感情色彩比较单薄;而女性容易接受外界的心理暗示,购买动机稳定性差,并且从众心理强。所以,对于某些营销目标来讲,必须将男人和女人作为两个独立的市场来考虑。

(二) 地理亚文化

地域群体也可以被看作亚文化，但除非营销人员可以确认出那些拥有相同需要和价值观的特定地域，否则地理上的划分也可能过于多样化，以至于无法被区分为一种亚文化。不同地域群体在生活方式以及价值观上的差异是很明显的，足以对范围更大的区域亚文化进行界定。中国是一个地域面积大、人口多且分布广的国家。由于受地理条件和气候的影响，文化差异也较明显。就饮食方面来讲，闻名全国的八大菜系就是以地理划分的，它们风格各异，自成一家。对食品的选择上，南方人更注重食品的新鲜程度；在购买食品方面，北方人喜欢大包装，而南方人则偏爱小包装。

(三) 年龄亚文化

不同年龄的人有不同的价值观，对商品有不同的爱好。老年人比较自信和保守，习惯于自己熟悉的商品，求实、求利的购买动机比较强。此外，老年人的购买动机是在追求舒适和方便的心态下形成的，而且经济基础比较雄厚。年轻人则追求新、奇、美，愿意尝试新产品，容易产生诱发性和冲动性的购买行为。年轻人的购买动机具有较强的主动性和感情色彩。即使对同一种产品的需求，这两种年龄上的亚文化群也表现出差异。例如，对药品的需要，年轻人重在治疗，而老年人重在保养。

(四) 民族亚文化

任何一个民族的消费习惯都是经过长期的反复消费，才逐步集中、形成，最后稳定在某种方式上的。各民族的消费习惯是他们的基本消费行为，反映着各个民族的不同消费需求。我国是个多民族的国家，除汉族外还有 55 个民族，各民族都保持着传统的宗教信仰、图腾崇拜、消费习俗、审美意识、生活方式等。如回族对饮食的要求比较严格，讲究食用牛、羊肉；朝鲜族在饮食上喜欢吃大米、辣椒、狗肉。此外，各个民族对生老病死都有着严格的仪式和戒律。由此可见，民族亚文化的特点对消费行为的影响是巨大的、直接的。

(五) 宗教亚文化

由于传统和习惯与宗教团体的信仰联系在一起，而且代代相传，所以宗教也应被认为是一种亚文化。各个宗教都有不同的价值观，天主教徒一般更为传统，强调一种紧密的家族纽带；新教徒将职业道德作为通向成功的道路；犹太教徒强调个人对自己行为的责任和自我学习；穆斯林更强调遵守家庭准则。不同宗教团体的购买行为也遵循了他们自己的传统和习惯。来自宗教的亲和力也会对消费者评估品牌的方式产生影响。例如，身为犹太教徒的消费者在对品牌进行评价的过程中更愿意搜集信息，并且把这些关于消费经历的信息传递给其他消费者。

五、文化对消费者行为的影响

文化对消费者的性格塑造、心理方面的影响可见于消费者购买决策过程中的不同阶段。

(一) 对问题认知阶段的影响

问题认知就是消费者意识到一种需求并有解决需求的冲动。按照马斯洛的需求层次理论，人们在生存需要、安全需要得到保障的今天，需求主要集中在爱与归属需要、尊重需要以及自我实现的需要的层面。社会文化对问题认知阶段的影响就表现为对这些需要的形成的影响。例如，在消费者对众多商品进行接触和使用的过程中，蕴含在商品中的产品文化或企业文化不但能代表某种价值观念、某种生活模式或培养某种审美情趣，而且蕴含在商品中的文化聚合功能和交际协调功能使消费者获得社会认同感，这两方面共同构筑了人们的"消费归属感"。

(二) 对搜集信息阶段的影响

在搜集信息阶段，消费者通常可以通过回忆自身经验、问询他人、查看广告等方式搜集信息。在这一阶段，文化的影响作用主要表现在以下方面：

1. 文化对消费者信息选择性行为的作用

消费者在商品信息选择过程中，会注意到与自身文化观念相一致的产品信息而排斥与其违背的产品信息；或即使消费者确实注意到产品的信息，也将根据自身的态度、信仰、习惯对信息内容进行解释；或即使消费者注意、了解了信息，也会选择性地记住与自身文化观念相一致的信息。例如，深受儒家文化思想影响而形成保守消费文化心理的中国消费者可能不会关注银行的透支信用卡业务。

2. 产品中的人文关怀与体验价值能够影响消费者的购买行为

消费者对自身购买活动的记忆，能够和消费者产生心灵相通的生活感悟，无形中拉近了与消费者的距离，从而加深了消费者对产品的记忆。例如，舒肤佳香皂独具匠心的手握流行设计于细微处见关怀，增加了生活用品的温馨感。

3. 文化对消费者理解商品广告的作用

与广告目标受众背景相联系的传统文化的挖掘与展现可增加产品的厚重感，唤起消费者对某一文化传统的怀念，从而建立起产品与消费者之间的价值纽带，使象征性的产品成为彰显某种文化的标签，而文化则成为沟通产品与消费者情感的"形象大使"。例如，2001 年 APEC 会议所引发的复古风潮，其在市场经济领域的突兀表现，深刻揭示了广博的文化资源中所潜伏的对消费者的强大感召力。

(三) 对评价方案阶段的影响

在评价方案阶段，文化对于消费者所选择评价标准的内容以及对消费者选择何种决策规则有重要影响。在评价标准方面，人们不只单纯注重物质消费，同时也注重精神消费，而人们精神的满足往往在很大程度上受社会文化的影响。产品中无形的人文关怀和美好体验同服务、产品一样具有商业价值，促使消费者心甘情愿地选择此种商品乃至支付更高的价格。

(四) 对购买行为阶段的影响

消费者在购买行为阶段需要确定的产品品牌、购买时机、购买方式或具体店铺，以及使用何种方法支付等问题往往受到消费者所具有的文化认知或所处的文化环境的影响。例如，中国传统思想文化比较深厚的老年消费者外出就餐时往往愿意选择吃传统菜，如川菜、粤菜或湘菜；而受西方新文化的年轻人则可能选择吃披萨或意大利面。

(五) 对购后评价阶段的影响

购买商品后，消费者会形成对于购买的商品或服务的满意或不满意的态度，而这种态度会影响到消费者的再次购买。中国传统文化的"和为贵"、"与人为善、与己为善"的思想，使很多消费者容易以一种更为谦和的态度表达自己对购买的不满。例如，购买商品后不满意，一些消费者会自认倒霉，另外一些消费者会选择抱怨的方式，少部分消费者会采取要求商家赔偿或要求第三方干预或谴责商家行为。此外，中国消费者有很深厚的惠顾思想。蕴含文化的、注重精神需要的产品容易给消费者留下美好印象，引起消费者的重复购买和品牌忠诚。更多地享受到商品文化附加值的消费者容易对过去、现在、将来的消费进行融通性的思考，更强烈地偏好商品的精神价值。这些都将大大有益于这类产品在更长久的销售周期内保持对消费者的吸引力。

六、中国传统文化及其对消费者行为的影响

中国目前正处在经济体制的过渡时期，也处在文化的过渡时期。经济西化的过程中，中国文化也受到西方文化影响，并对人们的心理观念产生冲击。但中国传统文化仍是中国文化最深层的主线，也是当代中国文化最深厚的基础。

从历史上来看，全世界只有中国的文化体系是长期延续发展而从未中断的，中国文化具有强大生命力和凝聚力。中国幅员辽阔，各地的自然条件和地理环境差异很大，这种差异，使中国不同地理区域的人们形成了不同的生活方式、思想观念和风俗习惯，强烈的地域特点产生了中国文化的多样性和异质性。作为一个农耕民族，中国人自古以来就采用劳动力与土地相结合的生产方式，从而形成了一种自然经济的封闭状态，人们固守在土地上，日出而作，日落而息，安土重迁也成为他们的固有观念，至今仍然影响着大多数的中国人，尤其是中国的广大农民。以人为本的人本主义或人文主义一直以来被认为是中国文化的一大特色，是中国文化的基本格调。人本主义，就是以人为考虑一切问题的根本，在天人之间、人神之间、人与自然之间，始终坚持以人为中心。中国文化是世界少有的无神文化，神道主义始终不占主导地位，儒家思想一贯反对以神鬼为本，坚持人本主义的价值取向。在中国文化中，"孝"被视为"德"之根本，以孝立身、以孝治天下的原则成为一种普遍的、不可动摇的人生准则和社会心理，并由此生发出尊古敬宗、崇古敬老的伦理观念。尊敬长老、勤俭礼仪是中国文化的重要特点之一，中国文化具有集体至上的思维趋向和共同心理，重视整体、提倡协同，通过协同达致和谐。

（一）中国传统文化的核心价值观

1. 人道主义

在人类文明社会应当以什么作为基本价值原则的问题上，中国人始终坚持的是一种人道原则。人道原则是中国文化在天人关系方面的一个基本价值取向。孔子提出的"仁"的观念，其基本规定就是"爱人"，要求对人加以尊重和关切。到后来宋明理学，提出的"民胞物与"的观念："民吾同胞，物吾与也；尊高年，所以长其长；慈孤幼，所以幼吾幼。"这一观念在一定程度上表现出了儒家的"仁"、墨家的"兼爱"、佛教的"慈悲"之间的融合。正是这种融合，使传统的人道原则获得了更丰富的内涵，并成了中国文化中一种稳定的价值取向。"仁爱孝悌"、"尊长慈幼"也就成了中华民族的一大美德。

2. 先义后利

对义利关系的处理集中体现了中国伦理道德的价值取向。中国传统义利观中虽然包含有多种不同价值取向，如经宋明理学家强化而形成的"重义轻利"的义利观，就是中国传统文化中对后世影响最深远的几个倾向之一；儒家、墨家在对待义利关系上的功利原则对后世也产生了重要影响。但总的来说，先义后利、以义制利才是中国传统义利观的基本内容，也是始终居于正统地位而对中国传统文化影响最为明显的一种义利观。

3. 理性优先

理欲关系，即人的理性要求与感性需要的关系，是义利关系的进一步展开和延伸。在理性追求与感性欲求之间，儒家学者强调前者的优先地位；理性优先的价值取向在中国文化中基本上居于主导的正统地位。孔子曾说："君子谋道不谋食，……君子忧道不忧贫。"这里讲的"谋道"所体现的就是理性追求，"谋食"则是一种感性欲求。在"谋道不谋食"的主张中，已包含有对感性欲求的轻视和冷落。

4. 诚信知报

由于中国文化中"性善"的信念占主导地位，重视人的自主自律，因此特别强调"诚"与"信"的品德修养。"诚"即真实无妄，最基本的含义是诚于己，即诚于自己的本性。以"诚"为基础，又衍生出了许多相关的价值观念，如为人要"诚实"、待人要"诚恳"、对事业要"忠诚"。所谓"信"，就是讲信誉、守信用，最基本的要求是言行相符"言必行，行必果"。

5. 贵和尚中

中西文化的一个重要差异，就是中国文化重和谐与统一，西方文化重分别和对抗。在中国文化中，和谐是最好的理想状态和秩序。这种"贵和"思想提倡以礼仪道德平等待人，承认其他民族和文化的价值，主张在主导思想的规范下，不同民族或群体之间思想文化的交互渗透、兼容并蓄、多样统一。在对待人与自然宇宙、人与人的价值观方面，重视自然宇宙的和谐、人与自然的和谐，特别是人与人之间的和谐。中庸之道是指做事不走极端，着力维护集体利益，求大同，存小异。保持人际关系的和谐是中国人普遍的行为准则。

6. 修己内圣

确立人格理想，追求人格完善，是中国传统文化基本的价值追求之一。儒家所追求的理想人格即为"内圣"，它包括"仁"与"知"的双重规定。"仁"表现为一种完美德性，"知"则是德性制约下的伦理理性，二者从不同方面展示了"善"的品格。"内圣"在某种意义上即表现为"仁"与"知"的统一。"修己"、"修身"旨在达到"内圣"之境。儒家曾提出"为己"和"成己"之说。"为己"是指自我完善，其目标在于实现自我的内在价值，即"成己"。儒家所说的"为己"、"成己"，主要是指德性上的自我实现。无论是外在的道德实践，还是内在的德性涵养，自我都起主导作用。通过修己、修身以达到"内圣"的理想人格，是构成了中国文化中最重要的价值标志之一。

7. 自强不息

自强不息是中国文化的基本精神之一，是中国人处理天人关系、人际关系的总原则。《易传》所说的"天行健，君子以自强不息"、"天地之大德曰生"，是对中华民族刚健有为、自强不息这一积极人生态度最集中的概括和经典表述，阐明了效法天行之健，充分发挥人的主观能动性和积极性的思想。孔子提倡为实现崇高理想而努力奋斗，鄙视饱食终日无所用心的消极人生态度，做到了"发愤忘食，乐以忘忧，不知老之将至"。刚健有为、自强不息的思想，在中国可以说是深入人心而为社会普遍接受的准则。

8. 求是务实

面向现实，求是务实，历来是中国人的认识原则和人生信条。孔子主张"学而时习之"、"知之为知之，不知为不知"，就是求实精神的反映。道家虽然讲玄而又玄的"道"，但仍然具有求实的精神。例如，老子认为"知人者智，自知者明"，庄子学派主张"析万物之理"，道家讲"与时迁移，应物变化"，等等，都蕴含有求实的精神。求实精神必然表现为务实态度。中国文化历来就具有务实精神，反对不切实际的玄想。中国人务实的人生态度和价值原则在人的行为方面有着重要影响，例如，立身行事强调脚踏实地、循序渐进，生活中要求勤俭、朴实、实用，反对和轻视华而不实、"金玉其外，败絮其中"的东西。

（二）中国传统文化对消费者行为的影响

由于中国传统文化具有上述几个基本特点，使得中国人的消费心理和消费行为主要表现出以下几方面的特点：

1. 消费行为上的大众化

儒家文化的核心就是中庸、忍让、谦和。在消费行为中的反映就是市场上的大众化商品居多，人们一般会以群体中多数人一致认同的消费观念来指导自己的消费行为，具有明显的社会取向和他人取向。中国人对新鲜事物普遍采取谨慎态度，使得营销人员在推出某类新产品时需要花费更多的时间和费用。

2. 人际交往消费比重大

中国人比较注重人情，强调良好的人际关系的重要性。这种特点对消费行为最直接的影响就是比较重视人情消费。中国人维系人际关系的重要途径之一就是请客送礼，为开展正常的人际交往，这样的人情消费往往会伴随中国人的一生，也就为礼品市场创造了巨大的商机。

3. 消费支出中的重积累和计划性

中国人一直崇尚勤俭持家的消费观念，鄙视奢侈和挥霍，对超前消费抱着观望和小心谨慎的态度。因此，中国消费者花钱时较为谨慎，对西方人的贷款买东西更不太感兴趣。在购买商品的种类和功能方面，注重商品的实用性和使用价值，而较少购买用于享受的奢侈品。而且一般是按计划购买，特别是对于中老年人来说，发生冲动购买和计划外购买的概率很小。中国人消费行为中的这种重积累和计划性的特点，也与中国人的消费水平有关，但更重要的还是传统文化的影响，这就是为什么有些人已经很富有了，可是他们还是维持在较低的消费水平上的原因。需要指出的是，青少年消费者的消费观念已经有了很大的变化，如他们敢于超前消费、敢于标新立异等。这也是我国消费心理和行为的一个新动向。

4. 以家庭为主的购买准则

中国人的家庭观念比较强，无论在购买决策上还是在购买种类与内容上，都与整个家庭息息相关。一般而言，在涉及大笔支出的大件商品上，都要与家人一起讨论、进行决策并实施购买行为，而且买的商品都要尽可能满足大家的需要。这种以家庭为主的购买行为反映了家庭在中国人心目中的地位，折射出中国人重视伦理亲情的文化传统。

5. 品牌意识比较强

中国人买商品时比较注重商品的品牌，尤其对于服装或高档消费品更是如此。这一方面是因为中国人爱面子，名牌商品代表一定的质量和价格，可以满足人们的炫耀心理；另一方面，中国人一般对商品的知识了解得比较少或者根本不愿意去了解，只注重对商品的总体印象，认为购买名牌商品可以减少购买风险。

七、跨文化营销

（一）文化差异影响消费者行为

因为存在文化差异，不同国家、区域或群体，消费者的购买行为具有很大的差别。企业在进行全国或全球营销时必须考虑在国家或地区间产生文化差异的影响因素，这些因素不但影响消费者的行为，而且如果理解不当，还会造成营销上的一些失误。

1. 语言

语言从本质上讲是多层面的，通常被人们描述为文化的镜子。信息通过语言、语言的方式（如语气）和身体姿势、举止、眼神等无声语言来表达和传递。字词是文化的载体，它们代表一种文化，用以反映人类生存的某些方面的特定方式，所以学习语言不能只是机械的记忆，许多营销上的错误就是由于缺乏对语言的了解而导致的。例如，我国有一种品牌名称为"芳芳"的口红曾出口到北美，按中国拼音写成的 Fang Fang，在北美市场上却引起当地消费者的抵触心理。因为在英语中，Fang 意为狼的尖牙或毒蛇的毒牙。这一来，当然没有人愿意购买"毒牙"牌口红了。

2. 价值观

价值是共同的信念或群体内个体认同的规范。传统的美国价值观重视成就、功利主义、个人主义，而中国的传统价值观则要内敛得多。与西方人相比，中国人更加重视人际关系、谦虚、谨慎，以儒家思想为核心，这种文化价值观上的差别不但影响了消费者的购买行为，而且会给国际营销造成麻烦。例如，当宝洁公司在俄罗斯推出其 Wash & Go 牌洗护二合一洗发香波时就遭到了失败。对于那些还在用肥皂洗头发的俄罗斯人来说，洗发香波是一种新的概念，而对护发素则完全陌生。实际上，许多俄罗斯消费者误把"护发素"当成了"空调机"。Wash & Go 在俄国成为"出门前洗掉身上的伏特加味道"的一种很流行的委婉说法。

3. 风俗和习惯

每个民族都保持着属于自己的风俗习惯，如果企业的营销人员不了解这些风俗习惯，就会给企业在当地的经营带来极大的麻烦，所以营销人员必须重视当地的风俗习惯。例如，一家美国的糖果公司准备在日本投放一种带花生的巧克力，意图是为准备考试的青少年补充能量。后来公司得知日本有一个民间传说，即吃了带花生的巧克力会鼻子出血，所以没有投放该产品。除此之外，同样的产品在不同国家的使用方式也会不同。例如，通用食品公司的 Tang 果珍，在美国是作为早餐饮料，但在法国则主要是作为吃点心时的饮料。

4. 自我认同

处于不同文化氛围中的人对自我的认同是截然不同的，对自己与他人之间关系的看法也各不相同。例如，美国、西欧各国的消费者的自我认同与对周围人群的看法，与亚洲、南美洲的差异是相当巨大的。美国人崇尚个人主义，自我意识特别强，倾向于从自我能力的角度思考问题和追求自由。与之相反，日本人崇尚集体主义，努力使自己适合他人的需要，崇尚团体中的合作精神。这些自我概念上的文化差异会影响消费者对产品文化涵义的选择，影响到他们利用产品来获得文化涵义的方式。

5. 审美观

色彩、造型、音乐等都显示对审美的关注。即使在其他方面都很相似的国家，在审美上也可能有相当大的差异。色彩常作为识别品牌、加强品牌特征和差异化的手段。在国际市场上，颜色的象征意义会比较多。例如，黑色在美国和欧洲象征哀悼，在日本和中国，白色象征哀悼。

6. 物质文化

物质文化来源于技术并与社会经济活动的组织方式直接相关。它通过经济、社会、金融和市场的基础设施显示出来。物质文化的水平、工业化程度也会影响当地消费者的行为方式。例如，发展中国家市场对发电设备的需求量大，而发达国家市场对节省时间的电气设备的需求更大。

7. 技术的进步

在许多国家，技术的进步也许是导致文化变化的主要原因。例如，西方人闲暇时间在增加，这就是技术进步的结果。现在的德国人每周只工作 35 个小时，这部分人一直在寻求更大的差异化产品，以此作为满足他们高质量生活和更多闲暇时间需求的一种方法。

8. 宗教

在很多文化环境中,人们非常信仰宗教,把宗教视为生存的原因。宗教中产生的价值观会制约着成员的行为活动,因此对消费者的影响非常大。例如,伊斯兰教对牛肉和某些家禽的屠宰方式进行了严格的规定,出口到伊斯兰国家的牛肉和某些家禽必须按照他们要求的方式进行屠宰。

9. 世代

世代是指出生于同一历史时期并具有相似行为特点的个体组成的集合。同一世代的人群年龄相近,相似的成长经历和历史文化背景使他们对流行文化以及历史事件等社会标记有共同记忆和共同看法,因而同一世代的人群会具有相似的个性、态度、消费价值观和行为特征。针对不同世代的消费者,企业的营销活动也应有所侧重。例如,对于"偏爱传统"的一代,企业开发新产品与老产品的反差不宜太大,营销传播也应采取平实、可靠的宣传手法。"E"一代的新兴消费者提倡创新创意,乐于接受新鲜的渠道和购物模式,更享受消费过程中的购买乐趣,故企业的营销模式必须做到创意独到,时代感和渲染力强。

(二) 跨文化的营销策略

根据各市场在文化上的异同以及所推出的产品跨文化的兼容性,营销人员可以采取以下四种不同的营销策略。

1. 专门化策略

专门针对该文化来设计适合的营销策略与产品,以销售给该文化下的消费者。例如,麦当劳虽然在全世界普遍设定分店,但在标准化的产品之外,往往也会根据当地的独特文化和需求,设计一些只供应当地的独特商店,如适合台湾人口味的烧猪肉堡,以及针对泰国劳工而设计的泰式汉堡。

2. 扩散性策略

将原先为某一文化背景的消费者所设计的产品销售给其他文化背景的消费者,例如为了旅居国内地区的欧美国家的人设立的西式餐厅,也吸引了国内消费者的光顾。

3. 异质性策略

将原先并不是为某一文化背景所设计的产品销售给该文化背景的消费者。例如,摇头丸原先是英国莫克(Merck)药厂在研发具有收敛血管作用的止血剂时所产生的一种副产品,后来曾为心理治疗者所使用,作为协作病患放松并顺利进入疗程的辅助品,后来却成为情绪提升的兴奋剂。

4. 大众市场策略

这是一种不考虑文化特性的营销做法,其实是将同一产品销售给所有不同文化背景的消费者。例如,可口可乐便不改变其产品而营销全球。

第二节 政治、经济环境对消费者行为的影响

一、政治环境对消费者行为的影响

(一) 政治制度对消费者行为的影响

政治制度,是指在特定社会中,统治阶级通过组织政权以实现其政治统治的原则和方式的总和。从更为宽泛的角度看,政治制度是指社会政治领域中要求政治实体遵行的各类准则或规范。政治制度是随着人类社会政治现象的出现而产生的,是人类出于维护共同体的安全和利益,维持一定的公共秩序和分配方式的目的,而对各种政治关系所做的一系列规定。

世界各国的政治制度纷繁复杂。大多数国家的政体可以划分为代议制和集权制两种。代议制又可细分为共和制和君主立宪制两种,集权制则包括绝对君主制和独裁制两种。有些国家的政治制度与宗教有着密切的关系,也有政教合一的政治制度。政治制度必然对顾客的消费购买行为产生重要的影响与制约。不同的政治制度,对其人民的消费与购买行为也有不同的规范与约束。一个国家或地区的政治制度对该地区人民的消费观念、消费方式、消费内容、消费行为等具有很大的影响,违反有关约束的消费与购买行为可能受到国家及有关管理部门的制止,乃至制裁、惩罚。

政治制度对消费者的消费方式、内容、行为具有很大的影响。例如,我国封建社会的统治阶级压迫广大妇女,缠足裹脚,妇女只能穿尖头小鞋。清王朝灭亡后,妇女缠足现象逐渐消失。为了适应这种变化,其他样式的女式鞋子出现了。又如,我国是社会主义国家,我们的商品生产和商品交换都要符合社会主义的政治、文化和道德的原则;许多资本主义国家泛滥的东西,在我国既不允许生产也不允许销售。所以,政治制度对消费者行为的影响是客观存在的,对消费者的购买行为有着不可忽视的影响。

(二) 国家政策与法律法规对消费者行为的影响

在一定的政治制度下,国家通过颁布政策、制定法律法规来规范顾客的消费行为与市场经营行为。我国支持并鼓励广大人民群众正常的、科学的、合适的、健康的消费方式与消费行为,反对、限制、禁止某些不合理、不健康、违反社会道德标准与社会公众利益的消费方式与消费行为。国家为此制定有关市场及消费领域的政策、法规,如《保护消费者权益法》、《反不正当竞争法》、《产品质量法》等等。

通过制定法律法规或者出台相应的政府政策,限制、禁止某些消费行为。例如,禁止销售阻断供给、征收高税、提高交易成本等,限制消费者的购买行为或者提高消费者获得商品的难度。某些国家允许生产与销售的商品在我国是不允许生产与销售的,如在美国,公民持有枪支不属违法,顾客可以到枪械商店购买枪支,而我国不允许私人购买和拥有武器。此外,我国不允许生产销售侵犯知识产权的商品,如盗版的书籍、光盘、

影碟、音像产品、电脑软件等。又如，我国从 2008 年 6 月 1 日起，开始实行塑料袋有偿使用制度，规定企业禁止生产厚度小于 0.5 毫米的塑料袋，停止供应免费塑料袋。慢慢地，塑料袋总会越来越少，人们的消费行为将会改变，不会再像之前无所顾忌地使用塑料袋了。

通过制定法律法规或者出台相应的政府政策，鼓励、支持某些消费行为。如我国出台鼓励政策措施或者政府补贴企业生产制造节能环保型产品，通过政府采购消费变相支持补贴企业生产，等等。

随着全球化的趋势加剧，我国加入世界贸易组织（WTO）后，国家与国家之间的政治经济和文化联系日益紧密，有许多法规与政策必将与 WTO 的有关法规相一致，我国消费者的消费行为要符合国际的惯例和法律法规。

（三）政治局势对消费者行为的影响

政治局势是指一个国家的政治状况。一个国家的政局稳定、社会安定，人民群众的生活处于祥和、平静之中，则消费心理与行为能正常存在与发展。如果一个国家政治局势不稳定，如出现经济危机、恐怖事件、动乱、政变、战争等，则人民正常、平和的生活将被打乱，造成心理恐慌，必然对广大民众的消费心理产生极大的负面影响。此时，民众有可能涌向银行提取存款，出现挤兑现象；涌向市场购买食品、汽油、燃料等各种消费品，出现抢购行为；有的人为了躲避战乱，可能纷纷出逃沦为难民。此时就不可能有正常的消费心理与行为。这类情况一旦出现，必将给国家、社会、民众、经济带来极大的灾难，此时，违法的、不道德的、有害他人的消费心理与行为将不可避免地出现，引起社会骚乱。例如，2001 年年底阿根廷发生经济危机，引发政局动荡，短期内换了五位总统，出现严重社会骚乱，500 多家华人开设的商店、超市被抢，在国际上造成恶劣的影响。又如，2001 年 9 月 11 日，恐怖分子劫持民航客机撞击纽约世界贸易中心、五角大楼的事件，也给美国民众的消费心理造成极大的冲击；一时间，旅游、民航等行业的经营急转直下，亏损巨大，有的公司不得不宣布破产；美国 2001 年感恩节、圣诞节的节日气氛因此大不如往年，零售业陷入低谷，许多公司大量裁员，失业人数迅速攀升，给世界经济也造成严重的影响。

值得注意的是，政府出台的政策和法律法规虽属于政府政策层面的范畴，但这些政策与法律法规往往需要从经济层面进行落实和量化和细化。因此，宏观政治与宏观经济是一个不可分割的整体的两个部分。

二、经济环境对消费者行为的影响

（一）宏观经济环境对消费者行为的影响

消费是社会再生产的重要环节，消费需求的增长是拉动长期经济增长的主要动力。宏观经济环境对社会消费也有影响，汇率理论、购买力平价理论、理性预期理论等许多理论都在宏观经济环境下，研究经济各个因素之间的关系和作用机理。个人消费者作为社会消费的重要组成部分，其消费心理和行为受到宏观经济环境的影响主要从以下几个部分体现：

1. **宏观经济形势对消费者心理和行为的影响**

1997年发生通货紧缩以来，我国居民的风险意识大大增强，个人消费心理发生变化，从而导致社会消费萎缩和储蓄急剧增加，这严重影响到我国经济的长期增长。近年来，我国经济在固定资产投资的推动下连续保持高速度增长，消费者心理受到影响，将更多的可支配收入投入金融体系参与投资，而减少了消费需求和消费行为。2007年以来，经济发展过热伴随着国内消费需求不足导致的通货膨胀日益凸现。

消费者物价指数（Consumer Price Index）的英文缩写为CPI，是反映与居民生活有关的商品及劳务价格统计出来的物价变动指标，通常作为观察通货膨胀水平的重要指标。如果消费者物价指数升幅过大，表明通胀已经成为经济不稳定因素，从而造成经济前景不明朗。因此，该指数过高的升幅往往不被市场欢迎。例如，在过去12个月，消费者物价指数上升2.3%，那表示，生活成本比12个月前平均上升2.3%。当生活成本提高，你的金钱价值便随之下降，也就是说，一年前收到的一张100元纸币，今日只可以买到价值97.75元的商品或服务。一般来说，当CPI>3%的增幅时，我们称之为通货膨胀；而当CPI>5%的增幅时，我们把它称为严重的通货膨胀。

CPI是一个滞后性的数据，但它往往是市场经济活动与政府货币政策的一个重要参考指标。CPI稳定、就业充分及GDP增长往往是最重要的社会经济目标。近几年来，欧美国家GDP增长一直在2%左右波动，CPI也同样在0%~3%的范围内变化。在我国，国内经济快速增长，2005年以来GDP增长都在9%以上，CPI大起大落，前后相差几个百分点；一般情况下，除非经济生活中有重大的突发事件（如1997年的亚洲金融危机），CPI是不可能大起大落的。CPI大幅波动，国内经济通货膨胀率过高，民众储蓄负利率严重，居民储蓄负收益，通货紧缩阴影就会出现。例如，国家统计局2008年7月份公布中国CPI同比上涨6.3%，较上月回落了0.8个百分点；食品价格上涨14.4%，其中，肉禽及其制品价格上涨16.0%（其中猪肉价格上涨12.1%），鲜菜价格上涨8.4%；居住类价格同比涨7.7%，租房价格涨3.8%。可见，CPI的变动直接对消费性离合行为产生影响。在营销战略和策略的应对上，企业要详细地分析和应对。

2. **社会经济发展水平影响着市场消费品供应的数量和质量**

首先，社会经济发展水平高，生产力水平提高，市场上将有更多、更好、更新、更奇的商品。其次，科技进步加快，产品寿命周期缩短，更新换代速度加快，消费者不断变化的新需求才能得到满足。最后，经济发展的速度加快，促进了社会成员消费心理、消费观念变化速度的加快。

3. **社会经济发展水平形成了不同的社会生活环境**

不同的经济发展水平形成了不同的社会生活环境，而不同的生活环境又影响或形成了不同的消费心理。城市化倾向是社会经济发展的必然产物，不仅在发达国家出现过，在发展中国家，这种趋势也日益显现。我国改革开放以后，这种趋势就愈来愈明显。城市化对生活环境有诸多的要求，如交通、居住条件、医疗卫生、教育、环境保护等。国家经济实力增强了，就有财力、物力、人力来从事城市各项事业的基础建设，城市居民的生活环境才能得到有效解决。目前，我国城镇居民的住房条件已有所改善，许多城市交通拥挤、环境污染等问题也正逐步得到改善。这些变化促使居民的消费心理随之发生变化。例如，上海浦东开发后，许多上海居民改变了以往"宁要浦西一张床，不要浦东一间房"的居住观念，在浦东购买商品房，使浦东新区人气兴旺。2001年浦东新区社会商品零售总额已与浦西地区平分秋色。农村居民的生活环境也发生了较大的变化，消费水平大大提高。

4. 世界经济活动紧密联系加速了消费文化的交融

我国加入WTO以来，国内经济同世界经济的联系日益紧密，经济上的交流促进了文化上的融合，我国消费者心理和行为也受到国外发达资本主义国家的影响而发生了一定的变化；我国是世界上最大的奢侈品消费国，提前消费的观念越来越来为消费者所接受。

（二）经济制度对顾客消费心理与行为的影响

诺斯（1994）指出，由于社会发展、技术进步和人口的增长，会使一个经济中某些原来有效的制度安排变成不是最有效的，新的制度安排就可能被创造出来以取代旧的制度安排，这种变迁是由于新的、有利的经济机会而产生的，被称为制度变迁。新制度经济学派认为，人类的一切行为都是在一定的制度约束下进行的，作为制度替代、转换和交易过程中的制度变迁，必然会对消费者行为的演变产生重要影响。

改革开放之前，我国在很长一段时间内实行的是计划经济体制，其特色之一就是计划生产、调节消费，社会生产力低下，生产积极性不高，产品单一匮乏，人民的消费能力和消费水平较发达国家有很大差距。在这样的经济体制下，消费者的消费心理和行为受到了很大的限制，满足基本的生理需求就是主要的消费目的，既没有丰富的选择权，也没有充足的购买能力。改革开放30多年以来，社会主义市场经济使我国国内生产总值以平均每年接近10%的速度快速增长，人民的生活水平有了很大的提高。旧的经济管理体制已被新的体制所取代。新型的经济制度决定了消费者的社会地位。就业方式、就业观念、住房制度、医疗保险制度都已发生极大的变化，人们通过提高自身知识水平、业务能力来争取更多收入以改善生活质量的观念得到了强化，提升了消费者的收入与购买力，总体上，我国居民的理性消费、发展性消费特征已十分明显，某些不符合国家、社会公众利益的消费方式、行为也正在得到扭转与改变。

第三节 流行及其对消费者行为的影响

一、流行的概念

流行研究与文化研究一样，一直是跨学科的研究领域，涉及社会学、心理分析、文化人类学、历史等学科。

在学术上，"流行"一词一直是最复杂的术语之一。著名学者R. Williams认为，"流行"有"被许多人特别喜欢的"、"较低等的制品"、"希望赢得人们喜欢而蓄意制造的作品"、"那些事实上是为自己而制造的文化"的意思。

一般来讲,流行被认为是受普遍喜欢和热烈追随的文化,其主要功能是娱乐。吉登斯(Giddens)认为:"流行是被成千上万或几百万人观看、阅读或参与的娱乐。"海蒂兹(D. Hebdige)认为,流行就是那类普遍可得的人工制品,诸如电影、录音录像带、CD或VCD、时装、电视节目、沟通和交流的模式等;将流行排除在高雅文化之外,认为是不能达到高雅文化所需标准的文化和实践。著名的法兰克福学派则从"意识形态"角度定义流行:"由商人雇佣技术人员编造,以被动的消费者为受众,生产着使工人阶级对现状的满足、反政治或非政治化的意识形态。"

国外流行文化研究的主要学派及其主要观点见表9-3。

表9-3 国外流行文化研究的主要学派及其观点

学 派	主 要 观 点
早期(19世纪)学派	流行文化的风行表明文化的堕落,可以通过教育的普及来抵制
文化主义学派	流行文化开始作为一个学科被研究,将日常生活作为分析对象,认为部分流行文化具有可取性
法兰克福学派	流行文化是商人雇佣技术人员编造出来操纵大众的,使之安于现状、反政治或非政治化的意识形态
女性主义学派	研究女性与流行文化的关系。莱德蔚认为,文化沟通、延存和发展人们对生活的知识和态度
后现代主义学派	高雅文化与流行文化没有绝对界限,文化的差别性、多样性、异质性高于同质性。波德里亚认为,流行文化体现了大众传媒功能的深刻变化——淡化、抹煞影像和现实的区别

我们比较赞同Chandra Mukerji & Michael Schudson为《流行文化反思》(*Rethinking Popular Culture*,加州大学出版社1991年版)撰写的序言中的定义:"广义上的流行是指被一个社团广泛分享的信仰、行为和将他们组织在一起的事物。其中包括以地方传统为基础的民俗信仰、行为和事物,以及在政治和商业中心形成的大众信仰、行为、事物,也包括普及化的精英文化样式和提升到博物馆传统中的流行样式。"我们认为,流行的定义是在特定背景下,把文化与流行的不同意义进行结合而产生的不同组合。

二、流行的分类

流行可以从两种角度分类。

1. 从流行物的角度分类

(1) 具体商品流行。如某种新潮家具、某种时装、某种健康食品的流行等。

(2) 行为的流行。如搓麻将、打太极拳、跳舞、扭秧歌、斗鸡等。

(3) 思想的流行。即某些思想方法、感觉方式或某种专门思想的流行,如毛泽东热、尼采热、存在主义热等。

2. 从流行方式的角度分类

（1）自上而下的流行。这是指首先由社会的上层人物带头提倡和使用，然后向社会一般民众传播而形成的流行。如果考察流行的发展历史就可以发现，很多流行始于上层社会，然后逐渐流传开来，引起世人的仿效。

（2）自下而上的流行。这是指某种产品或行为方式最先由普通消费者采用，然后逐渐扩散到社会各个阶层，为各行业的消费者所接受。这种方式的流行，由于最初的倡导者知名度较低，所以传播速度较慢，持续时间较长。以牛仔裤为例，它最初是一种矿工服，只有在田间、地头或工厂里干重体力活的人喜欢穿；后来，随着时间的流逝和这种服装设计式样的演变，越来越多的人喜欢上了这种产品。

三、流行的特征

1. 流行具有社会普遍性

流行是在较大范围内为大多数人所追求、所仿效的现象，这一点与时髦有所不同。一般认为，时髦流行于社会上层极少数人中间，而且它通常是以极端新奇的方式出现的，没有广大的追随者。

2. 流行具有时期性

流行一般在一定时期内风行一时，过了这段时间便不再流行。流行时间有长有短。有的产品或行为，如"魔方热"、"呼拉圈热"，表现为人们对这些事物的狂热追求，短时期内即在大多数人中间风行，但它们往往是昙花一现，来得快，消失得也快。另外一些产品（如牛仔裤）流行的时间则相当长。

3. 流行具有自发性

人们对流行的追求具有很大的自主性，不参与流行、不去追求流行现象，虽然在某些场合会被另眼相待，但不会受到社会的谴责和惩罚。在这一点上，流行与习俗、习惯和其他带有强制性规范的群体制度是不同的。

4. 流行具有反传统性

流行的最主要特征是与传统相悖，只有新奇、与众不同才会形成流行。一些心理学家将流行看作人们对于现行社会形式的束缚与制约的反叛情感的一种表达方式。从这一角度看，只有与传统不符或相悖的事物才能充分地表达这种反叛情感。

四、流行与消费者行为的关系

流行在一定程度上可以促进消费者在某些商品消费上的共同偏好。不同阶层、不同社会文化和经济背景的人群，在产品和服务的消费上会呈现很大的差异性，流行则可以打破地位、等级和社会分层的界限，使不同层次、不同背景的消费者在流行商品的选择上表现出同一性。这种同一性不仅与现代社会化大生产条件相适应，而且也有助于增加社会的同质程度和增加社会的凝聚力。

流行促进了人们在商品购买上的从众行为。从众实际上就是在思想上、行动上与群体大多数成员保持一致。人们之所以产生从众行为，一个主要原因是认为群体的意见值得信赖，群体可以提供自己所缺乏的知识和经验。流行虽然是一种自发的行为，但它毕竟在消费者周围营造了一种不容忽视的环境，传媒对流行事物的大量传播，朋友、同事和其他相关群体对流行现象的谈论和热衷，都将进一步强化消费者原已存在的从众心理，并促使其采取从众行为。

流行以满足一定的社会和心理需要为基础。满足这类需要的方式很多，流行只是其中的一种方式而已。"流行提供了一种很好的方式，使人们得以发挥自己异想天开和反复无常的天性而又无害于社会与他人，得以用温和的方式逃避习俗的专制，可以在社会认可的范围内尝试新奇的东西，使精英阶层可以实现他们那种令人生厌的阶层分界努力，也允许地位低下者与地位高贵者进行外在的、虚假的认同。"流行的上述功能，实际上折射出它满足消费者某些社会与心理需要的能力。

流行过程不同阶段的采用者，一般具有较大的心理与个性差异。流行过程大体上可以分为介绍、风行、高潮、衰落四个阶段。一些消费者可能在介绍或风行阶段就率先接受流行事物，加入到流行中，而另外一些消费者则可能在这一过程的后期才逐步接受流行事物。流行事物的早期采用者，一般是为体现"差异性心理"，即通过带头消费别人没有使用的商品与服务，借以显示自己的独特性。流行过程中的晚期采用者，则多是显示协调性、一致性心理，即通过购买流行产品，以跟上时代的潮流和步伐，以表明不甘独立于社会之外的心态。

第四节　情境及其对消费者行为的影响

消费者行为因情境的不同而异。面对同样的营销刺激，如同样的产品、服务或同样的广告，同一个消费者在不同的情境下将作出不同的反应。消费者行为受消费情景的影响也是极其大的。

一、情境的概念

情境，是指消费或购买情境活动发生时个体所面临的短暂的环境因素，如购物时的气候、购物场所的拥挤程度、消费者的心情等。情境由一些暂时性的事件和状态所构成，它既不是营销刺激本身的一部分，也不是一种消费者特征，然而它对消费者如何评价刺激物，是否和如何对刺激物作出反应会产生重要影响。

贝克（Belk）认为，情境是由物质环境、社会环境、时间、任务和先行状态等因素构成。

物质环境是指构成消费者情境的有形物质因素，如地理位置、气味、音响、灯光、天气、商品周围的物质等。

社会环境通常涉及购物或消费活动中他人对消费者社会环境的影响，如他人是否在场、彼此如何互动等。一个人单独购物和接受服务与有购物伙伴或朋友在场时相比，消费行为会有明显的差别。

时间是指情境发生时消费者可支配时间的充裕程度，也可以指活动或事件发生的时机，如一天、一周或一月当中的某个时点等。一项关于时间对食品购物的影响的研究显示,时间间距越大,消费者越有可能买不到打算购买的产品,或更少做计划外购买。

任务通常是指消费者具体的购物理由或目的。对同一种产品,购买的具体目的可以是多种多样。例如,购买葡萄酒可以是自己喝,可以是与朋友聚会时一起喝,还可以是作为礼品送人;在不同的购物目的支配下,消费者对于买何种档次和价位、何种品牌的葡萄酒均会存在差异。

先行状态是指消费者带入消费情境中的暂时性的情绪(如焦虑、高兴、兴奋等)或状态(如疲劳、备有现金等)。先行状态主要通过两种方式影响消费者。首先,它可能会导致消费者对问题的认识,如处于饥饿状态下的消费者,会产生购买食物的意识和冲动。其次,先行状态会通过改变消费者的情感来影响其行为。在对自我奖赏与选择免费糖果的研究中发现,情绪特别好的小孩和情绪特别坏的小孩被试较情绪处于中性的被试拿的糖果更多。

二、情境分析

情境因素对消费者行为影响可以根据下面几个原则来判断(Assael 1998):①若消费者的品牌忠诚度越高,则情境因素的影响越小。当消费者强烈喜欢某一品牌时,则可能在任何情境下都不会转换品牌。②若消费者的涉入程度越高,则情境因素的影响越小。③若产品的用途越多,则情境因素的影响越小。当产品只有单一用途,则产品的购买容易受情境因素的影响。

消费者情境大致可以分为三种类型,即沟通情境、购买情境和使用情境。我们可以针对这三种类型来探讨情境对消费者行为的影响。

(一) 沟通情境

沟通情境是指消费者接受人员或非人员信息时所处的具体情形或背景。无论是面对面的沟通,还是非人员性的沟通,其效果均与消费者当时的接受状态,如是否有他人在场、心情或身体状况如何等,存在密切的关系。在广告沟通方式中,消费者如果对收看的节目过于专注,他或她就可能更多地沉浸在节目内容里,而较少注意广告或较少对广告内容予以加工和处理。节目的性质是悲剧还是喜剧,会影响受众的情绪和感情,从而影响其对广告内容的接受和理解。研究发现,越是轻松愉快的节目,越能激发受众对广告信息的正面的情感和想法,也越有利于对广告内容的回忆。例如,西方的杂志社大多与烟草公司形成了一种默契,一旦杂志上刊有与吸烟相关的疾病的文章,烟草广告就不会出现在该期杂志上;同样,在出现空难事件的报道时,电视台和报社会自动将原定的航空公司广告延后播放。

(二) 购买情境

购买情境是指消费者在购买或获取产品时所接触到的物质和社会因素,通常涉及做购买决定和实际购买时所处的信息环境、零售环境和时间情境。

信息环境主要涉及三个层面:一是信息的可获性,二是信息量,三是信息的形式。信息的可获性与某一购买问题相关的信息可能要从市场上获取,也可能已经储存在消费者的记忆中。然而，在实际购买时，消费者不一定花很大的力气去主动搜集外部信息，也不一定能够随时从记忆中提取所需要的信息，如企业提供诸如电器产品的能源耗用成本、产品的生命期成本、单价和营养成分之类的信息，有助于消费者决策。信息量与被选品的数目以及属性个数存在密切关系。很显然，当被选产品或品牌很多或同时要评价的属性也很多时，环境中的信息量会增加。信息量的增加通常有助于提高决策质量；但当增加量超过一定水平时，会出现信息超载，此时反而可能降低决策质量。信息形式是指产品信息以何种方式呈现。例如，有关食品营养成分或汽车的行驶里程的信息既可以以数字方式（如每升多少公里）也可以以语意方式（如最好、很好、一般）呈现。用数字方式呈现信息，使消费者更容易对不同产品作出评价。同时，较之于语意呈现方式，在数字呈现方式下，消费者更倾向于以产品属性为基础对不同品牌进行比较。

零售环境涉及很多方面，如商店的布局、商场的灯光、过道的空间、商品的陈列、店堂气氛等。例如，商店内的背景音乐被认为会对消费者的购物行为产生影响；音乐的影响是潜意识的，由于音乐对顾客、对员工均有正面的影响，所以一些公司专门开发音乐产品用于商场或工作场所播放。有实验显示，消费者在商场购物时步行速度的快慢取决于音乐节奏的快慢，当播放舒缓的音乐时，按天为基础计算的销售量增加了。另外，零售点的拥挤状况也会对消费者行为产生影响，拥挤是指个体由于空间位置的有限而感到移动受到限制。对零售店来说，拥挤会带来一系列的后果：一是顾客可能会减少购物时间，改变对店内信息的运用方式，减少与营业员的沟通；二是可能导致消费者的焦躁、不安，降低满意水平，损害商店形象。产品和服务性质不一样，拥挤对其相应消费行为的影响也会不一样。例如，同样处于顾客人数很多的情形，如果是在银行，消费者会觉得太拥挤并感到不快，但在酒吧可能没有这样的感觉或至少感受没有那么强烈。

时间情境是构成情境的一个很重要的内容。时间在多个方面影响消费者的决策：首先，不同的购买有紧迫程度上的差异。例如，家里的洗衣机坏了且无法修复，购买一台新洗衣机就非常紧迫；而仅仅是家里的洗衣机用的时间长了但还可以凑合着用，则购买的紧迫程度相对就要低。其次，时间紧会导致消费者在决策过程中更多地依赖现有知识和经验，而不是更多地搜集外部信息，使非计划性购买的减少和买不到原先准备购买的产品。最后，时间情境对消费者信息处理过程、购买方式等均将产生影响。

（三）使用情境

使用情境是指消费者在消费或使用产品时所面临的状况。构成使用情境的各种因素如时间、社会环境等，均会对消费者行为产生重要影响。由于产品消费量与产品的消费时段有关，所以企业对使用时的时间因素应予以了解和把握。有些产品，诸如电器、汽车、家具等，营销人员是无法直接控制使用时间的。这些产品的使用通常包含长期的消费行为，如大多数人多年内使用一辆汽车、一台冰箱。有时，在产品的使用期内消费环境可能变化，这将影响相关的消费者认知、情感和行为，例如，出现了款式更新的汽车、具有环保功能的冰箱。因此，营销人员应该随时注意消费者的满足水平和产品使用期内的消费行为。产品使用时的社会环境同样会影响消费者的行为。例如，进口啤酒的消费与是在私人场合消费还是在公共场合消费存在着密切的关系。研究发现，美国

80%～90%的进口啤酒是在酒吧、饭店等公共场所消费的,而70%的国产啤酒则被人们带回家饮用。

三、情境、产品和消费者之间的相互影响

当两个因素结合起来产生的影响不同于这两个因素单独作用时产生的影响力之和,即产生了所谓的"1+1不等于2"的效果时,两个因素之间就存在相互影响。

情境和消费者的相互影响,对于同一类型产品,不同消费者追求的利益是不同的,而他们所追求的利益又受到情境因素的制约和影响。某些个体—情境所构成的细分市场还有一些独特的利益要求。例如,成年女性在滑雪时使用的防护霜,除了要具有防冻、护肤等功能以外,还需带有适合时令且为女性所喜爱的香味。

情境和产品的相互影响。例如,潜水表适合在潜水或水下作业时佩戴,然而却不适合在一般场所佩戴,因为平时人们戴手表除了用以计时,考虑更多的是如何使所戴的手表与自己肤色、着装相匹配,此时,手表的外形成为主要的考虑因素。

总的来说,情境对消费者行为的影响,在很多情况下是通过情境与产品、与个体之间的相互影响实现的。了解情境及其与其他因素的相互作用和影响,对企业制定合适的市场细分与定位策略具有重要意义。

本章小结

本章主要分析了文化概念、特点与消费者行为,政治、经济环境对消费者行为的影响,流行的概念及其对消费者行为的影响,情境的概念及其对消费者行为的影响四个方面的内容。

文化的理解是在一定范围影响人们心理和行为的态度、价值观、规范、风俗习惯等的复合体。文化是一个综合的概念,它时刻影响着人们心理、行为和思想的每一个过程。本章从文化的特点、亚文化的内容组成分析文化对消费心理和行为的影响,并从中国文化的特点出发,分析中国文化对中国消费者的影响。

越来越多的现象证明,政治制度和经济制度及其组成成为影响消费者心理和行为的重要因素。在一定的政治制度下,国家通过颁布政策、制定法律法规来规范顾客的消费行为与市场经营行为,使其进行合理的投资和消费。同时,国内外政治经济形势的变动也频繁地影响消费者的行为趋向。

广义上的流行是指被一个社团广泛分享的信仰、行为和将他们组织在一起的事物。其中包括以地方传统为基础的民俗信仰、行为和事物,以及在政治和商业中心形成的大众信仰、行为、事物,也包括普及化的文化样式和提升到博物馆传统中的流行样式。通过对流行特点、种类的分析,可以从一个方面掌握消费者行为发展的方向。

消费者情境,是指消费或购买情境活动发生时个体所面临的短暂的环境因素。它包括三种类型,即沟通情境、购买情境和使用情境,从不同方面对消费者产生影响。

关键概念

文化　亚文化　政治环境　经济环境　流行　情境

思考题

(1) 文化有哪些特点？
(2) 文化对消费者产生怎样的影响？
(3) 举例说明亚文化对消费者消费行为的影响。
(4) 简述企业营销掌握流行的意义。
(5) 情景对消费者行为有何影响？

案例　丰田汽车广告的失误

1993年4月，日本丰田汽车公司在南非推销该公司生产的1吨位卡车。为了表现这种小吨位卡车平衡、牵引性能优良等特点，丰田汽车公司在广告上画出这种汽车和站不稳的猪蹄子。广告画出现不久，在南非占有相当数量的穆斯林马上提出强烈抗议，因为广告画上站不稳的猪蹄子严重触犯了穆斯林的宗教禁忌。为了挽回损失和商业声誉，丰田汽车公司除公开致歉认错外，还修改了广告画面，把猪蹄子换成了鸡。

在世界各国有关广告的法律、法规中，均根据本民族文化的风俗习惯、文化特色等对广告可能产生的不良影响加以制止、限制。随着世界商品经济的日益发达，广告在某种意义上又是世界性的，因而在某些时候就会因为广告设计制作者们对其他民族文化特色的忽略，而设计出有悖于其他民族接受习惯的广告式样和内容。如上述丰田汽车公司在广告画面上出现猪蹄子，就是对当地穆斯林宗教习俗的一种忽略，不可避免地引起一些本不应发生的纠纷，导致营销功能的失败，甚至可能被诉之于法律。

这一事例就充分说明了广告文化功能的复杂性。因此，刊发广告的一个基本前提是有效地预测、检验广告行为可能发挥出的功能，以避免某些失误。

1993年3月，日本丰田汽车公司还曾发生过另一例与此大致相似的广告纠纷。当时，丰田汽车公司委托本国一家广告公司制作广告画。在这家广告公司制作的广告宣传画上，一位孕妇挺着大肚子坐在丰田汽车里，旁边的广告词是："没有比坐丰田宽体轿车更舒服的了。"这幅广告画在澳大利亚刊登后，立即引起澳大利亚众多妇女们的抗议。澳大利亚多个妇女组织纷纷向有关法庭提起诉讼，投诉共计100多起。很显然，丰田汽车公司的这一幅广告宣传画的文化功能发生了偏差，透射出错误的人文信息，即带有性别歧视的特征，有损于女性身心健康。因此，该广告造成了不良的社会影响，不但没有发挥出广告应该具有的传播促销功能，反而招致众多消费者的抗议，不能不说是个完全的失败。

资料来源：苗宁等. 公司广告促销和经典案例 [M]. 昆明：云南大学出版社，2001

链接思考

结合以上案例谈谈社会文化、亚文化对消费者行为的重要影响。

参考文献

[1] 黄维梁. 消费者行为学 [M]. 北京：高等教育出版社，2005
[2] 王长征. 消费者行为学 [M]. 武汉：武汉大学出版社，2003

［3］荣晓华. 消费者行为学［M］. 大连：东北财经大学出版社，2006
［4］符国群. 消费者行为学［M］. 北京：高等教育出版社，2002
［5］冯丽云，孟繁荣，姬秀菊. 消费者行为学［M］. 北京：经济管理出版社，2004
［6］龚振. 消费者行为学［M］. 广州：广东高等教育出版社，2004
［7］张国胜. 影响我国企业文化建设的基本因素［J］. 北方论丛，1994（3）
［8］卢福营. 社会主义初级阶段阶层划分再探——现阶段我国社会阶层结构之多维分析［J］. 浙江师范大学学报：社会科学版，1991（3）
［9］刘永丽，黄燕玲，罗盛锋. 民族旅游地"主客"对旅游社会文化影响感知的对比研究［J］. 旅游研究，2014（3）
［10］马炜泽. 浅论企业文化与文明的异同及相互关系［J］. 新疆社会科学，1993（3）

第十章　网络消费心理与消费行为

本章学习目标

通过本章的学习，应掌握以下内容：①了解网络消费者的特征，了解网络消费者的购买动机与购买过程；②了解和掌握网络营销策略。

第一节　网络消费者的特征及研究意义

一、网络消费者的主要特征

（一）女性网民呈上升趋势

在网络的功能以游戏为主的时期，个人用户中均以男性居多，如 2007 年前，我国网民中 42.8% 的女性比例低于男性的 57.2%，但在 2007 年之后，随着网络向以购物为主的功能的过渡，女性网上消费者不断增多，并有可能主导网上消费市场。

（二）年轻人是网上消费的主流

年轻人一般喜欢追求思想创新、观念新潮，容易被新事物所吸引和影响，而且接受新思想、新知识快，因此当网络这一新事物产生后，就吸引了为数众多的年轻人。在我国，35 岁以下的网民约有 80%，其中最主要的消费群体是 18～24 岁的网民，约占 31.8%，他们所喜爱的明星唱片、游戏软件、体育用品等都是网上的畅销商品，这类市场是目前网络消费市场上最拥挤的地方，也是商家最看好的一个市场。

（三）较低文化水平的网民增加较快

根据 CNNIC 的最新调查显示，与人口总体相比较，网民是属于其中学历较高的人群。但不同学历人群的互联网使用正呈现出逐步向较低学历人群扩散的趋势。自 2004 年以来，大专及以上学历的网民比例已经从 86% 降至目前的 36.2%。究其原因，一方面，具有高等教育经历的人群上网的目的性日益增强，逐渐将上网作为搜索有价值信息的途径；另一方面，高中以下学历的网民初涉网络，更多的是迷恋网上的音乐、游戏、交友聊天等娱乐活动，并将这些内容视为生活的一个组成部分。

（四）文化消费明显

消费者的文化程度和社会环境决定了他们的消费行为，我国网络消费者年轻化和学历高的特点使他们表现出了对文化产品进行消费的强烈动机。网络消费者通过网络购买的产品主要是书刊、电子产品、音像产品、软件等相关产品，并且随着女性网民的增加，购买服装的人数也越来越多。

（五）趋于理性消费

网络消费脱离了面对面式的柜台交易，避免了导购的劝说，消费者购买行为的自主性获得了增强，同时，网上购物的风险性也随之增大。因此，网络消费者在选择网上购物时，一般不会直接去网上商城购物，而是在获取大量的信息之后，进行比较分析再作出购买决策。

（六）崇尚时尚消费

部分网络消费者上网购物是出于好奇、有趣，或是寻找稀有商品，网络传递信息量大而且方便快捷，也使得这些人越来越追求一种标新立异的生活方式，渴望创新和与众不同，充分体现个人的价值，崇尚时尚消费。

（七）个性消费明显

由于目前网络用户多以年轻消费者为主，他们拥有不同于其他人群的思想和喜好，有自己独立的见解和想法，相信自己的判断能力，所以他们的具体要求越来越独特，而且变化多端，个性化越来越明显。

（八）网络消费忠诚度较高

由于网络消费有一定的风险，而且消费者不能直接接触商品，所以消费者在网上购物时，一般选择平常已经熟悉的商品或直接去几个比较知名的、规模比较大的购物网站购买自己信赖的产品，而一般不会盲目尝试新产品。

二、网络消费行为研究的意义

21世纪是我国网络经济快速发展的重要时期，也是我国广大民众改变思想观念，从各方面提高自身素质，更好地与国际接轨的关键时期，网络经济极大地促进了我国社会经济的发展，改变了人们的思想观念和工作方式、生活习惯等等，网络给人们带来的影响是巨大的。在广阔的网络虚拟世界中，网络消费者是新的消费群体，与传统市场消费群体有着截然不同的特性，企业要想卓有成效地开展网络营销活动，就必须了解和把握网络消费者的特征，分析网络消费者的消费心理动机，尽可能地为营销活动提供可靠的数据分析和营销依据。

当今的企业正面临着前所未有的激烈的市场竞争，市场正在由卖方垄断向买方垄断演变，以消费者为主导的营销时代已经来临。在买方市场上，消费者将面对更为纷繁复杂的商品和品牌选择，这一变化使消费者心理与以往相比呈现出一种新的特点和趋势。互联网时代的到来，使消费者获得信息更加方便快捷，电子商务的出现，加速了网络消费的进程，迫使企业不得不研究网络营销，探究网络消费者的心理，从而获得来自虚拟市场的利益。

消费心理是消费者根据自身需求和偏好,选择和评价消费对象的心理活动。这种心理活动将直接影响消费者的消费行为,诸如消费者是否购买某种商品,购买何种品牌、款式,为何购买,何时、何地购买,采取何种购买方式,以及怎样使用,等等,其中每一个环节、步骤都需要消费者作出相应的心理反应,进行分析、比较选择和判断。因此,能否把握网上消费者的消费心理变化规律和引导消费者的购买行为,是网上企业未来发展成败的关键。

对于网络消费者,不仅要把握其消费心理,还要深入了解其消费行为。电子商务市场与传统实体市场有很大的不同,诸如文化和环境上的差异,导致网络消费者的购买行为与传统的消费者购买行为存在着较大的不同。电子商务环境下网络消费者购买行为的较大的变化,使网络零售商不得不重新寻找适合网络销售的营销战略和营销工具,而不同的网络营销战略的制定和网络营销工具的取舍决策,都应基于对网络消费者购买行为的认识和分析研究。如果仅仅将传统的营销战略或营销工具照搬到网络营销中,网络零售商的决策可能会发生重大的偏差和失误。

随着互联网的发展,网上购物将在很大程度上取代商场购物,成为消费者购物的主要方式,网上购物,价格信息更易获取,导致企业差别定价难度加大,价格的心理效应增强。为此,分析消费者网上购物价格认知的心理因素,探讨企业网上营销产品定价的心理对策,也具有重要的实践意义。

综上可见,电子商务具有开放性、全球性、低成本、高效率的特点,现代企业都把发展企业与消费者之间的电子商务模式作为一种潜力巨大的新型商务模式加以开发。在电子商务中,消费者的消费心理和消费行为表现得更加复杂和微妙,这直接影响着电子商务的经营效果和发展空间。因此,深入研究消费者的消费心理和消费行为,对进一步拓展现代企业电子商务营销具有重要意义。

第二节 网络消费者购物的心理特征及购物动机

一、网络消费者的心理特征

随着互联网的普及,网络消费者将面对更为丰富的商品,其心理与以往相比呈现出新的特点,主要表现在以下方面。

(一)追求文化品位的消费心理

消费动机的形成受制于一定的文化和社会传统,具有不同文化背景的人会选择不同的生活方式与产品。在互联网时代,文化的全球性和地方性并存,文化的多样性带来消费品位的强烈融合,人们的消费观念受到强烈的冲击,尤其是年轻人对以文化为导向的产品有着强烈的购买动机,而电子商务恰恰能满足这一需求。

(二) 自主、独立的消费心理

消费品市场发展到今天，多数产品都极为丰富，消费者能够以个人心理愿望为基础挑选和购买商品或服务，现代消费者往往富于想象力、渴望变化、喜欢创新、有强的好奇心，对个性化消费提出了更高的要求。他们所选择的已不单是商品的实用价值，更要与众不同，能充分体现个体的自身价值，这已成为他们消费的首要目标，个性化已成为现代消费的主流。

(三) 表现自我的消费心理

网上购物是出自个人消费意向的积极行动，其独特的购物环境和与传统交易过程截然不同的购买方式会引起消费者的好奇和个人情感变化。这样，消费者完全可以按照自己的意愿向商家提出挑战，以自我为中心，根据自己的想法行事，在消费中充分表现自我。

(四) 方便、快捷的消费心理

对于惜时如金的现代人来说，在购物中及时、便利、随手可得显得更为重要。传统的商品选择过程短则几分钟，长则几小时，再加上往返路途的时间，消耗了消费者大量的时间、精力，而网上购物弥补了这个缺陷。

(五) 躲避干扰的消费心理

现代消费者更加注重精神的愉悦、个性的实现、情感的满足等高层次的需要满足，希望在购物中能随便看、随便选，保持心理状态的轻松、自由，最大程度地得到自尊心的满足，但传统购物中商家提供的销售服务却常常对消费者构成干扰和妨碍，有时过于热情的服务甚至吓跑了消费者。

价格始终是消费者最敏感的因素，网上购物比起传统购物，消费者能更为直接和直观地了解商品，能够精心挑选、货比三家，满足了消费者追求物美价廉的消费心理。

二、网络消费者的购物需求

在传统的营销中，美国心理学家马斯洛的需要层次理论被广泛应用。马斯洛把人的需要划分为生理的需要、安全的需要、爱和归属的需要、尊重的需要和自我实现的需要等五个层次。这些基本需要是互相联系的，并且依次构成层次，由低级向高级发展。马斯洛的需要层次理论对研究网上消费需求有着重要的指导作用。

互联网是一个虚拟世界，基于马斯洛的需要层次理论而得出的消费者需求同样可以解释虚拟世界中网民的需求，但虚拟社会与现实社会还是有较大的不同，因此需要对网络需求进行必要的补充。网络消费者希望购物能满足兴趣、聚集交流和展示三种需求。

(一) 兴趣

对畅游在虚拟社会的网民的分析可以发现，网民之所以热衷于网络漫游，是因为对网络活动抱有极大的兴趣。兴趣主要出自于两种内在的驱动：一是探索的内在驱动力，人们出于好奇的心理探究秘密，驱动自己沿着网络提供的线索不断地向下查询，希望能够找出符合自己预想的结果，有时甚至到了不能自拔的境地；二是成功的内在驱动力，当人们在网络上找到自己需要的资料、软件、游戏，或者打入某个重要机关的信息库时，自然产生一种成功的满足感。这种兴趣在网上购物中也充分表现出来，网民不厌其烦地查找自己感兴趣的商品及相关信息，或者是寻找能够支持自己对于商品所持观点的信息，找到的信息越充分，他们的成就感就越强，对网上购物的热情也就越高。

（二）聚集交流

虚拟社会提供了具有相似经历的人们聚集的机会，这种聚集不受时间和空间的限制，并形成富有意义的个人关系。在这样一个群体中，所有成员都是平等的，每个成员都有独立发表自己意见的权利，使得在现实社会中经常处于紧张状态的人们渴望在虚拟社会中寻求到解脱。聚集起来的网民，自然产生一种交流的需求，随着这种信息交流的频率的增加，网民交流的范围也在不断地扩大，不再局限于同事和朋友之间。这种聚集和交流产生的示范效应，带动了对某些种类的产品和服务有兴趣的成员聚集在一起，形成了特定的商品信息交易的网络。他们谈论的问题集中在产品或服务质量的好坏、价格的高低、库存量的多少、新产品的种类、产品的发展趋势等，此类信息对于企业了解消费者的需求，了解对产品的意见和建议，对企业的服务满意程度等方面内容具有重要参考价值。

（三）展示

网民在虚拟社区上自由发表自己对某些事物的看法和观点。在虚拟论坛上，人们尽情地展示自己的思想，而且众多网民的参与会使得人们的思维更加活跃，有许多更新的思想产生，人们也会更积极地展示自己的思想，展示自己独特的一面。网上消费者会把产品的使用方法、心得展示出来，或者是自己对产品或服务独特的理解，尤其是与众不同的方面展示给众人，显示消费者与众不同的独特的方面，追求一种心理上的优越感。这种展示可以使企业了解人们如何使用产品，以及人们对产品或服务的想法，能够更好地改进现有的产品或服务，开发出满足人们需要的产品或服务。

三、网络消费者的购物动机

购物动机的产生必须以需要为基础，只有当个体感受到对某种生存或发展条件的需要，并达到足够的强度时，才可能采取行动，也可以说动机实际上是需要的具体化。并不是所有的需要都能表现为动机，动机的形成还需要相应的刺激条件，当个体受到某种刺激时，其内在需求会被激活，使内心产生某种不安情绪，形成紧张状态，这种不安情绪和紧张状态会衍化为一种动力，由此形成动机。例如，羽绒服具有御寒的需要，但只有当冬季来临，消费者因寒冷而感到生理紧张，当发现市场上有待售的羽绒服时，才会产生购买羽绒服的强烈动机。

从网上消费者的购物动机的具体表现来看，消费者除了通过网上购物实现生理上和心理上的需求外，还有以下一些具体的购物动机。

（一）人际交流的动机

对消费者而言，上网购物不仅可以实现传统的购买功能，而且能够通过网络社区或聊天室等与其他消费者互相交流购买心得，尽可能获得更多的商品信息，便于作出购买决策，实施交易。

（二）隐匿的动机

对于那些购物经验很少，不愿意销售过程被人干扰，对购买的东西不想让人知道的消费者，网上购物的隐秘性和产品独特性，恰可满足这些要求。

（三）享乐的动机

消费者可以登录不同的网站，或是选择不同的频道去挑选、对比各家的产品，不仅可以浏览到琳琅满目的商品图片，有时还会欣赏到精彩的广告宣传，这给消费者带来了精神上的放松。随着微电子技术、软件技术和网络多媒体环境的发展，网上购物可以有身临其境的感觉，给人们购物带来更多的乐趣和享受。

（四）求新的动机

网上购物是一种新的方式，追求时髦和新奇生活方式的消费者会有兴趣尝试这种新的购物方式，在购物过程中体验新的购物方式给自己带来的新鲜感和刺激，并且由此炫耀自己的行为。

（五）求廉的动机

网上的商品相对便宜，因为网络可以省去很多传统商场无法省去的相关费用，所以商品的附加费用很低，商品的价格也就低了，而且网上折扣店和拍卖点的出现，使得网上的同类商品比传统商店中的商品更为便宜，这种低价策略吸引了许多有求廉心理的消费者。

（六）求方便的动机

传统购物的消费者要经历从家到店铺的路程，以及在商店走动和停下来选择商品、付款结算、包装商品等一系列过程，消费者为购买商品必须付出时间、精力和体力。网上商店365天、24小时营业，消费者享有网上随时选购、支付或货到付款、送货上门、100%退货等服务带来的便利。

第三节　网络消费者的购买过程

网上购物是指用户为完成购物或与之有关的任务而在网上虚拟的购物环境中浏览、

搜索相关商品信息，从而实现购买决策的过程。消费者的购买决策过程是消费者购买需要、购买动机、购买活动和购买后使用感受的综合与统一，与此相对应，网络消费的购买过程可分为以下五个阶段。

一、需求的诱发

在传统模式下，诱发需求的动因很多，包含内外部的多重刺激，如口渴引发对饮料的需求、社交影响产生对美容产品的需求等；网络营销中，消费者需求的产生多源于视觉和听觉的刺激，网络的特性使得网络文字表述、图片展现、数据统计、声音配置成为诱发消费者购买的直接动因。

二、收集信息

网上信息搜集的快捷与简便是消费者选择上网的主要原因之一。较之传统模式，网上消费不仅选择范围广泛，而且消费者的主动性可以得到最大限度的发挥。一方面，消费者可以根据自己了解的信息通过因特网跟踪查询；另一方面，消费者还可以在网上发布自己对某类产品或信息的需求信息，得到其他上网者的帮助，而且网上消费者大多层次较高，对信息的成功检索往往能让他们获得一种成功的满足感。

三、比较选择

传统消费模式下，消费者可以通过对产品的触摸、闻、嗅、试听、试穿等实体性接触来比较评判，但在网络消费中，消费者对商品与服务的比较只能依赖于商家的描述，且这种描述也多限于文字和图片方面。这种局限性是决定网上销售的产品种类的直接原因。商家提供的产品或服务描述若不能吸引人，可能很难赢得顾客，但若这种描述过分夸张以至于带有虚假的成分，则可能永久地失去顾客。因此，把握好产品信息描述的"度"，是摆在厂商与网页制作者面前的一道难题，而判断这种信息的可靠性与真实性，则是留给消费者的难题。

四、购买决策

同传统购物模式相比，网上消费者的购买决策有许多独特之处。首先，网络消费者理智动机比重较大，感情因素相对较少。这是由于消费者在网上寻找商品的过程本身就一个思考的过程，它有足够的时间和极大的便利来分析商品的性能、质量、价格和外观，再从容地作出自己的选择。其次，网络购买受外界因素影响较小，购买者面对电脑屏幕浏览商品信息，不会受到实物及其他消费者购买行为的影响，作出的决策的理性成分较多。

五、购买评价

网络空间中信息传递的速度与广度无法衡量，消费者好的购后体验若在网上反映，可能会令厂商获益匪浅，但若消费者购后产生不满意感，也很可能会通过网络将它表达出来，在广大网民心中产生不良影响，打消很多潜在消费者的购买欲望。因此，厂商应密切关注消费者的购后感受，充分利用网络在沟通厂商与消费者信息上的便利性，及时采取措施弥补产品或服务的不足，以最大限度地降低消费者的不满意感。同时，对消费者购后感受的搜集，还可了解消费者的新需求，及时捕捉市场机会，提高新产品开发的适用性与实效性。

第四节 网络营销策略

企业的根本目的是通过提供产品或服务，满足消费者的需求，从而获得生存和发展。网络时代的企业，其提供的产品和服务也必须满足消费者的需求，根据消费者网上购物的心理变化趋势去制定网络营销策略。

一、提供个性化的产品与服务

现代消费者对商品的普遍需求是求新、求美、求奇，渴望个性化消费。企业在开展网络营销时，要充分发挥网络优势，根据消费者的不同特征划分不同的目标市场，满足消费者的个性需求，提供定制化服务。

二、改进和加快新产品研发

要重视消费者对企业产品的评价和指出的不足之处，在产品质量及包装方面加以改进，并加快新产品替代旧产品。另外，企业在开展网络营销的同时，可以降低创新风险，减少开发费用。

三、建立弹性价格体系并开发智慧型议价系统

价格是企业网络营销中最为复杂和困难的问题之一，因为单个消费者可以通过网络搜索同时得到某种产品的多个甚至全部厂家的价格，这就决定了网上销售的价格弹性较大。因此，企业在制订网上销售价格时，应特别慎重。

（1）企业可以开发一个自动调价系统，根据季节变动、市场供需情况、促销活动等因素，在计算最大赢利基础上对实际价格进行调整。同时还可以开展市场调查，了解竞争者的价格动向，及时获得有关信息，制定具有竞争力的产品价格。

（2）开发智慧型议价系统，允许消费者在网上直接与商家讨价还价。例如，为了方便消费者，有的网站专门设置了议价专区，消费者不但可以及时了解商品的相关信息，而且还可以就产品价格、运费等问题与之协商，直到双方都满意为止。

（3）考虑到网上价格具有公开化的特点，消费者很容易全面掌握同类产品的不同价格，为了避免盲目价格竞争，企业应在价格目录上向消费者介绍本企业价格制订程序，并可将本产品性能价格指数与其他同类产品在网上进行比较，促使消费者作出购买决策。

四、利用网络特征优势实现营销互动

网络促销的出发点是利用网络特征实现与消费者的沟通。企业可利用网络功能的互

动性特征，发掘潜在顾客，调动消费者的情感因素，促进情感消费。实现营销互动应注意两点：一是对消费者的信息需求进行及时反馈。为此，要求网上导购员必须24小时营业，并具备快速处理信息的能力，因为以年轻人为主的网络用户一般缺乏耐心，如果对方信息反馈缓慢，他们会马上转换网站。二是在消费者阅读了在线信息后，企业必须及时提供反馈信息的方式，以便与之建立联系。此外，电子论坛也是企业与顾客进行网上沟通的主要工具，因为大多数网上顾客都愿意在这里讨论有关商品的信息，为此，企业的主管人员应经常关注电子论坛的顾客动向，主动参与讨论，对顾客反映强烈的问题及时作出回应，以提高企业服务水平，赢得消费者的满意度，更好地捕捉商机。

五、提高员工素质和服务效率

网络营销要求员工特别是营销和网络管理人员具有先进的技术知识，要在市场营销方面具有独当一面的能力；不但有收集、整理、分析信息的能力，还要有强烈的服务意识和沟通能力。因此，企业要注意吸引和培养复合型人才，提高员工综合素质。网络营销对企业的组织结构和服务效率也提出了更高的要求，网络的特点要求企业对外界特别是消费者的反应必须迅速及时，为此，企业要与电子商务认证机构、金融部门和各类物流公司建立良好的合作关系，以保证身份认证、支付结算、物流配送的安全、快捷、方便，同时要建立更加快捷迅速、服务周到的售后服务机制。

六、搞好网站建设

网站是企业进行网络营销的基础，通过有特色的网站，一方面可以树立企业形象，另一方面可以吸引新顾客、沟通老顾客。企业的网站建设必须注意以下几点：

（一）特色经营

如果一个网页的内容没有特色，那么它很快会淹没在互联网的汪洋中，要想网页在用户心目中生根，就要靠特色来吸引人。因此，主业的版面设计、编排必须围绕企业的目标顾客群，而不只是一幅绚丽的图片和空泛的文字说明。

（二）信息内容的更新与发展

网页内容的更新包括信息的更新和栏目的调整，信息的实效性很强，需求随时更新，使消费者及时了解和获取企业及产品的信息，内容的发展是指在原有基础上向纵深发展。

（三）可靠的信息质量保证

质量是企业的生存之本，这是商界的准则，同样，网站上的信息质量也是需要特别重视的问题，信息不准确所带来的负面损失是巨大的，这要求网站经营者必须制定出一套有效的信息质量考察和认证体系。同时，精良和专业的网站设计，如同制作精美的印刷品，会大大刺激消费者的购买欲望。

（四）加强网站的推广与宣传

优秀网站同样需要辅之以成功的推广，可以利用搜索引擎、互惠链接等方法大力宣传企业的网站，具有针对性的广告会大大提高企业的知名度；也可以通过电视广告、新闻媒体等传统方式扩大企业网址的影响。

（五）及时回应顾客的需求

网络化经营的企业对于顾客反馈必须及时反应，建立客户信息反馈系统，设专职能部门处理，利用视频、E-mail、线上答疑等方式与顾客作双向沟通。如利用线上聊天的功能，举行消费者联谊会，通过沟通交流增强感情。

七、消除消费者对网上购物安全性的疑虑

网上购物的安全性包括相关的法律、政策、技术规范以及网络安全，加速商品防伪甄别网络系统工程的建设和提高网络营销网站的信誉程度，是网上交易的关键。为此，要做到以下三个方面：一是政府有关部门要加快现行法规的修改步伐，制定相关的电子商务法律，通过法律解决网络营销中发生的各种纠纷。二是制定相关的电子支付制度、网络营销规约，对其中引起的纠纷做到有章可循、有法可依、有据可查。三是要建立完备的法律体系和权威的认证机构，维护整个网络营销的交易秩序，促使更多的人放心在网上购物。

八、制定网络营销产品的定价和促销对策

随着企业对消费者价格认知在网上购物定价所起作用的重视，越来越多的人开始探讨网上营销产品的定价和促销对策。

（一）调高消费者心理参照价位

调高消费者心目中的参照价位有利于扩大目标产品销售，提高经营效益。具体措施有：一是增加高价产品项目，推动产品线向上延伸。在营销产品线中增添高价产品项目，无形中提高了消费者的参照价格，使得产品线上的其他产品显得便宜。例如，松下公司在微波炉产品线中加入高档高价产品，利用高价位产品提高其他产品的参照价格，扩大低价位产品的销量。二是标明厂家建议销售价格，形成可资对比的参照价位。例如，高露洁牙膏的包装上不仅列明厂家建议零售价，而且标出给予顾客的特惠价，从而对于购买者比价产生参照价格效应。三是采取折扣定价策略，先定高价产品售价，形成较高的参照价位，再通过打折优惠或者赠送礼品，推动顾客重复购买，或者吸引价格敏感消费者。

（二）增加消费者转换购买心理成本

网上购物，消费者转换购买的经济成本降低，心理成本相对上升。增加消费者网上转换购买心理成本，不仅有助于留住原有的顾客，促进顾客的品牌忠诚，而且也有利于

网上营销企业的定价，提高营销效益。消费者网上转换购买的心理成本包括对新供货厂商产品和服务水平的担心、购买程序转换的适应和能否继续得到供货厂商重视的疑虑等。工业用户的转换购买心理成本还涉及雇员的重新培训与适应、中断与原有供货厂商关系的心理障碍，以及与新供货厂商双方关系的磨合过程，等等。企业可从两个方面扩大消费者转换购买的心理代价：一是通过大量的广告宣传形成产品的心理差异，二是努力培育顾客的品牌忠诚。信息技术的发展和互联网络的扩大，为顾客品牌忠诚的培养创造了有利的技术条件，品牌忠诚顾客具有很高的转换购买心理成本和较低的价格敏感程度。

（三）提高消费者对价格公平性的理解

为了提高消费者对网上购物价格公平性的理解，企业可能采取相应的对策：一是引导消费者对企业产品或服务的合理预期。例如，注意掌握网上促销分寸，合理确定网上定价水平，保持企业产品质量的稳定，等等。二是增强消费者对交易公平性的理解。例如，在售前促销信息中强调企业的投入与努力，在售后继续向顾客提供有关信息，增强消费者购买信息，等等。三是影响消费者对参照价格的选择。例如，有意识地向消费者提供某个市场或特定厂家的价格信息，或者诱导消费者选择某个参照价格进行比价。四是灵活运用定价技巧。例如，不是选择平均价格，而是以最高价格作为标准价，再进行降价让利。

（四）利用价格与质量关系的心理效应

网上购物，产品质量信息往往要比价格信息更难寻觅，消费者由于在购买之前无法确定产品质量，常常将价格作为反映相关质量的线索，以选择购买定价较高的产品，认为售价高的产品质量好，而不愿购买低价产品，担心售价低的产品可能质量低劣。据此，网上营销产品定低价格未必能够达到促销目的，特别是在不同品牌产品存在质量差别、缺乏产品质量信息或评判标准等条件下，低价竞销不仅减少了企业的营销效益，而且也无法增加产品的市场销量。实际上，提高产品售价来刺激销售、打开销路的现象时有出现。

（五）注重营销定价的心理设计

网上购物基本上属于人机对话过程，信息沟通方式简单，无法发挥商场售货人员的游说作用，营销产品定价表现形式与表述技巧的心理效应增强，这就要求企业更加注重营销产品或服务价格的心理设计。

（六）增加网上购物的吸引力

运用体验式营销将消费者的感觉与感受结合起来，将文字、图形、动画、音乐、录音录像等信息融于各网页中，并在主页提供网站导航支持、站点结构图与其他网站的链接，使消费者购物过程充满愉快的体验，使得网络购物更加具有吸引力。

（七）注重对消费者的购物诱导

消费者的购买具有可诱导性，这意味着消费者教育对于消费者市场的重要性。零售商可以开设网上培训、网上讲座、消费论坛、建立网上虚拟展厅等一系列措施，使消费者对产品的各个方面有较为全面的了解，满足了消费者的信息需求，促进购买行为的产生。

（八）提供多个站点入口

网络的快捷方便使消费者再无等待的耐心，网上零售商的网站要与一些著名的行业网站、门户网站、利益相关的网站建立紧密的联系，使消费者可以从别人的站点轻易进入，免去每次都要键入网址的麻烦。

（九）建立消费者数据库

零售商的网站要求购买者注册姓名、职业、喜好、电子邮件等信息。通过这类表格的填写，营销者能够形成用户轮廓，做到目标市场的细化，进而强化营销活动。营销人员得到了单个顾客的情况，能够将营销组合更准确地瞄准兴趣较窄的顾客，可以实现以数据库为基础的一对一营销，满足顾客的个性化需求，同时还可以对顾客关系形成有效的管理。明确的目标市场、完善的顾客档案其实是一种特殊的不可模仿的信息资源，对于企业将来的发展具有极大的意义。

本章小结

随着信息技术的持续发展，互联网已然呈现出风靡之势。消费者在互联网经济时代，特别是移动互联网不断发展和昌盛的时代，呈现出了与传统消费行为不同的消费特征、消费心理和消费行为。首先，本章介绍网络消费者的特征，并且阐明对于网络消费者行为研究的重要意义。其次，通过分析网络消费者购买过程中的心理特征，阐述了网络消费者在消费前期的购买需求产生原因和购买动机。再次，网络消费者在明确购买需求之后，就会在网上实施购买行为。网络消费者在购买的过程中可分为需求诱发、信息收集、比较选择、购买决策和购后评价五个阶段。最后，基于以上对于网络消费者心理、行为等方面的分析，提出针对网络消费者的购买特征、购买心理、购买过程等方面的营销策略。互联网经济的发展，特别是移动互联网的发展，已经或正在影响着消费者行为，改变消费者的消费习惯。对于网络消费者消费行为的研究，将成为未来消费者行为学研究的重点和趋势。

关键概念

网络消费者特征　网络消费者需求　网络消费者购买动机　网络消费者购买过程　网络营销策略

思考题

(1) 网络消费者的主要特征有哪些？
(2) 对网络消费者行为的研究有哪些方面的意义？
(3) 网络消费者的购买动机是什么？
(4) 网络消费者的购买过程是什么？
(5) 网络营销的具体策略包括哪些方面？

案例一 可口可乐公司的网络营销策略

可口可乐作为全球软饮料的第一品牌，其产品遍布世界各地，占据了全球软饮料市场的50%左右。在当今信息爆炸的时代，互联网上最需要的是吸引人们的注意力；对可口可乐这一百年品牌而言，吸引人们的注意力却并不是一件容易的事。很多年轻人以为它产品单一、口味一贯，在传统媒体上又有着铺天盖地的广告宣传，人们闭上眼睛都能想出它的样子和味道，不需要到互联网上去寻找它。但可口可乐公司不会放弃由年轻人主宰的网络这一宣传手段，在网络营销策略上，将可口可乐定义为具有文化内涵的品牌，而不仅仅只是一种饮料。可口可乐公司在宣传上从其品牌悠久的历史出发，强调它传承了美国文化的包容性、强烈的扩张欲和旺盛的生命力，以及与美国文化发展难以割舍的血缘关系，重点定位在培养各阶层顾客对可口可乐品牌的忠诚度上。可口可乐公司网站的首页及各栏目的首页上都以可口可乐所特有的红色为底色，以活力充沛的健康的色彩形象为主体，突出了"活力永远是可口可乐"的广告语，以吸引了消费者的目光。可乐文化是一种快餐文化，其特点是一次性、感性化、表层化和快捷化，可口可乐公司在网站上创造出的可乐文化，并不期望网民会点击鼠标来购买可乐，而是要大众时刻惦记着这一站点、记住那种特有的红色以及记住可口可乐。可见，可口可乐公司的网络营销策略就是充分利用了网络消费者追求文化品位的消费心理。

链接思考

(1) 可口可乐公司是如何利用消费者追求文化品牌的消费心理的？
(2) 试述你所知道的其他在网络营销中利用消费者心理的具体案例。

案例二 通用电气公司的网络营销

通用电气公司是世界上实力最雄厚的跨国企业之一，是全球最大的多元化经营的跨国集团，在多方面确立了世界公认的领先地位。通用电气公司拥有两项令其他企业羡慕的无形资产，即尊贵的科技发明和享誉民众的良好口碑。通用电气公司进行网络营销时，便充分将这两项无形资产与其产品和服务紧密结合起来。通用电气公司网站首页的篇眉上，采用了能够体现科技发展发明或充满亲情的图片，如"梦想启动未来"给消费者带来了无限的遐想空间，起到网络营销中化解消费者戒备心理、消除企业与消费者距离和引起消费者内心共鸣的作用。在网络营销方面，通用电气公司网站向消费者推荐产品时，不只限于提供企业、产品或服务信息，还提供购物时的决策信息。这类信息提供得越多、越详细，网站的营销作用就越强，也就越能满足消费者购物的理性消费特征。通用电气公司网站的另一成功之处在于,他们提供的都是人们在寻常商场中无法集中看到的各类效果方案图,消费者看到这些方案后多少对布置家庭有所启迪。消费者访问这种实用性强的网站,会感觉其花的时间、金钱和注意力均有所值。通用电气的网络营销效果,紧紧抓住了消费者理智而求实的消费心理,同时也降低了消费者对时间风险、经济风险和服务风险的感知。

链接思考

通用电气公司是如何实现网络营销的?

参考文献

[1] 董琳. 从消费者购买决策模型看 B2C 电子商务的客户信息服务 [J]. 情报杂志,2004(8)

[2] 桑辉,许辉. 消费者网上购物动机研究 [J]. 消费经济,2005(3)

[3] (美) J. 布莱思. 消费者行为学精要 [M]. 北京:中信出版社,2003

[4] 肖黎. 消费者网上购物心理分析及企业网络营销对策研究 [J]. 商业研究,2007(5)

[5] 肖煜. 网上消费者行为研究 [J]. 开发研究,2004(5)

[6] 张磊. 浅析可口可乐的网络营销策略 [J]. 商业经济,2008(6)

后 记

市场营销学是建立在经济学、行为科学以及现代管理学基础上的综合性的边缘应用学科,是20世纪初起源于美国的一门专门研究市场的新兴学科,它研究以满足消费者需求为中心的企业经营活动及其管理过程,所涉及的原理、方法、技巧、内容都关系到企业经营的成败,因此,引起了企业经营者、管理界和学术界的普遍重视。

消费者行为的研究已经成为制订市场营销战略和策略的前提和基础。自1968年美国俄亥俄州立大学的詹姆斯、恩格尔等人的《消费者行为学》一书问世以来,《消费者行为学》已经成为西方国家各大学营销、管理、传播等专业的必修课。社会上越来越多的企业在制订战略和策略时都把对消费者的研究作为基础和依据,进而使该学科的发展和应用速度大大加快。

我国对消费者行为学的研究开始于1978年改革开放以后,虽起步较晚,但却成为近年来学术界研究的热点问题之一。现今,各高校市场营销专业都把《消费者行为学》作为其专业核心基础课,各种教材和论文不断增加,使该学科的研究不断推进。

本书自2009年出版以来,消费者行为学研究有了许多新进展,出现了许多新内容,特别是互联网的发展和应用,网络营销给消费者带来了新的消费和购物模式,也给企业带来了新的发展机遇和挑战。为此,学术界和企业界有必要认真审视此背景下消费者行为的新变化,研究并采取科学、有效的营销策略,以适应消费者的需求。本书第二版是在初版书的基础上进行修订的,新增加了网络营销的内容,以求反映消费者行为的最新研究成果。在修订过程中,我们虚心吸取前辈的研究成果,在保持学科结构完整性的基础上,力求内容的新颖性和实用性。

本书共分十章,第一章为绪论部分。主要论述消费者行为研究的发展与意义、消费者行为研究的方法、内容与理论基础。第二章主要介绍消费者决策及其行为过程。主要内容有消费者决策及其行为过程的阶段组成、各阶段的内容及分析。第三章主要通过消费者心理活动的认识过程、情感过程、意志过程三个心理表现研究消费者心理活动过程对消费者行为的影响。第四章通过消费需求的概念与产生、消费者的动机及需要或动机理论及其在市场营销活动中的应用等内容，研究消费者需要、动机对消费者行为的影响。第五、六、七章主要通过消费者学习、记忆能力、消费者态度等内容论述各因素对消费者行为的影响。第八章主要通过社会群体、社会阶层、家庭等消费者群体因素研究其对消费者行为的影响。第九章主要通过对文化环境、政治环境、经济环境、流行、情境等因素的研究分析消费者行为。第十章主要通过网络消费者的特征、网络消费者需求及动机、网络消费者的购买过程、消费者网络营销策略等对消费心理与行为进行阐析。

  本书由华侨大学工商管理学院杨树青教授任主编，泉州仰恩大学管理学院许惠铭副教授、泉州师范学院工商管理学院吴聪治教授、西安交通大学经济与金融学院韩小红、西安邮电大学张媛任副主编。各章编写分工为：许惠铭撰写第一章、第八章，泉州师范学院工商管理学院陈守仁、吴聪治撰写第三章、第四章，杨树青撰写第二章、第五章、第九章、第十章，韩小红撰写第六章，张媛撰写第七章；全书由杨树青审阅定稿。西安交通大学经济与金融学院郝渊晓教授给予本人机会参与系列教材的编写，并在教材编写过程多次予以悉心指导和安排。华侨大学工商管理学院研究生张扬、郑培娟、罗刚君、邹小红在本书的编写中参与资料的收集与整理，本人一并表示衷心感谢。

  本教材编写中，参考了同行专家、学者的研究成果和企业的实例，在此表示诚挚的谢意。由于水平有限，书中有不当之处，恳请读者批评指正，以便今后不断修改和完善。

杨树青
2008 年 10 月于华侨大学